Vincent Streichhahn / Hans Geske (Hg.)

Die Grenzen der Geschlechtsmoral und weitere Schriften

Robert Michels zu Sexualmoral und Frauenbewegung vor dem Ersten Weltkrieg

Vincent Streichhahn ist Politikwissenschaftler und Stipendiat der Rosa-Luxemburg-Stiftung. Er promoviert an der MLU Halle-Wittenburg zur „Theorie und Praxis der ‚Frauenfrage' in der Sozialdemokratie des Deutschen Kaiserreichs". Zu seinen Arbeitsschwerpunkten gehören marxistische und feministische Theorie sowie die Geschichte der deutschen Arbeiter- und Frauenbewegung.

Hans Geske beschäftigt sich seit seinem Masterstudium der Politikwissenschaften in Halle mit Robert Michels. Derzeit promoviert er an der Rheinischen Friedrich-Wilhelms-Universität Bonn zu Geschlechterverhältnissen und Sexualmoral im Werk des umstrittenen Autors.

Vincent Streichhahn / Hans Geske (Hg.)

Die Grenzen der Geschlechtsmoral und weitere Schriften

Robert Michels zu Sexualmoral und Frauenbewegung vor dem Ersten Weltkrieg

Impressum:

Vincent Streichhahn / Hans Geske (Hg.)

Die Grenzen der Geschlechtsmoral
und weitere Schriften
Robert Michels zu Sexualmoral und Frauenbewegung
vor dem Ersten Weltkrieg

ISBN 978-3-942106-81-8 (Gedruckte Version)
ISBN 978-3-942106-82-5 (PDF-Version)

Satz in Palatino Linotype 10 Pt.

Umschlaggestaltung: Maria Mandalka
Satz und Produktion:
xenomoi Verlag e.K., Heinersdorfer Str. 16, D - 12209 Berlin
Tel.: 030 - 755 11 712 • www.xenomoi.de • info@xenomoi.de

Bibliographische Information der Deutschen Nationalbibliothek:
Die Deutsche Nationalbibliothek verzeichnet diese Publikation in der
Deutschen Nationalbibliographie; detallierte Daten sind im Internet unter
https://portal.dnb.de/opac.htm abrufbar.

Inhaltsverzeichnis

Vincent Streichhahn und Hans Geske

Ein feministischer Klassiker. Einleitung zu Robert Michels' *Grenzen der Geschlechtsmoral*

Jubiläen sind in der Wissenschaft häufig ein Indikator für thematische Konjunkturen in der Forschung. Manche Jubiläen werden groß begangen, von wissenschaftlichen Tagungen und Programmen begleitet, andere nur im kleinen Kreis zelebriert oder schlicht vergessen. Ein Werk, das zwar nicht gänzlich vergessen wurde, aber seit seinem Erscheinen vor 110 Jahren ein Dasein weitgehend abseits der öffentlichen Aufmerksamkeit fristete, sind *Die Grenzen der Geschlechtsmoral* (fortan: *Grenzen*) aus der Feder des Soziologen Robert Michels. Bei der vorliegenden Neuausgabe handelt es sich – nach einem gescheiterten Anlauf zum 100. Jubiläum – um die erste Ausgabe seit 1911. In diesem Werk widmet sich Michels neben der Thematik der Sexualmoral im Allgemeinen einer Vielzahl weiterer Fragen, die im Geschlechterdiskurs des Deutschen Kaiserreichs um die Jahrhundertwende relevant waren: Prostitution, Pornographie, Sexualaufklärung, Verhütung, Brautstandsmoral sowie Geschlechterverhältnisse innerhalb und außerhalb der Ehe.

Was Michels zu diesen Themen beizutragen hat, dürfte auch viele Kenner:innen der politischen Ideengeschichte überraschen. Der deutsche Politikwissenschaftler Timm Genett (2008a: 44) beschreibt Michels als „geradezu radikalfeministischen Anwalt eines neuen selbstbewußten und selbstbestimmten Frauentypus, der in erotischen wie auch in allgemein gesellschaftlichen Fragen sich aus der subalternen Passivität löst und für sein Recht auf Gleichberechtigung und Selbstverwirklichung streitet". Michels' Betonung der Autonomie des Individuums, beiderseitiger Freiwilligkeit als zentrales Kriterium für moralischen Geschlechtsverkehr, der Bezug auf „ein elementares allgemein menschliches Sittengesetz [...], das gleiche Behandlung und gleiche Rechte für alle fordert" (Michels 1911a: 101) – all das weist auf die liberal-demokratischen Wurzeln des Soziologen hin, was angesichts der dominierenden Forschungsnarrative stark irritiert (Geske 2020: 105).

Der Grund für diese Irritation ist, dass diese nahezu unbekannte Seite des Michels'schen Werks seit jeher im Schatten seines Status' als

Klassiker der Organisationssoziologie steht. Die *Soziologie des Parteiwesens* (Michels 1911b), im selben Jahr erschienen wie die *Grenzen*, gehört sowohl in der Soziologie als auch in der politischen Ideengeschichte zum Textkanon (u.a. Bluhm 2018). Durch dieses Werk gilt Michels neben Gaetano Mosca und Vilfredo Pareto als Begründer der Elitesoziologie, was in der Forschung häufig gleichsam als Schablone für die Interpretation seines Gesamtwerks herhalten muss. Selbst die *Soziologie des Parteiwesens* wird dabei meist nicht umfassend dargestellt, sondern auf Michels' „ehernes Gesetz der Oligarchie" reduziert, welches besagt, dass es im Wesen menschlicher Zweckorganisationen läge, Oligarchien herauszubilden. Diese These gilt dann oft als Zeichen der Abkehr Michels' von der repräsentativen Demokratie. Die Dekonstruktion dieser verkürzten und eindimensionalen, auf Kontinuität des Michels'schen Lebens und Wirkens zielenden Deutung verdanken wir Timm Genett und seiner materialreichen Dissertation *Der Fremde im Kriege* (Genett 2008a: 15ff., 800ff.). In der Folge kritisierten auch weitere Wissenschaftler:innen den vorherrschenden Blick auf die *Parteiensoziologie* und fügten den gängigen Bildern von Michels' bekanntestem Werk neue Perspektiven hinzu (u.a. Bluhm/Krause 2012).

So viel Aufmerksamkeit der *Parteiensoziologie* bis in die Gegenwart auch zuteil wird, der Rest von Michels' Schaffen ist – zumindest im allgemeinen Bewusstsein und jenseits von kleinen akademischen Kreisen – der Vergessenheit anheimgefallen. Die weitgehende Nichtberücksichtigung der *Grenzen,* die als Abschluss der frühen Schaffensphase von Michels bezeichnet werden können, ist ein herbes Versäumnis von großen Teilen der Michels-Forschung. Denn die „sexualreformerische Aufklärungsschrift" (Genett 2008a: 43) besitzt das Potenzial, die bisherigen Grenzen der Rezeption zu sprengen und das Gesamtbild des kontrovers diskutierten Klassikers um mehr als ein paar Schattierungen zu bereichern. Robert Michels deuten wir im Anschluss an Genett (2008b) als „Pionier der sozialen Bewegungsforschung", dessen *Grenzen* einen zentralen Baustein in Michels verkannter „Trilogie der Bewegungsforschung" bilden (dazu weiter unten mehr).

Mit der Neuausgabe der *Grenzen* hoffen wir, eine kritische Relektüre des Michels'schen Gesamtwerkes zu befördern. In der vorliegenden Einleitung verzichten wir weitgehend auf eine inhaltliche Darstellung der *Grenzen,* welche die Leser:innen durch die Lektüre des stark selbstexplikativen Textes auch ohne Erläuterung entdecken und erschließen können. Stattdessen nutzen wir die Gelegenheit, uns intensiver mit den bisherigen Forschungsnarrativen und -desideraten sowie mit dem Kontext der Schrift auseinanderzusetzen. Im Anhang begehen wir außerdem eine „Grenzüberschreitung“, indem wir weitere Artikel von Michels über Geschlechterthemen aus dieser frühen Schaffensphase aufnehmen.

Forschungsnarrative: Von Kontinuitäten und Brüchen

Die Michels-Rezeption ist bislang von einem Kontinuitäts-Narrativ dominiert worden, welches den Elitetheoretiker und Kritiker der repräsentativen Demokratie ins Zentrum rückt und mit der biographischen Erzählung eines enttäuschten Demokraten und späteren Apologeten des italienischen Faschismus verbindet. Der Weg scheint in diesem Narrativ vorgezeichnet. Der junge Michels, so viel ist bekannt, fühlte sich dem Sozialismus zugehörig und trat Anfang des 20. Jahrhunderts in die Sozialdemokratische Partei Deutschlands (SPD) und die italienische sozialistische Partei (*Partito Socialista Italiano*) ein. Für die Marburger SPD war Michels sogar drei Jahre (1903-1905) lang für die Parteitage delegiert und kandidierte einmal erfolglos für den Reichstag. Die scharfe Kritik am Revisionismus der SPD sowie die wachsende Enttäuschung führte schließlich zu Michels' Austritt aus den sozialistischen Parteien. Als endgültig klar war, dass es trotz der Unterstützung von Max Weber keine universitäre Zukunft in Deutschland für den Soziologen geben würde, zog Michels mit seiner Familie 1907 nach Turin. Dort fiel der italophile Michels zunehmend mit nationalistischen Tönen auf. Nach dem Kontinuitäts-Narrativ sei der Beitritt zu Mussolinis *Partito Nazionale Fascista* nur noch eine Frage der Zeit gewesen.

Ein Großteil der Michels-Deutungen vertritt die Position, dass sich die spätere biographische Entwicklung bereits in früheren Lebensabschnitten des Autors angekündigt habe und der Weg vom Sozialismus zum italienischen Faschismus einer gewissen Logik folgte (u.a. Eberle 1997: 325, Pfetsch 2003: 490ff., Kandal 2001: 61f.). So gibt es etwa die Auffassung, ein zu extremes, voluntaristisches Bild von Politik habe zur Enttäuschung des Demokraten Michels und zur Entwicklung eines autoritären Politikverständnisses führen *müssen* (kritisch dazu Genett 2008a: 18ff.).

Nicht nur die Analyse, sondern auch die systematische Dekonstruktion dieser eindimensionalen Michels-Bilder haben wir Timm Genett zu verdanken. In seinem Werk *Der Fremde im Kriege. Zur politischen Theorie und Biographie von Robert Michels* von 2008 zeigt er die Ungereimtheiten und Schwachstellen all jener Ansätze auf, die Michels' Hinwendung zum Faschismus durch Rückgriff auf seine frühen Texte zu erklären versuchen. Dem Kontinuitäts-Narrativ stellt Genett eine Erzählung der

Brüche in Michels' Leben und Schaffen entgegen. So erklärt Genett – auf neue Archivfunde gestützt – die Entwicklung zum Faschisten anders, als bis dahin angenommen: Nicht 1922/23 – also direkt nach Mussolinis „Marsch auf Rom" –, sondern erst 1928 sei Michels der faschistischen Partei Italiens beigetreten. Zudem habe er diesen Entschluss zumindest teilweise aus beruflichen Erwägungen getroffen, da die Parteimitgliedschaft Voraussetzung für eine Berufung an die faschistische Parteihochschule in Perugia gewesen sei (Genett 2008a: 25).

Den italienischen Faschismus habe Michels auch nicht von Anfang an unterstützt. Aus der Notwendigkeit heraus, sich als gebürtiger Deutscher im ersten Weltkrieg in seiner neuen Heimat Italien als Patriot zu beweisen, verteidigte Michels zunächst lediglich die italienische Regierungspolitik. Diese Linie habe er – nachdem der Faschismus der Bewegungsphase ihm noch suspekt gewesen sei – nach der Machtübernahme Mussolinis auch auf die faschistische Regierung angewandt, die ihm zudem durch ihre ordnende Funktion im Nachkriegschaos imponierte. Michels' zunehmende Faszination für das faschistische Regime und der endgültige Verlust seiner demokratischen Ideen sei erst in dieser Zeit zu verorten. Genetts Ausführungen machen deutlich, dass die Darstellung Michels' als begeisterter Faschist der ersten Stunde keineswegs trägt – was freilich nichts an dessen späterer Faszination für Mussolini ändert.

Die Charakterisierung der *Parteiensoziologie* als frühes Dokument einer Abkehr von der Demokratie hält Genett ebenfalls für unzutreffend. Nicht der Abschied von der Demokratie sei hier zu beobachten, sondern ein Wandel vom „naiven Erziehungsoptimismus früherer Tage [...] [zu einem] pessimistisch geläuterten" (Genett 2008b: 21). Es sei Michels nicht darum gegangen, die Untauglichkeit der Demokratie zu beweisen, sondern die Schwächen ihrer Funktionsweise aufzuzeigen, um Reformen überhaupt erst zu ermöglichen – die „Desillusionierung der Demokraten um der Demokratie willen" (Genett 2008a: 469f.). In diesem Licht betrachtet taugt die *Parteiensoziologie* allerdings kaum noch zum Menetekel von Michels' Hinwendung zum italienischen Faschismus.

Die *Grenzen* und die Bewegungsforschung

Für ein komplexeres Bild des Autors und seines Werkes ist es unumgänglich, den Blick zu weiten, indem andere Teile seines Schaffens in den Fokus gerückt werden. Diesen Versuch unternimmt Genett (2008b) in der Michels-Edition *Soziale Bewegungen zwischen Dynamik und Erstar-*

rung. Essays zur Arbeiter- Frauen- und nationalen Bewegung. Hier setzt er der Tradierung von Michels' als Elitetheoretiker eine neue Charakterisierung als *Pionier der Bewegungsforschung* entgegen. Nicht die Organisationssoziologie und die Elitetheorie seien die zentralen Gegenstände von Michels' Interesse gewesen, sondern soziale Bewegungen (ebd.: 9). Die Arbeiter- und Frauenbewegung sowie die nationalen Autonomiebewegungen betrachtete Michels dabei als „drei gleichberechtigte Dimensionen der sozialen Frage" (ebd.: 36).

Dieser Dreiteilung der sozialen Frage widmete Michels drei seiner Bücher, die als eine Art „Trilogie der Bewegungsforschung" verstanden werden können. Seine Auseinandersetzung mit der Arbeiter:innenbewegung kulminierte in der Soziologie des Parteiwesens, die zwar – wie bereits bemerkt – häufig einseitig gelesen, aber immerhin bis heute gelesen und diskutiert wird. Michels' Beschäftigung mit den nationalen Autonomiebewegungen fand wiederum hauptsächlich in Form von Veröffentlichungen in überwiegend soziologischen Periodika statt, entwickelte sich jedoch schließlich zu einer umfassenderen Auseinandersetzung mit den Themen nationale Zugehörigkeit, Heimat, Patriotismus und Fremdheit, die 1929 in seinem Buch *Patriotismus. Prolegomena zu seiner soziologischen Untersuchung* ihren Höhepunkt findet. Das geplante Hauptwerk zu diesem Thema, auf das schon das Wort Prolegomena im Untertitel hinweist, blieb unvollendet. Weder der Patriotismus, noch die sonstigen Texte zu diesem Themengebiet haben bislang größere Aufmerksamkeit erfahren. Allerdings ist das Patriotismus-Buch immerhin 2013 von Rolf Rieß neu ediert worden. Im Gegensatz dazu waren die *Grenzen* bis zur vorliegenden Ausgabe seit über 100 Jahren nur noch antiquarisch zu erwerben.

Reflexionen zu Michels' geschlechterpolitischen und sexualreformerischen Positionen sind dementsprechend in der Forschung bisher rar gesät und ihre Einbeziehung in die verbreiteten Michels-Bilder steht noch aus. Ein folgenschweres Versäumnis! Die *Grenzen* sind einerseits wertvoll, weil sie einen Eindruck von Michels' frühen Positionen und Idealen vermitteln, die so gar nicht der Figur des sich von der Demokratie abwendenden Ex-Sozialisten auf dem unweigerlichen Weg zum italienischen Faschisten entsprechen. Andererseits bilden die *Grenzen* wie bereits erwähnt den dritten Baustein der Michels'schen „Bewegungsforschungs-Trilogie". Diese Deutungsverschiebung ist bedeutsam, denn sie eröffnet neue Interpretationsräume für das Gesamtwerk von Michels.

Die *Grenzen* in der Forschung

Der Forschungsstand zu Michels' Beschäftigung mit Geschlechterfragen und Sexualität ist sehr begrenzt. Das hängt sicherlich damit zusammen, dass die verschiedenen Editionen der *Grenzen* lange Zeit nicht gerade einfach zugänglich waren. Der US-amerikanische Soziologe Terry R. Kandal beklagte 1988, die englischsprachige Edition *(Sexual Ethics)* sei „difficult to find, and there is scant mention of it in the secondary literature" (Kandal 1988: 204). Kandals Buch *The Woman Question in Classical Sociological Theory* enthält ein ganzes Kapitel zu Michels (ebd.: 201ff.), in dem er die Bedeutung der geschlechtspolitischen Schriften für die Interpretation von Leben und Gesamtwerk des Autors andeutet (Kandal 1988: 203, 210f.). Ein anderer US-amerikanischer Forscher, Arthur Mitzman, befasste sich bereits 15 Jahre zuvor mit Michels' Arbeiten auf dem Geschlechtergebiet, erwähnte aber die *Grenzen* nicht (Mitzman 1973/1987: 328f.). Augenfällig bei Kandal und Mitzman ist, dass sich beide Autoren Michels über grundlegende Studien zur klassischen Soziologie nähern.

Die Historikerin Jean H. Quataert, verweist in ihrer Studie zur proletarischen Frauenbewegung in Deutschland zwar auf Michels' feministische Neigungen, macht diese aber allein an einigen Randbemerkungen in der *Parteiensoziologie* und einem Aufsatz über die deutsche Sozialdemokratie fest, ohne seine genuin feministischen Texte zu erwähnen (Quataert 1979: 63, 75, 117, 128f., 157). Einzelne Referenzen auf die *Grenzen* finden sich hingegen bei Maria S. Quine und Alice Kelikian (Quine 1990: 61, Kelikian 1996: 379), wenngleich Michels auch hier nur am Rande vorkommt. Anfang der 2000er Jahre greift Kandal (2001) das Thema *Grenzen der Geschlechtsmoral* in einem Artikel für das Magazin „Society" wieder auf. Daraus entwickelte sich offenbar die Idee einer Neuherausgabe der englischen Edition der *Grenzen*, die Kandal (2002) mit einer umfangreichen Einleitung ergänzte.

Damit beschränkte sich die Rezeption der *Grenzen* in der englischsprachigen Welt bis dahin im Grunde auf den Soziologen Kandal. Etwa zur selben Zeit thematisierte auch der Italiener Pino Ferraris (1989) in seinem Aufsatz „Questione femminile e morale sessuale nell'evoluzione politica di Roberto Michels" mit der Bedeutung der Geschlechterfragen für die politische Entwicklung des Wahlitalieners. Allerdings hat die italienische Forschung in Persona von Ferraris u.a. aufgrund von Sprachbarrieren erst durch Genett Einzug in die deutsche Rezeption gefunden (Genett 2008a: 44). In Deutschland wurden die *Grenzen* im

Grunde bis zur Jahrhundertwende überhaupt nicht rezipiert. Lediglich Genett macht in einer frühen Arbeit aus dem Jahr 1994 auf das Buch aufmerksam: Er formuliert hier erste Grundgedanken seiner späteren Dissertation über Michels und deutet die *Grenzen* im Anschluss an Pino Ferraris als „Schlüssel zum Verständnis von Michels' soziologischem Hauptwerk, [denn] sie zeigen in aller Deutlichkeit die weltanschaulichen Grundpositionen des Autors der ‚Parteiensoziologie' auf" (Genett 2008a: 44, vgl. auch Genett 1994: 730f.).

In der deutschsprachigen Rezeption tauchen die *Grenzen* erst wieder 2007 in einem Aufsatz der Schweizer Soziologin Caroline Arni auf, die sich mit Michels' Idee einer „vergleichenden Liebeswissenschaft" auseinandersetzt und diese im Liebesdiskurs der Moderne verortet (Arni 2007). In einem Beitrag über die „feministisch-sozialreformerische Liebesethik um 1900" (Arni 2009: 196) greift sie das Thema noch einmal auf. Dabei interessiert sich Arni jedoch kaum für Michels' bekanntere Werke und fragt nicht danach, wie die verschiedenen Stränge seines Schaffens in Beziehung zueinander gesetzt werden können. Ungefähr zur selben Zeit erscheinen auch Genetts umfangreichere Beiträge zu dem Themenkomplex. Neben seiner Dissertation *Der Fremde im Kriege*, die Michels' Beschäftigung mit Geschlechterverhältnissen und Sexualität ein längeres Kapitel widmet und darin die Gedanken des Artikels von 1994 aufgreift, bringt Genett 2008 die Edition *Soziale Bewegungen zwischen Dynamik und Erstarrung* heraus, in der er Michels' dreidimensionales Verständnis der sozialen Frage anhand verschiedener „Essays zur Arbeiter- Frauen- und nationalen Bewegung" beleuchtet und seine These vom „Pionier der sozialen Bewegungsforschung" (Genett 2008b: 11) expliziert.

Zu einer intensiveren Beschäftigung mit Michels' Schriften zur Geschlechtsmoral haben diese Publikationen zunächst nicht geführt. Diese erstreckte sich nur auf Randbemerkungen in der Sekundärliteratur zur *Soziologie des Parteiwesens* (Bluhm/Krause 2012: 11). Erst im zweiten Jahrzehnt des 21. Jahrhunderts wurde der Faden durch die beiden Herausgeber der vorliegenden Edition wieder aufgenommen. Hans Geske (2020) untersuchte in einem Artikel die Aussagekraft der *Grenzen* in Bezug auf die politischen Einstellungen Michels'. In einem im Erscheinen begriffenen englischsprachigen Aufsatz versucht sich Vincent Streichhahn (2021) an einer grundlegenden Verortung von Robert Michels im Diskurs der „neuen Sexualmoral" des Deutschen Kaiserreichs.

Durch unseren schlaglichtartigen Überblick wird ersichtlich, dass Robert Michels' *Grenzen* sowie sein Engagement für die Frauenbewegung bislang in der Forschung noch nicht ausreichend bedacht wurden. Das mag im deutschsprachigen Kontext auch mit der mangelhaften Verfügbarkeit der entsprechenden Texte zusammenhängen – ein Mangel, dem mit der vorliegenden Edition begegnet werden soll. Im Folgenden wird – nicht nur anlässlich der Neuausgabe – ein Blick auf die bislang unbekannte Editionsgeschichte der *Grenzen* geworfen.

Editionsgeschichte der *Grenzen*

Das Wissen über die Editionsgeschichte von Michels' *Grenzen* beschränkte sich bislang nahezu ausschließlich auf deren Erscheinungsjahr und den Verlag. Abgesehen von der Tatsache, dass die deutsche Ausgabe 1911 erschienen ist, hat Genett en passant auf die englische, französische, italienische und spanische Übersetzung der *Grenzen* verwiesen (Genett 2008: 43, FN 41). Damit ist der bisherige Forschungsstand in dieser Frage umrissen. Glücklicherweise konnten wir durch einige Recherchen sowie die Auswertung von einem gewissen Teil der Michel'schen Korrespondenz aus dem Turiner Michels-Archiv ein Stück der verschütteten Editionsgeschichte freilegen.

Die Idee für das Werk hat Michels spätestens ab dem Frühjahr 1909 verfolgt, wie aus einem Brief von Helene Stöcker an Michels vom 22. Juni desselben Jahres deutlich wird. Darin antwortet Stöcker ihm auf sein Schreiben vom 16. März, in dem er sie anscheinend nach einem geeigneten Verlag gefragt hat (Stöcker 1909). Ob Michels die beiden Vorschläge Stöckers verfolgt hat, ist unklar. Über sieben Monate später antwortet ihm allerdings eine andere Verlegerin, Gabriela von Lieber, welcher Michels in der Zwischenzeit ein entsprechendes Publikationsangebot inklusive Projektskizze geschickt haben muss. Lieber erklärt sich prinzipiell bereit, das Buch in ihrem „Frauen-Verlag" zu publizieren, fragt aber noch nach genaueren Angaben zum Umfang und dem Zeitplan. Neben dem Hinweis, dass ihr eine „möglichst baldige Fertigvorstellung" sehr recht wäre, bittet sie ihn in der Zwischenzeit keine weiteren Zeitschriftenartikel mehr zu der Thematik zu publizieren (von Lieber 1910). Im Jahr darauf erscheinen die *Grenzen* und erreichen im selben Jahr eine zweite und bis zur heutigen Neuauflage letzten Ausgabe in Deutschland.

Ein zweiter Brief der Verlegerin von Lieber, der auf den 22. Februar 1915 datiert ist, fördert weitere wichtige Hinweise zu Tage, um den Einfluss der *Grenzen* einschätzen zu können. In diesem Brief teilt sie Michels mit, dass die zweite Auflage nahezu ausverkauft ist, obwohl es „langsamer gegangen ist, als im geschäftlichen Interesse zu wünschen war." Beide Auflagen wurden jeweils in einer Höhe von 1.000 Exemplaren gedruckt. „Wäre jetzt nicht der Krieg dazwischen gekommen, so würde ich ohne weiteres das 3. Tausend in Angriff nehmen", schreibt Lieber. Von einem „nicht sofort rentablen Unternehmen" müsse sie jedoch unter den aktuellen Verhältnissen absehen. Interessant ist, dass sie Michels daraufhin nicht nur anbietet, den Satz abzutreten, der noch in der Druckerei zum Zwecke einer Neuauflage lagere, sondern ihn ermuntert, diese Neuauflage doch selbst als „Volksausgabe" zu einem günstigeren Ladenpreis anzugehen. Dazu gekommen ist es allerdings nicht. Das ist durchaus erklärungsbedürftig, da die englische und französische Ausgabe erst ein Jahr zuvor erschienen sind. Warum Michels eine dritte Auflage der deutschen Edition nicht realisierte, bleibt beim bisherigen Wissensstand Spekulation.

Neben diesen neuen Erkenntnissen zur Editionsgeschichte ist eine komplexe Kontextualisierung des Werkes in den bewegten Diskursen des Kaiserreichs für das Verständnis der *Grenzen* und deren Bedeutung unerlässlich. Michels' Beschäftigung mit den Geschlechterverhältnissen wird daher im Folgenden nicht nur schlaglichtartig in der deutschen Frauen- und Arbeiterbewegung verortet, sondern gleichsam in der um die Jahrhundertwende sich institutionalisierenden Soziologie. Daran anschließend wird diese Kontextualisierung vor dem Hintergrund der verschiedenen Editionen der *Grenzen* reflektiert. Ersteres ist in der Forschung bislang nur ansatzweise, letztes im Grunde überhaupt nicht geleistet worden.

Die *Grenzen* im historischen Kontext

Die „Essays", wie die *Grenzen* mitunter einfach bezeichnet wurden (u.a. Stöcker 1909), erscheinen ein gutes Jahrzehnt nach der Jahrhundertwende. Die Benennung des Textgenres war in der französischen Ausgabe der *Grenzen* (*Amour et Chasteté. Essais Sociologiques*, 1914a) sogar titelgebend. Die Bezeichnung „soziologische Essays" verweist auf zwei Dinge: Einerseits handelt es sich bei den *Grenzen* teilweise um eine Zusammenstellung von älteren Artikeln/Essays, die Michels seit Anfang des 20. Jahrhunderts in verschiedenen Periodika der deutschen Frauenbewegung publiziert hat, andererseits ist der soziologische Blick des Autors bei der Lektüre des Werkes offenkundig. Die Bewegungs- und die Wissenschaftsperspektive stehen in einem gewissen Spannungsverhältnis zueinander. Weder sind die *Grenzen* einfach als Bewegungspamphlet noch als reine soziologische Beobachtungen zu klassifizieren. Sie sind im gewissen Maß immer schon beides gewesen. Gerade aufgrund dieser Ambivalenz ist eine Kontextualisierung umso dringender geboten.

Um die Jahrhundertwende sind sowohl die Arbeiter- als auch die Frauenbewegung stark angewachsen und prägten die Diskurse des Deutschen Kaiserreichs (u.a. Beuys 2014, Richter 2021). In diesem Zusammenhang stünden, so Caroline Arni, die *Grenzen* exemplarisch für „eine Konzeption des heterosexuellen Paars, die um 1900 im Kontext sexualreformerisch-feministischen Denkens entworfen wurde". Deren Charakteristika seien die auf Autonomie (freiwilliger Liebe) und Egalität (Kameradschaft) gegründete Liebesbeziehung, welche „das ethische Potenzial der Menschheit realisiert" (Arni 2009: 196f.). Michels' Grundkonzeption ist insofern keine Einzelerscheinung, sondern kann in der ersten „sexuellen Revolution des 20. Jahrhunderts" (Nipperdey 1991: 104) verortet werden. Dennoch war die Michels'sche Position eine Ausnahmeerscheinung. Nur eine verschwindend kleine Minderheit setzte sich in dieser Zeit für dermaßen grundlegende und auf Gleichheit basierende Sexualreformen ein. Diese wurden nicht nur von weiten Teilen der bürgerlichen Frauenbewegung als Gefährdung der bürgerlichen Familie abgelehnt, sondern ebenfalls von vielen Vertreter:innen der Arbeiter:innenbewegung als unsittlich verworfen (Neuman 1974).

Allerdings war Sexualität, anders als häufig zu lesen ist, „alles andere als ein Tabuthema, sondern Gegenstand hitziger wissenschaftlicher und politischer Kontroversen, die nicht nur in medizinischen Fachzeitschriften geführt wurden" (Frevert 1986: 128). Während die in den 1890er Jahren an Kraft gewinnende Sittlichkeitsbewegung, die aus sehr unterschiedlichen politischen Flügeln bestand, sich primär der Problematik der Prostitution widmete und die diesbezügliche Doppelmoral der Gesellschaft kritisierte (Briatte 2020: 103ff.), waren die Themen der weiblichen Sexualität und des außerehelichen Geschlechtsverkehrs, zu denen sich Michels äußerst progressiv äußerte, besonders kontrovers. Forderungen nach einer „neuen Ethik" bzw. Sexualmoral stellten nur die Wenigsten.

Neben wenigen radikalen Vertreterinnen der bürgerlichen sowie der proletarischen Frauenbewegung und ein paar Freigeistern ging niemand in seinen Ansichten so weit wie Robert Michels. Als Nukleus der radikalen sexualmoralischen Reformbewegung etablierte sich der 1905 gegründete und von Helene Stöcker geleitete „Bund für Mutterschutz" (BfM). Der Bund, in dem auch einige Sozialdemokrat:innen wie August Bebel, Lily Braun und Henriette Fürth aktiv waren (Scharinger 2009: 433), trat nicht nur für eine Verbesserung der Situation von unehelichen Kindern und unverheirateten Müttern ein, sondern ebenfalls für eine „neue Sexualmoral", was innerhalb des Vereins durchaus zu Konflikten führte (Briatte 2020: 197). Der nationale Dachverband „Bund deutscher Frauenvereine" verweigerte dem BfM aufgrund zu „radikaler" Positionen sogar die Aufnahme (Kandal 1988: 106f.).

Eine Einordnung Michels', der für den BfM am 8. Februar 1909 ein Referat in Berlin gehalten hat (Stöcker 1908), in diese Debatten ist nicht ganz einfach. In Kontakt stand er mit einer Vielzahl namhafter Vertreterinnen der deutschen Frauenbewegung (u.a. Gertrud Bäumer, Minna Cauer, Helene Lange, Alice Salomon, Clara Zetkin). Sein Engagement auf dem Gebiet der Sexualmoral brachte ihn jedoch vor allem in die Nähe von Helene Stöcker, mit der er eine relativ umfängliche Korrespondenz unterhielt und bis mindestens Anfang der 1920er Jahre in Kontakt blieb (Stöcker 1923). Andererseits gab es auch in der sozialdemokratischen Frauenbewegung Aktivistinnen, wie Wally Zepler oder Oda Olberg, die Michels' Reformbemühungen und Konzepten nicht abgeneigt waren.

Die *Grenzen* und die ihr vorausgegangene Publizistik sind in diesem Sinne als politische Interventionen in die Geschlechter- und Sexualitätsdiskurse der damaligen Zeit zu interpretieren. Michels' *Grenzen* teilen aber nicht nur eine bewegungsorientierte Reformperspektive, sondern sind auch in einem wissenschaftlichen Kontext zu verorten. Als soziologischer Beobachter, dessen Arbeit „zwischen politischer Wirkungsabsicht und wissenschaftlicher Beschreibung oszilliert" (Siri 2012: 53), versuchte Michels nicht nur in politische Debatten zu intervenieren, sondern verfolgte ebenfalls ein wissenschaftliches Erkenntnisinteresse. Allgemein sei der Einfluss der Frauenbewegung auf die klassische soziologische Theorie laut Kandal (1988: 204) lange Zeit unterschätzt worden. Dabei sollte berücksichtigt werden, dass das Erstarken der Frauenbewegung wie die Beschäftigung einiger der Gründungsväter der Soziologie mit Geschlechterfragen als Reaktion auf eine grundlegende Transformation der Geschlechterordnung in der Moderne zu deuten ist.

Die soziologische Perspektive zeigt sich primär in Michels' methodischer Herangehensweise, wie sie in seiner Kritik der Brautstandsmoral und der Prostitution eindrücklich angelegt ist. Die dortigen Analysen sind durch eine Mischung aus Klassenanalyse und kultureller Variation gekennzeichnet, was Kandal als charakteristisch für die Methodik von Michels auf diesem Gebiet bezeichnet (Kandal 1988: 208). Die gesellschaftlichen Moral- und Sexualitätsvorstellungen variieren einerseits klassen- und andererseits kulturspezifisch, was Michels anhand eigener soziologischer Beobachtungen, wie in den „Erotischen Streifzügen" (Michels 1906, dazu auch Arni 2007) oder anhand der Auswertung von Quellenmaterial wie Verlobungskarten (Michels 1903a) elaboriert.

Dennoch betont Michels im Vorwort zur deutschen Edition der *Grenzen* selbst, dass seine dargelegten Schilderungen zwar „[n]icht streng wissenschaftlich", aber wie er hoffe, „nicht ohne wissenschaftliche Bedeutung" (Michels 1911: VIII-IX) seien. Diese Einschätzung führt er in erster Linie auf die Form der Darstellung zurück, bei der er auf „unverständlichen Jargon" und den „lästigen statistischen Apparat" (ebd.: VIII) weitgehend verzichte. Während Michels in der deutschen Version des Vorwortes von auf „Empirie gestützte[n] Beobachtungen [...] überwiegend psychologischer Art" spricht, nimmt er in der englischen Übersetzung eine Verschiebung vor. Dort bestünde das Werk fortan aus empirischen Beobachtungen – „psychological and sociological in character" (Michels 1914: VII). Michels verortet die *Grenzen* explizit und stärker als zuvor in der Soziologie. Diese auf den ersten Blick eher trivial anmutende Verschiebung lohnt eine genauere Betrachtung.

Nach den bisherigen Ausführungen sollte deutlich geworden sein, dass Michels' *Grenzen* in ihrer Herkunftsbestimmung zwischen Frauenbewegung und Soziologie – zwischen politischer Einflussnahme und wissenschaftlichem Erkenntnisgewinn – oszillieren. Anhand der Editionsgeschichten der *Grenzen* lässt sich sowohl dieses Spannungsverhältnis als auch dessen Verschiebung veranschaulichen. Während die deutsche Edition als „Ur-Ausgabe" im „Frauen-Verlag", der als ein randständiges Periodikum der Frauenbewegung zu klassifizieren ist, herausgegeben wurde, sind die vier fremdsprachigen Ausgaben in soziologischen Fachreihen erschienen.[1] Publikationsorte sind in einem gewissen Maße netzwerkabhängig, aber können die benannte Verschiebung nicht wirklich erklären. Gerade der Kosmopolit Michels pflegte neben der deutschen vor allem zur italienischen Frauenbewegung gute Kontakte. Auch angesichts der ausgeprägten internationalen Vernetzung der Frauenbewegung wäre eine Veröffentlichung in Verlagen der Bewegung gewiss zu realisieren gewesen. Dennoch hat sich Michels bei den anderen Editionen offenbar bewusst für soziologische Fachreihen entschieden. An dieser Stelle wird die Sonderstellung der deutschen Edition ersichtlich, die noch stärker als die späteren Übersetzungen mit der Frauenbewegung verbunden war. Mit den anderen Editionen veränderte sich zweifellos der Adressatenbezug, da das Buch sich nun weniger an die Bewegung als an ein wissenschaftliches Fachpublikum richtete.

In diesem Zusammenhang wäre auf die inhaltlichen Verschiebungen in den verschiedenen Editionen einzugehen, was noch stärker als

1 Das sind *Piccola biblioteca di scienze moderne, Bibliothèque Sociologique Internationale, Biblioteca de Cultura Moderna y Contemporánea* und *The Contemporary Science Series.*

vieles andere in diesem Zusammenhang als Forschungsdesiderat auszuweisen ist. Die Übertragung der *Grenzen* in andere Sprachen war nämlich keinesfalls eine reine Übersetzung. Michels nutzte derartige Gelegenheiten, um seine Bücher zu überarbeiten. Bei den *Grenzen* wird schnell ersichtlich, dass die fremdsprachigen Ausgaben einen deutlich größeren Seitenumfang aufweisen als die deutsche Edition. Während letztere 196 Seiten zählt, sind es bei der englischen Edition 288 Seiten, inklusive einem vorher nicht vorhandenen zehnseitigen Kapitel über Sexualerziehung (diesem Band im Anhang beigefügt) und einem separaten Vorwort.

Ein wirklicher Editionsvergleich, der alle Edition einbezieht oder zumindest einzelne systematisch gegenüberstellt, steht weiterhin aus. An dieser Stelle sei nur auf eine inhaltliche Verschiebung hingewiesen, die exemplarisch für eine Veränderung der intendierten Wirkung durch den Autor steht. Im deutschen Vorwort bekennt Michels, dass er die Form der monogamen und unzertrennlichen Familie zwar „als staatliches Zwangsinstitut verwirft, aber [darin] doch ein sittliches Ziel sieht, das gewiß niemals erreicht werden wird, dessen Anstrebung aber zugleich im individuellen wie im kollektiven Interesse der Menschheit liegt" (Michels 1911: VIII). Diese starke normative Grundierung tritt in der englischen Edition etwas in den Hintergrund. Die besagte Formulierung fehlt dort vollständig. In leichter Variation zur deutschen Edition beschränkt sich Michels am Ende des Vorworts auf die Formulierung: „Its aim [der *Grenzen*, Anm. d. Hrsg.] is rather to serve as the meeting-place of a small group of selected and important problems which press themselves upon our attention and urgently demand solution" (Michels 1914b: IX). Der reformerische Charakter ist noch durchaus vorhanden, aber der normative Impuls abgeschwächt.

Über die *Grenzen* hinaus

Mit den *Grenzen* brachte Robert Michels „eine zehnjährige Publizistik zur Sexualmoral und zum Geschlechterverhältnis zum Abschluß" (Genett 2008a: 44). Allerdings ist das Bild dieser frühen Schaffensphase (1900-1911) unvollständig, wenn es auf die *Grenzen* beschränkt bleibt. Die angesprochene Publizistik erstreckte sich auf verschiedene Zeitschriften der deutschen Frauenbewegung. Dabei scheute Michels keinen Flügel der Bewegung und veröffentlichte etwa in der von Helene Lange als Vertreterin des „gemäßigten" bürgerlichen Flügels herausgegebenen „Die Frau" ebenso, wie in den Blättern des „radikalen" bürgerlichen Flügels der Bewegung, darunter „Die Frauenbewegung", herausgegeben von Lily Braun und Minna Cauer, sowie die von der Sexualreformerin Helene Stöcker verantwortete Zeitschrift „Mutterschutz", ab 1908 umbenannt in „Die neue Generation". Nicht zuletzt erschienen zahlreiche Beiträge von ihm in der von Clara Zetkin verantworteten Zeitschrift der proletarischen Frauenbewegung „Die Gleichheit". Es wären gewiss noch weitere Zeitschriften zu nennen, in denen Michels zu diesem Themenkomplex publizierte.

Diese Fülle an Material zeigt Michels' Status als Vielschreiber, der sich aufgrund seiner finanziellen Lage bzw. des Missverhältnisses von Einnahmen und bürgerlichem Lebensstandard seiner Familie zur Überproduktion von Texten gezwungen sah und sich dafür regelmäßig nachts überarbeitete (Genett 2008a: 388). Die häufige Wiederverwertung von Texten war sicherlich teilweise dieser Situation geschuldet. Fest steht, in den *Grenzen* sind zwar einige ältere Aufsätze von Michels erneut verwendet worden, aber vieles wurde auch neu geschrieben. Andere Themen wurden hingegen ausgespart. Zur nach der Jahrhundertwende virulenten Forderung des Frauenwahlrechts äußert sich Michels in den *Grenzen* bspw. nicht, setzte sich aber in einem Artikel in der „Frauenbewegung" (Michels 1902) vehement dafür ein. Ebenso ausgespart bleibt Michels' Beschäftigung mit dem Verhältnis von Sozialismus und Feminismus, welches er in der österreichischen „Arbeiterinnen-Zeitung" für diese Zeit mit verblüffender Klarheit aneinander bindet (Michels 1904). Auch die dezidierte Bewegungspublizistik über die sozialdemokratische und – um einiges umfänglicher – die italienische Frauenbewegung (Michels 1903b, 1903c) finden in den *Grenzen* keinen Platz. Das mag angesichts der sexualmoralischen Schwerpunktsetzung des Werkes erklärbar sein, aber es zeigt, dass es der Aufnahme weiterer Artikel in den Anhang der vorliegenden Ausgabe bedarf, um das Bild der ersten Schaffensphase zu komplettieren.

Die Auswahl der im Anhang präsentierten Artikel, die wir unter verschiedenen Kategorien gruppieren, folgt Kriterien, die bereits angedeutet wurden. Einerseits ergänzen die ausgewählten Schriften die Ausführungen in den *Grenzen* um Aspekte, welche die Michels'sche Publizistik im ersten Jahrzehnt des 20. Jahrhunderts auszeichnen. Andererseits decken die Artikel ein gewisses Spektrum der Periodika ab, in denen Michels zu diesen Themen publizierte. Wir haben uns außerdem für zwei weitere Aufsätze entschieden, die auf den ersten Blick nicht ganz in das Raster passen. Der Beitrag „Zum Problem der Eugenetik" (Michels 1914c) fordert sicherlich die Moralvorstellungen vieler heutiger Leser:innen heraus, thematisiert aber einen Bereich, der auch in der Frauenbewegung um die Jahrhundertwende sowie in der Wissenschaft in unterschiedlichsten Schattierungen von Bedeutung war. Auch wenn uns einige Gedanken aus heutiger Sicht unangebracht, ja erschreckend erscheinen, zeigt sich in diesem Text doch, dass Michels, der auf dem Ersten Internationalen Eugenik Kongress 1912 in London referierte (Michels 1912a), keineswegs die rassenhygienischen Varianten der Eugenik teilte. Der andere Aufsatz, „Zum Problem der Messung der Sittlichkeit" (Michels 1914d), verweist auf den sich wandelnden Charakter von Michels' Beschäftigung mit Sittlichkeitsfragen, die Ende der 1920er Jahre erneut in einer Monographie gipfelte, mit der er, wie er im Vorwort schreibt, noch einmal an das „Studium der Grenzgebiete" anknüpft (Michels 1928: V). In der besagten Schrift sei der „normative Impuls der Sexualreform" schließlich völlig verloren gegangen (Genett 2008a: 44, FN 44). Diese Entwicklung nachzuvollziehen und dabei die Einflüsse der Sexualwissenschaft einzubeziehen, wäre eine spannende künftige Forschungsaufgabe.

Zusätzlich erschien es uns bei diesem Gegenstand geboten, in den Abschnitt „soziale Bewegungen" einen Artikel von Gisela Michels-Lindner, Michels' Ehefrau, über die sozialistische Frauenbewegung in Italien (1906) aufzunehmen. Inhaltlich bewegt sich dieser Beitrag etwa in den Bahnen der Schriften ihres Mannes zum selben Thema. Das soll die Leistung von Michels-Lindner, die Anfang des 20. Jahrhunderts in der SPD als Referentin aktiv war und in der Schriftenreihe des Vereins für Socialpolitik eine Monographie zur *Geschichte der modernen Gemeindebetriebe in Italien* (1909) publizierte, nicht schmälern. Ganz im Gegenteil: Anhand des Beitrags wird deutlich, dass der wissenschaftliche und politische Austausch zum Leben des Ehepaares Michels(-Lindner) dazu gehörte. Die Forderungen nach einem gleichberechtigten Zusammenleben und gegenseitiger Anerkennung beschränkten sich demzufolge nicht auf die Schriften von Michels, sondern übersetzten sich zumindest in einem gewissen Maß auch in dessen Alltagspraktiken.

Der Zugang zu den Artikeln im Anhang war unterschiedlich stark reglementiert. Während derjenige zum Frauenwahlrecht bereits bei Genett (2008b) abgedruckt wurde und zwei weitere durch das Erscheinen in Michels' Essay-Sammlung *Probleme der Sozialphilosophie* (1914) relativ einfach zugänglich waren, stellte uns die Beschaffung anderer Artikel vor größere Herausforderungen. Alle Aufsätze – bis auf derjenige zum Frauenwahlrecht – erscheinen hier das erste mal nach ihrer Erstveröffentlichung. Die „Ethische Kultur" sowie „Die Gleichheit" sind inzwischen digitalisiert worden und stehen frei verfügbar im Netz. Nach der Recherche des genauen Erscheinungsortes konnten die darin enthaltenen Artikel dadurch einfach beschafft werden. Deutlich schwieriger erwies sich die Beschaffung der Beiträge aus der „Frauenbewegung", der „Arbeiterinnen-Zeitung" sowie der „Frauen-Rundschau". Derjenige zur sozialdemokratischen Frauenbewegung aus der „Frauen-Rundschau" war etwa bis dato überhaupt nicht bekannt. Eine Spur aus der Korrespondenz mit Helene Stöcker (1903) brachte den entscheidenden Hinweis. Ohne die Hilfsbereitschaft einiger Institutionen und Einzelpersonen hätten es einige Artikel – gerade in Pandemiezeiten – wohl kaum in die vorliegende Ausgabe geschafft.

Zum Abschluss dieser Einleitung dürfen daher die entsprechenden Danksagungen nicht fehlen. Zuerst danken wir herzlich der Luigi-Einaudi-Stiftung in Turin und dem dortigen Archivmitarbeiter Guido Mones, der uns trotz der globalen Widrigkeiten unbürokratisch mit Michels' Korrespondenz versorgte. Gleiches gilt für das Archiv der deutschen Frauenbewegung in Kassel, deren Mitarbeiterin Dr. Mirjam Sachse uns unkompliziert und freundschaftlich zur Seite stand. Ein großer Dank geht außerdem an Dr. Janette Friedrich, die uns als verlängerter Arm bei der Beschaffung eines Artikels in Wien behilflich war. Bedanken müssen wir uns auch bei Anne Brückner, die sich nicht scheute, den notwendigen Scan der *Grenzen* aufgrund technischer Tücken gleich zweimal für uns vorzunehmen sowie bei Maria Mandalka, die das Cover für uns designt hat. Einen besonderen Dank sind wir zudem Wolfgang Sohst vom xenomoi Verlag schuldig, der das Projekt in einer angenehmen und unaufgeregten Zusammenarbeit mit uns engagiert vorangetrieben hat. Zuletzt sind wir Prof. Dr. Harald Bluhm zu Dank verpflichtet, der uns vor einiger Zeit auf Michels *Grenzen* aufmerksam machte, den Kontakt zum Verleger herstellte und das Projekt interessiert und beratend begleitete.

Wir hoffen, dass die vorliegende Ausgabe dazu beiträgt, das monolithische Michels-Bild nachhaltig herauszufordern. Die *Grenzen der Geschlechtsmoral* und die damit verbundene Publizistik sind definitiv ein immens unterschätztes Werk, das eine intensivere wissenschaftliche Auseinandersetzung in Zukunft verdient hätte.

***

Als Herausgeber haben wir möglichst gering in die edierten Texte eingegriffen. Offensichtliche Schreib- bzw. Druckfehler in den Textvorlagen sind von uns stillschweigend verbessert, die alte Schreibweise hingegen beibehalten worden. Des Weiteren haben wir, was die von Michels getätigten Hervorhebungen und Literaturangaben in den Fußnoten angeht, für eine gewisse Vereinheitlichung gesorgt und die Vielzahl von im Text verwendeten Fremdwörtern kursiviert.

Literaturverzeichnis

Arni, Caroline: L'amour en Europe. Ein Versuch über Robert Michels' vergleichende Liebeswissenschaft und den Liebesdiskurs in der Moderne, in: dies. (Hrsg.): Der Eigensinn des Materials: Erkundungen sozialer Wirklichkeit. Festschrift für Claudia Honegger zum 60. Geburtstag. Frankfurt am Main 2007, S. 71-89.

– : Seelengesetze mit Gesellschaftswert. Weibliche Subjektwerdung und die Utopie menschlicher Perfektion in der feministisch-sexualreformerischen Liebesethik um 1900, in: Feministische Studien. Zeitschrift für interdisziplinäre Frauen- und Geschlechterforschung, Heft 2/2009, S. 196-209.

Beuys, Barbara: Die neuen Frauen. Revolution im Kaiserreich 1900–1914, München 2014.

Bluhm, Harald: Robert Michels, Zur Soziologie des Parteiwesens (1911), in: Brocker, Manfred (Hrsg.): Geschichte des politischen Denkens. Das 20. Jahrhundert. Berlin 2018, S. 65-79.

Bluhm, Harald/Krause, Skadi : Einleitung. Robert Michels' Soziologie des Parteiwesens, Oligarchien und Eliten – Die Kehrseiten moderner Demokratie, in: dies. (Hrsg.): Robert Michels' Soziologie des Parteiwesens. Oligarchien und Eliten – Die Kehrseiten moderner Demokratie. Wiesbaden 2012, S. 9-19.

Briatte, Anne-Laure: Bevormundete Staatsbürgerinnen. Die ‚radikale' Frauenbewegung im Deut-schen Kaiserreich, Frankfurt am Main 2020.

Eberle, Friedrich: Robert Michels. Zur Soziologie des Parteiwesens in der modernen Demokratie, in: Hofmann, Wilhelm/Riescher, Gisela/ Stammen, Theo (Hrsg.): Hauptwerke der politischen Theorie. Stuttgart 1979, S. 322-325.

Ferraris, Pino: Questione femminile e morale sessuale nell'evoluzione politica di Roberto Michels, in: Faucci, Riccardo (Hrsg.): Roberto Michels. Economia – Sociologia – Politica. Turin 1989, S. 97-122.

Frevert, Ute: Frauen-Geschichte. Zwischen bürgerlicher Verbesserung und neuer Weiblichkeit, Frankfurt am Main 1986.

Genett, Timm: Robert Michels in der italienischen Diskussion der Achtziger und Neunziger Jahre, in: Politische Vierteljahresschrift, Heft 4/1995, S. 727-735.

– : Der Fremde im Kriege. Zur politischen Theorie und Biographie von Robert Michels 1876-1936. Berlin 2008a.

– : Robert Michels. Pionier der sozialen Bewegungsforschung, in: ders. (Hrsg.): Soziale Bewegungen zwischen Dynamik und Erstarrung. Berlin 2008b, S. 11-69.

Geske, Hans: Oligarchie, Faschismus... Feminismus? Ein neuer Blick auf Robert Michels, in: Berliner Debatte Initial, Heft 3/2020, S. 99-109.

Kandal, Terry R.: The Woman Question in Classical Sociological Theory. Miami 1988.

– : Robert Michels' Sexual Ethics, in: Society, Jg. 38, März/April 2001, S. 60-66.

– : From Egalitarian Sexual Ethics to Gender Politics. An Evaluation of Michels' Contribution, in: Michels, Robert: Sexual Ethics. A Study of Borderland Questions. With a new introduction by Terry R. Kandal. London/New York 2002, S. xi-lxv.

Kelikian, Alice: Science, gender and moral ascendancy in liberal Italy, in: Journal of Modern Italian Studies, Heft 3/1996, S. 377-389.

Michels-Lindner, Gisela: Die sozialistische Frauenbewegung in Italien, in: Die Gleichheit, Jg. 16, Nr. 22, 31. Oktober 1906, S. 153.

– : Geschichte der modernen Gemeindebetriebe in Italien. Leipzig 1909.

Mitzman, Arthur: Sociology and Estrangement. Three Sociologists of Imperial Germany. With a New Introduction by the Author. New Brunswick/Oxford 1987 [1973].

Neuman, Robert: The Sexual Question and Social Democracy in Imperial Germany, in: Journal of Social History, Jg. 7, Heft 3/1974, S. 271-286.

Nipperdey, Thomas: Deutsche Gesellschaftsgeschichte, 1866-1918 , Bd. 1: Arbeitswelt und Bürgergeist. München 1991.

Pfetsch, Frank: Theoretiker der Politik. Von Platon bis Habermas. Paderborn 2003.

Quataert, Jean H.: Reluctant Feminists In German Social Democracy, 1885-1917. Princeton 1979.

Quine, Maria Sophia: From Malthus to Mussolini. The Italian Eugenics Movement and Fascist Population Policy 1890-1938. London 1990.

Richter, Hedwig: Aufbruch in die Moderne: Reform und Massenpolitisierung im Kaiserreich. Berlin 2021.

Rieß, Rolf (Hrgs.): Robert Michels: Der Patriotismus. Prolegomena zu seiner soziologischen Analyse. Mit einer Einführung und einem Nachwort von Rolf Rieß. Berlin 2013.

Scharinger, Manfred: Proletarische Frauenbewegung. Kritische Bilanz und politische Lehren, Wien 2009.

Siri, Jasmin: Parteien. Zur Soziologie einer politischen Form. Wiesbaden 2012.

Streichhahn, Vincent: Robert Michels' „Sexual Ethics" between Women's Movement, Social Democracy and Sociology. On the Discourse of the „New Sexual Morality" in the German Empire, in: Mohammed, Jowan A./Jacob, Frank (Hrsg.): Marriage Discourses. Historical and Literary Perspectives on Gender Inequality and Patriarchic Exploitation. Berlin 2021, im Erscheinen.

Verwendete Schriften von Robert Michels

Michels, Robert: Frauenstimmrecht – schon heute eine Notwendigkeit, in: Die Frauenbewegung, Jg. 8, Nr. 23, 1. Dezember 1902, S. 177-178.

– : Die Analyse einer Verlobungskarte (Soziales und Ethisches), in: Ethische Kultur, 11. Jg., Nr. 27, 4. Juli 1903a, S. 210-211.

– : Die politische Tätigkeit der sozialdemokratischen Frauen, in: Frauen-Rundschau, Jg. 4, Nr. 21, 1. November 1903b, S. 1045-1048.

– : Rückblick auf die Geschichte der proletarischen Frauenbewegung in Italien, in: Die Gleichheit, Jg. 13, Nr. 1, 1. Januar, S. 2-3; Nr. 2, 14. Januar, S. 11-13; Nr. 5, 25. Februar, S. 36-38; Nr. 8, 8. April, S. 58-60; Nr. 11, 20. Mai, S. 83-85; Nr. 17, 12. August, S. 131-134, alle 1903c. Im letzten Beitrag der Serie wurde eine Fortsetzung angekündigt, die aber nicht erfolgte.

– : Feminismus und Sozialismus, in: Arbeiterinnen Zeitung (Wien), Jg. 13, Nr. 22, 3. November 1904, S. 4-5.

– : Erotische Streifzüge. Deutsche und italienische Liebesformen. Aus dem Pariser Liebesleben, in: Mutterschutz. Zeitschrift zur Reform der sexuellen Ethik, Jg. 2, Nr. 9, 1906, S. 362-374.

– : Die Grenzen der Geschlechtsmoral. Prolegomena. Gedanken und Untersuchungen. München/Leipzig 1911a.

– : Zur Soziologie des Parteiwesens in der modernen Demokratie. Untersuchungen über die oligarchischen Tendenzen des Gruppenlebens. Leipzig 1911b.

– : Eugenics in Party Organization, in: The Eugenics Education Society (Hrsg.): Problem in Eugenics. Papers communicted to the First International Eugenics Congress, London 1912a, S. 232-237.

– : I Limiti della Morale Sessuale: Prolegomena: Indagini e Pensieri. Turin 1912b.

– : Amour et Chasteté. Essais Sociologique. Paris 1914a.

– : Sexual Ethics. A Study of Borderland Questions. New York 1914b.

– : Zum Problem der Eugenetik, in: Michels, Robert: Probleme der Sozialphilosophie. Leipzig/Berlin 1914c, S. 44-53.

– : Zum Problem der Messung der Sittlichkeit: Michels, Robert: Probleme der Sozialphilosophie. Leipzig/Berlin 1914d, S. 85-93.

– : Sittlichkeit in Ziffern? Kritik der Moralstatistik, Berlin 1928.

– : Der Patriotismus. Prolegomena zu seiner soziologischen Analyse. München/Leipzig 1929.

– : Amor y castidad. Los limites de la moral sexual, Barcelona, Erscheinungsjahr unbekannt.

Archivio Roberto Michels der Fondazione Luigi Einaudi (ARMFE), Turin:

Brief von Gabriela von Lieber an Robert Michels vom 3. Februar 1910.

Brief von Gabriele von Lieber an Robert Michels, 22. Februar 1915.

Brief von Helene Stöcker an Robert Michels vom 18. Juli 1903.

Brief von Helene Stöcker an Robert Michels vom 21. Dezember 1908.

Brief von Helene Stöcker an Robert Michels vom 22. Juni 1909.

Brief von Helene Stöcker an Robert Michels vom 7. Mai 1923.

DIE GRENZEN DER GESCHLECHTSMORAL

Prolegomena
Gedanken und Untersuchungen

von
ROBERT MICHELS

Neudruck der 1. Auflage im
Frauenverlag, München · Leipzig 1911

A te,
Manon,
mia piccola prediletta,
quando,
tra due o tre lustri,
prima di azzardarti sul mare burrascoso
della vita
ne vorrai conoscere,
per quanto è possibile,
gli scogli,
in senso di amor paterno
e di fraterna sfida
dedico.

VORWORT

Die Schrift, die hiermit der Öffentlichkeit übergeben wird, ist das Resultat langjähriger Beobachtungen eines Mannes, der über die sexualen Probleme von jüngster Jugend auf viel und ernst nachgedacht hat; der in seinen Studien auf dem Gebiete der Volkswirtschaft und der Geschichte hinter den Fragen, die sich mit dem *Sein* der Menschen befassen, immer wieder die Grundfrage nach dem *Werden* der Menschen hervorleuchten sah; der als Kommilitone zuerst, als Dozent später, die akademische Jugend, einerlei ob unter dem stahlgrauen Wolkenhimmel des stahlharten Germanenvolkes, ob im violetten Tonbad des Pariser Lebens im Quartier Latin oder ob unter der glühenden Sonne der begeisterungsfähigen Söhne Italiens, immer mit dem gleichen unlösbaren Problem im Kampfe liegen sah, junge Liebe mit alter Sitte zu versöhnen; den der Umgang mit reizvollen und klugen Frauen, welcher, ohne sich mit dem zu decken, was man heute unter dem Worte Liebe versteht, auf dem Boden der geschlechtlichen Verschiedenheit erwachsen ist und aus ihr seine intimsten Reize zieht, Bedürfnis der Sinne und des Intellektes ist; der diesen Umgang in vieler Herren Ländern und mit Frauen aller Stände und aller Weltanschauungen gepflogen hat und sich freut, daß ihm daraus manche dauernde Freundschaft entsprossen ist; der vieles gesehen und vieles erlebt hat und dessen unbezwingliche psychologische Neugier ihn in mancherlei merkwürdige Lagen brachte; der seine Frau, die ihm in harten Kämpfen treue Kameradin war und in ernster Arbeit treue und selbstständige Gefährtin ist, mit der Liebe dessen, der sich des Wertes des Objektes dieser bewußt ist, über alles hält, und seinen Töchtern und seinem Sohne nicht nur ein treuer Vater, sondern, was mehr ist, einst ein guter und, soweit möglich, unzertrennlicher und lustiger Freund sein zu können hofft; der in der monogamischen und unzertrennlichen Familie zwar die Form als staatliches Zwangsinstitut verwirft, aber doch ein sittliches Ziel sieht, das gewiß niemals erreicht werden wird, dessen Anstrebung aber zugleich im individuellen wie im kollektiven Interesse der Menschheit liegt und beiden gleicherweise Früchte bringt; der aber dafür hält, daß ernste Fragen in freier Sprache zur Erörterung gebracht werden.

Auf Empirie gestützte Beobachtungen also, überwiegend psychologischer Art.[2] Nicht streng wissenschaftlich, d.h. wenn auch keineswegs ohne Hilfe der vertrauten Sozialwissenschaften, so doch mit möglichster Umgehung des der Beschreibung lästigen statistischen Apparates und nicht in dem den gebildeten Massen unverständlichem Jargon verfaßt.[3] Wohl aber, wie ich hoffe, nicht ohne wissenschaftliche Bedeu-

2 Einige Kapitelteile (in Teil II, Kap. 1-3, in Teil III, Kap. 3) sind ein, allerdings stark veränderter und vermehrter, Nachdruck von früheren Artikeln, die ich in den Zeitschriften Mutterschutz und Neue Generation (Red. Dr. Helene Stöcker) veröffentlicht habe.

3 Für den, der den sexualpsychologischen Wert der Meisterwerke der belletristischen Literatur kennt, dürfte es nichts Merkwürdiges sein, daß ich in meinen Fußnoten des öfteren auf dichterische und schriftstellerische Erzeugnisse Bezug genommen habe. Sehr mit Recht sagt Werner Sombart, der Nationalökonom, in einem Vergleich des Berufsgelehrten mit dem Dichter: „Im Grunde ist das, was beide tun, nicht so arg verschieden, wie man oft uns glauben machen möchte. Die Form der Mitteilung ist verschieden, nicht die Sache, von der sie uns Kunde geben. Wenn wir

tung, insofern ich bemüht gewesen bin, auf einige besondere Probleme aufmerksam zu machen, die auch in im engeren Sinne wissenschaftlichen Untersuchungen keinen oder doch nicht den ihnen gebührenden Platz erhalten haben.

Zum Schluß noch eine unumwundene Erklärung.

Dieses Buch wurde nicht für solche Leser geschrieben, welche die Probleme der sexuellen Moral in ihrem Kopfe auf Grund eines vorgefaßten Dogmas – möge dieses Dogma nun christlich-bibelgläubig, Darwin-Häckelisch, libertär oder libertin sein – bereits gelöst haben. Es soll umgekehrt der Sammelplatz einer kleinen Schar auserwählt wichtiger Fragen sein, die sich in ihm ein Stelldichein gegeben haben und sich nun in ihm tummeln. Der Leser soll sie kennen lernen, beobachten, prüfen. Das Prämiß dazu ist die unumwundene Anerkennung nicht nur ihrer Existenz, sondern ihrer Ungelöstheit. Die Schrift unterscheidet sich von den meisten anderen über die gleiche Materie verfaßten ganz wesentlich dadurch, daß ihr Verfasser aus der Tatsache, daß er sich mit *Grenz*gebieten zu beschäftigen hatte, die notwendige Konsequenz ziehen zu müssen glaubte, trotz seines zu klarer Verneinung oder Bejahung neigenden Charakters, von einigen Fällen, in denen es ihm sittliche Pflicht schien, Urteile zu fällen und Entscheidungen zu treffen, abgesehen, mehr zu *fragen* als zu *antworten*, mehr Probleme zu *stellen* als Probleme zu *lösen*.

Turin, im Sommer 1910.

---

uns nur immer bewußt bleiben, daß alle Begriffs- und Systembildungen, alle Gesetzesmacherei usw. bei der Erforschung von Menschenschicksalen nur rein technischer Hilfsapparat sind, so werden wir dieser äußeren Form nicht das entscheidende Gewicht beilegen, wie es unsere Professoren tun. Wenn nun ein Mann mit geheimnisvoller Scheu, wie Zola, in die innersten Zusammenhänge des Bank- und Börsenwesens, der Bergwerke und Eisenbahnen, der Warenhäuser und Handwerksbetriebe Einblick gewinnt und uns in künstlerischer Form mitteilt, was er gesehen hat: ist das nicht tausendmal mehr ‚Erkenntnis' als die sterile Begriffsspielerei, mit der uns ein ausgedorrter Professor in seinem gelehrten Traktat ödet, ohne daß es ihm gelänge, irgend etwas Relevantes von der Wirklichkeit aussagen zu können?" (Werner Sombart: *Karl Marx und die soziale Wissenschaft*, Archiv f. Sozialw., Bd. XXVI, Heft 2, p. 449). Was hier von nationalökonomischer Erkenntnis gesagt ist, gilt natürlich in noch weit höherem Grade von der psychologischen und sexualpsychologischen Analyse, die geradezu in den Berufsbereich der Dichter und Romanciers gehört, und in welcher viele von ihnen Bedeutendes, wenn auch noch nicht genügend Gewürdigtes, geleistet haben.

INHALTSVERZEICHNIS

VIERTER TEIL: EHELICHE GRENZPROBLEME

EINIGE VORBEMERKUNGEN

Dem Roman oder auch der wissenschaftlichen Abhandlung, die lediglich zum Zwecke sexueller Aufregung geschrieben sind, darf rechtlicherseits mit scharfen Mitteln begegnet werden, um so mehr, als ihnen meist der Makel eines auf diese Weise leichter zu erreichenden geschäftlichen Profites anhaftet, sintemalen, wie Friedrich Theodor Vischer mit Recht bemerkte, jeder Elende der Wirkung sicher ist, wenn er mit sexuellen Reizen operiert, denn: wie dickhäutig ein Leser auch sein mag, Geschlechtsnerven besitzt er doch.[4] Gute achtzig Prozent der schriftstellerischen Erzeugnisse sexueller Natur, die, je nach den in den einzelnen Ländern und Städten vorhandenen Gewohnheiten und Polizeiverordnungen, öffentlich oder unter der Hand feilgeboten werden, könnte getrost zu Grunde gehen, ohne daß demokratische Bänkelsänger deshalb ein Recht hätten, die Vernichter dieses Schundes des Hochverrats an der Kunst anzuklagen. Freilich darf der Gesichtspunkt, unter welchem der Kreuzzug gegen die Schundliteratur unternommen wird, nicht ein einseitig moralischer, sondern muß mit künstlerischen Kriterien durchwirkt sein. Ich zürne mir noch heute, daß ich vor einigen Jahren in den Säulenhallen des Innenhofes der Uffizien in Florenz das mir von einem Händler angebotene Album verbotener Nacktphotographien von in allen Stellungen begangenen Liebesakten, in welchem neben neunzehn widerlich gemeinen Zerrbildern der Liebe sich ein dem dargestellten Tatbestand nach ebenso gemeines, aber durch die Körperschönheit und künstlerische Pose wie einen gewissen Ausdruck der Innerlichkeit des dargestellten Paares geadeltes Bild befand, aus falscher Scham ausgeschlagen und mich so um den Besitz eines ästhetischen Genusses gebracht habe.

Vor allem aber ist eines zu beachten: die Unmöglichkeit, durch den Kampf gegen den Schund die Geschlechtssünde aus der Welt zu schaffen oder auch nur wesentlich einzudämmen. Die Sittlichkeitsfanatiker sehen in der Schundliteratur – einem Begriff, dem sie außerdem eine pietistisch-spießbürgerliche Auslegung geben – ein Werk des Teufels, das es gelte zu verbrennen, um damit den Teufel selbst zu vernichten. Sie sind jenen Hinterwäldlern vergleichbar, die die Ursache der Krankheit in der Existenz der Ärzte sehen, oder jenen Klugschwätzern, die das Umsichgreifen der Delikte der wachsenden Anzahl der Rechtsanwälte zuschreiben, oder jenem geisteskrank gewordenen Philosophen, der für den ra-

4 Friedrich Theodor Vischer: *Auch Einer*. 3. Aufl. Stuttgart u. Leipzig 1884. Bd. II, p. 364.

senden Lauf der Zeit und das dadurch hervorgerufene frühe Altern der Menschheit die Uhrmacher verantwortlich machte. Der Krieg gegen die Pornographie wird nicht durch die Verfolgung der Pornographen entschieden, sondern durch eine Reinigung und vor allen Dingen – wenn der Ausdruck gestattet ist – durch eine Verehrlichung der geschlechtlichen Beziehungen zwischen den Menschen, und, da diese Beziehungen nur ein wenn auch wichtiges Glied in der Kette der menschlichen Beziehungen bedeuten, durch eine Versittlichung des gesamten Lebens, nicht zuletzt auf wirtschaftlichem Gebiete. Eigentümlich ist, daß heute zur Bezeichnung heikler Dinge vielfach das Fremdwort herhalten muß. So redet man im Deutschen von *Demimonde, Roué, Alphonse* (statt des gut deutschen Wortes Zuhälter), desgleichen in Italien von *Souteneurs* (statt der gut italienischen Worte *ruffiano* und *mezzano*)[5]; in Frankreich war am Anfang des 19. Jahrhunderts zur Bezeichnung eines Wüstlings (*libertin, débauché, noceur*) eine Zeitlang das englische Wort *lovelace* Mode. Das bedeutet nicht, daß es in Deutschland, Frankreich, Italien an den betreffenden Dingen gefehlt habe oder daß man sie dort erst gleichzeitig mit der fremden Bezeichnung durch Import aus dem Auslande kennen gelernt habe. Daß man die Dinge auch im eigenen Lande sehr gut kannte, beweist der Umstand, daß dort schon längst eigensprachliche Ausdrücke für sie vorhanden waren, bevor man die fremden anwenden lernte. Der Gebrauch fremder Ausdrücke für heikle Gegenstände gilt aber für eleganter und weniger anstößig, ja, für sie durch ihren fremden Klang verfeinernd, während die Bezeichnungen des eigenen Sprachschatzes als brutal empfunden werden und nach der Gosse schmecken. Das Wort Mätresse wird der Deutsche im Salon gebrauchen, das Wort Metze nicht. Gleichzeitig wird der terminus durch seine Bezeichnung in fremder Sprache häufig nur einem kleinen gebildeten Kreis verständlich und erscheint deshalb als nicht allen gemeinsam, also nicht als gemein. Deutsche, Italiener und Slaven zitieren gern und ungestraft anstößige Sätze, Verse und Sprichwörter in französischer Sprache, während sie die gleichen Dinge in der eigenen Sprache nur in intimem Männergespräch beim rechten Namen nennen. Die Ärzte sprechen mit ihren Patientinnen über Geschlechtskrankheiten und sonstige das Geschlechtsleben berührende Angelegenheiten zwar in ihrer Landessprache – schon, weil heute erstere ihr Latein verlernt, letztere das ihre noch nicht genügend gelernt haben – drücken aber nur die Verben und allenfalls Adjektive in der Muttersprache aus,

5 Für den von der Dirne ausgehaltenen Burschen bestehen sogar in den einzelnen Städten Italiens verschiedene, stets sehr bezeichnende Ausdrücke, so in Rom *magnaccia* (etwa Mitfresser), in Neapel *ricottaro*, in Turin *gargagnan*.

während sie alle Subjektive in griechisch-lateinischer Terminologie schonend verhüllen und heben. In seinem schlüpfrigen Roman *Les Bijoux Indiscrets* wagte Diderot weder dem Publikum noch der Zensur gegenüber die alles Denkbare überschreitende Erzählung der Liebesirrfahrten der Favorite des Sultans in französischer Sprache wiederzugeben. Er brach deshalb den französischen Teil da, wo die Schlüpfrigkeit der Erzählung aufs höchste steigt, ab, und fuhr fünf Seiten lang, je nach dem Lande, von welchem der Reise- und Liebesabenteuerbericht handelt, abwechselnd in lateinischer, englischer, italienischer und spanischer Sprache fort.[6] Auf diese Weise entschlüpfte er der nachprüfenden Preßpolizei und schränkte gleichzeitig den Kreis der Leser dieser Stellen auf einige wenige Polyglotten ein. Ich selber habe die Bändchen des Romans in einer alten guten Ausgabe für vier Sous bei einem der berühmten Pariser *bouquinistes des Quais* am Institut erstanden, nachdem sie Hunderten von *petits soldats* und *collégiens* durch die Hände gegangen und von allen verschmäht worden waren, trotzdem vielleicht fünfundsiebzig Prozent unter ihnen auf der Suche nach ähnlichem Stoff befindlich war und an den Erwerb eines so über alle Begriffe gepfefferten Werkes ihre ganze Barschaft gesetzt haben würde, wenn ihnen die fremden Sprachen den Schatz nicht als solchen unkenntlich gemacht hätten.

Die sichere Grundlage zu aller Berührung sexueller Gegenstände liegt im natürlichen Empfinden. Ein Volk, das die Geschlechtlichkeit als natürlich empfindet, wird mit ihr seltener verbotenen Mißbrauch treiben. Darum ist der Südländer, der in vieler Hinsicht vielleicht sinnlicher ist, weniger zu Zotenreißerei und Pornographie gestimmt als der Nordländer. Das zeigt uns ein Blick auf die Behandlung des Geschlechtslebens in Italien.

Wie uns ein Biograph des Meister Johannes Brahms erzählt, entzückte es diesen in Italien jedesmal besonders, sich monatelang immer wieder inmitten eines Volkes zu bewegen, „das keines sonderlichen Bildungsschliffes nach den Anstandsregeln der höheren Gesellschaftsklassen bedarf, um in den meisten Lebensäußerungen anmutsvoll und schön zu bleiben, ja, das in dieser Richtung seiner selbst so sicher ist, daß es sich in jedem Momente ohne Berechnung natürlich gehaben kann."[7] Natürlichkeit ist in der Tat der hervorspringendste Charakterzug im italienischen Wesen. Nicht, daß Natürlichkeit immer identisch mit Ehrlichkeit wäre. Betrüger gibt es in Italien vielleicht mehr noch als anderswo. Aber die Art

---

6 Ausg. Paris 1797, p. 223ff.

7 Josef Viktor Widmann: „Brahms in Italien", in: *Die Deutsche Rundschau,* Jg. XXIII, Juni 1897, p. 62.

und Weise des Umgangs, ja des Betrugs selber, geschieht dort auf eine natürliche, man wäre versucht zu sagen harmlose Weise, wie denn auch ganz folgerichtig andererseits die komplizierten, mit tausend Vorsichtsmaßregeln, Räsonnements und Raffinements ausgeübten Räubereien, wie sie die Polizei in Wien, Paris, Berlin, London und noch mehr im angelsächsischen Amerika beschäftigen, in Italien immerhin seltener sind.

Die offene Natürlichkeit ist ein Erbgut des italienischen Volkes in allen Dingen. In keinem anderen Land der Welt spielen ästhetische Begriffe – Schönheit und Häßlichkeit – eine so bedeutende Rolle im Volksleben wie in Italien. Einem eifrigen und gebildeten sozialistischen Kandidaten zum Parlament, seines Zeichens Arzt und seiner Rasse nach Jude, wurde in einem Wahlkreis die Agitation allmählich großenteils deshalb unmöglich gemacht, weil seine körperliche Häßlichkeit das nicht nur freiheits- sondern auch schönheitsdürstende Volk allzu sehr abstieß. Nirgends wird ein schöner Mensch so offen als solcher angestaunt, ein häßlicher Mensch als solcher, zwar nicht beschimpft, aber doch bemitleidet, als auf der Apenninenhalbinsel. Der vorhin erwähnte sozialistische Arzt, der einmal im Freundeskreise davon sprach, einem deutschen Kongreß beizuwohnen, mußte sich allen Ernstes den Rat gefallen lassen, seine Absicht doch lieber aufzugeben, da sich die Deutschen sonst von italienischer Männerschönheit einen zu unvorteilhaften Begriff bilden würden. Ein anderes Beispiel: Schreiber dieses machte vor etwa 8 Jahren mit einem Freunde, dessen jahrelange Angehörigkeit zu einem studentischen Korps sich durch ein arg zerhauenes Gesicht dokumentierte und der vielleicht auch sonst kein Apollo war, eine Tour durch Venetien. Wie oft ist es uns da nicht begegnet, daß sich Frauen und Kinder um unseren Kaffeetisch scharten, meinen Freund begafften und sich dann, nicht etwa in beleidigender Absicht, sondern lediglich als Konstatierung einer unumstößlichen Tatsache ein um das andere Mal die Worte zuriefen: „Ma com'è brutto costui!" (Wie häßlich ist doch jener Mensch!)

Es fehlt in Italien ein guter Teil der falschen gesellschaftlichen Hypokrisie. Der geistvolle Kritiker Friedrich Theodor Vischer, der doch sicherlich nicht zu den unbedingten Italienbegeisterten gezählt werden kann, spricht in seinen Studien sehr mit Recht rühmend von der „unverwüstlichen antiken Naivität", dem „natürlichen Pathos" und dem „angeborenen adeligen Wesen in den Formen" jener „geistigen Naturwesen" von Italienern, unter denen es keine affektierten Menschen gäbe.[8] Dem ist tatsächlich so. Dem im Hospiz übernachtenden

8 Friedrich Theodor Vischer: *Kritische Gänge. Neue Folge.* 1861 u. 1866. I, p. 178ff. und VI, p. 169ff.

Fremden zeigt die Nonne, ohne zu erröten und ohne Hintergedanken, ruhigen Blickes den *cesso*. Auf einem Diner, zu welchem auch Schreiber dieses eingeladen war, machte der Gastgeber – es war allerdings obendrein noch ein Arzt – seine Gäste vor dem Niedersetzen zu Tisch mit wissenschaftlicher Miene auf das nahe gelegene *water closet* aufmerksam. Niemand von den Geladenen hat das unangenehm empfunden. Auch im Aussprechen geschlechtlicher Dinge herrscht in Italien wenig Prüderie. Mit einer schwangeren Frau von ihrer Schwangerschaft zu sprechen, gilt auch einer Fremden gegenüber nicht als unanständig. In Piemont existiert in den höheren Schichten der Gesellschaft noch die merkwürdige Sprachsitte, den Ausdruck des Kinderbekommens, das heißt Kindergebärens durch den des Kinderkaufens zu umgehen. „Signora A. B. hat heute ein Kind gekauft (comperato un bambino)", ist dort die stehende Redensart. Dieser einen provinziell beschränkten konventionellen Unehrlichkeit steht aber die große Regel der Wortfreiheit gegenüber. Der Storchglauben existiert in Italien selbst im Kopfe der kleinsten Kinder nicht. In Süditalien läßt man Knaben wie Mädchen aufwachsen, ohne ihnen die geschlechtlichen Dinge überhaupt auch nur im geringsten zu verhüllen. Im allgemeinen macht der Italiener bei Erwähnung geschlechtlicher Vorgänge wenig Umstände. Eine französische Sozialistin, die auf dem Wege nach dem Friedenskongreß in Rom (Sept. 1900) Italien durchquerte[9], wunderte sich sehr, über die Geburt des Thronerben aus dem Munde einer keuschen italienischen Jungfrau die Worte gehört zu haben: „Questa volta la regina ha fatto un maschio!" (Diesmal hat die Königin aber ein Männchen gemacht!). Sie nennt eine derartige Ausdrucksweise eine „brutale précision de la langue italienne". Diese brutale Präzision wird vom Italiener in diesem Zusammenhang aber stets gepflegt. Die italienischen Frauen „bekommen" keine Kinder, sondern „machen" sie, und zwar entweder Männchen oder Weibchen. Auch die Dame der Gesellschaft scheut sich nicht, den Naturvorgang mit der richtigen Bezeichnung zu belegen.

Ursprung und Äußerung der italienischen *schiettezza* hat Wilhelm Müller mit treffenden Worten geschildert: „Dieser innige ununterbrochene Umgang mit der Natur gibt dem römischen Volke aber jene Freiheit und Offenheit, jene Klarheit und Nacktheit in Wort und Tat, die gegen die sittliche und gesellige Herkömmlichkeit des verhüllten Nordens so schroff absticht... Die römische Unschuld hat noch klare und bestimmte Worte, wo die nordische errötet, stammelt, die Augen

9 Louise Georges-Renard: „En voyage de Lugano à Rome", in: *Petite Republique Socialiste*, No. 10 393 (27. Sept. 1904).

niederschlägt, verstummt."[10] Daher gebricht es dem Ausländer auch so leicht am Maßstab, wenn er sich unterfangen will, Italienisches zu werten. Fremde haben früher häufig die Ausgelassenheit des – jetzt leider immer mehr aussterbenden – italienischen Karnevals gerügt. Das Wort Ausgelassenheit kann zwar auch hier nur in dem wörtlichsten Sinne genommen werden, daß sich die italienischen Masken im Karneval eben „auslassen", das heißt mehr wie sonst im Alltagsleben der Freude und dem Lebensgenuß die Zügel schießen lassen, nicht aber, wie jeder Jurist es bescheinigen könnte, in dem Sinne, daß Verbrechen und Vergehen gegen die sogenannten guten Sitten, den Besitz oder gar Leib und Leben sich in jenen Tagen irgendwie bemerkenswert steigerten. Im Frohsinn des Festes aber gibt der Italiener allerdings sein Ernstestes und Innerstes ohne Bedenken preis. Philisterhafte Zurückhaltung ist ihm fremd. Doch ist diese Offenheit nicht identisch mit Gemütslosigkeit. Um einen feingeistigen Ausdruck eines der besten Italienkenners, des Deutschrussen Victor Hehn, zu gebrauchen, „der Italiener gibt sein Heiligstes nur, weil er das Bewußtsein hat, daß es ihm doch unverlierbar ist"[11], und Heinrich Heine spricht einmal von der „ausgelassenen Feinheit" des italienischen Volkes.[12] Offenheit ist in Italien nicht, wie in Deutschland, ein Erziehungsfehler, ein Zeichen mangelnder Kinderstube, sondern ein Symptom seelischen Gleichgewichts.

Die Liebe selbst wird, soweit sie sich in der Öffentlichkeit zeigt[13], immer leicht behandelt und bei aller Lebendigkeit immer schicklich. Dem jungen Arndt[14] fiel es auf: „es bleibt immer leichtes Spiel und Berühren, und man greift nicht so dick mit seinen Empfindungen, wodurch der gerade Deutsche gewöhnlich sogleich in dumme Streiche ausplatzt".

In *Eroticis* kann und darf alles gesagt werden, wenn hinter jedem Wort ein sittenstrenger und nach Möglichkeit formenschöner Wille steht. Die mit Anmut gepaarte Offenheit gibt nicht nur dem Leben ein ästhetisches Gepräge, sondern erleichtert auch die Probleme, die sich ihm stellen, durch deren klare Fragestellung und bringt sie somit einer möglichen Lösung näher.

---

10 Wilhelm Müller: *Rom, Römer und Römerinnen*. Berlin 1820. Duncker & Humblot. Bd.. II, p. 31.

11 Victor Hehn: *Italien, Ansichten und Streiflichter*. Berlin 1879. 2. Aufl. Gebr. Bornträger, p. 85.

12 Heinrich Heine: *Reisebilder II. Italien in den sämtlichen Werken*. Hamburg 1890, Hoffmann & Campe. Bd. VI, p. 47.

13 Vgl. in diesem Band, p. 33 [d.h. hier S. 51].

14 Ernst Moritz Arndt: *Bruchstücke aus einer Reise durch einen Theil Italiens im Herbst und Winter 1798 und 1799*. Leipzig 1801. G. Gräff, p. 181.

Erster Teil
Allgemeine erotische Grenzprobleme

Erstes Kapitel
Hunger und Liebe

Die Geschlechtsliebe ist ein Bedürfnis des Menschen. Deshalb kann Keuschheit wohl praktischen Nutzwert besitzen. Aber nur als Mittel zu höheren Zwecken. Als Selbstzweck ist sie naturwidrig und unsinnig. Das Bedürfnis besteht in dem immanenten Drang nach Befriedigung des Triebes, welchen wie jedes andere Organ des menschlichen Körpers, dessen Einzelteile stets nach Ablauf ihrer Tätigkeit und normalem Gebrauche streben, auch die Organe des Geschlechtsapparates besitzen. Dieser Drang, der vielfach unbewußt ist, und der von jedem normalen Menschen empfunden wird, ist häufig mit dem Gefühl des Hungers verglichen worden, um dadurch seine Gradstärke und absolute Notwendigkeit anzugeben. In der Tat trifft sich der Geschlechtstrieb mit dem Hunger darin, daß er im Naturzustande nicht wählerisch ist. Setzen wir einen beliebigen Mann mit einem beliebigen Mädchen als einzige menschliche Lebewesen in ein einsames und isoliertes amerikanisches Farmhaus, so sorgt die Natur ihres Trieblebens dafür, daß sie sich in kurzer Frist begatten. Die primitive Liebe entspringt aus der Geschlechtsverschiedenheit und der daraus resultierenden Anziehungskraft. Vorliebe entsteht erst bei Auswahl. Die Liebe nimmt erst höhere Formen an, wenn die Möglichkeit der Wahl gegeben ist.

Die Auswahl ist aber in der Kultur groß, und zum Teil so mühelos, daß sie die Auserwählte zwingen kann, auch dann dem Manne zu Willen zu sein, wenn sie zwar nicht will, aber doch an ihn innerlich so gebunden ist, daß sie seinen Verlust über alles fürchtet.

In Halle sah ich einmal folgendes: In einer jener erotikdurchschwängerten Nächte in der Periode der großen Maskenbälle, in denen die ganze Stadt in einen wogenden Ameisenhaufen unzähliger tanzesmüder aber liebeshungriger Liebespärchen verwandelt erscheint und die *Äolsharfe Cupidos* in allen Tönen vom hellsten Jauchzen bis zum heimlichsten Flüstern erklingt, zogen ein junger Mann und ein junges Mädchen in lebhaftes Gespräch versunken durch die Straßen. Was zwischen den beiden verhandelt wurde, konnte ich nicht verstehen. Nur ab und zu klang ein halb energisches, halb weinerliches „Nein, das will ich nicht!“ von weiblicher Stimme zu mir herüber. Das Pärchen diskutierte weiter. Der junge Mann schien sich mit der ihm zuteil gewordenen Antwort auf keinen Fall zufrieden geben und beruhigen zu wollen und begleitete seine Gegenargumente mit heftigem Gebärdenspiel. Plötzlich blieb der junge Mann stehen – sie waren zufällig gerade an der Ecke einer berüchtigten Straße kasernierter Prostitution angelangt – riß sich brüsk vom Arme seines Mädchens los, stand einen Moment, halb drohend, halb hohnlachend, mit einem widerlichen triumphierenden Lächeln um den Mund, das sein hübsches unbärtiges Gesicht ganz verzerrte, still und bog dann anscheinend entschlossen in die dumpfe Gasse ein. Er hatte sich noch keine zwei Schritte weit von der Ecke entfernt, als ihm das Mädchen mit einem gellenden „Nein, das sollst du nicht!“ nachstürzte und ihn am Arm packte. Er versuchte sich los zu reißen und es entspann sich zwischen beiden ein kurzes aber heftiges Ringen. Endlich höre ich, der ich in kurzer Entfernung, von begreiflichem Interesse für den merkwürdigen Vorgang erfüllt, stehen geblieben war, wie das Mädchen dem Manne zuruft: „Komm nur! Es ist ja gut!“ Das war ein Zauberwort, das alle Wogen glättete. Im Nu schmiegte er sich zärtlich an sie, gab ihr einen flüchtigen Kuß auf die Wange, hakte sich ein und flugs war das Pärchen um die nächste Ecke verschwunden. Kein Zweifel, er hatte gesiegt mit Hilfe einer niedrigen Drohung mit schmutziger Untreue und jener so viele Frauen beherrschenden Angst vor dem Verlust des Geliebten, die sie alles, Ehrgefühl und Selbstachtung, vergessen läßt und zu einem willigen Werkzeug in der Hand des Mannes macht.

Bei der Mehrzahl der Menschen tritt der Instinkt der Liebe auch heute noch in roher und platter Form auf. Man liebt nicht das Weib, sondern die Weiber, das heißt das Weibliche. Die einzige oder doch wesentlichste Sehnsucht ist das Bett. Jedes Weib, wenn nicht Alter oder besonders fühlbare und sichtbare körperliche Defekte ihm dieses Charakteristikum nehmen, gilt als vorausbestimmte Beute für den Mann. Denn, wie es im neapolitanischen Volkslied heißt: *L'ommo è cacciatore*.[15] Der Volkswitz hat aus diesen Beständen der erotischen Mentalität der Durchschnittsmenschen in Liebesdingen scharfe und prägnante Sentenzen geformt. So toskanisch: *uomo e donna in stretto luogo è come paglia vicin al fuogo*, oder rheinisch: *Nen Bux op de Leppen macht Fröngschaf unger de Schleppen*. Mit anderen Worten: Das Geschlecht entzündet sich am Geschlecht. Zwischen den verschiedenen Formen der Liebe gibt es

15 In der canzone di Piedigrotta: Margarì. Der Satz entspricht aber nur einer, wie Matilde Serao mitteilt, in Neapel allgemein gebrauchten Redensart (Matilde Serao: *La Ballerina*. Catania 1899. Bd. II, p. 74).

einen Unterschied nicht dem Endziel, nicht der Absicht, sondern nur der Staffel der zurückgelegten Strecke, nur dem verschiedenen Grad des Erfolges oder des Stadiums nach.

Wo immer sich die Menschen von den gewohnten Bahnen anerzogenen und durch Androhungen gewaltiger sozialer Repressalien, unter denen, für die Frau, die grausame Strafe des lebenslänglichen Unverheiratetbleibens obenan steht, künstlich aufrecht erhaltenen Anstandes räumlich entfernen, sehen wir sie natürlicher oder wie man will bestialischer werden. Die europäischen Kulturförderer in Afrika gleichen binnen kurzem in geschlechtssittlicher Beziehung den unzivilisiertesten und wildesten kleinen *Niggerkings* wie ein Haar dem andern. Die steifen englischen *landlords* und *citymen*, welche die in dem letzten dreiviertel Jahrhundert so züchtig gewordenen stillen Freuden Old-Englands verlassen, um ihr *weekend in beautiful Paris* zu verbringen, gelten in den Kreisen der Pariser Prostituierten als Freunde ganz besonders ausschweifender Ausschweifungen. Die deutschen und französischen Dirnen, welche nachts die Straßen um Regentsstreet und Piccadilly Circus bevölkern, sollen einen weit höheren Grad menschlicher Depravation aufweisen als ihre englischen Kolleginnen und selbst als die auf dem Festlande gebliebenen Landsmänninnen.[16] Die emilianischen, an strenge häusliche Zucht gewöhnten Bauerntöchter, die mit den jungen Burschen ihrer Gegend alljährlich auf einige Wochen zur schlecht entlohnten, anstrengenden und gesundheitsgefährdenden Arbeit auf die nassen Reisfelder des Novarese ziehen, vergessen dort, fern von Aufsicht und Elternhaus, schnell die Vorschriften der häuslichen Zucht und des Katechismus, und benutzen die knappe freie Zeit, welche die Arbeit ihnen läßt, zu ausgelassenem Genuß verbotener Liebesfreuden. Einigen Versuchen, die dort üblichen für beide Geschlechter gemeinsamen Schlafscheunen abzuschaffen und durch getrennte zu ersetzen, widersetzten Burschen wie Mädchen sich auf das äußerste, mit der Drohung, die Erschwerung des Liebesgenusses eventuell durch eine Arbeitseinstellung verhindern zu wollen.[17] Am schärfsten aber wird die Stärke der im Menschen schlummernden spontanen Instinkte durch das nicht umzudeutende Verhalten der Heere im Kriege illustriert. Seit

16 Vgl. den Bericht der Miss Hogg auf dem Internationalen Kongreß für Frauenbestrebungen, Protokoll Berlin 1897, Verlag Walther, p. 369.

17 Giovanni Lorenzoni: *I Lavoratori delle Risaie. Inchiesta. Pubblicazione dell' Ufficio del Lavoro della Soc. Umanitaria.* Milano 1904, p. 132. Siehe auch den auf authentisches Material gestützten, in jeder Hinsicht bemerkenswerten Roman der Marchesa Colombi: *In Risaia.* 4. Aufl., Milano 1902, Baldini e Castoldi.

jeher hat Mars die Venus geliebt, und ist ihr auf Schritt und Tritt gefolgt. Von den Landsknechtshorden Carl V. und seiner Zeitgenossen und den Söldnerscharen des Dreißigjährigen Krieges bis in die modernsten Zeiten haben sich ganze Trainkolonnen von Dirnen an die Fersen der kämpfenden Regimenter geheftet. In der neuesten Zeit, in der dieses Unwesen weniger aus moralischen als aus militär-administrativen und militärtechnischen Gründen, wenn auch nicht völlig beseitigt, so doch stark eingedämmt worden ist, ist an seine Stelle eine andere, noch verächtlichere Einrichtung getreten: Die Mitglieder der Armee in Feindesland vergnügen sich mit den Frauen, die sich dazu bereit finden lassen. Die Männer werden als Feinde erschlagen, die Frauen werden, soweit sie willig – und es finden sich stets willige genug – zum Beischlaf begehrt, während zu Hause die Ehefrauen in Todesängsten der Heimkehr der Helden harren und inzwischen ihnen Siegeskränze winden. Im deutsch-französischen Krieg 1870/71 haben die deutschen Vaterlandsretter mit französischen Kokotten phallistische Feste gefeiert.[18] Gleichzeitig rauften sich die französischen Soldaten mit den ihnen aus Italien zu Hilfe geeilten Garibaldianern in den Bordellen von Dijon und rächten die italienischen Offiziere durch zahlreiche Verführung französischer Bürgerfrauen die italienischen Ehemänner, deren Frauen nach Magenta und Solferino den französischen Alliierten um den Hals gefallen waren.[19]

Liebe und Hunger haben also das miteinander gemein, daß die meisten Menschen heftig nach Sättigung ihrer Bedürfnisse verlangen; ferner, daß der große Durchschnitt des männlichen Menschenteiles diesem Triebe im Notfalle mit der gleichen tierischen Wahllosigkeit begegnet.

Der Geschlechtstrieb unterscheidet sich aber vom Hunger in einem so wesentlichen Punkte, daß ihre bedingungslose Inbeziehungsetzung die falschesten Vorstellungen hervorzurufen geeignet ist und, wenn in die Praxis umgesetzt, zu den frivolsten Handlungen verleitet. Der Gegenstand des Hungers ist vegetabilischer oder animalischer Natur. Der Gegenstand des Geschlechtstriebes hingegen ist ein Mensch. Die absolute Geschlechtsliebe ist sittlich so unmeßbar wie der Hunger; sie existiert. Die konkrete Geschlechtsliebe aber muß auf ihre Berechtigung

---

18 Das geht aus den Tagebüchern deutscher Offiziere im Feldzug 1870 zur Genüge hervor, und wird auch von französischer Seite, für welche dieses Phänomen sicherlich nicht ehrenvoller ist, zugegeben (siehe z.B. die Szene in Guy de Maupassant: *Mademoiselle Fifi*, Neudruck Paris 1907, Ollendorff).

19 Siehe die Memoiren von Ettore Socci: *Da Firenze a Digione. Impressioni di un Reduce Garibaldino*. Firenze 1897, Paggi, p. 76ff., p. 257.

hin erst am Gradmesser des kategorischen Imperativs gemessen werden. Mit anderen Worten: die Geschlechtsliebe darf, da sie zwei Personen betrifft, nicht in der Ausnützung der einen durch die andere bestehen. Ihr sind in der Freiwilligkeit beider Teile Schranken gezogen. Danach wäre jeder Geschlechtsgenuß als unsittlich zu betrachten, der unter Verletzung der physischen oder der moralischen Persönlichkeit des Einen vor sich geht. Anwendung brutaler Körperkraft, Benutzung von Gelegenheiten, welche den freien Willen ausschließen, wie Ohnmachten, schwere Krankheiten, geistige Umnachtung, Erzwingung durch Bedrohung mit dem Tode, fallen ohnehin unter das Gesetz. Ebenso die Ausnutzung eines Schutzverhältnisses zu geschlechtlichen Zwecken. Aber auch jede Erreichung des Zieles durch Erweckung falscher Hoffnungen ist, als auf dem Wege des Betruges erreicht, unsittlich. Die englische Verordnung der Bestrafung des *breach of promise* ist daher, wenigstens unter diesem Gesichtswinkel betrachtet, recht und billig. Der Don Juan-Typus, der die Liebe als Zeitvertreib betrachtet und darauf Wert legt, eine möglichst große Zahl von Frauen zu erobern und zu besitzen, mag sittlich keinen besonders hochentwickelten Typus der Mannheit darstellen, aber es läßt sich nicht bestreiten, daß der Mann, sofern er in seinen Liebesverhältnissen dem Mädchen reinen Wein einschenkt, so daß dieses in völliger geistiger Unabhängigkeit *en connaissance de cause* handelt, eines der wesentlichsten Kennzeichen der Sexualsittlichkeit an der Stirn geschrieben trägt: die Ehrlichkeit, die Loyalität.[20] In frei-

20 Einen solchen Typ scheint offenbar Tullio Murri, der 1904 in einem aufsehenerregenden Prozeß als Schwagermörder zu lebenslänglichem Zuchthaus verurteilt wurde und der im Geruche stand, ein skrupelloser Lebemann gewesen zu sein, darzustellen. Er selbst hat folgende wertvolle Angaben gemacht: „M'han dato fra l' altro anche del libertino. Ma è un' ingiustizia. Donnaiuolo si, ma nulla di più; invece mi pare che libertino sia una parola che concluda il concetto di ingannatore, corruttore. Io non ho mai ingannato nissuna donna e non ne ho mai corrotta nissuna. Anche in amore mi sforzavo, come in tutto il resto, di essere onesto e leale. Non ho mai capito, per quale ragione debba punirsi come truffatore un individuo che con inganno si appropria un mazzo di cipolle, e non piuttosto un altro che, promettendo di sposarla truffa l'onore ad una ragazza. E si, che data la mia posizione sociale – Murri war Rechtsanwalt und gehörte einer reichen Gelehrtenfamilie an – per poco che avessi voluto transigere con la mia coscienza avrei potuto soddisfare mirabilmente a qualunque mio desiderio." Auf die Frage, ob sich unter seinen Geliebten nie unberührte junge Mädchen befunden hätten, antwortete Murri: „Non giurerei che ciò non fosse; ma è certo che di ingannate non vene furono. Se avevo sospetto che una donna si facesse illusioni sul conto mio, le dicevo chiaro e tondo: ‚Ricordati

williger Liebe gestillter Sexualhunger widerspricht nicht den Grundprinzipien der Ethik, auch nicht in der freien Liebe. Die Stillung des Geschlechtshungers durch Zwang hingegen ist mit ihnen unvereinbar, auch in der Ehe.

Zweites Kapitel
Vom Wesen und den Grenzen des Schamgefühls

Der mutmaßliche Ursprung des weiblichen Schamgefühls ist als bekannt vorauszusetzen. Er hängt auf das innigste mit dem Beutecharakter des Weibes zusammen. Das Weib wird als Raub des Siegers in Kriegs- und Raubzügen errungen oder gibt sich als Preis dem triumphierenden Rivalen im Einzelkampf. Es hat alle Ursache, vor der Brutalität des Mannes in Sexualibus auf der Hut zu sein. Die Angst vor dem Manne, d.h. vor allen Männern, beherrscht sein Leben. Instinktiv ist es deshalb darauf bedacht, diejenigen Teile des Körpers, welche die männliche Geschlechtslust reizen und es Anfällen aussetzen könnten, vor den Blicken des Mannes zu verstecken. Das Schamgefühl ist demnach eine Folgeerscheinung des Angstgefühls, oder, wenn man will, ein Präventivmittel, eine Sicherheitsmaßregel des Weibes im Kampf gegen die ungeregelte Geschlechtslust des Mannes. Auch heute noch ist der defensive Charakter der Scham offenbar. Erwachsene Frauen empfinden nicht nur vor anderen Frauen, sondern auch vor Kindern und Greisen einen geringeren Grad von Scham als vor erwachsenen Männern.

Es ist vielfach auch behauptet worden, daß das Schamgefühl aus der Abkehr des Menschen vom Tierischen seinen Ursprung habe. Der Mensch verhülle gewisse Organe nur, weil sie ihn an das Tier in ihm erinnern, tierische Funktionen erfüllen. „La pudeur, c'est la honte de l'animalité qui est en nous".[21] Mit diesem Maßstab gemessen wären die Türken und Araber, deren Frauen auch das tierische Werkzeug des

---

di pensare bene ai casi tuoi, perchè non ti sposo.' Così fù che nissuna mai potè muovermi rimprovero alcuno, e ci sono di quelle che, allorchè fui arrestato, già da dieci o dodici anni pur non essendo mie amanti, conservavano con me rapporti di affettuosa amicizia... Dico soltanto che, se si prende l'amore come un passatempo, non ci si deve rivolgere alle donne che in questo passatempo possono perdere qualche cosa di troppo essenziale" (Mario Casalini: *Confessioni di Tullio Murri ad un compagno di cella*. Torino 1905, Piccarolo, p. 124-126).

21 Camille Mélinand: *„La Psychologie de la Pudeur", in: La Revue*. Jg. XII., Nr. 10, p. 397.

Mundes verhüllt tragen, in der Zivilisation am weitesten fortgeschritten, und noch weiter der Wüstenstamm der Tuareghs, bei denen auch die Männer den Mund den Blicken entziehen und also nicht nur, wie die Europäer, die Genitalienscham und Ausleerungsorgane-Scham, sondern auch die Mundscham besitzen.

Trotz seiner prähistorischen Genealogie gehört das Schamgefühl zu den Eigenschaften, die jedem Einzelindividuum anerzogen, von ihm erworben werden müssen. Das normale Kind kennt kein Schamgefühl. Als ich kürzlich mein fünfjähriges, sehr intelligentes Töchterchen Manon, das beim Ausziehen beschäftigt war, so wie sie war, in Hemdchen und Höschen, zu einigen ihr bekannten Freunden in den Salon führte, um gute Nacht zu sagen, sträubte sie sich, weinte und tat sehr unglücklich. Es war ganz offenbar, daß sie sich schämte. Das kam mir ganz wider Erwarten. Wenige Monate zuvor hatte ich sie einigen Malern ganz nackend vorgeführt und sie war sehr guter Dinge geblieben, wie eine kleine Wilde in den verschiedensten Attitüden herumgesprungen und herumgekrochen und hatte auch nicht den leisesten Anflug von Scham gezeigt. Deshalb kam mir der Gedanke, die sich Schämende an ihre frühere Nacktheit zu erinnern und sie dabei zu fragen, warum sie sich gerade heute schäme. Und was antwortet mir die Unschuld? „Nuda, si che mi piace, ma svestita, no, ho vergogna." In gutem Deutsch: „Nackt zu sein, macht mir schon Spaß, aber nicht, unangezogen zu sein. Da schäm ich mich."

Das weibliche Schamgefühl entspringt keinem natürlichen Instinkt. Vischer sagt einmal, das Weib sei schamhafter als der Mann, weil es weniger unschuldig sei, das heißt, weil es schon als Mädchen weit früher das Geschlechtliche kennen lerne und sich seines Geschlechtes weit mehr bewußt sei als er.[22] Gerade das Umgekehrte ist wahr. Das Weib entkleidet sich auf öffentlichen Bällen, ist also schamlos, teils aus ästhetischen Gründen, teils unbewußt, um das Männchen anzuziehen und im Wettbewerb aufzufallen und zu gefallen. Aber gleichzeitig auch, weil es geschlechtlich, trotz etwaiger Erfahrungen, unschuldiger ist als der Mann. Das Ballweib hat keine Ahnung davon, welche Wirkungen sein Zurschaustellen der Brüste auf den Mann ausübt. Es hieße, den Damen unserer guten Gesellschaft ein Zeugnis ausstellen, das sie nicht verdienen, wenn man annehmen wollte, sie seien sich bewußt, die Ursache davon zu sein, daß ein nicht unbeträchtlicher Prozentsatz der jungen Männer, die sie im Ballsaal getroffen, nachher die dort geholte Erregung zu Freudenmädchen tragen. Das Mädchen hat keine klare Vorstellung davon, daß, wie derselbe Vischer, weil er eben als Mann

22 Friedrich Theodor Vischer: *Auch Einer,* loco cit., Bd. II, p. 371.

empfindet, sich an anderer Stelle ausdrückt, sein weit entblößter pulsierender Busen den Eindruck hervorruft, als walle er dem verlangenden Nerv des Mannes entgegen.[23]

Hier wäre die Frage aufzuwerfen, ob Schamhaftigkeit überhaupt ein Index hoher Kultur sei. Schon der Gedanke an die keineswegs dem Schamgefühl Rechnung tragenden Sitten und Gebräuche des kulturschöpferischen Volkes der Hellenen scheint einer Bejahung der Frage zu widerstreiten. Dagegen haben anthropologische Forscher bei sehr niedrig stehenden Völkern einen sehr hohen Grad von Schamgefühl konstatiert. Cesare Lombroso und Mario Carrara berichten uns von dem afrikanischen Stamm der Dinka, daß in ihm die Männer wie die Frauen sich eines äußerst stark entwickelten Schamgefühles erfreuen. Es war nicht einmal möglich durchzusetzen, daß die Männer sich ihre Genitalien, die Weiber ihre Brüste ärztlich befassen und untersuchen ließen. Eine Dinkafrau, die interessante Tätowierungen auf der Brust besaß und welche die genannten Gelehrten deshalb mit besonderem Nachdruck um die Erlaubnis der Untersuchung angingen, blieb auf den bloßen Versuch hin zwei Tage lang traurig und erregbar.[24]

Diese und ähnliche Berichte geben uns einen nur schwachen Anhaltepunkt zur Messung des in einem Volksstamm anzutreffenden Grades an Schamgefühl. Der Schwarze ist dem Weißen gegenüber zurückhaltender, schamhafter, als dem Schwarzen. Es ist überhaupt nicht möglich, will es uns scheinen, das Schamgefühl wissenschaftlich zu analysieren, ohne unter den Entstehungsfaktoren dieses Gefühles auf den ganz eminenten Koeffizienten der Fremdheit und Ungewohntheit hinzuweisen. Der Beruf, der täglich ausgeübt wird und also ständige Gewöhnung an die von ihm geforderten Handlungen zur Begleiterscheinung hat, kann die Scham für bestimmte Fälle ausschalten. Daher gibt es berufliche Schamlosigkeiten, d.h. in bestimmten Berufen und Lebenslagen tritt die Scham durch die Gewöhnung bei Seite. Das Modell posiert nackt vor jungen Männern. Die Dirne zeigt und gibt sich jedem, der ihr die Gunst, die sie zu erweisen hat, mit dem ausbedungenen Lohn bezahlt. Die Mutter empfindet keine innere Hemmung, auch Fremden ihre Brust zu zeigen, solange sie ihr Kind nährt. Aber sie alle sind notwendigerweise nur schamlos im Beruf, sie besitzen keine Scham bezüglich des ihnen zur Ausübung ihres Berufes dienenden Körperteiles und zwar unter Beziehung auf die Art des Dienstes, den sie zu erweisen haben. Die Mutter schämt sich nicht,

---

23 Friedrich Theodor Vischer: *Mode und Cynismus. Beiträge zur Kenntnis unserer Kulturformen und Sittenbegriffe*. 2. Aufl. Stuttgart 1879, Wittwer, p. 68.

24 Cesare Lombroso und Mario Carrara: *Contributo all' Antropologia dei Dinka*. Lanciano 1897, Opuscolo, p. 22.

insofern sie Mutterfunktionen erfüllt, hinter denen ihre Eigenschaft als begehrenswertes Weib weit zurücktritt. Ihre Schamlosigkeit hinsichtlich der Brüste ist eher als ein Mittel zur Abweisung, denn zur geschlechtlichen Erregung der Männer zu werten. Indem sie ihre Brust offen zur Schau trägt, deutet sie unbewußt an, daß ihre Wahl für längere Zeit dem Kinde und nicht dem Manne gilt. Außerdem nehmen die Brüste bekanntlich während der Stillungsperiode physiologisch eine Form an, die sie von ihrer normalen Eigenschaft als Aphrodisiakum im Geschlechtsleben auch äußerlich entfernt. Das Modell zeigt seinen Körper für Geld, aber zunächst nur für ganz bestimmte künstlerische Zwecke. Es kann in allem schamlos werden und zur niedersten Dirne herabsinken – in ihrer Mehrzahl sind die Mädchen dieses Standes gewiß keine Tugendheldinnen – aber zunächst legt es seine Scham nur dem Künstlerauge gegenüber ab. Der große französische Maler Ingres hatte ein Modell, das ruhig vor fünfzig Schülern nackt posierte. Als es aber während einer dieser Sitzungen bemerkte, daß es durch das Fenster von einem auf dem Dach eines naheliegenden Gebäudes befindlichen Arbeiter betrachtet wurde, fuhr es laut schreiend auf und suchte sich zu verstecken.[25] Die Scham, die neben der im Beruf erworbenen, aber sich auf ihn beschränkenden Schamlosigkeit persistierte, hatte sich geregt. Die Dirne, bei der die Scham doch im weitesten Umfange getilgt ist, liebt die ärztliche Untersuchung zumeist nicht nur ob der mit ihr verbundenen vielfachen Unannehmlichkeiten nicht, sondern häufig auch, weil, wie ich annehmen zu können glaube, sie, die dem Geschlechtlichkeit suchenden Mann gegenüber keine Scham kennt, dem ernsten und bekleideten, sie nicht begehrenden, und also sich nicht auf die gleiche Stufe mit ihr stellenden Arzte gegenüber Scham empfindet. Es ist ferner bekannt, wie sehr sich die Mehrzahl der Dirnen der Menstruation schämt.[26] Das Schamgefühl ist also teilbar und zerlegbar. Je nach Beruf, Erziehung, Anlage und Umgebung kann es im gleichen Menschen an einer Stelle vorhanden, an der anderen verloren sein. Eine strenge klerikale Erziehung, die selbst die harmlosesten Worte als Anzüglichkeiten tadelt und verbannt, kann bei laxer und lasziver Charakteranlage Frauentypen erzeugen, deren Sinnlichkeit zwar vor keinem Ehebruch zurückscheut, die aber ganz ehrlich in Ohnmacht fallen, wenn in ihrer Gegenwart Ausdrücke gebraucht werden, die auch nur entfernt an die Dinge erinnern, die sie wortlos jederzeit zu tun bereit sind; ihr Schamgefühl besteht nur vor Worten, nicht vor Handlungen.[27] Beson-

25 Cesare Lombroso und Guglielmo Ferrero: *La Femme Prostituée*, Paris 1893. p. 590.

26 Cesare und Ferrero, loco cit., p. 541.

27 Einen solchen Typ hat Catulle Mendès in einer seiner Skizze *La Pudeur* ge-

ders markantes einseitiges Schamgefühl läßt sich bei sexuell anormal veranlagten Männern beobachten. Jean Jacques Rousseau erzählt uns auf derselben Seite seiner Lebenserinnerungen, daß er während seines Aufenthaltes in Turin 1728/29 in hohem Grade Exhibitionist gewesen sei und daß er im Verkehr mit Frauen, selbst wenn er ihrer Einwilligung im Voraus sicher war, aus Scham nie den geringsten sexuellen Vorschlag zu machen fähig gewesen sei.[28] Also größte Schamlosigkeit gepaart mit größter schamhafter Zurückhaltung. Endlich vermag, bei höher angelegten Naturen, Scham bei Handlungen empfunden zu werden, die von dem Schämigen zwar an sich nicht als schamlos gewertet werden, deren Folgen aber derart sozial schädlich sind, daß sie *a posteriori* Scham hervorrufen, wie die Scham der Ehebrecherin, von der uns Maurice Donnay berichtet, welche ihren Mann nicht liebte und ihr Verhalten für sittlich berechtigt hielt, aber von tiefer Reue erfaßt wurde, als sie merkte, daß ihr heranwachsendes Töchterchen hinter das Geheimnis gekommen war und sich als Mitwissende im Versteckspiel der Mutter sonnte.[29] Doch handelt es sich hier nicht mehr um körperliche, sondern um seelische Scham.[30] In noch anderen Fällen besteht sexuell rückwirkendes Schamgefühl ästhetischer Natur, bei völligem Fehlen des Schamgefühls der Geschlechter. Der Mann, der ein schmutziges Hemd an hat, verzichtet auf eine Eroberung, selbst wenn er sie sonst machen würde. Das Mädchen, das einen ihrer Strümpfe mit einem Faden statt des zersprungenen Strumpfbandes befestigt hat, wird nicht fallen.[31]

Das geschlechtliche Schamgefühl weist nicht nur beruflich, sondern auch der gesellschaftlichen Schicht nach eine verschiedengeartete Gliederung auf. Neben der Berufsscham und der Berufsschamlosigkeit steht die Klassenscham und die Klassenschamlosigkeit. Das Gebiet des Wirkungskreises der Umgebung liegt nicht nur eng umgrenzt in

---

zeichnet (*Les meilleurs Contes de C. Mendès et Georges Courteline*: *La Vie Joyeuse*. Paris 1899, p. 58-64).

28 Jean Jacques Rousseau: *Confessions.* Paris 1868, Garnier, p. 75-76.

29 Maurice Donnay: „La fin du Mois", in: *Gil Blas*, Jg. VII, Nr. 31.

30 Die Dirne schämt sich sogar ihrer bewahrten Jungfräulichkeit, die in ihrem Metier als ebenso verächtlich betrachtet wird als die Schande, welche die Nonne trifft, wenn sie sich Fehltritte hat zuschulden kommen lassen. Junge, geistig schon längst korrupte Mädchen geben sich die größte und raffinierteste Mühe, ihrem ersten Beischläfer, den sie im Bordell oder anderswo treffen, das Faktum ihrer bisherigen Unberührtheit auf alle Weise zu verbergen, ja, sich als routinierte, mit allen Hunden gehetzte Prostituierte zu gerieren (Edmond de Goncourt erzählt in seiner Studie *La Fille Elisa,* Paris 1878, Neuauflage Calman-Lévy, eine ähnliche Begebenheit, p. 20).

31 Théophile Gautier: *Les Jeunes-France,* Paris 1878, Charpender, p. 19.

Wirtschaft und Politik. Er kommt selbst in den Sitten und Gebräuchen des täglichen Lebens zu prägnantem Ausdruck. Ich möchte diese These kurz durch einige dem schier unerschöpflichen diesbezüglichen Material entnommene Beispiele erläutern, welche auf dem wichtigen Gebiet der gesellschaftlichen Geschlechtsmoral liegen.

In mondänen Festlichkeiten, bei allen prunkenden Gelegenheiten erscheint – gleichviel in welchem von den Ländern des christlichen Europa – das Weib aus den Klassen der Besitzenden und Gebildeten in sonderbarer, eigens zu dem Zweck verkürzter Toilette: Arm und Schultern, vielfach auch die Brust bis in die Gegend der Warzen – *gesellschafts*technisch werden diese Körperteile mit der Gesamtbezeichnung „der Hals" genannt – sind frei, den Blicken aller Anwesenden preisgegeben. Diese Sitte soll, wie angegeben wird, ästhetisch schön wirken. Die Blume darf nicht des Stengels entbehren. Auch soll das Kostüm beim Tanzen und zum Aufenthalt in winterlich überheizten Räumen den also Dekostümierten körperliche Erleichterung und Erquickung bieten. Wie dem auch sei, jedenfalls empfinden weder die Damen selber noch die männlichen Mitglieder ihrer Klasse in dem nackten Zurschaustellen selbst jungfräulicher Körper etwas Unsittliches oder Anstößiges. Umgekehrt soll es vorkommen – ich selber wäre in der Lage, aus der Erfahrung meiner Praxis des *life in society* Beispiele dafür anzuführen – daß das Erscheinen einer zu Ball geladenen Dame ohne *Décolletage* vom Gastgeber geradezu als eine Unanständigkeit empfunden wird. Aber trotzdem die Proletarierin nun – in allen Ländern – ihre Geschlechtsgenossinnen aus den höheren Ständen in ihrer Halbnudität sehen kann, und sie als Schneiderin, Kammerzofe, Köchin usw. auch tatsächlich sieht, ahmt sie – die sonst bei dem in den künstlich niedergehaltenen Volksschichten noch herrschenden Servilismus so gern selbst in allem die Dame spielt – jene in diesem Falle doch nicht nach. Zu den zahlreichen Belustigungen ihrer Klasse erscheint sie, von der in ihren Lebensgewohnheiten der besitzenden Welt zuzuzählenden besseren Dirne natürlich abgerechnet, feinsittiglich in hochgeschlossenem Kleidchen. Die Ursache dieser Erscheinung ist keineswegs, wie harmlose Seelen vielleicht annehmen möchten, in dem Umstand zu suchen, daß das Mädchen der unteren Stände, etwa aus pekuniären Gründen, keine ausgeschnittenen Hemden kenne – der Ausschnitt bedeutet doch wohl ein Minus an Stoff und ließe sich überdies auch am Kattunkleidchen bewerkstelligen – oder gar in der Annahme, daß die Männer ihrer Klasse Nacktheit weniger ertragen könnten als die Männer aus der Klasse der Damen, sondern in der Tatsache, daß es der Proletarierin als nicht sittsam, nicht anständig erscheinen würde, sich öffentlich zu entblößen.

Das zweite Beispiel, das ich zum Beweis meiner These heranziehen möchte, betrifft die Brautmoral. Bei den kapitalistischen Schichten unserer Bevölkerung in Europa gilt die Jungfernschaft als ein Kapitalwert. Sie zu verlieren kommt einem finanziellen Verluste gleich, einer Entwertung der Ware Weib auf dem Heiratsmarkt. Den Niederschlag dieser ökonomischen Verhältnisse auf die Sittenbildung heißt man jungfräuliche Ehre. Die Sitte – „Moral" – der oberen Klassen erheischt also gebieterisch die körperliche Reinheit auch von der Braut, selbst ihrem Bräutigam gegenüber, bis zur Ehe. Jeglicher Geschlechtsverkehr ist streng untersagt. Erfolgt er dennoch, so gilt die Braut als „entehrt". Daran wird sogar dann nichts geändert, wenn sie, selbst vor dem Erscheinen des Kindchens als des *corpus delicti*, vom Bräutigam-Vater offiziellstens geheiratet wird, wogegen dieselbe Moral verlangt, daß sich die jungen Leute an einem genau festgelegten und öffentlich gefeierten Tage ohne jegliche, auf dem Gebiet des Liebeslebens doch sittlich so notwendige Übergänge, also mit anderen Worten ziemlich brutal miteinander geschlechtlich verbinden. So der Sittenkodex der internationalen Bourgeoisie Europas. Ganz anders hat sich die Brautstandsmoral im internationalen Proletariat gestaltet. Hier gilt es durchgängig für nicht unsittlich, wenn die Verlobten bereits vor dem standesamtlichen Eheschluß als Mann und Frau zusammen leben. Selbst, daß sie als solche Nachkommenschaft erhalten, wird in den meisten Fällen nicht als tadelnswert erachtet. Im Proletariat besteht die Brautstandsmoral lediglich in dem einen Postulat, daß sich die geschlechtlich miteinander lebenden Brautleute schließlich, d.h. sobald sie eine genügende materielle Basis dazu gefunden haben, auch einmal ehelichen.

In bezug auf die Scham im Liebesakt selbst freilich bestehen so gut wie keine nationalen oder Kastenunterschiede. Der Akt des Liebesgenusses pflegt nur bei einigen wenigen Naturvölkern in der Öffentlichkeit vollzogen zu werden. Bei allen Völkern von alter Kultur und Zivilisation ziehen sich die Liebenden zur Ausübung ihres Gottesdienstes in ein Allerheiligstes zurück. Manchmal besteht dieses Sanktuarium in einer duftigen Waldesecke, wo der Dompfaff Priester ist und glitzernde Schmetterlinge auf stolzen bunten Blumenkelchen Zeugen stehen, vielleicht der schönste Platz, den sich Eros aussuchen kann; ein Ort, der meist von amtlich nicht registrierten oder nicht registrierbaren Paaren bevorzugt wird, der aber bisweilen auch von poetisch oder romantisch gearteten Eheleuten nicht verschmäht werden soll.[32] Bisweilen ist es

32 Siehe die reizvolle Skizze der Waldeszusammenkunft eines älteren Ehepaares (zur Feier der silbernen Hochzeit und in Erinnerung des ersten Males) bei Guy de Maupassant: *Au Bois*, in der Novellettensammlung *Le Horla*, Paris 1887, Ollendorff, p. 235.

eine Scheune oder ein Heuboden auf dem Lande, ein Torweg in der Stadt, ein verschwiegener Venezianer *Sottoportico* bei Nacht. Meist irgend ein Winkel im Innern des Hauses, von der traulichen Sofaecke bis zur Ruhestätte unter dem Thronhimmel des Alkovens. Immer ein heimlicher, verborgener, versteckter, den Augen der Menschen möglichst entzogener Ort, ein *nascondiglio*.

Zur Erklärung dieses Phänomens muß das allgemeine Schamgefühl herangezogen werden. Erotische Liebe in der Exstase scheut nicht die Entblößung vor dem notwendig Mitschuldigen im Liebesakt. Aber die Geschlechtsscham wird nur diesem gegenüber ausgeschaltet. Allen übrigen Personen gegenüber bleibt sie in voller anerzogener Kraft bestehen. Zeugen im Geschlechtsakt zu haben, mag Lüstlingen als ein sexuelles Raffinement gelten.[33] Der Allgemeinheit gilt solches für im höchsten Grade verwerflich und wird dementsprechend vorkommendenfalls von bereitwilligen Hotelwirten in einer jener sonderbaren Verquickungen von sittlichem Entrüstungsgefühl und skrupellosem Geschäftsgeist, deren der menschliche Geist fähig ist, mit doppeltem Hehlerpreise ausgebeutet.[34] Das Alleinsein der Liebenden ist natürlich, das – bewußte – Beisein Dritter unnatürlich.

Dem Schamgefühl gesellt sich eine Reihe weiterer Momente bei, welche die Isolierung des Liebespaares bedingen. Der Liebesakt setzt, zum mindesten seitens des Mannes, Ruhe und Sammlung voraus. Zunächst eine Konzentration körperlicher und geistiger Kräfte, ein

33 Zumal die süßlich-obszöne Literatur der französischen Roués um die Mitte und in der zweiten Hälfte des XVIII. Jahrhunderts ist an der Vorführung solcher Raffinements reich. Musterbeispiel die *Louise et Thérèse* des Restif de La Bretonne (Populärer Neudruck, zusammen mit den *Confessions d'un Roué de la Régence von Duclos,* Paris 1889, Dentu, p. 284). Daß das Schamgefühl zu dritt bzw. zu viert leichter schwindet als zu zweit, darauf weist schon der alte Erotiker Casanova hin, wenn er den Eltern den Rat gibt, ihre Töchter lieber allein als in Begleitung von Schwestern, Basen oder Freundinnen gehen zu lassen, da es für einen Mann leichter sei, zwei als nur ein Mädchen zu verführen. „La faiblesse de l'une cause la chute de l'autre… Une fausse honte les empêche l'une et l'autre d'opposer une résistance absolue, et, dès que le premier pas est fait, la chute est inévitable et rapide. Que l'amie se laisse dérober la plus légère faveur: pour n'avoir pas à en rougir elle sera la première à pousser son amie à accorder une plus grande" (*Memoires de J. Casanova de Seingalt écrits par lui-même*. Paris, Garnier. Bd. V, p. 475f.)

34 In einigen der in den an die Kärntner Straße in Wien angrenzenden Gassen liegenden eleganten Absteigehotels sollen in der Tat „Herren mit zwei Damen" zwar keineswegs abgewiesen, aber zur Zahlung des doppelten Zimmerpreises veranlaßt werden.

Aufgehen im geliebten Gegenstand, eine Aufmerksamkeit, die keines zuschauenden Zeugen bedarf. Auch die Furcht vor Eifersucht und aus dieser entstehenden Störungen und Kämpfen, die sogar zu einer Gefährdung des Besitzes der Geliebten zu führen vermöchten, spricht zugunsten der Isolierung. Es ist bezeichnend, daß selbst eine Nation, wie die Italiener, die ihre Weitherzigkeit in Liebessachen so weit treibt, daß ihr Gesetz – allerdings nur, soweit es sich auf den Mann bezieht – den Ehebruch nur dann als bewiesen und also juristisch wirksam betrachtet, wenn er im ehelichen Hause selbst vor sich gegangen ist, mit den schwersten Strafen über die armen Sünder herfällt, die irgend eine einer dritten Person sichtbare unsittliche Handlung miteinander vorgenommen haben, auch wenn diese an sich weit davon entfernt ist, den Charakter eines Vergehens im Sinne des Gesetzes zu tragen. Südländischen Völkern gilt schon das offene Küssen und Drücken auf den Straßen als in hohem Grade anstößig. Italienische Reisende empfinden die zur Schau getragenen Zärtlichkeiten deutscher legitimer und französischer illegitimer Pärchen als ekelhaft, aufreizend, unwürdig.[35] Besonders mißlich aber ist es, in allen Ländern, den Liebesakt selbst den Blicken Fremder preiszugeben, weniger noch wegen etwa zu erwartender Strafe, da die Hüter des Gesetzes immerhin häufig in gesundem Verständnis des Menschlichen ein Auge zudrükken[36], als vielmehr wegen der Gefahren allgemeiner Natur, denen sich die Liebenden dabei aussetzen. Der Anblick des erotischen Spieles erzeugt in manchem Beschauer ein Gefühl, das zwischen tierisch-wollüstigem Neid und biedermännischer Entrüstung die Wage hält, und zu Handlungsweisen verleitet, die selbst dem Leben der überraschten Liebenden gefährlich werden können; es sei nur an den vergnügten Sonntagsjäger erinnert – er war, glaube ich, ein Bayer –, der im Frühjahr 1910 im Felde auf ein erotisches Liebespärchen stieß und darob in solchen Zorn geriet, daß er sein Gewehr auf es abfeuerte, wodurch der Bursche verletzt und das Mädchen getötet wurde. Es geschieht also auch aus einem n atürlichen Instinkt der Sicherheit, daß sich Liebende zur Ausübung des Aktes der Zeugung wie überhaupt ihrer intimen Zärtlichkeiten ein Refugium suchen. Wozu kommt, daß für den Mann der Liebesakt bekanntlich den Zeitpunkt der größten

35 Vgl. in diesem Band p. 9 [d.h. hier: S. 35].

36 Im Schnellzug Frankfurt-Gießen (Nachtzug) wurde 1906 ein reguläres Ehepaar aus der Umgegend, das sich in Frankfurt einen lustigen Tag gegönnt hatte, *en flagrant délict* entdeckt und verhaftet. Die Behandlung war human, die Verhandlung diskret und die Bestrafung minimal.

physischen Wehrlosigkeit und Schwäche etwaigen Überfällen eines Angreifers gegenüber bedeutet.

Zweiter Teil
Aussereheliche Grenzprobleme

Erstes Kapitel
Vergleichende Liebeswissenschaft
Erotische Streifzüge in verschiedenen Ländern

Die Liebe, das heißt der auf den Verschiedenheiten des Geschlechts beruhende, aber auf das gesamte Empfindungsleben des Menschen übergreifende Trieb des Mannes zum Weibe und des Weibes zum Manne ist ein „vaterlandsloser Gesell". Ihre Symptome wie ihre Wesenheiten, und endlich ihre Folgen sind keineswegs nach staatlichen Grenzen oder geographischen oder ethnischen Gruppen zu scheiden. Gott Eros, nicht einmal, wie sein Name anzugeben scheint, griechischen Ursprungs, ist international anerkannt. Er hat seinen Tempel, wo immer Menschen miteinander hausen.

Und doch sind die Formen, unter denen der erotische Trieb sich kund gibt, mannigfaltige. Noch mannigfaltiger aber die verschiedenen inneren Verhältnisgrade zwischen Liebe und Sittlichkeit, Liebe und Natürlichkeit, Liebe und Vernunft. Klima, Rassenmischung, Tradition, Klasse, das sind – neben einer stattlichen Reihe von Imponderabilien – die *Moventes* zu der Reichhaltigkeit der Formen des Liebeslebens, wie wir sie, auch wenn wir unseren Exkurs auf Mitteleuropa beschränken, beobachten können.

Greifen wir aus der Fülle der erotischen Erscheinungen, die sich dem Auge des aufmerksamen Beobachters bieten, einige heraus und suchen wir aus ihnen zu lernen.

Den gebildeten Klassen ihres Volkes angehörige Italiener, die mit der vorgefaßten Meinung von dem Fischblut und der Steifheit und Sittenstrenge des Germanenvolkes belastet nach Deutschland kommen, sind fast durchweg erstaunt, ja, in hohem Grade unangenehm berührt von der Art des Liebeslebens, welches sich dort ihren Augen darbietet. Ein Italiener, der vor einigen Jahren Deutschland besuchte, hat seine Reiseeindrücke in *Eroticis* in folgende Worte gefaßt: „Coppie da per tutto; in treno, a passeggio, all' albergo, in birreria, da per tutto un pigolìo di frasi smorzicate, un susurro di paroline a mezza bocca, che fanno arrossire queste bionde fanciulle dagli occhi pieni di desiderio, e la scena è continua, inquietante e vi fa l'effetto come di una provocazione…

Voi con una pazienza degna di miglior causa dovete sorbirvi in pace il minuetto scollacciato di questi giovanetti che vengono a solleticarsi in pubblico".[37] Er kommt zu dem Ergebnis: „Sicuro: i tedeschi, sempre calmi e freddi, sono sfacciati in amore".[38] Die Zurschaustellung der Liebesverhältnisse muß dem Italiener in der Tat sehr auffallen. Nicht, daß er im allgemeinen moralisch zart besaitet wäre. Die Prüderie liegt ihm, dem klassischen Naturmenschen, denkbar fern. Aber er kommt aus einem Lande, wo die *Erotica* sich in völlig anderer Weise abzuspielen pflegen.

Der Deutschen, die über die Alpen steigen, harrt gleichfalls eine Überraschung. Wenn sie, sei es, daß sie sich im *honeymoon* ihrer Ehefreuden befinden, sei es, daß sie sich soeben vom Kunstgeschichtsprofessor auf der einen und, nicht zu vergessen, Paul Heyse auf der andern Seite den Denkapparat und die Phantasie haben anfüllen lassen, mit völlig falschen Bildern und Vorstellungen im Kopf nach Italien kommen, erleben sie dort Enttäuschung auf Enttäuschung. Die Goldorangen, die sie in den Alleen Mailands pflücken wollten, suchen sie vergebens. Und das „glutreiche Land der Liebe", das ihnen ihre Berliner Phantasie vorgegaukelt hat, ist Italien nun vollends nicht. Umsonst halten sie in Verona Umschau nach Romeen und Julietten, umsonst recken sie sich in der Lagunenstadt abends die Hälse aus: sie entdecken auf keinem Venediger Balkon auch nur das lumpigste Liebespärchen. Die deutschen, an Sommerabenden mit Liebespärchen besetzten Bänke in Gärten, Alleen und Plätzen gibt es im Süden nicht. Das erotische Italien scheint nicht vorhanden. Auf der Straße nur wenige Liebesleute. Die

37 Giovanni Ferrara: *„Le grandi capitali: Monaco"*, in: *Emporium*, Jg. XI, Nr. 61 (Bergamo, Gennajo 1900). Wir geben die Reiseeindrücke wortwörtlich wieder, weil jede Übersetzung den Worten ihr besonderes *cachet* nimmt. Jedoch für die Unitalienischen: „Pärchen allüberall: Im Eisenbahnwagen, auf der Promenade, im Gasthaus, im Restaurant, überall ein Gepiepse halb abgerissener Sätze, ein Geflüster leiser Kosewörtchen, welche diesen blonden Mädchen mit den liebeslüsternen Augen das Blut in die Wangen treibt; und diese Szenen wiederholen sich in Ewigkeit – es ist förmlich beunruhigend und macht einen geradezu herausfordernden Eindruck; ... der Zuschauer sieht sich gezwungen, sich mit einer einer besseren Sache würdigen Geduld den frechen Liebestanz jener jungen Leute mit anzusehn (eigentlich: herunterzuschlucken, einzuschlürfen), welche einander vor aller Öffentlichkeit geschlechtlich aufregen (eigentlich: kitzeln)". Ähnlich urteilt auch Ferdinando Fontana: *In Tedescheria. Quadri di un Viaggio in Germania*. Milano 1883, Galli, p. 155.

38 „Darüber kann kein Zweifel bestehen: Die Deutschen, so ruhig und kalt sie sonst auch sind, in der Liebe sind sie schamlos – frech!"

vereinzelten Paare, die Arm in Arm durch die Straßen Roms wandeln, entpuppen sich bei näherer, meist auch schon bei weiterer Besichtigung als ältliche deutsche Rentnersleute oder Professors, französische *hommes de lettres*, englische *respectables*. Nicht einmal die Soldaten, die in Paris, London, Berlin, Wien, München und allen den anderen „ultramontanen" Städten doch das Straßenbild durch den Anblick ihrer sonntäglichen Liebesfreuden verschönen, befinden sich in Italien in weiblicher, allzu weiblicher Begleitung, sondern treiben sich ganz ohne *sweethearts*, *grisettes* oder – wie der triviale Kasernenausdruck in Deutschland lautet – Menscher auf den Gassen herum. Wahrhaftig: wenn man die Sittlichkeit nach dem Straßenleben beurteilen wollte, man müßte meinen, Gott Cupido habe längst Hesperien verlassen, und all unsere Dichter, die uns aus Italien Liebeslieder mitbrachten, hätten jämmerlich gelogen. Und gelogen haben sie auch, insofern sie uns die Liebe unter Italiens Sonne genau so schilderten wie unter dem Nebelhimmel von London, dem Schneehimmel von Berlin oder dem Regenhimmel von Paris, nur noch obendrein im Superlativ, hundertfach größer, gewaltiger, leidenschaftlicher, romantischer, alle Dämme durchbrechend, sich in tausend Wonnen auf grünen Auen, an blauen Meeren, in dunklen Lorbeerhainen exhibierend, üppig, verführerisch, in Weinlaub und Rosengirlanden prunkend, wie eine Marizzebill vom Kölner Faschingsfest mit buntem Flitter angetan, oder gar als stolze schöne Römerin in ihrem ländlichen Kostüm, ekstatisch und Ekstase heischend.

Auf alle diese lockenden Phantasiebilder muß der Italienreisende allerdings Verzicht leisten. Kein Liebesidyll erfreut sein Auge. Wo er Romeo und Giulietta sucht, findet er einen Kutscher, der sich mit einem Marktweib um einige Soldi zankt, und die schöne Ciociara mit dem schneeweißen Tuch auf dem blauschwarzen Haupt lernt er von einer Seite kennen, über die ihn die Bücher, die er daheim studierte, um italienische Kenntnisse zu erlangen, nicht unterrichteten. Statt sich ihm mit leidenschaftlicher Glut liebestoll in die Arme zu werfen und seine deutsch-sittliche Abweisung mit dem stets bereiten Messer der *vendetta* zu beantworten, erblickt der Reisende ein verwaschen ausschauendes Mädchen mit einem vollendet hohlen Puppengesicht, das Blumen feilbietet, ihr Kostüm nur *ad usum* der Fremden trägt, Modell steht und keine Liebesworte, wenn man ihr Blumen abkauft, wohl aber Flüche, wenn man es nicht tut, murmelt.

Das Liebesleben und seine Äußerungen in Italien sind aber nicht nur dem Fremden versteckt, der bloß die Straßen und die Fremdenhotels kennt, in denen man französisch serviert und griechisch geschoren wird. Auch dem, dem die mittleren *alberghi*, die Kneipen des Volkes, die *osterie* und *trattorie*, die *locande* und *vendite vino* nicht fremd sind und der mit den verschiedenen Volksklassen, vom *nobile* zum *proletario*, vom *commendatore* zum *facchino*, in Berührung kommt, ist kein Anzeichen von Erotik bemerkbar. Der Philhellene und Dichter Wilhelm Müller wundert sich in einem Briefe aus Albano[39] darüber, daß selbst offiziell Verlobte nicht einmal auf der Straße ohne schützende Begleitung zusammengehen oder zusammenstehen dürfen, ohne in schlechten Ruf zu kommen. Das war 1818. Aber 1910 ist das, zum mindesten in Mittel- und Süditalien, noch nicht viel anders geworden. Überall derselbe vollständige Mangel an Liebesbildern zärtlicher Brautpaare, und – was ja auch im Norden selten – zärtlicher Eheleute. Kein sichtbares Zeichen ihrer Beziehungen zueinander ist gestattet.

Daß in Italien weniger „geliebt" werde als anderswo, würde eine absurde These sein. Wie sind also die erwähnten Erscheinungen zu erklären? Ein Satz reicht dazu aus. Er lautet: in Italien wird die Erotik noch dem *amor intimo* reserviert. Es herrscht dort noch stark die Ansicht vor, die Geschlechtsliebe mit ihren Äußerungen, die zartesten und in unseren Augen unschuldigsten nicht ausgenommen, gehöre nicht auf die Straße, ins Restaurant und in den Salon, kurz vor die Öffentlichkeit. Ihr Betätigungsfeld sei der geschlossene, dem Auge des Fremden entzogene Raum, der Alkoven. Alkovenliebe, wie das aus dem Arabischen stammende Wort *al-gobbäh*, ein Orientalismus: die Liebe, die sich zu verbergen hat im Allerheiligsten. Eine Reminiszenz aus dem italienischen Mittelalter und seinen vielen Berührungspunkten mit dem Orient.

Auf Grund dieser Sitten ist es leicht verständlich, daß der Italiener, an eine derartige Liebesauffassung gewöhnt, wenn er nach München oder Paris, Wien oder Köln kommt, sich kaum zu fassen weiß vor Staunen und Widerwillen gegen das seinem Empfinden nach barbarische, freche, über alle Begriffe lüsterne Treiben des dortigen Liebeslebens. So schamlos der Italiener, für ausländische Ohren, in seiner auf das Geschlechtsleben bezüglichen Ausdrucksweise ist, und so wenig diskret er sich in allen indirekt mit ihm zusammenhängenden Lebenssituationen benimmt, so schamvoll und für ausländische Begriffe zimperlich diskret verbirgt er seine erotischen Empfindungen selbst.

Für den Deutschen ist es geradezu eine Befreiung, wenn er auf der Rückkehr aus Italien auf deutschem Boden wieder das erste Liebespaar gewahrt. Jedesmal, wenn wir – meine Frau und ich – aus Italien zurück-

39 Wilhelm Müller: *Rom, Römer und Römerinnen, eine Sammlung vertrauter Briefe aus Rom und Albano*. Berlin 1820, Duncker & Humblot, I., p. 84.

kommen, begrüßen wir, trotzdem wir im übrigen nichts weniger als das, was man so gemeinhin „patriotisch" nennt, sind, schon weil das Leben mit uns so großmütig war, uns mehrere Vaterländer zugleich zu schenken und uns deshalb für die Einseitigkeit, die in jedem geschlossenen Patriotismus liegt, Verständnis und Geschmack genommen hat, die ersten Liebespärchen mit einem wahren deutschen Freudenjubel, wodurch diese allerdings manchmal unangenehm aufgescheucht werden mögen. Als wir vor einigen Jahren, ziemlich direkt, von Rom nach Eisenach reisten und bei einem nächtlichen Spaziergang um die lauschigen Waldabhänge des Metilstein Bank auf Bank besetzt fanden im Dienste der Liebe, einer Liebe, die selbst dann kaum aufhört zu küssen und zu flüstern, wenn der Spaziergänger sie beobachtet, da hatten wir die starke und wohltuende Empfindung von etwas naturwüchsig Großem. Nicht nur, daß uns der Zug zum Romantizismus angenehm berührte, der diese Spezies Liebesleben mit einem warmen Hauch des Künstlerisch-Schönen umgibt. Nein, auch die offene und ungescheut zur Schau getragene, fast auf sich selbst stolze Sinnlichkeit erschien uns wie etwas Urwüchsiges, Gesundes, Kraftvolles, Zukunftverheißendes, trotz allem Grau in Grau der sozialen Verhältnisse Deutschlands.

Ganz verblüffend für einen Fremden ist das Liebesleben in Holland. Erotik allüberall! Auch die stärksten Nerven werden affiziert. Es ist nicht ganz ausgeschlossen, daß naive junge Mädchen oder unschuldsvolle Jünglinge aus ihrem deutschen Heimatstädtchen auf einen Monat nach den Pariser Boulevards geführt werden könnten, ohne daß sie nach Ablauf dieser Zeit von der Regierung der Welt durch Gott Amor mehr zu wissen bekommen hätten, als sie vielleicht bereits vorher wußten. Aber es ist sicherlich ganz unmöglich, dieselben jungen Leute auch nur auf ein Viertelstündchen Sonntags auf den Hauptstraßen von Utrecht oder dem Haag spazieren zu führen, ohne daß sie im weitesten Umfange „aufgeklärt" würden. In Paris – auf den Straßen wenigstens – alles fein, ruhig, selbst die Venus Venalis diskret, die *étudiante* und, noch mehr, die kleine *ouvrière* sittlich-kleinbürgerlich am Arm ihres Galans; kein unanständiger lauter Ton entrinnt ihren Lippen. Nichts läßt auf ihr inneres Liebesleben schließen. Nur ein geübtes Auge vermag in ihr das erotische Moment zu erkennen. In Holland dagegen lautes Toben Tausender von jungen Liebespärchen aller Liebesarten, von der öffentlichen Kaufliebe bis zum ehrsamen Vorstadium der Ehe, alles wild durcheinander sich auf den Straßen tummelnd, bald sich in den dunklen, zum Sehen und Gesehenwerden immerhin noch genügend hellen Cafes herumdrückend und küssend, bald sich bis in die späte Nacht von Trottoir zu Trottoir jagend, einander kitzelnd, ohne

Scheu, derb, kreischend, wie auf einem Bild von Jan van Ostade oder Jan Steen, wild, ausgelassen, rücksichtslos-sinnlich, ein stetes Bacchanal, alles überschreiend, wie eine Herde brünstiger Rinder, alles erfüllend mit einem vieltausendstimmigen Durcheinander und doch Einerlei von Sinnenliebe, Sinnenliebe, Sinnenliebe. Gewiß sympathischer als das wüste Treiben in den Balletablissements Berlins, gewiß ehrlicher als die heimliche Alkovenliebe süditalischer Geheimniskrämer, aber doch zu aufdringlich, als daß es nicht auf alle nicht an jene Szenen Gewöhnten peinlich wirken müßte.

Eine ähnliche stufenförmige ambientale Differenzierung des Liebeslebens, die wir im Straßenbild und äußeren Liebesleben der verschiedenen Länder konstatieren können, überrascht den Analytiker auch im Reiche der Prostitution. Meine These: Die Prostitution in Frankreich steht sittlich höher als die Prostitution in Deutschland.

Nicht, daß Paris jene Gattung des Dirnentums fremd sei, durch welche die Berliner Friedrichstraße bei Nacht ihre traurige, ethisch und ästhetisch gleich abstoßende Berühmtheit erlangt hat. Auf den Grands Boulevards, in der Rue Montmartre, an der Ecke der Taverne de Strasbourg, sieht man um dieselbe Zeit – *mutatis mutandis* – denselben Typus. Aber die furchtbaren Gestalten menschlicher Verkommenheit, die sich dort dem Auge des Beschauers aufdrängen und ihm den künstlerischen Genuß der herrlichen Pariser Nächte zu beeinträchtigen trachten, tragen kein spezifisches Pariser Merkmal an der Stirn geschrieben. Sie sind in ihrer Erscheinung, nach Technik und Auffassung ihres Gewerbes ebenso international wie die Männerwelt, die sie benutzt. Sie bieten dem Forscher auf diesem Gebiete sicher nichts Neues. Nur das alte Lied, das in ihm den alten Ekel, das alte Gefühl der Rebellion gegen eine Ordnung der Dinge erzeugt, welche Geschöpfe, die Menschenantlitz tragen, so menschenunwürdig zugrunde gehen läßt in Schamlosigkeit und Krankheit, jeden moralischen Gefühles bar und ewiges Verderben weitersäend.[40]

Aber das Paris der Grands Boulevards ist nicht *Tout* Paris. Es ist das Paris der Fremden, nicht das Paris der Pariser. Das Paris der Pariser liegt anderwärts; so da, wo seit 600 Jahren die studentische Jugend haust, im

40 Auch unter ihnen gibt es übrigens Klassenunterschiede. Die feineren, besser gekleideten, teureren nennen ihre ärmeren und schlechter gekleideten Kolleginnen verachtungsvoll *pierreuses* und werden von jenen mit dem Schimpfwort *panaches* zurückgezahlt. Außerdem gibt es reine Wertbestimmungen, wie *femme d'un franc, femme de cinq francs. Tu es une femme d'un franc,* gilt als blutige Beleidigung (vgl. Cesare Lombroso und Guglielmo Ferrero: *La Femme Prostituée,* loco cit., p. 566).

Quartier Latin, im Volksmunde vielfach nur „Quartier" genannt; ferner da, wo noch vor Jahren die Stadtgrenze in Gestalt einer Reihe stattlicher Windmühlen stand, auf dem Montmartre. Dort finden wir noch heute einen Typus Liebesleben vor, der sich von dem deutschen in ganz wesentlichen Punkten unterscheidet.

Freilich, die in der französischen Literatur berühmt gewordene Spielart der *Grisette* war schon zu Henri Murgers Zeiten im Aussterben begriffen.

Ursprünglich lebte die *Grisette*, das berühmte Pariser Studentenliebchen *en tablier et petit bonnet*, von ihrer Arbeit. Sie war Weißnäherin, Modistin, Blumenarbeiterin, Wäscherin. Sie kannte Berufspflichten und stand ökonomisch auf eigenen Füßen. Darum war sie auch Herrin über den eigenen Leib und die eigene Seele. Es lag in ihrer Hand, wie weit sie der Liebe die Zügel schießen lassen wollte. So entstand neben dem Typus der *Grisette* als Verhältnis, der Typus der *Grisette* als Kameradin, wie sie Alfred de Musset in einem unsterblichen Liedchen besungen hat, die Mimi Pinson, die nur ein Hemd hat und deshalb vorsichtig mit ihm umgehen muß, die wohl mit lacht und singt und trinkt und tollt, aber von der es doch heißt:

Pour entreprendre sa conquête
Ce n'est pas tout qu'un beau garçon;
Faut etre honnête.
Car il n'est pas loin de sa tête
Le bonnet de Mimi Pinson.

Brave, fleißige, sparsam angelegte Mädchen, künftige Frauen ehrsamer Arbeiter und Handwerker.[41]

Seit den sechziger Jahren des vorigen Jahrhunderts sind diese beiden Typen der *Grisette* in der Abnahme begriffen. Die rapide Wirtschaftsentwicklung mit ihren baulichen Veränderungen und mit der Sucht nach äußerem Glanz, welche die Epoche des dritten Napoleon kennzeichnen, machte die *Grisette* allmählich zur *Cocotte,* oder, wie man damals sagte, zur *Lorette,* wobei gleichzeitig das Pariser Liebesleben seinen Mittelpunkt änderte, und von den kleinstädtisch einfachen dunklen Straßen des Studentenviertels des Quartier Latin nach den glänzenden neuen Alleen, die der Seinepräfekt Baron Haußmann nördlich der

41 Vgl. die klassischen Schilderungen von Henry Murger: *Scènes de la Vie de Bohême*. Paris, Cahnan-Lévy, p. 232ff.; Alfred de Musset: *Mimi Pinson. Profil de Grisette*. Paris 1906, Lemerre, p. 9 u. 32. Paul de Kock: *Mon Cousin Raymond*. Paris, Rouff, p. 34ff.

Grands Boulevards angelegt hatte, zog, um die Chaussée d'Antin und die Kirche der Notre Dame de Lorette (Loreto, daher die Bezeichnung *Lorette*), also in die relative Nähe jenes Palais Royal übersiedelte, das schon um die Mitte und Ende des i8. Jahrhunderts bis etwa 1825 das Zentrum des frivolen Pariser Liebeslebens gewesen war[42], und zwar eines Liebeslebens, das, alles in allem genommen, mehr dem Grands Boulevards- als dem Quartier Latin-Typus ähnelte. Das wesentlichste Kennzeichen der *Grisette* war die Selbständigkeit. Das wesentlichste Kennzeichen der Lorette wurde schnell die Unselbstständigkeit. Bei ersterer war die Liebe *Adjektivum, epitheton ornans*, Nebenbeschäftigung und Vergnügen, im schlimmsten Falle Nebenverdienst; bei letzterer wurde sie Subjektivum, Hauptbeschäftigung, Beruf *sans phrases*. Aus dem Liebchen wurde die Ausgehaltene. Diese Umwandlung ist von den Poeten Frankreichs viel und in den beweglichsten Tönen, gewiß zum Teil aus lokalem Neid und klassenpsychologischen Motiven, beklagt worden. „Les Dieux s'en vont!"[43]

Mit der *Grisette* erblich, zugunsten des nördlichen Parvenüs, der magische Stern, der über dem Viertel der akademischen Jugend geleuchtet hatte. Die berühmte Closerie des Lilas trat hinter dem protzigen Jardin Mabille zurück. Zugleich aber wurde die Liebe teurer, als sie in die Paläste der Finanzmänner einzog, und für die Börsen der studierten Leute weniger leicht erschwinglich. Aber, wenn auch vielfach egoistischer Quelle entsprungen, war die bittere Klage der Literaten über die große sich auf dem Gebiete des Liebeslebens vollziehende Umwandlung nicht unberechtigt. Mit dem Verlassen der Arbeit schwand die Selbständigkeit der Pariser Durchschnittsmädchen und mit ihr die Würde und der innere Anstand.

Immerhin sind im Quartier Latin noch heute üppige Reste des ehemaligen Liebesparadieses vorhanden.

Ob die Studentenliebchen von heute, die *étudiantes*, wie sie im Volksmunde heißen, sehr viel anders geartet sind als ihre Vorgängerinnen aus den Tagen des Juli-Königtums? Gewiß, der *ménage à deux*, das Zusammenwohnen von étudiant und *étudiante* ist allmählich im Verschwinden begriffen. Die Mieten werden halt teurer und die Hausbesitzer arroganter, auch in Paris. Auch zieht die unter dem Zeichen des Industrialismus stehende Entwicklung diese weiblichen Schichten

42 Man lese die Schilderungen des Palais Royal in dem gleichnamigen Buch von Restif de La Bretonne (Neuausg. Paris 1908, Michaud), sowie Xavier de Montépin: *Un Drame en Familie. Confessions; d'un Bohême*, Paris, Degorge-Cadot, p. 177ff.

43 Henri de Kock: *La Reine des Grisettes*. Paris 1861, De Vresse.

ebenfalls immer mehr in ihre Kreise.[44] Dies abgerechnet aber mag der heutige Typus von dem *d'il y a cinquante ans* nicht allzuviel Unterscheidungsmerkmale bieten. Schon äußerlich. Noch existieren wenigstens einige von den Treffpunkten, in denen schon ehemals das volle Leben einer weniger genußsüchtigen als genußfrohen Jugend seinen plastischen Ausdruck fand. Noch heute geht die *petite femme* des Quartiers am Donnerstag- und Samstagabend zum Tanz in jenem zwischen Luxembourg und Montparnasse gelegenen Jardin Bullier, der in der französischen Literatur der romantischen sowohl wie der realistischen Schule unter seinem alten poetischen Namen der *Closerie des Lilas* Unsterblichkeitsbedeutung gewonnen hat. Noch heute besteht einer der Mittelpunkte des Lebens im Quartier, das Restaurant Paumier in der Rue de l'Ancienne Comédie (zwei Schritte vom Boulevard Saint-Germain), das zur Zeit wohl das älteste Wirtshaus in Paris ist, jenes *Vieux Procope*, in dem schon Molière und Boileau Kaffee getrunken. Die Umwelt ist also zum Teil noch dieselbe geblieben, und die Gestalten, die wir in jenen alten Zentren des Pariser Liebeslebens antreffen, ja die Trachten, die wir dort sehen, sowie die Sitten und Gebräuche, die wir dort wahrnehmen, bezeugen uns mit aller wünschenswerten Deutlichkeit, wie starke Kräfte der Beharrung in dieser Beziehung noch in der *ville lumière* obwalten.

Was den Hauptunterschied zwischen der Prostitution in Berlin und der in Paris ausmacht, ist zumal die verschiedenartige Wertung ihrer Priesterinnen erstens in der öffentlichen Meinung und, damit zusammenhängend, zweitens und vor allem von seiten der sie benutzenden Männerwelt selber.

Diese Wertung ist in Paris ungleich höher. Während die Dirne in Deutschland in der Regel als ein verworfenes Geschöpf betrachtet und demgemäß behandelt wird, ein Instrument der männlichen Wollust, dessen man sich bedient, um es gleichzeitig zu verachten und zu ächten, und das man daher, sobald es seinen „Dienst" verrichtet, wie einen „Mohr, der seine Schuldigkeit getan", brutal von sich schleudert, ein Weib, das man nur im *Deshabillé* kennt, von dem man aber unter keinen Umständen gegrüßt sein will, wenn man unter den Linden promeniert, spielt in Frankreich die Prostituierte heute noch vielfach die Rolle, die einst den Hetären Athens im Altertum ihre Bedeutung und ihren Ruhm verlieh.

Es ist das scharf ausgeprägte Gefühl für Menschenwürde, das in Paris eine Reihe von weiblichen Typen erzeugt hat, die anderwärts viel-

44 Über das Durchschnittsleben der heutigen Pariser *midinette* besitzen wir eine ausgezeichnete, auch für den Volkswirtschafter wertvolle Studie in dem von der Akademie preisgekrönten Roman von André Vernières: *Camille Frison, Ouvrière de la Couture,* Paris 1908, Plon-Nourrit.

leicht ebenfalls existieren, aber doch wohl nur in sehr viel selteneren Exemplaren anzutreffen sind als im Seinebabel. Selbst die mittlere Dirnensorte, die „auf sich hält", nicht die vielleicht, welche die Taverne de Lorraine in der Rue des Ecoles unsicher macht, wohl aber die etwa, welche in den Ecken der nahen Taverne Pascal sich in stundenlangem Tric-trac oder Dominospiel ergeht, verlangt von ihren *galans* nicht nur anständige Behandlung, sondern macht selbst das Vorhandensein gewisser Gemütsfaktoren zur Voraussetzung des geschlechtlichen Verkehrs. Die im höchsten Grade widerliche *Liebe*spezies in drei Tempi, jener Matrosentypus der Sinnesliebe, wie er in Deutschland überwiegend anzutreffen ist: Anrede – Fortschleppen – Geschlechtsakt, gilt der Pariserin – immer die allerunterste Schicht der Venuspriesterinnen abgerechnet – als gemein. Nie würde sie mit einem unbekannten Mann, mit dem sie nicht vorher in kameradschaftliche Berührung geraten, von dem sie nicht vorher auf die eine oder die andere Weise erfahren, wes Geistes Kind er sei, was er treibe usw., zusammengehen. Sie verlangt gebieterisch die *préambules* der Liebe, die Möglichkeit einer bis zu einem gewissen Grade entwicklungsfähigen körperlichen Sympathie und seelischen Anpassung. Häufig bemißt sie, auch Reichen gegenüber, nach der Höhe dieses Grades die Höhe ihres Kaufpreises. Vom Manne der Liebe Geld zu nehmen, scheut sich die Dirne bekanntlich ohnehin allerorten. Diesen Frauengestalten aber gilt der Verkauf an sich, wenn auch nicht gerade als traurige Notwendigkeit, so doch als etwas, das ihren Lebensinhalt keineswegs voll ausfüllen darf. In häufigeren Fällen, als der Ausländer, der in Paris nur die Stadt der Lust und Korruption sieht, weil er selber nur lustig und korrupt in ihr gelebt und sich vor jedem tieferen Eindringen in die Psychologie des Volkes, sei es aus geistiger Impotenz, sei es aus Vergnügungssucht und Bequemlichkeit, gescheut hat, es gewahr wird, oder als der Pariser Sittenromanschriftsteller, der in kaum verhohlener Einseitigkeit zu Nutz und Frommen seines Budgets und in schlauer Spekulation auf den schlechten Geschmack und den Unverstand seiner zum großen Teil ausländischen oder französisch-provinzialen Leser stets von neuem nur die verwesten Sitten einer verwesenden Miniaturschicht aus der Pariser Gesellschaft zum Objekt seiner mehr oder weniger erotischen Studien (deren Ergebnisse nachher die ganze Welt durchlaufen und den Ruf der Frauen von ganz Frankreich in der gründlichsten, unwiderruflichsten Weise verderben)[45] wählt, es vermuten lassen könnte, besitzen sie ein wahr-

45 Alphonse Daudet, der die französische Frau in ihrer Eigenart kannte wie wenige andere vor und nach ihm, erklärte sich in einem Gespräch mit

haft erstaunliches Bedürfnis nach Reinheit, nach geschlechtsloser Kameradschaft. Es gibt viele Pariser Mädchen, die scharf unterscheiden zwischen den Herren, mit denen sie geschlechtlich zu verkehren gezwungen sind, und den Freunden, den *copains*, zumeist Studenten, mit denen sie gesellig verkehren, in einem Restaurant zu Mittag speisen, Karten spielen, im Luxembourg spazieren gehen, auch Ausflüge machen, mit denen sie aber nur „als Freunde" leben. Von diesen Kumpanen verlangen sie nichts als Kameradschaftlichkeit und zahlen sie auch mit der gleichen Münze zurück. Der Verkehr zwischen beiden steht auf dem Fuße gänzlicher gesellschaftlicher Gleichberechtigung, völlig außerhalb des *métiers* der Mädchen, welche ohne weiteres beanspruchen und erreichen, daß man ihnen mit der Achtung, die man vollwertig Gleichgestellten gegenüber empfindet, entgegenkommt. Manche unter ihnen besitzen auch einen *amant de coeur*, dem gegenüber Geschlechtsreinheit der Beziehungen zumeist selbstverständliche Ehrensache ist. Dem Schreiber dieses ist von gelegentlichem Zusammenspeisen im Procope her ein Mädchen bekannt, Marcelle P., die auch abends im

---

Goncourt (siehe dessen Journal vom 2. April 1889) entrüstet darüber, daß man der französischen Frau in den Romanen tropische Leidenschaftlichkeit andichte. Vielmehr habe Molière recht, wenn er in einer der Vorreden zu seinen Stücken sage, die Französin sei *plus intellectuelle que sensuelle.* In Daudets Frauengestalten überwiegen die Hausfrauentypen weit über die Dirnentypen, die Keuschen weit über die Unkeuschen (vgl. Comtesse de Magallan: „La Femme dans l'oeuvre d'Alphonse Daudet", in: *Revue des Revues*, Jg. XXX, 1899, p. 52). Brieux hat das wahre Wesen der Französin ostentativ in seinem Drama *La Française*, Romain Rolland im II. Bande seines Jean Christophe à Paris, der den Titel *Antoinette* trägt (Soc. d'Éd. Littéraires et Artistiques), gezeichnet. Marcel Prèvost hält es für nötig, in der Vorrede zu seinen *Demi-vierges* ausdrücklich darauf hinzuweisen, daß die hier beschriebene Spezies in Frankreich, wenngleich häufig genug, so doch weniger häufig vorhanden sei als in anderen Ländern. Auch der große, wie leider alle Sittlichkeitsbestrebungen bisweilen das Komische streifende Kampf gegen die Unsittlichkeit, den in Frankreich der Senator und Membre de l'Institut René Bérenger unternommen hat, wird zum nicht geringen Teil damit motiviert, daß der Ausländer sich, wenn die Sittenpolizei nicht strenger eingriffe, ein ganz falsches Bild vom Wesen des französischen Volkes machen müsse. In einem Artikel ruft Bérenger aus: „Notre considération, notre honneur au dehors sont-ils choses négligeables? Est-il tolérable qu'il dépende de quelques spéculateurs sans scrupule de discréditer nos moeurs, de déshonorer nos femmes et de faire attribuer au grand et moral peuple de France les habitudes et les vices qui ne sont familiers qu'à eux et à leurs pareils?" (René Bérenger: „Pour les Moeurs", in: *L'Echo de Paris*, vom 2. März 1906).

Pascal Tric-trac spielt und zu Bullier tanzen geht. Ihre ihm nicht nur von ihr selbst gebeichtete, sondern auch von anderen weiblichen, also nicht allzu wohlwollenden Personen berichtete Lebensgeschichte ist, wenn auch vielleicht nicht Regel, so doch auch sicher nicht Ausnahme unter der Schicht der Ihresgleichen: Tochter einer Familie aus dem Mittelstand, – ihr Vater war Besitzer eines kleinen Bijouterieladens, – verkehrte sie sexuell mit ihrem erklärten Bräutigam. Als sich Folgen des Verhältnisses einstellten, wurde sie sowohl von ihrem Vater als von ihrem *Fiancé* im Stich gelassen. Nachdem sie einem Mädchen das Leben gegeben hatte, beschloß sie, es nicht der Waisenpflege zu überlassen, sondern ihre ganze Persönlichkeit daran zu setzen, dem Kinde ein gutes Leben zu sichern, es so zu erziehen, daß es menschlicher Voraussicht nach gegen die Schicksalsschläge, welche die Mutter getroffen, gefeit sei. Sie versuchte es zuerst mit der Näherei. Als sie sah, daß sie damit nicht auskam, ging sie die Wege der Prostitution, *par dépit*. Ihre Tochter aber gab sie in eine feine Pension außerhalb Paris. *Afin qu'elle puisse avoir les mêmes penchants intellectuels que moi sans en souffrir tellement*. Alle Sonntage geht nun Marcelle ihr Kind besuchen mit ihrem Herzensgeliebten, einem Artillerieoffizier, mit dem sie eine rein platonische Liebe verbindet. „Er hat das, was kein anderer von mir haben kann", bekannte sie öfter, „meine Keuschheit". Sie ist schön, jung, äußerst graziös, aber einfach und zurückhaltend, eine *vaillante fille*. Als Charakterstudie eine harte Nuß für Moralisten.

Daneben gibt es eine andere Kategorie von Mädchen, welche die Beziehungen zwischen Geschlechtsliebe und Arbeit umgekehrt auffaßt. Während man ohne allzu große Abrundung der Wahrheit nach oben von dem zuvor beschriebenen Typus sagen kann, daß er die Prostitution, wenn auch in etwas höherer Form, als sie in Deutschland in der entsprechenden Schicht geübt wird, treibt, um durch sie die Mittel zur Befriedigung auch seiner sittlichen Bedürfnisse zu erlangen, verschafft sich die zweite Spezies durch harte Arbeit erst die Mittel, um frei der Prostitution, freilich in einem anderen Sinne, leben zu können. Der Sinn dieser letzteren für Unabhängigkeit ist ungemein stark entwickelt. Sie läßt sich nicht kaufen. Eine – vielleicht pathologische, vielleicht lediglich aus den fehlerhaften sozialen Zuständen erwachsene – Sucht nach sexuellem Genuß und Veränderlichkeit verfolgt sie. Es gibt Mädchen in Paris, und es sind hochgebildete darunter, die sich tagsüber abrackern, nur um sich abends den Luxus eines Geliebten leisten zu können, den sie frei wählen und von dem sie keinen Sou nehmen.[46] Es handelt sich

46 Ein solches Mädchen finden wir u.a. verherrlicht von dem englischen

also um Berufsarbeiterinnen, die ihre ungezügelten geschlechtlichen Bedürfnisse mit dem in anständigster Arbeit verdienten Gelde befriedigen, ja vielfach sogar die ihnen gefallenen Männer geradezu unterhalten.[47] Dazu noch eins: Sie, sowie die vorher skizzierte Gruppe, erobern sich die Achtung der mit ihnen in Berührung kommenden Männerwelt nicht allein durch die Gaben des Körpers, sondern auch durch die des Geistes. Es ist erstaunlich, einen wie hohen Grad insbesondere künstlerischer Bildung manche von ihnen sich erworben haben. Es sind vielfach sehr ernste Dinge, die sie beim Mittagstisch mit ihren *copains* besprechen.[48]

Gegen diese höher gerichtete Art außerehelichen Sexuallebens lassen sich freilich Einwände erheben. Eine scharfdenkende und ihre Ideen mit Leidenschaftlichkeit verfechtende junge Dame, Arbeitersekretärin aus der Schweiz, die in Paris sozialen Studien oblag, sagte mir: „Diese Formen des Liebeslebens, wie man sie hier antrifft, sind noch weit unmoralischer als die deutschen. In Deutschland erkennt man es doch allmählich an, daß die Prostitution ein gesellschaftlicher Schaden ist, man schämt sich ihrer, auch wenn man sich ihrer bedient, man findet sie abstoßend. In Paris hingegen umgibt man das Laster mit Blumen und verkehrt mit ihm auf dem Duzfuß. So ist man nicht einmal mehr imstande, seine Wesenheit als Laster zu erkennen!"

Ich glaube nicht, daß meine Schweizer Freundin recht hat. Viel eher hätte sie auf eine andere Seite des Pariser Typus der Prostitution hin-

---

Dichter Alceister Crowley in dem Gedichtbuch *Star and the Garter*, Society for the Propagation of religious Truth, Boleskine House Foyers, Inverness-Scotland 1904, 77 p.

47 Auch viele Dirnen halten sich Geliebte, die auf ihre Kosten leben. Aber sie unterhalten sie nicht auf Grund ehrlicher Arbeit, sondern auf Grund des Verkaufs ihres Leibes. Der Unterschied ist klar und wesentlich.

48 Mit Recht sagt Theodor Wolff, ein guter Kenner Pariser Lebens: „Paris wirkt wie eine Elektrisiermaschine. Es liegt so viel Anregung in der Luft, daß es unmöglich ist, hier gänzlich stumpf und dumpf zu werden. Ohne es zu wissen, saugen hier die jungen Arbeiterinnen täglich tausend verschiedene Anregungen ein. Ihre Intelligenz wird geschärft, ihr Interesse für zahllose Dinge, die nicht zu ihrer täglichen Arbeit gehören, wird geweckt. Darauf, daß diese Dinge nicht zu ihrer täglichen Arbeit gehören, darauf gerade kommt es an. Man plappert in den Ateliers vom neuen Theaterstück, vom Salon, von allem, was man in der Zeitung gelesen und was man selbst gesehen hat. Man erwirbt sich eine kleine, winzige, dünn aufgetragene, winzige Bildung. Aber sie genügt doch, um diese Mädchen zu verhindern, blinde und taube Lasttiere zu werden" (Theodor Wolff: *Pariser Tagebuch*. München 1908, A. Langen, p. 55).

weisen können, nämlich die Anziehungskraft, den er gerade auf die feiner empfindenden jungen Männer auszuüben imstande ist, auf Männer, die in Deutschland von der grobsinnlichen und gemeinen, herzlosen und ungebildeten, ästhetisch unschönen Art des dortigen Dirnentums abgestoßen werden, in Frankreich aber für ihren Idealismus in der Bohème Nahrung finden und der Verführung, um dieses törichte, aber wenigstens allgemein verständliche Wort zu gebrauchen, weit leichter unterliegen. Diese Bemerkung würde zutreffen. Aber die meiner Schweizer Freundin?

Es erscheint mir zweifellos: die erwähnten Formen des Pariser Liebeslebens, – neben denen, wie bereits gesagt, die niedere Form des Dirnentums, der Dirne der Straße und des *Lupanars*[49], die höhere Spielart des vornehmen Verhältnisses in der sogenannten *Demi-monde* und die Ehe in allen ihren verschiedenartigen Formen natürlich subsistieren und sich vielfach kreuzen, – entsprechen der alten, hohen, verfeinerten Kultur, wie wir sie auch heute noch, ja gerade heute, in Frankreich beobachten können. Als solche sind sie Begleiterscheinungen einer höheren Stufe in der Entwicklung der Menschheit. Nicht nur vom Standpunkte der ästhetischen Differenzierung, auch von dem der ethischen Wertung aus. Man kann nicht bestreiten, daß die Tendenz des von uns skizzierten Pariser Dirnentums eine Tendenz nach Wahrung wenigstens eines Restes von Menschenwürde ist. Das Mädchen, das sich zwar für Geld, aber doch nicht für das Geld des ersten besten, hingibt, das neben ihren „Geschäftsfreunden" das Bedürfnis nach sozusagen geschlechtslosen Kumpanen empfindet, mit denen es in freier kameradschaftlicher Weise verkehrt und sich über höherstehende Gegenstände unterhalten kann, und von denen es nicht nur als bezahltes Geschlechtswesen, sondern als freier Mensch bewertet wird und in deren Gesellschaft es sich auch selbst als Persönlichkeit fühlt, das ist für das sittliche Werden der Menschheit noch nicht völlig verloren, in dem ist das *Menschentum* noch nicht erstorben. In der Tat sehen wir, daß in diesen Schichten des

49 Die *Lupanars* stehen allerdings in Frankreich wohl auf noch niedrigerer Stufe als in Deutschland, Italien und andern Ländern. In französischen Bordellen ist es vielfach Sitte, daß beim Eintritt jedes Gastes sämtliche Mädchen sich nebeneinander stellen und, meist mit obszönen Gebärden, sich *jusqu'à la peau* entblößen, ein Anblick, der etwa vorhandene Begier bei Männern von auch nur einigermaßen durchbildetem Feingefühl eher im Keime zu ersticken als zu vergrößern geeignet ist. Eine solche Schamlosigkeit wie in diesen Pariser Häusern ist mir nicht einmal auf meinen Studiengängen durch die niedrigste Sorte der Bordelle in Rom, wo der Coitus nur eine Lira kostet, begegnet.

französischen Dirnentums auch soziale Gedanken noch lebendig sind. Zeiten politischer Erregung haben es bewiesen, daß es unter den *petites femmes* Menschen gibt, die sich nicht scheuen, nicht nur, trotz ihres Métiers, *das sie eben nicht ausfüllt,* Ideale zu besitzen, sondern auch für sie bis zum Opfer des eigenen Lebens einzutreten, Heroinen von Gesinnung und Bestimmung, die nur durch eine verfehlte Erziehung und ein trauriges Wirtschaftssystem zu dem geworden sind, als was man sie bezeichnet: Dirnen.

Der Vergleich des geschilderten Dirnentypus mit dem deutschen klärt den Wertunterschied. Es ist an dieser Stelle kaum nötig, darauf hinzuweisen, daß sich der Typus der *freien Hetäre,* wie wir ihn zu beschreiben versucht haben, keineswegs als der Idealtypus des Weibes der Zukunft oder auch nur des Weibes der Gegenwart betrachten läßt. Wie wir es in einem späteren Kapitel, in dem wir die Frage der Prostitution speziell vom proletarischen Standpunkte aus zu beleuchten versuchen, darlegen werden, ist jede Prostitution verwerflich und müssen wir mit Ernst unser Streben darauf richten, alles zu tun, was in unseren Kräften steht, um diese Erscheinung auf dem Wege einer Veränderung unserer Ökonomie aus einer aktuellen soweit möglich zu einer historischen zu machen. Heute aber haben wir es mit den Verhältnissen von heute zu tun und uns mit unserem Urteil an die Formen zu halten, welche wir in ihnen vorfinden. Und da sind wir allerdings der Meinung, daß wir uns beglückwünschen könnten, wenn die geschilderten Spezies des Pariser Liebeslebens die niedrigste bekannte Form außerehelichen Sexualismus darstellen würden. Dann würde die generelle Gesundung des Menschengeschlechts eine leichtere Aufgabe sein, als sie es tatsächlich ist.

Zweites Kapitel
Zwischenstufen der Ehrbarkeit

Die neue Geschlechtsethik, deren Sonnenball wir am Horizont bereits auftauchen sehen, deren Strahlen aber noch blaß und matt sind und noch nicht die Kraft haben, neues Leben zu spenden, hat ihre größte Gegnerin in der Heuchelei. Es ist zwar auch der vornehme, edeldenkende, reine Mensch, der sich heute noch vielfach gegen eine neue Ethik sträubt, weil seine Erziehung ihm eine derartige Last von Vorurteilen mit auf den Weg gegeben hat, daß er, in der Hetze und Hast des heutigen Erwerbslebens, nicht mehr die Zeit findet, sich dieser Kletten seines geistigen Gewandes zu entledigen. Aber der heftigste Feind des neuen keimenden Lebens – über dessen Formen die Diskussion freilich noch hoch geht und hoch gehen muß – sitzt da, wo sich Dunkel und Hell paart, im *Clairobscur* des sozialen Körpers, am Rande des Sonnenlichts und der Finsternis. Das sind die Elemente, die, insofern sie seelisch infekt sind, alles Interesse daran haben, alles beim alten zu lassen, weil ihr Mangel an Moralität mit der alten Moral sehr gut auskommt. Die heutigen Einrichtungen sind überaus bequem für die, die es nötig haben, sich hinter den Paragraphen des Gesetzes und der Torheit der öffentlichen Meinung zu verstecken.

Das Gesetz kennt nur starre Normen und schließt vor allen Zwischenstufen die Augen. Das Gesetz weist in sexueller Hinsicht nur zwei Gruppen auf: Kontrollmädchen, d.h. Mädchen, deren Unsittlichkeit kontrolliert und abgestempelt worden ist, und anständige Frauen. Was der ersten Kategorie nicht angehört, fällt ohne weiteres in die zweite. Beide sind wie durch einen Abgrund getrennt, über den der eifrige Schutzmann allerdings von Zeit zu Zeit einen Steg findet, indem er einzelne Individuen aus der zweiten in die erste Kategorie überführt, nicht ohne dabei häufig traurigen Mißverständnissen oder merkwürdigen Begriffsverwirrungen anheimzufallen.[50]

Die Statistik ahmt das Gesetz nach. Das wird am deutlichsten ersichtlich aus der statistischen Behandlung der Geburten. Nach dem Gesetz gilt jedes in gültiger Ehe erzeugte Kind als ein eheliches. Auch wenn der Erzeuger dieses Kindes ein ungültiger, ein außerehelicher Mann ist. Selbst, wenn dieser Tatbestand von allen beteiligten Seiten Ehefrau, Ehemann, Ehebrecher – zugegeben wird. Ein derartiges Eingeständnis ändert juristisch nichts an der Ehelichkeit der Geburt. Die Statistik kennt lediglich „eheliche Geburten" und „uneheliche Geburten" und registriert sie. Die weitere große Rubrik: „uneheliche Geburten in der Ehe" kennt und registriert sie nicht. Es mag ohne weiteres zugegeben werden, daß dies weder ihres Amtes sein kann, noch daß es sichere Mittel und Werkzeuge, genügende Kriterien, gibt, auf Grund deren diese dritte Rubrik Existenzberechtigung erhalten könnte. Die Vaterschaft ist ein Mysterium und entzieht sich wissenschaftlicher Feststellung. Aber deshalb bleibt die statistische Einteilung der Geburten in eheliche und uneheliche nicht weniger irreleitend. Es ist aus diesem Grunde immer eine mißliche Sache, die moralische Superiorität eines Landes über ein anderes an der Hand einer in dem ersteren von beiden statistisch fest-

50 Über die ganz generell schlechte Handhabung der Bestimmungen zur Regelung der Prostitution durch die Gesetzeshüter siehe z.B. E. Shandha: „La Prostitution et la Police", in: *La Revue Blanche*, Jg. XIII, Nr. 222, Paris 1902, und: *Tagebuch einer Verlorenen*, herausgeg. von Margarete Böhme, Berlin 1906, p. 215ff.

gestellten geringeren Zahl illegitimer Geburten konstruieren zu wollen, weil die große Unbekannte der unehelichen Geburten in der Ehe, die von der Statistik den ehelichen Geburten zugezählt wird, dergestalt sein kann, daß das tatsächliche Verhältnis zwischen den ehelichen und den unehelichen Geburten das in der Statistik gefundene Verhältnis wieder umkehrt.

Es sind aber gerade die moralischen – und physischen, denn es gibt auch solche – Zwischenstufen der Ehrbarkeit und Unehrbarkeit, die unser Interesse in hohem Grade beanspruchen dürfen. Ihre Phänomene sind zurzeit in weitesten Kreisen, auch in solchen, deren Beschäftigung mit wissenschaftlichen Dingen eine tägliche ist, unbekannt. Es ist aber von höchster Wichtigkeit, daß der Einblick in sie nicht den Augen der Wissenwollenden versperrt bleibt. Denn nur die Tatsache, daß die Zwischenstufen der Moral nicht erkannt werden, ermöglicht es den Unwissenden wie den Heuchlern unter den Gegnern der neuen Geschlechtsmoral, diese vom hohen Sockel der absoluten Reinheit aus zu verdammen.

Uns hat einmal eine Dirne, die ihre, nebenbei bemerkt äußerst geringen Reize in einem im Zentrum einer großen italienischen Stadt gelegenen Zimmer feinen Herren, jedoch „nur auf Empfehlung", preisgab, gesagt: „Aber ich bitte zu bedenken: ich bin eine durchaus anständige Frau" (*Ma io, sa, sono una donna onesta*). Und als die „anständige Frau" ein bitteres Lächeln um unsere Mundwinkel gewahr wurde, setzte sie nicht ohne Stolz ihren Worten die nachdrückliche Erklärung hinzu: „Glauben Sie, daß ich meinen Liebhabern erlaube, mich auf der Straße zu grüßen? O nein! Auf der Straße grüßt mich niemand!" Die Art, in welcher die Dirne ihre These verteidigte und motivierte, schloß jeden Zweifel aus: sie sprach nicht aus Scheinheiligkeit; sie war im Gegenteil fest davon überzeugt, daß durch die Heimlichkeit, mit der sie ihr Gewerbe betrieb, nicht nur die *Dehors* gewahrt blieben, sondern daß dadurch auch ihre innere Ehre, ihr Moraltum, keinerlei Abbruch erlitte. Der Satz: „io sono una donna onesta" war das Resümee einer mit aller Ehrlichkeit wiedergegebenen Selbstbiographie.

Weiter gibt es – ich spreche hier aus eigener, aus sozialer und sexualethischer Neugier gesammelter Erfahrung – vielerorts, z.B. in Turin, Schneidereien, Nähstuben, meist im zweiten oder dritten Stock stark bewohnter Häuser gelegen. Nichts unterscheidet sie äußerlich von allen anderen Ateliers ihrer Gattung. Die dort beschäftigten Mädchen sind auch in der Tat dem Beruf nach Schneiderinnen bzw. Modistinnen. Sie üben diesen Beruf wirklich aus. Wer jene Stuben betritt, wird die Mädchen stets bei der Arbeit antreffen, ja, in die Arbeit versenkt und voller Zucht und Sitte finden. Diese Schneiderinnen nehmen auch Arbeit entgegen. Nur wer vorher informiert und eingeführt ist, weiß, daß die Schneiderei schlechterdings lediglich die eine Seite des Betriebes darstellt, die andere aber in der Ausübung eines ganz anderen Berufes besteht. In jenen Betrieben findet eine korrupte, fast ausschließlich bereits in sicheren Lebenstellungen befindliche, über die allererste Jugend hinausgealterte Männerwelt der höheren Stände das, was sie sucht: geheimen, nicht kompromittierenden Geschlechtsverkehr mit „anständigen Mädchen"; und eine Reihe von Mädchen ihrerseits das, dessen sie bedarf: relativ hohen Verdienst, ohne der Schande preisgegeben zu sein. Ich habe mir die Mühe gegeben, mehrere dieser Mädchen über ihre ökonomische und soziale Lage zu interpellieren. Während, wenn sie nur ihrem Näherinnenberuf nachgingen, ihr durchschnittlicher Monatsverdienst 90 Lire betrug, verdienen sie mit dem kombinierten System über 200 Lire pro Monat. Sozial aber bewahren sie sich ihren Ruf als unbescholtene Mädchen. Möglich, wenn nicht wahrscheinlich, daß ein Teil der Eltern über den Berufsdualismus ihrer Töchter und die Herkunft des Geldes, das sie ihnen am Abend mit nach Hause bringen, sehr wohl Bescheid weiß. Überwiegend ist das nicht der Fall. Eine der *Sartine*, mit der ich darauf zu sprechen kam – ein hübsches, etwas blasses Ding von anständigem Benehmen und keuschen Bewegungen – hob, wie zu wissenschaftlicher Beweisführung, die Röcke in die Höhe und zeigte mir ihre Unterkleider. Sie trug lange, dicke, schwarze Wollstrümpfe und geschlossene Beinkleider. „Wehe", sagte sie mir, „wenn ich durch meine Kleidung die Eltern abends erraten ließe, was ich den Tag über treibe! Es würde mir schlecht gehen." Wie dem auch sei, diese Halbdirnen führen äußerlich durchaus das Leben ihrer Kolleginnen. Sie haben alle Tage ihre Mittagspause, die sie größtenteils zu Hause zubringen. Sie gehen abends nach Hause schlafen. Sie arbeiten sonntags nicht und gehen, das Brüderchen an der Hand, womöglich den Bräutigam am Arm, mit ihren Angehörigen spazieren. Außer dem engen Kreis ihrer Benützer ahnt niemand etwas von ihrer doppelten gesellschaftlichen Funktion.

Die soeben beschriebene Dirne des Nähateliers ist nicht einmal die raffinierteste ihrer Gattung. Wie mein Freund, der Anthropologe Alfredo Niceforo, festgestellt hat und wie später von einem jungen Romanschriftsteller in derselben Stadt bestätigt worden ist, bestehen in Rom Schneidereien, in denen die jungen Mädchen „sich amüsieren", Geld verdienen und doch das Kapital, das sie für die spätere Ehe brauchen, die Jungfernschaft, behalten.[51] Auch hier der gleiche äußere Anstand, die gleiche Unwissenheit selbst der Eltern über das Tun und Lassen jener Halbdirnen. Außer in Schneidereien trifft man sich in bestimmten Ballsälen. Natürlich tagsüber. Wie die Mädchen dorthin kommen? Sie sind nicht eingeladen. Allein der Zufall fügt es. Die Mutter, die Aufseherin des Ateliers, oder, je nachdem, die Besitzerin des Ladens, in dem sie arbeiten, schicken sie zu Kommissionen. Da eilen dann die jungen Dinger auf eine Stunde, eine halbe Stunde, ja, eine Viertelstunde, in einen Ballsaal. Dort treffen sie häufig ihren Schatz. Noch häufiger ist es aber ein Unbekannter, der erste beste, der sich einstellt und sie einladet, am Büfett ein Glas Wein zu trinken und mit ihm einmal herumzutanzen. Im Vorzimmer der Garderobe liegt ein unübersehbarer Haufen von Paketen, Schachteln, Taschen, Büchermappen. Diese letzteren gehören einigen jungen Lehrerinnen. Neben dem Büfett liegt noch ein anderes Zimmer, so eine Art von Hinterstübchen, wie man es bisweilen hinter den Läden sieht. Dorthin flüchten sich die Tänzer und Tänzerinnen gern, „um sich wieder aufzufrischen", und vergnügen sich damit, das Gas auszudrehen. Dann eilt der Portier, ein würdiger Mann mit einem langen Bart, als strenger Hüter der Ordnung und der Moral an diesem Orte, herbei, um das Gas wieder anzuzünden. Aller Augenblicks ertönt seine heisere Stimme: „Aber, zum Donnerwetter, wo glaubt ihr euch denn zu befinden?" – Oft zieht sich die Tanzerei lange hin, gar bis zur Wohnung des unternehmenden Kavaliers, und dann können die Mütter, Aufseherinnen usw. lange warten, bis die weiße Taube wieder nach Hause fliegt. Was treibt alle diese Mädchen zum Besuch dieser Ballhäuser an? Nicht etwa die Manie des Tanzens an sich. Es handelt sich vielmehr um eine anständigere, reinlichere Art der Prostitution. Da trifft man Frauen aus dem Mittelstand, mit Hut, Handschuhen und Mantel. Während der unselige Ehemann im Bureau sitzt und sich am Schreibtisch abarbeitet, geht die Frau „tanzen", um das häusliche Budget, das durch ihren Luxus in Unordnung geraten ist und dem der Mann mit seiner Arbeit nicht mehr aufhelfen kann, zu sanieren. Die Mehrzahl der Besucherinnen jener Orte aber besteht aus jungen Mädchen. Mit ihnen kann man sich viel erlauben. Vor ihrem Erröten braucht niemand Angst zu haben. Da ist jedes galante Wort gern gehört, auch der obszöne Witz wird nicht verargt, und wer den günstigen Moment abpaßt, kann ruhig einen Kuß, einen

51 Alfredo Niceforo und Scipio Sighele: *La mala vita a Roma*. Turin 1898, p. 104ff.

Kniff, einen unkeuschen Griff riskieren, er wird ihm nicht übelgenommen. Aber „im übrigen" lassen sich diese Mädchen nicht „verderben". Nur, wer sie in sich verliebt zu machen versteht oder über ein Riesenvermögen verfügt, vermöchte sie zu Fall zu bringen. Im übrigen: *Hands off*! Diese Mädchen erblicken ihr „großes Geschäft" alle in der Ehe, die sie außerhalb jener Orte suchen und finden. Auf dem Ballsaal haschen sie nur nach dem Abschluß kleiner Geschäfte. Dabei setzen sie nichts zu, verlieren nichts. Sie gehen bis zu einem bestimmten Punkt – dann halten sie ein.[52] Sie haben alle, oder doch fast alle, einen Bräutigam in Sicht und werden zu Hause für kleine Heilige angesehen. Wer sie auf der Straße trifft, sieht sie mit solchem Anstand und solcher Keuschheit auftreten, daß er geneigt ist, jede einzelne von ihnen für eine Lucrezia oder Susanna zu halten.

Da haben wir also eine ganze Reihe von Typen vor uns, die sozial nicht leicht klassifizierbar sein dürften. Nehmen wir das Beispiel der erwähnten Turiner Schneiderinnen. Welches ist ihr „Hauptamt", welches ihr „Nebenamt"? Wie sollen wir sie rangieren, unter die „Prostituierten" oder unter die „Schneidereigehilfinnen"? In der Tat sind sie beides, und es gehörte schon ein sehr gründlicher Blick auf ihr Budget und in ihr tägliches Leben dazu, um entscheiden zu können, welche der beiden Beschäftigungsarten im Leben jener Mädchen überwiegt. Noch schwerer als die Einreihung der Turiner Näherin in ökonomischer, fällt die Einreihung der Römer Ballerina in moralischer Beziehung. Gewiß, gemessen mit dem Maßstab unseres Gefühls und unseres gesunden Instinkts sind diese Halbjungfrauen, diese *demi-vierges*, verderbter, widerlicher, als die Volldirnen. Aber gemessen mit dem Maßstab der sich des Kriteriums der Jungfräulichkeit bedienenden landläufigen Moral stehen sie zwar auf der Grenze zwischen Gut und Böse, aber immer noch diesseits des Abgrundes.

Es ist kaum nötig, vorsichtshalber a priori gegen den etwaigen Einwurf Verwahrung einzulegen, daß diese Zwischenstufen nur in romanischen Ländern anzutreffen seien und keineswegs bei einem so sittenfesten Volke wie beispielsweise den Deutschen vorzufinden sein dürften. Ein derartiger Einwurf wäre in der Tat grundfalsch. Wie ich an anderer Stelle in, wie ich glaube, absolut überzeugender Weise an der Hand reichen statistischen und soziologischen Materials nachgewiesen habe, steht die sexuelle Sittlichkeit in Italien zum mindesten nicht tiefer als die sexuelle Sittlichkeit in anderen Län-

52 Giuseppe Petrai: *Quelle Signorine*. Rom 1908, M. Cara, p. 30ff.

dern, Deutschland mit einbegriffen.[53] Gerade Deutschland ist an sexuellen Krankheitserscheinungen unseres Erachtens sogar überaus reich.

Der Zweck dieser unserer Betrachtungen, die eines weiteren Ausbaues wohl wert wären, ist ganz allgemein der, mit Hilfe einiger logischer Schlüsse und einiger aus dem Leben gegriffener Beispiele darauf hinzuweisen, daß es auch in sexuellen Dingen keine schroffen Abstände gibt, ja, daß es, wenn wir auch natürlich das Vorhandensein von Extremen nicht leugnen wollen, gelinde gesagt, Unfug ist, von „Abgründen“ zu sprechen, wo es nur sanfte Übergänge und feine Nuancen gibt. Es gilt, es dem selbstgerechten Moralisten unmöglich zu machen, auf eine moralische Norm zu pochen, die im gelebten Leben nicht existiert. Ein Blick auf die rein ethische Seite des Problems würde lehren, daß der Maßstab zur Beurteilung des ethischen Grades in der sexuellen Liebe auf ganz anderem Gebiete zu suchen ist als auf dem der Profession oder der Physiologie.

Drittes Kapitel
Die Dirnen als die Alten Jungfern des Proletariats

Jenes Heer alternder, von fast jedem intensiven Lebensgenuß ausgeschlossener Mädchen, die der grausame Volksmund als „alte Jungfern“ zu bezeichnen liebt[54], gehört zu den Kennzeichen unserer Bourgeoisie, in deren sämtlichen Schichten und Unterschichten wir sie antreffen. Doch ist dieses Phänomen auf die Bourgeoisie beschränkt. Das Proletariat kennt dasselbe nicht in demselben Maße.

In den gut oder besser situierten Klassen sehen wir Tausende und Abertausende braver alter Fräuleins, übrig gebliebene Tanten und ältere Schwestern, welche auf die Ehe und mit ihr, wie die Dinge heute liegen – und was noch sehr viel mehr bedeutet: auf sexuellen Genuß überhaupt zeitlebens verzichtet haben. In der Arbeiterklasse hingegen – und auch das dürfte ein scharfes Licht auf die gänzlich verschiedenartigen Existenzbedingungen in den einzelnen Klassen werfen – ist

53 In einem in Vorbereitung befindlichen Buch: *Divagazioni Statistiche & Sociologiche sulla Morale Sessuale in Italia*.

54 Wie sehr sie dem Spott ausgesetzt sind, erhellt daraus, daß der Volkswitz sie gern mit wenig erfreulichen Spottnamen belegt, so in Deutschland „Alte Schachtel“, in Italien, wo sie allerdings selten sind, *gigli*, in England *spinsters* (eigentlich Spinnerin, aber einst „the title given to all unmarried women from the Viscount's Daughter down-ward“ (Abel Boyer: *The Royal Dictionary, English and French*. Lions 1768, Bd. II, p. 586).

das alternde Mädchen zunächst schon im physiologischen Sinne des Wortes eine durchaus abnorme Erscheinung. Die Erhaltung der Jungfernschaft ist ein Resultat steter Überwachung und befriedigender Wohnungsverhältnisse. Die Arbeiterin besitzt weder das eine noch das andere. Mit Abzug weniger Ausnahmen sehen wir aber unter den erwerbsmäßig tätigen Frauen, den Fabrikarbeiterinnen und Landarbeiterinnen über dreißig Jahre, auch keine unverheirateten. Nur die zu persönlichem Dienst in bourgeoisen Familien tätigen Proletarierinnen, die Haushälterinnen, Köchinnen, Dienstmädchen usw., bilden eine exzeptionelle Kategorie unverheirateter Arbeiterinnen. Indes gilt auch ihr Beruf meist nur als Übergangstadium, als Vorbereitung auf die Ehe.

Auf den ersten Blick mag den Laien in den Gesellschaftswissenschaften vielleicht die merkwürdige Erscheinung, daß wir in den besitzenden Klassen so viele, in den arbeitenden Klassen hingegen so wenige unverheiratete ältere Mädchen sehen, unerklärlich, ein Spiel des Zufalls dünken. Doch ist die Ursache bei näherem Zusehen nicht schwer zu finden. Sie trägt durchaus wirtschaftlichen Charakter.

Der junge Mann aus den unteren Volksschichten besitzt ein physisch wie ökonomisch gleich stark ausgeprägtes Bedürfnis nach einer permanenten Lebensgefährtin. Er sieht sich weder imstande, mit seinem niedrigen Lohn sich eine Haushälterin zu mieten, die ihm sein Daheim weniger unbehaglich, die täglichen Ausgaben für den Lebensunterhalt, die Kleidung und die Wäsche weniger drückend gestalten könnte, noch ist es ihm möglich, sich zur Befriedigung seiner reproduktiven Instinkte eine bezahlte Konkubine zu halten. Es bleibt für letzteres das Bordell, dem der junge Arbeiter, wenn auch weniger häufig als der junge Mann aus den übrigen Gesellschaftsklassen, der eine geringere Möglichkeit zur Befriedigung seiner Geschlechtsbedürfnisse innerhalb des Mädchenkreises der eigenen Schicht hat, als sie dem jungen Arbeiter zu Gebote steht, fleißig zuspricht. Aber die bezahlte Liebe hat für den Arbeiter den Nachteil, daß sie eben bezahlt werden muß. Außerdem läßt sie das hauswirtschaftliche Problem offen. So sieht sich der junge Proletarier also, um beide Bedürfnisse befriedigen zu können, in die Notwendigkeit versetzt, eine Frau zu nehmen[55], und er heiratet, aus

55 Das erklärt auch, warum die Treue des proletarischen Witwers schwerer und seltener ist als die des bourgeoisen. Von den diesbezüglichen Verhältnissen in Italien sagt eine Kennerin: „I contadini non possono permettersi il lusso della fedeltà alla memoria della moglie perduta se questa ha lasciato figli. La vedovanza è dispendiosa. Ha bisogno dei collegi, delle governanti, di molte cose che costano denaro“ (Marchesa Colombi: *In Risaia*. Milano 1889, p. 116).

den gleichen Gründen meist noch dazu in sehr jungen Jahren.[56] Diese Tatsache erklärt die andere Tatsache, daß in einer Bevölkerung bei einigermaßen homogenem Zahlenverhältnis zwischen Männern und Frauen von 18-30 Jahren die unverheiratete Proletarierin über dreißig Jahre spärlich vertreten zu sein pflegt. Der Prozentsatz der Arbeiter, welche Junggesellen bleiben, ist eben sehr gering.

Aber, wenn es auch, immer von der numerisch geringfügigen Schicht der Hausbediensteten abgesehen, im Proletariat so gut wie keine unverheirateten alten Jungfern gibt, so existiert doch ein Heer unverheirateter älterer Personen weiblichen Geschlechts, das sich aus ihm rekrutiert. Das sind die Prostituierten. Der alten Jungfer in den höheren Ständen entspricht im Proletariat die Dirne. Nur daß Ursache und Wirkung beider Erscheinungen verschieden sind. Es ist das eine der grausamsten sozialen Ironien unserer heutigen gesellschaftlichen Ordnung, daß, während das unverheiratete Mädchen aus der Bourgeoisie häufig gezwungen ist, seine Liebe totzuschweigen und unter unbefriedigtem Geschlechtstrieb zu leiden, das unverheiratete Mädchen aus dem Proletariat sich gerade umgekehrt durch den immerwährenden Verkauf der Liebeslust zu einer beständigen sexuellen Überreizung genötigt sieht. Unsere heutige Gesellschaftsordnung wird hierdurch zur Schöpferin zweier durchaus widernatürlicher sozialer Erscheinungen auf sexuellem Gebiet, welche an ähnliche Zustände in der moralisch am tiefsten stehenden Zeitepoche des asiatischen Altertums erinnern. Dem unverheirateten Mädchen aus der Bourgeoisie verbietet sie das Recht auf Liebe, auch wenn es nach ihr verlangt. Dem unverheirateten Mädchen aus dem Proletariat hingegen gebietet sie den erotischen Verkehr, auch wenn es kein Verlangen danach trägt. Mit anderen Worten, unsere heutige Gesellschaftsordnung verweigert den Mädchen aus der Bourgeoisie das Recht auf sexuelle Liebe, während sie gleichzeitig den Mädchen aus dem Proletariat das Recht auf Verzicht auf die sexuelle Liebe verweigert, ein Beweis dafür, daß das ihr zugrunde liegende System sowohl das Proletariat beider Geschlechter, als auch große Bruchteile der weiblichen Bourgeoisie selbst schwer bedrückt.

Wir haben vorhin gesagt, daß der junge Mann aus den arbeitenden Klassen als Haushälterin wie als Geschlechtswesen ein Weib benötigt,

56 Die statistischen Nachweise für die ganz international verbreitete Tatsache des bedeutend niedrigeren durchschnittlichen Heiratsalters der proletarischen Männer im Vergleich mit den Männern der übrigen Gesellschaftsklassen findet man in erschöpfender Weise bei Alfredo Niceforo: *Anthropologie der nichtbesitzenden Klassen*. Leipzig-Amsterdam 1910, Maas & van Suchtelen, p. 233ff.

und, in die Unmöglichkeit versetzt, ein solches auf käuflichem Wege zu erlangen, wohl oder übel auf einen Erwerb desselben mittels des Standesamts bedacht sein muß. Diese Notwendigkeit aber existiert nicht für den jungen Mann aus den besser situierten Klassen. Dieselben Ursachen, welche ihn zu einem unsittlichen Lebenswandel vor der Ehe verleiten, bewegen ihn sehr leicht dazu, der Ehe überhaupt aus dem Wege zu gehen. In dem Kampf ums Leben, den auch er durchmachen muß, vergeht in der Regel eine ganze Anzahl von Jahren, bevor er, sei er nun Beamter, Kaufmann oder Angehöriger eines freien Berufs, zu einem genügend hohen Gehalt oder Verdienst kommen kann, um damit Frau und Kind zu erhalten. Wenn er dann endlich in verhältnismäßig späten Jahren in den Besitz hinreichenden Geldes gelangt ist, um sich eine Familie zu gründen, ist er vielfach durch sein Vorleben so sehr an das Auskosten außerehelicher Liebesfreuden gewöhnt, daß selbst die in vielen Männern so starke Sehnsucht nach dem Besitze eines Stammhalters nicht immer mehr imstande ist, ihn dazu zu bestimmen, das bequeme und sorglose Leben des Junggesellen mit der Fahrt auf dem hohen Meere der Ehe zu vertauschen. Dazu kommen weitere soziale Mißstände, die ihn von der Heirat abhalten. Die langen Fangarme auf Raub ausziehender Besitzer heiratsfähiger Töchter flößen ihm Schrecken ein; die bösen Prätentionen der jungen Mädchen, welche, statt in treuer, ehelicher Kameradschaft mit dem Manne sich durch das Leben hindurchzuringen, sofort in ein „gemachtes Bett“ kommen wollen, sowie endlich die Erwägung, daß fast in demselben Maße, in dem die Frau in der Ehe an Freiheit gewinnt, der Mann an solcher verliert, nehmen dem Gedanken an die Heirat vielfach jede Anziehungskraft. Während vor der Ehe dem Manne von der Moral des gesellschaftlichen *Cant* jede sexuelle Sünde, wenn sie nur auf einigermaßen „elegante“ Art und Weise geschieht, verziehen wird, ja, ein galantes Leben ihm sogar Freund wie Feind gegenüber ein gewisses *Air* der Superiorität verleiht, so ist er, einmal verheiratet, doch mindestens in der Form zu allerhand Rücksichtnahme verpflichtet. Die Einhaltung des Treueschwures aber stellt an ihn hohe Anforderungen. Wer die Kraft der Beharrung im geschichtlichen wie im einzelmenschlichen Leben kennt, weiß, wie schwer in der Ehe, zumal in den Perioden der Schwangerschaft und der Mutterschaft der Frau, dem vorehelichen Sexualisten die Eingewöhnung in die Monogamie fällt.

Aber noch andere Ursachen veranlassen eine große Anzahl von Männern aus den besitzenden Klassen dazu, in lebenslänglichem Hagestolzentum zu verharren. Neben den genannten physiologischen auch eine psychologische: Der dank des ungesunden Konkurrenzkampfes unserer Tage in einem späteren Lebensalter als die Frau heiratsfähig werdende Mann, der sich nun, mit dreißig bis fünfunddreißig Jahren, endlich eine gute „Lebensstellung" errungen hat, wird, wenn er Verstand besitzt, der Erwägung zugänglich sein müssen, daß die beste psychologische Basis der Ehe in einer nicht zu großen Ungleichheit des Alters von Frau und Mann beruht. Der Mann im reifen Lebensalter wird deshalb, wenn er heiraten will, sich vernünftigerweise nicht ein Kind von sechzehn bis zwanzig Jahren zur Lebensgefährtin aussuchen. Aber die so einfache Lösung des Problems, die darin bestände, daß der dreißig bis fünfunddreißig Jahre alt gewordene Mann nunmehr ein Mädchen aus derselben Alterslage zur Frau nähme, zerschellt bei ihm und bei den Verwandten an den dummen Vorurteilen gegen die alte Jungfer, d.h. an der falschen, ungleichen Bewertung des Alters bei den Geschlechtern. Und so wird er, in das Dilemma versetzt, entweder eine seinem Lebensalter nicht angepaßte oder eine auf dem Heiratsmarkt bereits minderwertig gewordene Frau zu wählen, vielfach gar nicht mehr heiraten.[57]

Die heutigen sozialen Verhältnisse haben somit zur Folge, daß ein großer Teil der Männerwelt aus den besitzenden Klassen entweder überhaupt der monogamischen Ehe fernbleibt, oder, wenn er sie eingeht, sie nicht monogamisch hält, oder endlich, im besten Falle, doch wenigstens erst nach zehnjährigem oder noch längerem außerehelichen Sexualleben Monogamist wird. Es ergibt sich also eine große Anzahl von Männern, welche, in voller geschlechtlicher Reife stehend, zu außerehelichem Geschlechtsverkehr des Weibes bedürfen, oder doch wenigstens zu bedürfen glauben. Da nun überdies in fast ganz Europa, wenn auch nicht die weiblichen Geburten, so doch die weiblichen Überlebenden in den ersten Kinderjahren die männlichen bei weitem an Zahl übersteigen, und auch später die Mortalität der Frauen bedeutend geringer ist als die der Männer, kurz, Süd-Italien, Griechenland und einige wenige andere Länderstriche auf dem Balkan ausgenommen, überall eine mehr oder weniger große Überproduktion an Frauen besteht, so wird – die heutige Gesellschaftsordnung immer vorausgesetzt – die große Kategorie proletarischer Frauen, welche mit dem Verkauf ihres eigenen Körpers ein Geschäft treibt, zu einem selbstverständlichen Resultat.

Die Brotlosigkeit – in weiterem Sinne verstanden als das Darben an geistiger und körperlicher Nahrung, an Kultur – ist die vornehmlichste Ursache dafür, daß den sexuellen Wünschen der Männer durch die

57 Vgl. in diesem Band p. 174 [d.h. hier: S. 145].

Bildung einer Prostituiertenklasse aus dem Proletariat auch tatsächlich entsprochen wird. Gewiß gibt es auch Prostituierte, die ihr Gewerbe aus purer ungebändigter Sinnenlust ausüben. Ihre Zahl mag verschwindend sein.[58] Auch gehören sie in das Gebiet der Pathologie. Zudem, was sie zu Prostituierten, d.h. zu sich Verkaufenden, macht, ist wiederum der ökonomische Faktor. Die übersinnlichen Weiber aus den besitzenden Klassen werden professionelle Ehebrecherinnen, aber nicht Prostituierte im fachtechnischen Sinne. Eine weitere und größere Anzahl von Frauen hingegen ergibt sich der gewerbsmäßigen Prostitution nur, um dem freudlosen Leben der Arbeiterin, und insbesondere der Heimarbeiterin, zu entgehen, aus der flammenden Sehnsucht nach einem Kulturleben, oder wenigstens nach dem, was sie für ein Kulturleben halten, nach Theater und schönen Kleidern, nach Luxus und Freude, aus dem Verlangen nach einem, wenigstens dem Anschein nach freundlicheren, helleren Dasein, als es der ehrlich arbeitenden Proletarierin beschieden ist.[59] Die Sucht nach etwas Besserem oder auch das energieverleihende Bewußtsein, genügend Stoff in sich zu haben, um auch auf den Höhen der Gesellschaft wandeln zu können, hat gerade unter den intelligenteren Mädchen der unteren Klassen tiefe Wurzeln geschlagen und wird mit dem Fortschreiten des Klassenbewußtseins im Proletariat sich eher steigern als vermindern.[60] Die Formen der Kulturwelt besitzen schon

58 „La froideur sexuelle est même pour elles un avantage, une adaptation darvinienne, car, pour une femme trop facilement excitable, la vie de prostitution sérait trop épuisante" (Cesare Lombroso: *La Femme Prostituée,* loco cit., p. 542).

59 Eine französische Ärztin, Madeleine Pelletier, geht sogar so weit, aus dem Umstand, daß das Arbeitermädchen im Arbeiter meist einen rohen Ehemann habe, zu folgern, daß „la vie d'une demi-mondaine étant de beaucoup préférable à l'existance de souffre-douleur départée aux femmes d'ouvriers, la fille d'ouvriers qui s'y détermine n'est en aucune façon immorale." Was zum mindesten eine schlechte Pädagogik ist. (Madeleine Pelletier: *La Femme en lutte pour ses droits*. Paris 1909, Giard et Briere, p. 16.)

60 Dem Briefe einer Offiziersdirne aus Dieuze, den mir der Zufall in die Hände gespielt, entnehme ich folgende charakteristische Stelle: „Früh vom Elternhause fort sein Brot verdienen ist hart, aber noch härter, wenn man einen besseren Menschen in sich fühlt und doch nichts tun kann. Es ist nicht gut, wenn der Mensch hoch hinaus will, aber er soll sich, was immer mein heißer Wunsch war, wenn ihm die nötige feine Erziehung verloren, durch gute Bücher aufkrappeln ... Mein Gottvertrauen habe ich dabei nicht verloren und das ist gut, wenn ich auch nicht mehr so streng Moral an mir erziehe, denn wenn man etwas aus dem Schmutz, den Stellungen in Häusern und dem Abarbeiten, um doch nichts sein zu können, heraus will, muß man etwas ‚modern' werden."

an sich eine große Anziehungskraft.[61] So wird z.B. von Kennern der Kellnerinnenfrage die Aussicht auf ständigen beruflichen Verkehr mit vornehmen Herren als eines der stärksten Lockmittel zur Ergreifung dieses Gewerbes erachtet.[62] Das gleiche gilt auch für das Theater mit seiner Fähigkeit, unscheinbare kleine Arbeiterinnen binnen kurzem wenigstens äußerlich in Prinzessinnen zu verwandeln und ihnen, an denen sonst jedermann achtlos vorbeigegangen wäre, die eleganteste Männerwelt zu Füßen zu legen.[63] Die große Masse der Prostituierten aber ist zu ihrem Gewerbe auf dem direkten Wege authentisch-wirtschaftlichen Elends gekommen. Es ist beobachtet worden, daß an Orten, an denen eine Lohnerhöhung der weiblichen Arbeitskräfte stattgefunden hat, in demselben Maße eine Verminderung der Prostitution feststellbar war, und daß mit dem Sinken weiblicher Arbeitslöhne sich nicht nur vielfach die Prostitution numerisch hob, sondern auch, als Begleiterscheinung jeder Konkurrenz, der Kaufpreis der Ware Prostitution niedriger wurde. Es ist ferner niemandem, der sich mit der Materie auch nur einigermaßen intensiv befaßt hat, unbekannt, daß es noch heutzutage ganze Erwerbszweige gibt, in welchen die gezahlten Löhne so erbärmliche sind, daß sie, um zum Leben ausreichend zu werden, als Zusatz die Prostitution der in ihnen beschäftigten Arbeiterinnen sozusagen voraussetzen. So haben wir gewaltige Kategorien des weiblichen Proletariats, welche nur die Wahl haben zwischen dem Hunger oder der Schande.[64]

---

61 Joris-Karl Huysmans erzählt in seiner feinen Schilderung eines Prostituierten-Daseins von der Wahl des ersten Liebhabers durch eine junge Arbeiterin: „Elle était suivie tous les soirs par un homme dejà âgé qui lui promettait monts et merveilles, et un jeune homme qui habitait dans la maison à l'étage au-dessous, la frôlait dans l'escalier et lui demandait doucement pardon quand son bras effleurait le sien. Le choix n'était pas douteux. Le vieux l'emportait. Le bien-être et l'or. Il avait aussi un certain ton d'homme bien élévé qui flattaitla jeune fille" (Joris-Karl Huysmans: *Marthe, Histoire d'une fille*. Paris 1880, Derveaux, p. 34, 55.)

62 Vgl. Camilla Jellineck: *Kellnerinnenelend,* in: Archiv für Sozialwissenschaft, Bd. XXIV, p. 626.

63 Giovanni Verga: *Eva,* Milano 1877, 4. Aufl. Treves, p. 46.

64 Es kann angenommen werden, daß sich die Prostituierten ganz überwiegend aus dem Proletariat rekrutieren. Die Fachgelehrten stimmen in dieser Konstatierung überein, von dem Anthropologen Cesare Lombroso (*La Femme Prostituée,* loco cit., p. 574) bis zu den Historikern Edmond und Jules de Goncourt, die in ihrer Studie *L'Amour au XVIIIe Siécle* (Paris 1875) feststellen, daß alle großen Prostituierten aus den unteren Klassen des Volkes stammen. Die Schriftsteller der veristischen Schule in Frankreich und

Die Prostitution als gesellschaftliche Institution schließt für die von ihr betroffene Frau eine doppelte Degradation in sich: als Weib und als Proletarierin. Solange es noch möglich sein wird, mittels einer lumpigen Gold-, Silber- oder gar Nickelmünze Frauenkörper zu kaufen, ist unsere vielbesungene Zivilisation in sexueller Hinsicht einer schönen Kulisse vergleichbar, hinter der sich Schmutz und Verbrechen verbirgt. Die Prostitution bedeutet, ethisch betrachtet, einen Schlag ins Gesicht der gesamten Frauenwelt. Für die sie benutzende Männerschaft aber ist sie nicht nur physiologisch gefährlich und moralisch infizierend, sondern selbst vom ästhetischen Standpunkt besehen abstoßend.

Nichtsdestoweniger ist das mit voller Lungenkraft geschriene „Nieder mit der Prostitution", mit welchem unsere Moralisten von gestern und heute die Luft erschüttern machen, töricht und lächerlich zugleich. Denn alle Entrüstung der Welt ist zweck- und nutzloser Kraftaufwand, wenn die bekämpfte Einrichtung nicht gründlich analysiert und, soweit möglich, die sie als Wirkung erzeugenden Ursachen aus der Welt geschafft werden. Die verschiedensten Ausgangswege aus dem Problem sind bereits betreten worden. Viele Jahrhunderte lang schon die der individuellen Prophylaxis, durch Mahnung und Predigt, Gründung von Jünglingsvereinen und Jungfrauenkränzchen, religiöses Sektierertum und ethischen Asketismus einerseits, fromme Stiftungen und Wohltätigkeitsbälle andererseits. Aber wie der physische hat auch der sexuelle Hunger stets über alle sich nur mit den Symptomen beschäftigenden Mittel, über die Kurpfuscherei, gesiegt. Sogar mit einer Art von patriotischer Prophylaxe hat man es versucht: in London soll ein Drittel der Dirnen aus Ausländerinnen, vorzüglich Deutschen und Französinnen, bestehen. Diese Erscheinung hat ihren Grund vorzugsweise in der Tatsache, daß in England die industriellen Löhne höher sind als anderswo

Italien haben sich, soweit sie das Problem der Prostitution untersuchten, mit sicherem Verständnis und bemerkenswerter Sachkunde von den Romantizismen, denen die Deutschen in dieser Frage so leicht verfallen, ferngehalten und sich befleißigt, in den Mittelpunkt ihrer Erzählungen nicht verwunschene Prinzessinnen, sondern Proletariermädchen, deren Umwelt mehr oder weniger nahe Beziehungen zur berufsmäßigen Unzucht hat, zu stellen. Die *Fille Elisa von Edmond de Goncourt* (Paris 1878) ist die entlaufene Tochter einer anrüchigen kleinen Hebamme, die *Marthe* von Joris-Karl Huysmans (1884) eine Tingeltangelsängerin aus einem sog. *beuglant,* die Luigina aus dem *Nel Lupanare di Mantova* von Paolo Valera (1888) eine Landarbeiterin, die Marchetta aus *Quelle Signore* von Umberto Notari (1905) ein kleines Mädchen aus einem Landstädtchen, dessen höchster Wunsch es gewesen war, Elementarlehrerin zu werden, die Nana von Zola ein erblich schwer belastetes Pariser Arbeiterkind.

und es das englische Mädchen deshalb weniger nötig hat, sein tägliches Brot auf der Straße zu suchen, als die Proletarierin aus Ländern mit niedrigerem *Standard of Life*, wozu, wenn man englischen Anthropologen und Soziologen Glauben schenken darf, fernerhin noch kommen mag, daß die englischen Mädchen den Strapazen des Dirnenberufes geringere Widerstandskraft entgegenbringen. Nicht alle Engländer sind, versteht sich, Moralisten und Gegner der Prostitution. Aber wohl ist ein ungeheuer großer Teil des englischen Volkes jingoistisch gesinnt und deshalb Gegner des von Ausländerinnen betriebenen Teiles der englischen Prostitution. Dem aus ethischen Gründen in England entstandenen Kampf gegen die Prostitution gesellt sich folglich noch eine „nationale" Seite hinzu. Nur so ist die vor einigen Jahren ins Werk gesetzte Gründung des Frauenvereins der Mayfair-Union in London, welche der Prostitution in England den Todesstoß zu versetzen glaubt, indem sie die armen deutschen und französischen Prostituierten durch Überredung zum Verlassen des englischen Bodens zu bestimmen sucht, zu verstehen.[65] Welch ein merkwürdiger, halb kindlich-naiver, halb brutal-komischer Versuch zur Hebung eines tiefliegenden Übels! Die Frauen der Mayfair-Union vergessen, daß die vom Kontinent herübergekommenen Dirnen in England eine einem realen, auf dem Boden einer auch von ihnen anerkannten Gesellschaftsordnung erwachsenen Bedürfnis entsprechende Funktion erfüllen. Sie übersehen, daß deshalb ihre Arbeit in jedem Falle eine Sisyphusarbeit bleiben muß, auch wenn es ihnen gelingen sollte, die nationale Heldentat zu vollbringen, vom Markte der käuflichen Liebe in England die *made in Germany* und *made in France* zu verdrängen. Durch die Aktion dieser Fanatikerinnen würde der Liebesmarkt an sich nicht verschwinden. Sie würde im besten Falle nur den Erfolg haben, ihn der nationalen Produktion zu erobern.

Eine wirksame Bekämpfung der Prostitution kann weder individuell noch national sein, sie muß von der Kollektivität ausgehen. Eine kollektive Prophylaxis gegen die Prostitution auf dem Wege einer Evolution unserer gesamten Produktionsbedingungen und mit ihnen der sozialen Pädagogik. Die sexuellen Leidenschaften haben im Menschen allerdings unausrottbare Wurzeln.[66] Aber es ist wohl möglich,

65 Siehe den erwähnten Bericht der Miss Hogg auf dem Internationalen Kongreß für Frauenbestrebungen, loco cit. In ihm heißt es selbstsicher: „Half the social evil problem should be solved if we had, as we ought to have, the power to send back to their own countries both the foreign men and women, whose only means of living could be showed to be either ‚walking the streets' or blackmailing."

66 Darüber sind sich alle Ärzte einig. Es sind noch die Optimisten, die mit

daß das sie bis zur Prostitution Degradierende, die feile Käuflichkeit, aus dem freien Spiel ihrer Kräfte ausgeschlossen zu werden vermag. Nur eine auf ökonomischer Basis beruhende relative Kulturgleichheit aller Volksgenossen ohne Unterschied des Geschlechtes kann der Ritter Georg sein, welcher den Drachen Prostitution in seiner heutigen Form wird erlegen können.

Erik Pantoppidan sagen: „Lad os vaere enige om, at Prostitutionen afskaffer vi ikke i en overskuelig Fremtid hvor hoederligt og godt det ender at Kaempe derformen vi kan med ikke ringe Virkning bekoempe smitsomme Sygdomme" (Auf dem Jahrestag 1902 der *Foreningen mod Lovbeskyttelse for Usoedelighed*, Kopenhagen, nach *Social-Demokraten* vom 16. Sept. 1902).

Dritter Teil
Voreheliche Grenzprobleme

Erstes Kapitel
Der Dualismus des Weibes in der primären Geschlechtsliebe

Eine Reihe verschiedenartigster Erscheinungen konvergiert darin, das Weib vor dem ersten Liebesgenuß begierig und scheu zugleich zu machen. 1. Die Scham des Entblößens bisher vor allen, auch vor den engsten Anverwandten, verborgen gehaltener, aber erotisch erregter oder erregender Körperteile, eine Scham, die bekanntlich häufig zur Lichtscheu führt und den von ihr Befallenen die nächtliche Sünde als um verschiedene Grade weniger sündhaft erscheinen läßt als die tägliche.[67] *Soufflez la chandelle, et mon honneur sera sauf.* Das ausgeblasene Licht gilt selbst bei vielen Eheleuten als ein notwendiges Attribut wirklich moralischen Geschlechtsverkehrs. 2. Die Unentschiedenheit, die dem Kampfe zwischen den Gefühlen der Liebeslust und der Angst vor Folgen entsprießt. 3. Die Kindlichkeit und Spielerei, die sich besonders gut im Liebesleben der Tiere beobachten läßt[68]; das Hin und Her, das den Endgenuß verzögert, aber gerade durch die Verzögerung versüßt und intensiver gestaltet: die erotische Koketterie. Oder, wie Musset sagt: „Elles feignent de reculer afin de se voir poursuivre. Les biches elles-mêmes en font autant: c'est-l'instinct de la femelle."[69] Automatenhafte Widerstandslosigkeit ist die größte Feindin der Liebe und der Grabstein vieler Ehen, während Flucht und Einholen, Versagen

---

67 Mit tiefer Menschenkenntnis sagt der Verfasser einer altfranzösischen Analyse der Ehe: „Quar quant an est nu a nu sans y veoir, c'est grand chouse: quar telle faict estrange responce le jour, qui ne la feroit pas nuict en celui cas" (*Les Quinze Joyes de Mariage.* Neuauflage Paris, Marpon et Flammarion, p. 86).

68 Die japanische kleine weiße Mäusin, die mir in zwei Monaten siebenundzwanzig Kleine geschenkt hat, wehrt sich jedesmal verzweifelt gegen die pfötchengreiflichen Liebesanträge meiner kleinen Mäuseriche. Sie quiekt wie besessen und spart sogar ihre scharfen Zähnchen zur Abwehr nicht. Läßt das Männchen aber entmutigt von ihr los, so beginnt sie sogleich wieder mit ihm anzubändeln und gibt ihm keine Ruhe, bis es wieder entflammt ist. Das Spiel wird fortgesetzt, bis die Zeugung mehreremal stattgefunden hat.

69 Alfred de Musset: *La confession d'un enfant du siècle,* Ed. de la Rue Varin, p. 149.

mit darauffolgendem Gewähren, ja, zum Zweck des Gewährens dem verfeinerten Nervenempfinden des Menschen erhöhte Reize bietet und folglich das, was wir Liebe nennen, dauerhafter gestaltet.

Zu diesen Elementen des Liebeskampfes, die sich, wenn schon in verschiedener Gradstärke der Zusammensetzung, im Verhalten der großen Mehrzahl der Geliebten dem Geliebten gegenüber vorfinden, gesellt sich häufig noch a) die falsche Scham des Mädchens, das glaubt, den Anstand zu wahren, wenn es sich erst nach einem Scheinkampf übergibt, sowie b) ein physiologisches Moment, das an Sadismus grenzt: die Freude am Überwältigtwerden, die Erhöhung des Geschlechtsgenusses beim Weibe, wenn es sich vom Mann bezwungen, niedergerungen, besiegt fühlt. Das Hochgefühl der Schwäche. Es gibt nichts Schöneres, als vom geliebten Manne genotzüchtigt zu werden, sagte mir einmal in der Stunde einer Lebensbeichte eine hochgebildete und durchaus anständige Frau. Zugleich wird durch die Fiktion der Notzucht auch die Brunst des Mannes gesteigert, und dadurch wiederum die erotische Wonne der Frau. Es gibt Dirnen, die im Verkehr mit Benutzern, die ihnen gefallen, im Liebesgenuß die Rolle der Vergewaltigten spielen, zu ihrem und des Mannes Genuß. Allen diesen Empfindungen liegt zwar oft sadistisches Raffinement der Lebewelt, immer aber auch ein physiologisches Gesetz zugrunde. Die körperliche Bezwingung des Gegenstandes erotischer Begier, die geschlechtliche Besitzergreifung des Weibes auf dem Wege der Anwendung von Körperkraft, gehört zum normalen biologischen Wesen der erotischen Funktion als solcher, wie sich das im Tierreich täglich beobachten läßt.

Alle diese Elemente und Tendenzen verleihen dem Mädchen in seinen ersten Begegnungen mit dem Gotte Cupido häufig jenen dualistischen Charakter der Willfährigen und doch Fliehenden oder Fliehenden und doch Willfährigen, auf den psychologisch feinsichtige Dichter von den ältesten Zeiten bis auf den heutigen Tag hingedeutet haben[70] und der auch in den Volksliedern der europäischen Kulturvöl-

70 Besonders häufig ist die Betonung dieser Note bei den alten Römern. So singt Ovid:

> Vim licet appelles, grata est vis illa puellis
> Quod juvat invitae soepe dedisse volunt.

Ähnlich Horaz:

> ... facili soevitia negat
> Quod poscente magis gaudet eripi.

Der altdeutsche Jurist Carpzov meint: „Nonnumquam enim grata est, vel ex post facto sit ista vis puellis, saepe riluctantes in terram conjectae ac denudatae, tandem inter luctandum risu, gestibus, verbisque in amplexum

ker mit oft drastischer Schärfe und Präzision festgehalten worden ist[71];

---

ruunt, quo casu tantum abest ut de vi conqueri quoeant ut potius stupri voluntari reae sint" (Pio Viazzi: *Lotta di Sesso*. Palermo 1900, R. Sandron, p. 173.

Von der zynischen Liebesgeschichte einer vornehmen Ehefrau, die sich nachts einen Liebhaber in ihre Schlafkammer bestellt, berichtet der bereits zitierte altfranzösische Verfasser ironisch: „Lors bataillent ensemble par maintes manieres et estorces; et en la parfin la pouvre femme n'en peut plus, et entre en la grosse alaine, et se lesse forcer, qui est grant pitié, car ce n'est rien que d'une pouvre femme seule; et si ne fust de paour de deshoneur, elle eust bien crié aultrement que elle n'a: mais mieux vault garder son honneur, puis que ainsi est. .... Ils accordent leurs chalumeaulx et entreprennent de soy donner bon temps" (*Les Quinze Joyes*, etc., p. 87).

Am treffendsten hat Torquato Tasso den Dualismus des Mädchens im ersten Liebeshandel zum Ausdruck gebracht. In seinem Hirtengedicht *Aminta* läßt er Dafne sagen:

„Or non sai tu com' è fatta la donna?
Fugge, e fuggendo vuol ch'altri la giunga;
Nega, e negando vuol ch'altri si toglia;
Pugna, e pugnando vuol ch'altri la vinca."

(Ausg. v. *Tassos Hauptwerken*, Paris 1867, Firmin Didot, p. 522.)

Endlich möge noch an den Ausspruch eines deutschen Dichters erinnert werden:

So steht's im Buch der Frauenliebe:
Sie fordern stets platonsche Triebe,
Doch wollten wir gehorsam sein,
Die Frauen würden's nie verzeihn.
(Georg Blumenthal)

Aus d. gesammelten Aphorismen: Junggesellen-Brevier, herausgeg. von Franz Voneisen. Leipzig, Reclam, p. 13 (5. Aufl.). Vgl. auch das XXXV. Sonett der *Postuma* von Lorenzo Stecchetti. Bologna (26. Aufl.) 1906, p. 5, sowie Boufflers Gedicht *La Dévote*, in den Contes, loco cit., p. 257 sowie *Théophile* Gautier: *Les Jeunes-France*, loco cit., p. II, p. 123.

71 An dieser Stelle mögen zwei typische Beispiele genügen. Im französischen Volkslied *Il faut aimer* (verfaßt vom Vicomte de Parny, 1753-1814) heißt es:

Lors je lui dis: la beauté passe
Comme une fleur;
Un souffle bien souvent l'efface
Dans sa fraîcheur;
Rien ne peut, quand elle est flétrie
La ranimer.
C'est quand on est jeune et jolie
Qu'il faut aimer.
Belle amie, à si douce atteinte

ein Charakter, der zu dem Glauben verleitet, daß der Widerstand des Mädchens gegen den Ausdruck der Sinnenlust des Mannes stets hohler Schein und der Mann deshalb sittlich berechtigt, seiner nicht zu achten, sei, ja, daß dem Mädchen selbst nichts unerwünschter käme als der Respekt vor der äußeren Form seines Willens und seiner jungfräulichen Integrität und andererseits nichts ersehnter, als wenn ihm die Erfüllung seines Flehens um Schonung abgeschlagen und die Verwirklichung seines eigenen geheimsten Wunsches aufgezwungen werde. *Grata vis est puellis*.

Die Flucht und Zweideutigkeit der meisten Mädchen in den ersten Proben des Liebesspieles sind, wie wir sahen, Folgeerscheinungen ernster, teils nicht leicht, teils überhaupt nicht aus der Welt zu schaffen-

---

Cédez un peu,
Cet Amour, dont vous avez crainte,
N'est rien qu'un jeu.
Annette soupire et commence
À s'alarmer:
Mais ses yeux m'avaient dit d'avance:
Il faut aimer.
L'air était frais, l'instant propice,
Le bois touffu.
Annette fuit, le pied lui glisse,
Tout est perdu.
L'Amour la couvrant de son aile
Sut l'animer.
Hélas; je vois trop, me dit-elle,
Qu'il faut aimer."

(cfr. *Chansons Populaires de la France, anciennes et modernes, classées et annotées par Louis Montjoie*, Paris, Garnier Frères, p. 308.)

Ein neckisches (anonymes) deutsches Volkslied, betitelt *Waldabenteuer*, welches das Zusammentreffen mit einem Mädchen schildert, das vor der Liebe große Angst hat, schließt mit den Versen:

„Ich setzte mich an ihre Seit',
Sie war ja voller Zärtlichkeit.
Ich küßte sie auf Mund und Brust,
Sie war ja voller Liebeslust.
Da kann man sehn, wie die Weibsleut sein,
Sie geben sich geduldig drein
Und stellt man sich ein wenig dumm,
So fallen sie von selber um."

(cfr. *Volkslieder aus der Pfalz*, aus dem Volksmunde gesammelt, im Auftrage d. Vereins f. bayrische Volkskunde herausgeg. v. Dr. Georg Heeger, Bd. I, p. 194.)

der Motive; sie sind im weitesten Sinne des Wortes erklärlich. Aber sie bedeuten eines der gefährlichsten Phänomene im Verkehr der beiden Geschlechter. Es wird der Frau gefährlich, weil es im Mann die feste Meinung erzeugt, er brauche nur drauflos zugehen, ohne Rücksicht und Gewissensbisse, um nicht nur zum Ziele des Besitzes zu kommen, sondern auch gleichzeitig der Besessenen, auch wenn alle äußeren Zeichen dagegen sprechen, durch die Besitzergreifung einen inneren Herzenswunsch zu befriedigen. Die von diesem Wahn besessenen Männer werden dann zu jenen leichtlebigen, pausbäckigen, stets vergnügten und heiteren Don Juans-Gestalten, die wir aus dem täglichen Leben kennen, Männer, die guten Glaubens und ohne daß sie jemals durch sittliche Zweifel über die individuelle Gemeinheit und soziale Verderblichkeit ihres Tuns aufgeklärt zu werden vermöchten, auf Eroberung und Verführung ausgehen und dabei selbst vor der gelegentlichen Anwendung brutaler Gewalt nicht zurückschrecken; alles das in der naiven Anschauung, die Aufgabe einer Art von Volksbeglückung, oder doch wenigstens Beglückung des weiblichen Teiles der Bevölkerung zu vollbringen. Genußmenschen im Dienste einer Genußidee, Venuspriester, die in ihrer Bonhomie bisweilen menschlich achtbare und sympathische Persönlichkeiten sein mögen, deren Schädlichkeit aber besonders darin zum Ausdruck gelangt, daß ihnen vor allem die immerhin keineswegs ausgestorbenen anständigen und aller Berechnungskunst baren Mädchen zum Opfer fallen. Aber auch den Männern selbst wird jener weibliche Dualismus im primären Liebesleben gefährlich. Es ist im Einzelfalle für den Liebhaber schwer, wenn nicht unmöglich, zu entscheiden, ob der Widerstand, den das Mädchen seinem Verlangen entgegensetzt, falsch oder echt ist; ob die Flucht ein Sich-Entziehen, oder nur eine besondere Anregungsart des Sich-Anbietens bedeuten soll; ob die Anwendung einer gewissen Gewalt im Mädchen den heißesten Liebesbrand oder die heftigste Empörung entfesselt; ob jener Schritt zur reizvollsten und dauerhaftesten Erotik oder zu einer Anklage auf Schändung führt; zum Himmel oder zum Zuchthaus. Der Dualismus des Weibes bringt den Mann in die furchtbarsten Dilemmen, und nur Instinkt, nicht Logik, noch, meist, gerichtliche Nachprüfung auf Grund von Rekonstruktion psychologischer Zustände und materieller Bestände, vermag die Grenzlinie zwischen legitimer Ausnutzung gegebener Situationen und einer verbrecherischen Handlung zu ziehen. Die Wahrscheinlichkeitsgrenze für die Einsicht in die Strafbarkeit der Handlungsweise, d.h. für das kriminelle Urteilsvermögen, das der in Frage kommende Beschuldigte im Moment der „Notzucht“ unter solchen Verhältnissen besessen hat, kann nicht tief genug gezogen werden.

Jeder Jurist weiß, wie mißtrauisch im allgemeinen die Anzeigen, die bezüglich des Deliktes der Vergewaltigung einlaufen, aufzunehmen sind und welche Vorsicht der Richter gerade in der Beurteilung solcher Fälle obwalten lassen muß, soll er sich nicht der brennenden Gefahr der Begehung eines Justizmordes aussetzen. Über die Hälfte der anhängig gemachten Untersuchungen verläuft im Sande, weil sich herausstellt, daß die Anzeige falsch war. Überhitzte Phantasie in der ersten Periode des Entwicklungsalters, Hysterismus und absurde Spekulation auf eine durch Drohungen mit Erpressung zu erreichende Furcht der Männer vor öffentlichem Skandal verführen perverse Kinder und junge Mädchen häufiger als der öffentlichen Meinung bekannt zu Anklagen sexueller Natur, indem sie erklären, Opfer unsittlicher Berührung, männlicher Exhibition oder gar versuchter oder auch geglückter Violation geworden zu sein. Häufig genug kann in den unter dem Ausschluß der Öffentlichkeit stattfindenden Gerichtsverhandlungen den angeblich genotzüchtigten Mädchen rein materiell die Unmöglichkeit der Beschuldigung oder gar ihre Beihilfe zu der Handlung selbst nachgewiesen werden.[72] Als einige sexuelle Angriffe auf Frauen, in Eisenbahnzügen geschehen, die Presse Londons mächtig erregten und die exemplarische Bestrafung der schuldigen Männer sowie die Einführung genügender Sicherheitsmaßregeln gebieterisch gefordert wurden, meinte ein englischer Richter lakonisch, seinem Dafürhalten nach seien auf der Eisenbahn die Männer in größerer Gefahr vor weiblichen Erpresserin-

72 Ersterer Fall tritt z.B. ein, wenn eine ärztliche Untersuchung festgestellt hat, daß die angeblich Gemißbrauchte noch Jungfrau ist, was häufiger vorkommt, als sich der in pathologischen Dingen Unkundige träumen läßt. Für letzteren Fall anbei ein Beispiel, dessen Kunde ich einem ungarischen Staatsanwalt verdanke. Im Gerichtssaal traten als Genotzüchtigte ein sehr großes Mädchen, als Angeklagter ein ganz kleiner Mann auf. Den Angaben des Mädchens entsprechend sollte die strafbare Handlung bei Tage im Stalle und stehend begangen worden sein. Ein Blick auf die Verschiedenheit der beiden Staturen genügte, um die physische Unmöglichkeit dieser Angabe erkennen zu lassen. Das Mädchen, auf die Unwahrscheinlichkeit ihrer Aussage aufmerksam gemacht, platzte schließlich mit der Bemerkung heraus, sie habe sich eben ein klein wenig dazu heruntergebückt. Dieser Fall erinnert an jenen anderen, von dem uns Diderot berichtet, in welchem der angebliche Notzüchtiger zu schwach ist, die angeblich Genotzüchtigte aufs Bett zu schaffen. „Mais mon enfant," sagt er zu der sich wie wahnsinnig Gebärdenden, „si tu ne t'aides pas, nous n'arriverons jamais." Worauf sie sich selbst bis zum Bett schleppte. (Diderot: *Les Bijoux Indiscrets*. Paris 1797, Bd. II, p. 13.)

nen denn die Frauen vor männlichen Sittlichkeitsattentätern.[73] Besonders häufig aber haben in der Praxis stehende Juristen die Beobachtung machen können, daß die Frauen nicht so sehr Anzeige erstatten, weil sie von Unbekannten, als weil sie von ihnen intim bekannten Männern genotzüchtigt worden seien. Aber auch die Mehrzahl der Unbekannten entpuppt sich im Verlaufe der Untersuchung als gute Freunde, Verlobte usw. Meist steht der Notzüchtiger mit den angeblich Genotzüchtigten in sehr nahem Verhältnis. Die Aussage der Klägerin pflegt dann dahin zu lauten, ihr Bekannter, Freund usw. habe bisher stets innerhalb der Grenzen des Erlaubten mit ihr verkehrt, sei dann aber plötzlich wild geworden und habe sich an ihr sittlich vergangen, sie genotzüchtigt oder doch zu notzüchtigen versucht. Der Vorgang war dann in der Mehrzahl der Fälle ein ganz anderer. Der Freund ist nie ein Joseph gewesen. Die Beziehungen zwischen den beiden jungen Leuten waren keineswegs platonischer Art. Vom Zusenden heimlicher verliebter Blicke bis zum Stelldichein und der sinnlichen Berührung haben beide miteinander zu gegenseitiger Befriedigung die ganze *Via voluptatis* durchlaufen. Nun sind sie am Kulminationspunkt angelangt. Der erotische Sensualismus des Mannes hat seinen höchsten Grad der Tension erreicht und so hat er von der Geliebten „plötzlich" den völligen Besitz, mit anderen Worten den naturgegebenen Abschluß der vorhergegangenen Prozeduren, verlangt.[74] Da aber schwankt das Mädchen. Trotzdem es, wie die Mehrzahl seinesgleichen, die Stärke und Momentaneität des Geschlechtsbedürfnisses des Mannes nicht versteht – dieses in physiologischen Verschiedenheiten der beiden Geschlechter begründet liegende Mißverständnis gehört zu den wesentlichsten Quellen ehelichen wie außerehelichen Liebesunglücks – und infolge seines geringer entwickelten Sexualempfindens von dem Gesamtphänomen nur eine unklare Vorstellung hat, hat es sich im Laufe des Liebesgefechtes doch dermaßen erhitzt, daß es sich im Grunde des Herzens ebenfalls nach einem Moment authentischer Wollust, vollendeter Hingabe, sehnt. Aber andere Erwägungen schießen ihm blitzschnell durch das Hirn. Die Furcht vor den unbekannten Potenzen des Vorganges selber, ferner vor den Eltern, vor der Nachrede, vor dem Kind, vor Schande, die Erkenntnis, daß der Verlust der Jungfernschaft den Verlust weiter Chancengebiete des Lebens in sich schließt, machen sie erzittern. Sie wird unschlüssig. Meist überwiegt trotzdem das langgenährte Feuer. Dann sagt sie zu dem A ein

73 Ernest Belfort Bax: „The Monstrous Regiment of Womanhood", in: *Essays in Socialism New and Old*. London 1906, Grant Richards, p. 279.

74 Vgl. Pio Viazzi: *La Lotta di Sesso*, loco cit., p. 117.

freiwilliges B. Häufig aber überwiegt auch die kalte Dusche der Gegenargumente. Dann setzt sie sich empört gegen das Ansinnen zur Wehr, das ihr, der jäh Ernüchterten, nun plötzlich als frech, unanständig, verbrecherisch erscheint. Aber dann ist es oft zu spät. Der Mann befindet sich bereits, teils durch des Weibes eigene Schuld, in jenem Zustand sexueller Superexzitation, der in das Gebiet der Pathologie fällt und die freie Entschlußfähigkeit bei ihm beeinträchtigt. *Cazzo duro non ragiona.* Um so weniger, als das Mädchen durch die der Szene vorhergegangene erotische Liebelei sein moralisches Prädominium über den Geliebten verloren hat und seine plötzliche Umkehr zur Tugend von ihm infolgedessen nur als eine unbegreifliche oder niederträchtige Böswilligkeit gewertet wird. So endet das Liebesgetändel mit einem Akt der „Notzucht", an welchem beide Teile gleiche Schuld tragen, der gerichtlich vom Manne allein aber mit der schweren und entehrenden Strafe des Zuchthauses gesühnt wird.

Nicht immer ist das Mädchen freilich aktiv beteiligt. Manchmal besteht das Teil seiner Mitschuld einzig in der bereits erwähnten Unkenntnis vom physiologischen Wesen des Sexualmannes. Das Weibchen spielt, flirtet, kokettiert, tändelt, lockt, neckt das Männchen. Aus der Spielerei entsteht, was entstehen muß. Nun ist das Weibchen höchst erstaunt, kann sich gar nicht vorstellen, wieso, warum. Hat doch nichts getan; selber auch keine Lust; nur ein bißchen spaßen wollen; und wird schließlich von ehrlicher moralischer Entrüstung über den Überfall erfüllt.[75] Der Mann aber, in seinen Geschlechtsnerven über Gebühr gereizt, wird zur „Bestie". Das gehört in das Gebiet der Erforschung der Psyche unter dem Einfluß des gesteigerten Geschlechtstriebes. Durch Einblicke und Vergleiche auf dem Gebiete des Trieblebens im Tiere würde da manches Licht auf Vorgänge verbreitet werden, die sich in der Seele des Menschen, wenn er sich in hochgradiger geschlechtlicher

75 Die Gefährlichkeit dieser weitverbreiteten weiblichen Eigenschaft wird manchmal von den Juristen scharf durchschaut und als strafmildernder Umstand in der Praxis verwertet. So ging kürzlich (Ende Juni 1910) durch die deutschen Zeitungen folgende Notiz: „Wegen wiederholten Verbrechens gegen die Sittlichkeit im Sinne der §§ 176, 3 und 174 StrGB. wurde der 23jährige Berliner Gemeindeschullehrer V. zu einem Jahr Gefängnis verurteilt. Der Lehrer hatte sich an seinen 13- und 14-jährigen Schülerinnen wiederholt vergangen. Von einer höheren Strafe wurde abgesehen, da der noch recht junge und in seinem sittlichen Empfinden keinesfalls genügend gefestigte Angeklagte anscheinend durch das vielfach zu beobachtende herausfordernde Wesen von Mädchen in diesem Alter jeden moralischen Halt verloren habe."

Erregung befindet, abspielen. In solchem Zustande ist der Mensch geneigt, Handlungen zu begehen, die unter dem Banne der Naturgewalt stehen und die wir in unserer Zivilisation, die eine Kette von Versuchen möglichster Überwindung der in uns lebenden Tiernatur darstellt, gerade deshalb als anormal empfinden. Besonders in der Pubertätsperiode des menschlichen Lebens besitzt der junge Mann eine natürliche Tendenz zur Begehung von die Gesetze der Zivilisation brechenden, also im Sinne des Strafgesetzbuches strafbaren Handlungen; während dieser Periode steht der Mensch zumeist auf der Grenzlinie zwischen geistiger Zurechnungsfähigkeit und Unzurechnungsfähigkeit. Alle jungen Männer zwischen fünfzehn und zwanzig Jahren weisen einen Zug zur Grausamkeit auf. Zumal in ihren geschlechtlichen Beziehungen vertragen sie, an einem gewissen Punkt angelangt, nicht leicht Zurückweisung ihrer erotischen Anträge, ohne ins Tierleben zurückzufallen. In der Turiner Collina hat im Frühjahr 1909 ein achtzehnjähriger Bauernbursche seine kleine Freundin, die sich mit ihm ein Stelldichein im Walde gegeben und alle Freuden des *demi-viergisme* ausgekostet, dann aber dem letzten Wunsche des in Exstase Geratenen plötzlich widerstanden hatte und davongelaufen war, eingeholt und mit einem Stein totgeschlagen. „Aus Versehen", wie er angab, denn er wollte sie nur zum Stehen bringen und besitzen. Das Gericht verurteilte den Minderjährigen zu zehn Jahren Gefängnis, wogegen niemand etwas einzuwenden haben wird. Aber das hindert nicht, daß sowohl in dem Benehmen des armen kleinen Opfers wie in dem Alter des Mörders ernste Milderungsgründe für die Tat liegen.

Von Fällen absoluter Wehrlosigkeit abgesehen – tiefe, durch Krankheit verursachte Ohnmacht, Überfall durch bewaffnete Banden, Verwundung – ist die Genotzüchtigte an der an ihr verübten Handlung in irgendeiner Form mitschuldig. Meist ist es die gliederlähmende Feigheit, die sie ihrem Schicksal überliefert. Feigheit aber ist Schuld. Die Schuld mag durch eine unselbständige weibliche Erziehung, durch die künstlich genährte übertriebene Vorstellung von der grenzenlosen physischen Überlegenheit des Mannes sowie die Suggestion, die manches Mädchen vor jedem Mannsbild hat, gemildert werden. Getilgt wird sie dadurch nicht. Geglückte Notzucht setzt bei der Frau einen hochgradigen Mangel an körperlicher und geistiger Widerstandsfähigkeit, an Energie und Selbstverteidigungskunst voraus und läßt auf eine geringe Wertung des verlorenen Gutes schließen. Man mag trotzdem diesen Frauen das Mitleid nicht versagen, das alle Schwachen verdienen. Aber solche Frauen gehören einem alten Typus an, von dem wir hoffen, daß er in der Zukunft immer mehr verschwinden wird, dem

Typus der Leiderinnen und Dulderinnen aus Feigheit, derer, die es nicht wagen, ein Joch, das sie erniedrigt, abzuschütteln. Solche Frauen lassen in der Ehe alles über sich ergehen, Schimpf und Schmach, Prügel und Betrug, nicht so sehr aus einem Gefühl tiefer, alles überwindender, alles verstehender Liebe zum Manne, als aus blöder Resignation und jenem Fatalismus, der zwar nicht selbst Böses schafft, weil er nichts zu erschaffen vermag, aber der doch durch seine Passivität allem Bösen Vorschub leistet und deshalb als die kulturwidrigste Mentalität des Menschen angesehen werden muß. Eine freie Frau, wie der moderne Mann sie sich wünschen muß zur stolzen, selbstbewußten, mitschaffenden Gefährtin, die klaren Blickes sich selbst beherrschen und andere in Distanz zu halten gelernt hat, die durch festes Auftreten zu imponieren weiß und ein hochgespanntes Ehrgefühl im Leibe hat, eine solche Frau ist der Gefahr der Notzucht bei Überfällen so gut wie nicht ausgesetzt. Heute freilich gibt sich manches Mädchen an einsamen Orten mit Freuden hin, wenn der Mann ihr nur verspricht, das Portemonnaie oder den Korb mit Eiern oder sonstigen Wertgegenständen, die sie bei sich trägt, unangetastet zu lassen.[76] Auf keinem Gebiet menschlichen Gesellschaftslebens sind der sozialen wie der privaten Pädagogie so weite und fruchtbare Betätigungsfelder zur wirksamen Bebauung überlassen wie auf dem des Geschlechtslebens.

Zweites Kapitel
Wert und Grenzen der Keuschheit

Die Verteidiger der doppelten Geschlechtsmoral für Mann und Weib panzern sich mit einem gewichtigen Phänomen der Physiologie. Sie erklären die Notwendigkeit, dem Weibe in der Moral wie in der Ehegesetzgebung einen Sonderplatz anzuweisen, mit dem Hinweis auf den Charakter des Weibes als Trägerin des zukünftigen Geschlechtes. Das fallende Mädchen fehlt, weil es sich der Gefahr der vorehelichen Mutterschaft aussetzt. Der Ehebruch der Frau ist sittlich verwerflicher und auch gesetzlich schwerer zu ahnden als der des Mannes, weil das Weib durch den Ehebruch dem richtigen Mann falsche Kinder ins Nest setzt. Der Mann ist mit Recht im Besitz einer größeren Freiheit des Geschlechtslebens, weil er zwar beim ersten, aber nicht beim zweiten Akte der Generation beteiligt ist.

---

76 Siehe die durch ähnliche Fälle der Gerichtspraxis häufig bestätigte typische Erzählung, die Guy de Maupassant in seiner Erzählung *Le Vagabond* (in: Le Horla, 2. Auflage., Paris 1887, p. 323ff.) gibt.

An dieser Argumentation ist so viel richtig, daß die Folgen des Geschlechtsverkehrs sich für beide Teile physiologisch grundverschieden gestalten. Für den Mann endet die Vaterschaft stets mit der Umarmung. Das Mädchen hat unter Umständen lange an ihrer Mutterschaft zu tragen. Sie hat die Brutpflege der gemeinsamen Frucht zu übernehmen. Diese Tatsache ändert nichts an den gleichen physiologischen Ansprüchen auf Befriedigung im Geschlechtsakt bei Mann und Weib. Wohl aber legt sie, die zwar eine Ungerechtigkeit in sich birgt, weil sie dem Weibe bei gleicher Schuld stärkere Lasten aufbürdet als dem Manne, die aber, als von der Natur selbst begangen und folglich den Charakter eines Gesetzes tragend, auch der gerechteste Zorn wutschnaubender Feministinnen nicht zu eliminieren vermag, den Frauen die Notwendigkeit größerer Vorsicht und Zurückhaltung in Liebessachen, also, selbst gleichen Geschlechtsdrang vorausgesetzt, größere sexuelle Frugalität auf. Diese Notwendigkeit gilt auch auf moralischem Gebiete. Die Verantwortlichkeit, welche die Frau bei der Begehung des Geschlechtsaktes für sich übernimmt, mag, von der sozialen Umgebung, Tradition, Sitte usw. abgesehen, von nicht größerem Volumen sein wie die des Mannes. Aber die Frau trägt kraft ihrer körperlichen Geschlechtseigentümlichkeit außer der eigenen noch die Verantwortung für die Nachkommenschaft. In diesem Sinne ist zwischen dem Fall des Mannes und dem Fall des Mädchens auch sittlich ein Unterschied im Maßstab der Beurteilung und in gewissen Fällen der Verurteilung angebracht. Dieser Unterschied darf freilich nicht, wie das heute geschieht, hier zur Verdammung, dort zum Freispruch führen. Im Grunde sind beide Schuldigen in normalen Verhältnissen nur ihrem Naturdrange, der durch gegenseitige menschliche Sympathie genährt und durch günstige Gelegenheit, die leicht Diebe macht, geleitet wurde, gefolgt. Wenn in diesen Beziehungen überhaupt bei der Frau von einer größeren Schuld, weil größeren Verantwortung gesprochen werden kann, so nur in Anbetracht des heute herrschenden Egozentrismus. An sich hätte der junge Mann im Geschlechtsverkehr sogar eine größere Verantwortung zu übernehmen als das junge Mädchen; letzteres bloß für sich und das eventuelle Kind; ersterer obendrein noch für das junge Mädchen, das er in den Augen der Mitwelt entehrt und der Gefahr aussetzt, Mutter zu werden. In der Ehe liegt die Schuldfrage einfacher. Die Ehebrecherin handelt allerdings unter allen Umständen leichtsinniger und schuldiger als der Ehebrecher, weil sie dem Ehemanne falsche Brut brütet und also doppelten Betrug übt.[77] Das gilt natürlich nur für die

77 Diese Gefahr kann freilich durch die Anwendung neomalthusianistischer

heimliche, verstohlene Ehebrecherin. Für die offene, über deren Handlungsweise der Mann im Klaren ist, bestehen die gleichen Sittengesetze wie für jede andere, für sich selbst verantwortliche freie Frau.

Das sittliche Geschlechtsideal des Mannes kann nur in der strengsten Monogamie bestehen. Monogamie nicht nur als eheliche Treue, sondern auch als Reinheit vor der Ehe verstanden. Der ideale Mann müßte der sein, der, wie mein väterlicher Großvater, der zu den ersten Bürgern Kölns zählte und kein ängstlicher oder duckmäuserischer, sondern ein lebenslustiger und genußfreudiger Mensch war und das Leben kannte und verstand, seiner Frau auf dem Totenbette sagen konnte: „Du bist das erste und einzige Weib gewesen, das ich besessen."

Es ist freilich zweifelhaft, ob dieses Ideal ein männliches ist, d.h. ob es auch von der Verführung, der er heute ausgesetzt ist, und der die Polygamie begünstigenden Tradition abgesehen, den inhärenten Neigungen und Gefühlsregungen des durchschnittlichen Mannes entspricht. Es liegt ein ästhetischer und ein, ich möchte fast sagen, wissenschaftlicher Reiz für den Mann darin, das feinste und intimste Geschlechtsleben bei mehr als nur einer Frau aus eigener Erfahrung kennen zu lernen, auszukosten und zu studieren. Dazu kommt noch ein weiteres: Die Polygamie besitzt eine mächtige Fürsprecherin in der Poesie. Alle Weisen und Unweisen stimmen darin überein, daß der schönste Teil der Liebe im Präludium besteht, das mit den ersten Besitzergreifungen des geliebten Gegenstandes (oder gar der ersten) abschließt. Die Romantik der Liebe flüchtet sich in die Präambeln. Vergleicht nur das ärmste uneheliche oder verehelichte Liebespärchen an der Straßenecke oder auf der Parkbank mit dem vornehmsten jungen legitimen Paar im zweiten Jahre der Ehe! Dort durchschnittlich ein hehres Gefühl der Erwartung, eine süße Konzentration aller Gedanken und Kräfte im Liebesgefühl, in der Liebessehnsucht; ewiger Frühling; das Auge, das den Himmel offen sieht, das Herz, das in Seligkeit schwelgt; dazu die Fähigkeit zu nötigenfalls heroischer Hingabe; Selbstmord- und Doppelselbstmordgedanken beim leisesten Hindernis; immerwährende, glückverheißende, durch die Heimlichkeit und Außergesetzlichkeit noch vergrößerte Spannung. Hier das Gefühl müder Sattigkeit, der Zerstreutheit, mechanischer Liebesgewohnheit; Resignation, hervorgerufen durch Sorgen aller Art; Selbstliebe; müde Spannungslosigkeit oder

Mittel gehoben oder doch verringert werden. Die heimliche Ehebrecherin verfällt aber zumeist in eine weitere schwere Schuld, indem sie gezwungen ist, den geschlechtlichen Verkehr außer mit ihrem Geliebten auch mit ihrem Ehemann fortzusetzen und somit bewußte gleichzeitige Polyandrie zu treiben.

gespannte Übermüdung; nicht das Jauchzen des Soldaten, der in den Krieg zieht, sondern das verhaltene Ächzen des Soldaten, der im Krieg steht. Oder sehet euch das gleiche Paar als Brautpaar oder Liebespaar und als späteres Ehepaar an! Die Vergleichsparallele wird nur um wenige Schattierungen hier und da differieren. Dieses Resultat ergibt sich nicht, wie die Kritiker der Institution der Ehe in gewohnter Übertreibung vermeinen, aus der Unzweckmäßigkeit oder immanenten Korruption des Ehestandes. Die Gewohnheit gewordene freie Liebe, die sogenannte „wilde Ehe", unterscheidet sich von der amtlich gebilligten nur juristisch. Das Resultat ist vielmehr ein psycho-physiologisches. Der stete und ruhige Besitz hat seine Vorzüge in tausendfacher Hinsicht. Er schaltet geistige und seelische Momente ein, die jener ersten Phase der Liebe fehlen, und verfeinert die sittlichen Ansätze, die in ersterer liegen. Aber das erotische Element, das poesie-schöpferische, ist in ihm schal und abgestanden. Statt der jungen Liebe des verliebten Anakreon die alte Leier des täglichen Einmaleins. Die Ehe kann die Wiege stillen Glückes, die Stätte wirtschaftlichen Aufschwungs, idealgesetzter und idealgerichteter Würdigung und Zusammenarbeit von Mann und Weib sein; sie ist das Grab der lyrischen und, ohne störendes Dazwischentreten eines dritten, ihr heterogenen Elementes, auch der epischen und dramatischen Poesie. Wer deshalb nur nach einem Leben voller Poesie lechzt, der entsage der Ehe. Er wird in ihr nicht auf seine Rechnung kommen. Dagegen wird er in einer Aufeinanderfolge von jedesmal ehrlich empfundenen und mit ganzer Seele und Hingabe durchkosteten Liebesgeschichten sein Leben in eine scheinbar ewig fortwährende Poesie verwandeln können. Sein Himmel wird stets voller Geigen hängen, Harfenton wird ohne Unterlaß sein Ohr erfreuen; ewig verliebt, wird er ein törichtes und sozial nutzloses, aber individuell herrliches Leben verbringen. Vorbedingung dazu ist freilich, daß ein sicherer Instinkt jedesmal vor der Dauerhaftwerdung des Verhältnisses, also vor dem Übergang aus der Phase der Poesie in die Phase der Prosa, zur rechten Zeit die Auflösung einzuleiten versteht. Dazu gehört in neun Fällen von zehn Berechnung, Don-Juan-Tricks, die nur dem vulgären Mädchenjäger und professionellen Schwängerer oder doch *lâcheur* (Sitzenlasser) zu eigen sind. Aber es ist nicht daran zu zweifeln, daß es auch Männer – und Frauen – gibt, die es verstehen, von Blume zu Blume zu fliegen, ohne weder den Blumen selbst Schaden zuzufügen noch gar im Fluge zu ermatten, zumal da der Wechsel in der Liebe die erotische Empfänglichkeit rege erhält und die „erste Liebe" sich auf diese Weise, ohne daß „das Ding an sich" Einbuße erlitte, in alle Ewigkeit mit der gleichen Empfänglichkeit und den gleichen, über die

Tagesnot erhebenden Begleiterscheinungen vervielfältigen läßt. Der Wechsel in der Liebe ist aber auch ein psychophysiologisches Gesundbad für beide Geschlechter. Da er stets nur die Jugendphase der Liebe durchlebt, erhält er die, die ihn pflegen, lange jung, während Mann und Frau in der Ehe schon nach den ersten Jahren zu altern beginnen. Die „junge Liebe" schwindet ihnen und die Kinder und Sorgen wachsen heran, ein stets größer werdendes Wahrzeichen der Entfernung von der schönen ersten Zeit und des unerbittlich kommenden Alters. Dem tändelnden Junggesellen hingegen, den keine alternde Frau und keine heranwachsende Kinderschar auf den Lebenswegen begleiten und der, genau wie eine alte Kokette, um vielen gefallen zu können, zu Toilettekünsten seine Zuflucht nimmt, welche die andern wie ihn selbst über sein wirkliches Alter hinwegtäuschen, gelingt es häufig, sich äußerlich und innerlich länger jung zu halten. Freilich, wehe, wenn er erkrankt. Ohne sorgende Liebe und Pflege eines treuen Weibes und ergebener Kinder altert er, wenn ihm nicht treue Schwestern oder Basen deren Stelle vertreten, in Gram und später Reue hilflos mit verdoppelter Geschwindigkeit dahin.

Sollte es demnach in Zweifel gezogen werden können, daß der von uns als Ideal aufgestellte männliche Geschlechtstypus des strengen Monogamen als ein Idealtypus aufzufassen sei? Um diese Frage zu entscheiden, müssen wir sie sowohl unter weiblichem als auch unter sozialem, d.h. kollektivem Gesichtswinkel beleuchten.

Heute rechnet die Mehrzahl der in die Ehe tretenden jungen Mädchen mit dem geschlechtlichen Vorleben des Bräutigams als mit einer Notwendigkeit, die außerhalb jeder Diskussion steht und über die, als zum normalen Lebenslauf eines normal veranlagten jungen Mannes gehörig, zu rechten Torheit wäre. Viele unter ihnen, häufig suggeriert von Vätern und Brüdern, erblicken in dieser angenommenen Notwendigkeit sogar eine Annehmlichkeit; sie sind ganz in einem ebenso lächerlichen als schmutzigen Stolz auf die Eroberernatur ihres künftigen Ehemanns befangen und preisen sich – die schlechten Psychologinnen! – glücklich, in ihrer Eigenschaft als von dem Eroberer zur rechtlichen und dauernden Ehe Auserwählte über die vielen früheren Geliebten ihres Mannes den Sieg davon getragen zu haben, einen Sieg, den sie dem Plus an Grazie, an Schönheit und Liebenswürdigkeit zuschreiben, das sie, ihrem Selbstbewußtsein nach, über die Vorläuferinnen erhebt.[78]

78 Der ernste und verdienstvolle Nervenarzt und Sexualtheoretiker Ernst Gystrow (Dr. Willy Hellpach) glaubt sogar, in offenbarster Verwechselung eines Teiles mit dem Ganzen, den Frauen überhaupt eine Geringschätzung der männlichen Reinheit zuschreiben zu müssen. Er sagt: „Wer enthaltsam

Eine zweite Kategorie junger Mädchen denkt über die Frage des Vorlebens ihres künftigen Ehegatten überhaupt nicht nach. Entweder weil ihre natürliche Denkfaulheit sich zu so schwierigen und gemütserregenden Problemen nicht zu versteigen wagt, oder auch weil sie durch das Verschulden ihrer nächsten Angehörigen in geschlechtlichen Dingen ausdrücklich und mit Vorbedacht im unklaren gelassen wurden.

Nur eine ganz kleine Minderheit junger Mädchen ist von dem kräftigen Verlangen erfüllt, einen Lebensgefährten zu finden, dessen Lebensführung in geschlechtlicher Hinsicht ihrer eigenen gliche. Unter diesen sind es wiederum bloß ganz verschwindend wenige, welche dieses Verlangen für die Praxis in die logische Forderung auslaufen lassen: entweder einen reinen Mann oder keinen Mann. Diese Forderung ist nur in Skandinavien mit Nachdruck erhoben worden.[79] In den meisten Ländern Mittel- und Südeuropas hingegen – Frankreich, Italien, Holland, Deutschland – würden derartig mutige und konsequente Vorkämpferinnen schon an der Schwierigkeit, unter solchen Bedingungen einen ihnen im übrigen zusagenden Mann zu bekommen, scheitern. Obendrein würden sie noch, soweit die streng kirchlichen Kreise in Frage kommen, weil sie es wagen, Dinge, von denen sie den Gesetzen der gesellschaftlichen Moral zufolge am besten nichts Genaues zu wissen, zum wenigsten aber das Gewußte nicht auszusprechen haben, in der Öffentlichkeit zu erörtern, dem Vorwurf der Unkeuschheit und Unweiblichkeit ausgesetzt sein. Soweit sie andererseits ihren Postulaten

---

sein, dem einzigen Weibe unberührt entgegentreten will – die tiefste Achtung vor seiner sittlichen Kraft! Meist wird es nur kühleren Köpfen gelingen; und auch sie werden sich vor Augen halten müssen, daß sie das, was sie an Kämpfen durchfechten, nur, aber auch nur für sich ertragen. Denn das Weib hat für die Enthaltsamkeit des Mannes keinen Sinn und wird ihn nie haben." Gystrow gibt dann den Männern den Rat, die Frauen hierin nachzuahmen, und weiß sogar Vorteile zu rühmen: „Und ebenso wird das voreheliche Geschlechtsleben dem Mädchen unter diesen Voraussetzungen nichts anhaben können. Oft genug wird die Eingeweihte dem späteren Gatten süßere Stunden der Liebe bereiten als die Unberührte" (Ernst Gystrow: *Liebe und Liebesleben im neunzehnten Jahrhundert*. Berlin 1902, Verlag Aufklärung, p. 50f.)

79 In Norwegen hat besonders das 1883 erschienene Tendenzdrama *En Handske* (*Ein Handschuh*) von Björnstjerne Björnson (deutsch Leipzig, Reclam) zur Entstehung einer derartigen Bewegung beigetragen (besonders die Szenen auf p. 26 u. 58). In Deutschland wird eine ähnliche Tendenz verfochten in der Schrift von Vera: *Eine für Viele, Aus d. Tagebuche eines Mädchens*. Leipzig 1900 (14. Aufl.). Das Resümee des Grundtons lautet: „Alle diese Männer sind nicht besser als die Dirnen" (p. 76).

aber in den liberalen und mondänen Milieus Gehör verschaffen wollten, wären sie den Gefahren der Lächerlichkeit und der Anklage des Überspanntseins preisgegeben. In Frankreich haben einsichtige Männer, welche die ethische Berechtigung der Grundbasis der Kritik, nämlich die Ungerechtigkeit der doppelten Moral, nach welcher den Männern vor und vielfach auch nach der Heirat alles, den Frauen hingegen nichts gestattet ist, einsahen, einen Gegenvorschlag gemacht, der die Gleichheit der Geschlechter auf dem entgegengesetzten Wege einleiten soll: nicht beiderseitige körperliche Reinheit vor der Ehe, sondern nur beiderseitige geistige Unbeflecktheit.[80] Ehrlich und stark empfundene Liebe, nicht anatomische Intaktheit soll als das erste Erfordernis gelten. „J'épouserais plus volontiers une fille qui aurait été violée qu' une qui aurait résisté à un amant aimé."[81]

Die Gründe, auf welche das Häuflein der intransigenten Mädchen ihre Forderung. auf Reinheit des Mannes stützen, sind der Art, daß viel schlechter Wille dazu gehört, sich ihnen zu verschließen. Wir taten bereits des ethischen Rechtsbodens Erwähnung, in welchem ein elementares allgemein menschliches Sittengesetz wurzelt, das gleiche Behandlung und gleiche Rechte für alle fordert. In der Tat sind es nur akzessorische, nicht in der Wesensverschiedenheit der beiden Geschlechter begründet liegende Ursachen, welche die Verschiedenartigkeit der geltenden, das Vorleben vor der Ehe bei jungen Mädchen und jungen Männern bestimmenden Regeln hervorgebracht haben. Es wirkten dabei historische Momente ausschlaggebend: der junge Mann besaß größere Bewegungsfreiheit und folglich leichtere Gelegenheit und größere Versuchung und erfreute sich deshalb zumeist einer milderen Beurteilung in Liebeshändeln als das junge Mädchen. Historische Momente aber dürfen keinen Ewigkeitswert beanspruchen.

Die Erfüllung der Forderung beiderseitiger Keuschheit liegt aber insbesondere auch im Interesse der möglichsten Häufigkeit gesunder und glücklicher Ehen. Feinbesaiteten, besonders heftigen Gefühlen der Eifersucht zugänglichen oder einem unheilbaren Idealismus verfallenen Frauen verbittert oder verekelt das Wissen um die Liebesgeschichten des Mannes vor der Ehe die Freude an der Ehe selbst.[82] Die Zahl

80 Diese Tendenz wurde vor allem von Alexandre Dumas Fils, insbesondere in seinem auch heute noch lesens- und sehenswerten Schauspiel *Denise* (Paris 1885) zum Ausdruck gebracht. Aber auch manche Stücke von Victorien Sardou, so insbesondere *Fernande* (Paris 1870), gehören dieser Richtung an.

81 Théophile Gautier: *Les Jeunes-France*, loco cit., p. 8.

82 So z.B. Amalie Skram in *Verraten* (München 1899, Langen, p. 151ff.) und Victorien Sardou in *Fernande* (deutsche Ausg., Reclam, p. 43).

unglücklicher Frauen ist in den intellektuellen Kreisen auch deshalb in der Zunahme begriffen. Von größerer Bedeutung als dies ist noch, daß in der Regel aus der Tatsache einer Polygamie vor der Ehe auf die stete Gefährdung der Monogamie in der Ehe geschlossen werden kann. Wohl werden Liebe, Anstand, Vorstellungen religiöser und sittlicher Natur, Angst vor Skandal und Umgewöhnung das Verhalten des vor der Ehe polygamisch gewöhnten Mannes in der Ehe in monogamischem Sinne modifizierend beeinflussen können. Aber dieser Einfluß wird in der Mehrzahl der Fälle den dem Junggesellenleben entnommenen Kenntnissen von der Leichtigkeit und den Freuden außerehelicher Genüsse und den Beschwerden der besonders bei chronischen, aber auch bei nur akuten ehelichen Zerwürfnissen oder bei Krankheit, Schwangerschaft, längerer Abwesenheit der Frau dem Manne auferlegten sexuellen Abstinenz sowie den dadurch neu hervortretenden Tendenzen nach einer, wenn auch nur zeitweiligen, Rückkehr in den geschlechtlichen Schlendrian von ehedem weichen, wie jedes Präzept jedem real gewordenen Bedürfnis. *Qui boit, boira.* Die Einteilung der Männerwelt liegt zwischen polygam und monogam, nicht zwischen guten Ehemännern mit polygamem Vorleben und schlechten Ehemännern mit polygamem Vorleben. Keine Krankheit zieht so viele Rückfälle nach sich als die Jugendkrankheit des sogenannten „geschlechtlichen Auslebens".

Die Jungfräulichkeit des Mannes vor der Ehe empfiehlt sich endlich aber auch aus rassehygienischen und medizinischen Gründen. Den Einwand, daß die junge Frau, zumal in den ersten Tagen der jungen Ehe, zur Schonung ihrer Nerven und Erleichterung des Geschlechtsgenusses, eines Mannes bedürfe, der sich durch vorhergegangene Routine auf diesem Gebiete bereits Sicherheit und Erfahrung erworben habe, woraus dann einzelne, besonders geniale Geister geradezu eine sittliche Pflicht des zukünftigen Ehemanns der zukünftigen Frau gegenüber, sich vorher mit anderen, käuflichen Frauen auf die Initiation, die „Einweihung" der *nouvelle mariée* hin einzuüben, konstruiert haben, übergehen wir als einen unwürdigen Versuch, unsittliche Zustände als sittlich bedingt erscheinen zu lassen, am besten vollständig. Ernster als dieser ist der Einwurf, daß Enthaltsamkeit dem jungen Manne schweren körperlichen Schaden zufüge. Ohne die viel umstrittene Kontroverse hierüber, die als in das sexuell-physiologische Gebiet gehörig in unserer vorzugsweise sexuell-psychologischen und sexuell-sozialen Charakter tragenden Studie keinen Platz findet und den zuständigen Medizinern überlassen bleiben muß, hier lösen zu wollen, glauben wir doch, wenn wir auch die Enthaltsamkeit nicht mit Bürger als Quelle aller Kraft und Gesundheit zu preisen vermögen[83], gestützt auf eigene Erfahrung und Beobachtung denjenigen Frauenärzten und Nervenärzten Glauben schenken zu dürfen, welche erklären, daß die Befriedigung des Geschlechtsbedürfnisses auch seitens des Mannes ohne ernste körperliche Nachteile entbehrt werden könne.[84] Aber, selbst wenn wir uns in diesem Punkte irren sollten, so sind uns doch aus einer anderen, uns näherliegenden Wissenschaft, der Statistik, mit leidlicher Genauigkeit die Folgen des außerehelichen Geschlechtsverkehrs in den Zahlen der

83 Siehe Gedichte von *Gottfried August* Bürger. Karlsruhe 1815. Bd. 1, p. 183. Das Gedicht, auf das hier angespielt wird, führt den Titel *Männerkeuschheit*.

84 Der Zweite Kongreß zur Behandlung der sexuellen Frage, der 1902 in Brüssel stattfand und vorzugsweise von Ärzten besucht war, nahm eine Resolution an, in der es heißt, es sei vor allen Dingen dringend notwendig, den jungen Männern die Überzeugung beizubringen, daß die Keuschheit nicht nur nicht schädlich, sondern vom ärztlichen Standpunkt geradezu empfehlenswert sei. Vgl. ferner u.a.: Alfred Hegar: „Die Untauglichkeit zum Geschlechtsverkehr und zur Fortpflanzung", in: *Politisch-Anthropologische Revue,* Bd. I, Nr. 2, p. 93, 97; sowie Pio Foà: *L'Igiene Fisica e Morale dei Giovani*. Firenze 1910. Casa Ed. La Voce (opusc.). In einem resümierenden Artikel macht Richard von Krafft-Ebing (Zur „Vera-Literatur", in: *Zeit (Wien),* Jg. I, Nr. 33, Okt. 1902) folgende treffliche Ausführungen über diesen Punkt unseres Themas: „Heutzutage gilt der Schürzenjäger selbst bei den Weibern noch immer als eine Attraktion (Fetisch), gleich als wäre er ein Übermensch; heute ist der Mann, welcher ein Mädchen betört, verführt und dann sitzen gelassen hat, nicht infam, sondern ein verfluchter Kerl, und wenn das Opfer Mutter geworden ist, wird es auf den Zivil(Alimentations) weg verwiesen und die Gesellschaft läßt es fallen; überhaupt den guten Ruf eines Mädchens zu schädigen, gilt als pikant, nicht als Gemeinheit. Von einer solchen angefaulten Gesellschaft ist keine Besserung zu erwarten. Wie soll man eine solche hoffen, wenn heute eine Masse von Ärzten die Abstinenz für gesundheitsschädlich erklärt, während nur vielleicht bei einem Prozent wegen abnormer Veranlagung (Hypersexualität) die Nichtbefriedigung Gefahren für die Gesundheit bietet? Und solchen Ordinationen pflegt der junge Mensch, oft noch Gymnasiast, nur zu eifrig nachzukommen, damit seine Gesundheit nur ja keinen Schaden leide." Andere Autoritäten auf diesem Gebiet, wie der Freiherr Christian von Ehrenfels („Sexuales Ober- und Unterbewußtsein", *in: Politisch-Anthropologische Revue*, Jg. II., Nr. 6, September 1903, p. 465), meinen, daß vollkommene Enthaltsamkeit bis zur vollen Reife, also bis durchschnittlich ins 25. Lebensjahr, der Konstitution von Vorteil sei, indem, vielleicht durch Resorption der Samenstoffe, der Aufbau psychischer und physischer Spannkräfte durch sie begünstigt werde, und daß diese günstigen Wirkungen bei elastischen Naturen auch noch über die genannte Altersgrenze hinaus andauern könnten.

Erkrankungen an Geschlechtskrankheiten bekannt. Diese Zahlen aber sind so erschreckend hoch, daß es uns ein Unding scheint, anzunehmen, die zahlenmäßig ungreifbaren Folgen der Enthaltsamkeit könnten auf Individualleben und Kollektivleben auch nur annähernd so verheerend, korrumpierend und gesundheitsschädlich wirken als die statistisch feststellbaren Folgen des außerehelichen Geschlechtsverkehrs.

Es wird deshalb mein Wunsch und meine Hoffnung sein, meine Töchter einst an Männer verheiraten zu können, die, obgleich jedem Duckmäusertum abgeneigt und bei Bewahrung ihres freien Blickes und freien Urteils, die gleiche körperliche Reinheit und Jungfräulichkeit ihrer Frau entgegenbringen wie diese ihnen. Der Einschränkungssatz bedarf einer Erklärung. Die Anzahl der jungen Männer, die in die Ehe treten, ohne vorher schon andere Weiber berührt zu haben, ist erfahrungsgemäß in allen Ländern der Erde gering. Deshalb sind noch nicht alle jungen Leute geradezu *puttanieri*, das heißt gewohnheitsmäßige Käufer käuflicher Liebe. Die Formen vorehelichen Geschlechtslebens sind mannigfacher Art. Aber wohl haben alle von ihnen vor der Ehe schon andere Frauen in ihren Armen gehabt und besitzen über das Geschlechtsleben bereits eigene praktische Erfahrung. Was übrig bleibt und sich enthält, stimmt zumeist nicht überein mit dem Bilde des Helden, wie es beschrieben worden ist: der große Verzichter und Selbstüberwinder aus antizipierter Liebe zur imaginären Braut späterer Jahre, oder der konsequente Anhänger der völligen Rechtsgleichheit von Mann und Weib, angewandt auf die heutigen Zustände, die, da sie eine Liebesfreiheit des Mädchens vor der Ehe nicht gestatten, um das Ziel der Gleichheit beider Geschlechter zu erreichen, die Liebesunfreiheit der Männer vor der Ehe erfordern. Im Allgemeinen ist die kleine Schar der reinen Jünglinge aus ganz anderen Elementen zusammengesetzt. Da sind zunächst die Unfähigen oder, um mit Guy de Maupassant zu sprechen, „les incapables qui, tout en ayant l'air comme tout le monde et étant habillés comme les autres, sont incapables à mener jusqu' au bout la conquête d'une femme."[85] Die Keuschen aus Notwendigkeit, aus eisernem Muß, meistens sehr wider ihren Willen; die an ihrer Keuschheit Leidenden. Da sind ferner die jungen Männer, deren Erwerbssinn so krankhaft überspannt ist, daß sie durch die Sorgen des *business* völlig absorbiert werden. Sie haben für geschlechtliche Angelegenheiten *no time*. Der Geschlechtstrieb wird von ihnen überhaupt nur als ein Störenfried in dem wichtigsten Geschäfte des Menschen, im Gelderraffen, betrachtet. Diese Gattung, die zumal in Amerika reichlich

85 Guy de Maupassant: *Le Horla*, loco cit., p. 277.

vorkommt, besteht aus verknöcherten und verbiesterten Gestalten; sie bieten der Frau ebensowenig körperliche Reize, als sie selbst für die Reize jener empfänglich sind. Neben ihnen stehen die Enthaltsamen aus Frömmigkeit, katholischer oder protestantischer, sicherlich noch die wackersten unter den Jünglingen; bei diesen gewinnen die heilig ernst genommenen Sittengesetze des Christentums, meist in schweren Kämpfen, über die angeborene Sehnsucht nach geschlechtlicher Befreiung die Oberhand, wobei die meisten von ihnen dann verkämmern und verkümmern. Indes ihre Zahl dürfte geringer sein, als die frommen alten Damen gemeinhin anzunehmen pflegen. Es gibt Mitglieder konfessioneller Studentenvereine, die auf das Gebot der Keuschheit verpflichtet sind, nichtsdestoweniger aber zu den Stammgästen der Stätten der Unzucht gehören. Das Gros der Josephe vor der Ehe jedoch ist weder bei den Erwerbsfanatikern noch bei den Gebotsfanatikern noch selbst unter den Impotenten zu suchen. Es besteht in der Krüppelschar derer, die um ihre Gesundheit bangen; teils weil sie wirklich krank oder kränklich sind, teils aus platter Angst und Feigheit vor den Gefahren des außerehelichen Geschlechtsverkehrs. Memmen, keine Männer. Sie möchten wohl, aber sie mögen nicht. Lautere aus unlauteren Motiven oder auch Suggestionierte, die hinter jeder Schürze die Syphilis lauern sehen. Zum Teile Früchte der sogenannten geschlechtlichen „Aufklärung" und Opfer der Statistik über die Häufigkeit der Geschlechtskrankheiten. Kerlchen, die sich bei Gemüse und Selterwasser kasteien, um ihre Lüste abzukühlen. Kaltwasserfanatiker, Alpenfexe, die sich stundenlang unter die Dusche stellen oder ihre freie Zeit dazu gebrauchen, sich müde zu hetzen, nur um die Gedanken von dem Gefürchteten abzuleiten, *pour s'étourdir*, und um sich durch die künstlich provozierte Ermüdung selbst in die physische Unmöglichkeit zu versetzen, den zurückgedämmten Gefühlen der Wollust am Ende doch zu unterliegen. Ein großer Prozentsatz aller dieser verschiedenen Enthaltsamen übt die Enthaltsamkeit überdies nur innerhalb der Beziehungen zur Außenwelt, und sucht und findet Trost und Entschädigung in stiller sogenannter Selbstliebe, wobei die Frage aufzuwerfen wäre, ob Onanie in das Gebiet der Keuschheit gehört und ob der Mann, der eine zarte und schwärmerische Liebschaft hinter sich hat, nicht auch vom Interessenstandpunkt des reinen jungen Mädchens dem gewohnheitsmäßigen Alleinseligmacher vorzuziehen sei.

Im Ganzen muß man sich gerechterweise eingestehen, daß, wie sie heute sind, die enthaltsamen Jünglinge, von einigen wenigen echten Christen oder echten Idealisten, die ein hehres und geistig anregendes Leben im Elternhause vor aller Berührung mit unreiner Liebe und Eintagsliebe bewahrt hat, sowie endlich von einigen allzu Ungeschickten und Schüchternen abgesehen, den jungen Mädchen keine Garantie für eine glückliche Ehe zu bieten vermögen. Der Reine aus Geschäftsbeflissenheit wird auch nach der Hochzeit fortfahren, das Geld dem Weibe vorzuziehen und, wenn es ihm gelingt, reich zu werden, seine Frau auf den Weg des einsamen Müßigganges treiben, der mit Flirt gepaart ist und der die von dem in dumpfer Kontorarbeit ergrauenden Gatten verachteten reifen Früchte dem ersten besten lockenden Dandy in den Schoß wirft. Der um seine Gesundheit besorgte Jüngling aber wird zu einem ebenso exzentrischen, selbstsüchtigen und feigen Ehemann werden, stets um sein bißchen Leben besorgt, ein geistiger Krüppel, selbst wenn er kein körperlicher ist.

Der Idealwunsch, seine Töchter mit einem Manne zu verheiraten, der erst mit ihnen selbst zusammen *pari passu* in die heiligsten Mysterien des Geschlechtslebens eindringt, kann, weil er isoliert ist, in der heutigen Praxis zu Konsequenzen führen, die nicht dem entsprechen, was die Voraussetzungen, allzu äußerlich genommen, anzuzeigen scheinen. Das Reich der Unkeuschheit ist größer als sein Name. Es reicht weit hinein ins Reich der Keuschheit, der Unberührtheit. Es gibt Unberührte, beiden Geschlechts, die unheiliger sind als manche Berührte. Es gibt andere, die zwar rein geschlechtlich in abstracto ein Plus, ethisch aber ein Minus vor den Berührten aufweisen, so daß die Verbindung mit diesen eine größere Glücksmöglichkeit verspricht als die Verbindung mit jenen.

Zusammenfassend wird man etwa folgendes sagen können: Die männliche Unberührtheit vor der Ehe ist an sich ein Gut. Eine dementsprechende Forderung der Frauenbewegung wird zwar stets nur in kleinen Kreisen wirksam sein können, ist aber doch, solange das Postulat der Reinheit der Frau vor der Ehe von den Männern gestellt und dessen gewissenhafte Ausführung peinlich kontrolliert wird, als eine sittlich berechtigte zu betrachten. Aber in der Praxis wird dieses Gut besorgten Vätern mannbarer Töchter in der Regel nur selten eine Gewähr für das gleichzeitige Bestehen sittlich tüchtiger Eigenschaften im Schwiegersohn zu bieten vermögen. Am häufigsten findet sich noch Keuschheit mit Tüchtigkeit des Charakters durch starke Liebe, welcher die Aussicht auf baldige Vereinigung nicht fehlt, gepaart. Starke Liebe, die sich auf einen Gegenstand konzentriert, wird unschwer gegen Verführungen durch andere Versuchungen immun. Das hat in schönen klaren Worten schon jene berühmte Königin von Navarra, der wir die von allen Frommen auf den Index gesetzten, echt gauloisen Erzählungen des Heptameron verdanken, ausgesprochen.[86] Tiefe Liebe bewahrt vor leichtfertiger Liebelei.

Die Beobachtungen über das tatsächliche Wesen der männlichen Unberührtheit führen uns auf die entscheidende Grundfrage des Verhältnisses zwischen Liebe und Körper. Mit anderen Worten: Ist die körperliche Unberührtheit unentbehrliche Voraussetzung zu reiner Liebe? Die Sitte bejaht diese Frage, soweit sie sich auf die Frau bezieht, unbedingt. Jungfernschaft verloren, Heiratsfähigkeit verloren. Die Jungfernschaft ist die typische „Ehre" des jungen Mädchens. Zugleich mit jener kommt ihr auch diese abhanden. Es darf sie nur im legitimen Ehebett verlieren. Jeder frühere Zeitpunkt des Verlustes zieht Ächtung und Verachtung, bürgerlichen Tod, *morte civile*, nach sich. Nur eine Reparatur ist möglich: Eingang der Ehe mit dem Schänder. Nur die Heirat gilt als Remedur, als Wiederherstellung, als weibliche Rehabilitation. Daher wird in allen Ländern der Welt seitens der Angehörigen der Verführten auf den Verführer jedweder Zwang ausgeübt, um ihn zu veranlassen, der ehrlos Gewordenen ihre Ehre wiederzugeben, das heißt sie zu heiraten. In der Klasse, die einen Ehrenkodex anerkennt, stellt man den Heiratsunwilligen vor das Dilemma der Wahl zwischen dem Standesamt und einer zu regelrechtem Duell geladenen Pistole. In den unteren Volksklassen südlicher Länder, zumal in solchen, in denen sich das familiäre Zusammengehörigkeitsgefühl noch in alter Strenge erhalten und das Gefühl der Verantwortlichkeit aller männlichen für die

86 „Il me semble, dit Hircan, que ce n'est pas grand' louange à un homme de garder chasteté pour l'amour de sa femme; car il y a tant de raisons, que quasi il est contraint; premièrement, Dieu lui commande, son serment l'y oblige, et puis nature qui est soule, n'est point sujette à tentation ou désir, comme la nécessité; mais l'amour libre que l'on porte à sa mie, de laquelle on n'a point de jouissance ni autre contentement que la voir et parler et bien souvent mauvaise response, quand elle est si loyale et ferme que, pour nulle aventure qui puisse advenir, on ne la peut changer, je dis que c'est une chasteté non seulement louable, mais miraculeuse." – „Ce n'est point de miracle, dit Oisille, car où le coeur s'adonne, il n'est rien impossible au corps. Et, si vous y prenez garde, vous trouverez ceux qui ont mis leur coeur et affection à chercher la perfection des sciences, non seulement avoir oublié la volupté de la chair, mais les choses les plus nécessaires ... De là vient que ceux qui aiment femmes belles, honnêtes et vertueuses ont tel contentement à les voir et à les ouïr parler, et ont l'esprit si content que la chair est appaisée de tous ses désirs. Et ceux qui ne peuvent expérimenter ce contentement sont les charnels, qui, trop enveloppés de leur graisse, ne connaissent s'ils ont âme ou non" (Marguerite de Valois: *Contes de la Reine de Navarre*. Paris, Dentu. Bd. II, p. 89f.).

Ehre aller weiblichen Familienmitglieder wach geblieben ist, läuft der Liebhaber Gefahr, mit einem weniger regelrechten, aber nicht weniger sicher treffenden Mittel ums Leben gebracht zu werden.

Die diesem Verhalten zugrunde liegende Auffassung ist die der strengen Monogamie. Der erste körperliche Akt der Hingabe des Mädchens und seine Zukunft gehören unauflöslich zusammen. Ein Schritt ins Gebiet des angewandt Sexuellen bindet für das ganze Leben. Diese Auffassung wird häufig bis in die äußersten Konsequenzen durchgeführt. Im Mittelalter und bis in die neuere, ja neueste Zeit hinein gehört zum Begriff des Ehrverlustes und folglich zur Forderung der aus ihm sich ergebenden lebenslänglichen Kettung des Weibes an den Mann keineswegs unbedingt die Freiwilligkeit der Handlungsweise der Frau. Nach den Begriffen der oben entwickelten Logik hat die Vergewaltigte, wenn auch nicht eine ehrlose Handlung begangen, so doch ihre Ehre verloren und kann sie nur um den Preis der Ehe mit dem Mann, der sie ihrer Jungfräulichkeit beraubt, wiedergewinnen. Ihr weiteres Leben hängt ab von dem Ehrgefühl eines Lumpen. Der Verlust der Jungfernschaft, wie immer er erfolgt sein mag, kettet also das Mädchen, gleichgültig welchem Volke es angehörig, an den Mann, der sie genommen[87]; ein Sittengesetz, das skrupellosen Mitgiftjägern zugute kommt, denen die Verführung der Mädchen nur ein Mittel ist, um sich durch die auf diese Weise nötig gewordene Heirat in den Besitz ihres Geldes zu setzen.[88] Der erste Akt der Geschlechtsliebe – oft ein einziger – entscheidet über das Leben der Jungfrau. Italienisch gesagt: *La Vergine è dello Sverginatore*.

Diese eiserne Kette auf einem Syllogismus aufgebauter logischer Ringe wird durch keine Kraft der Welt auseinandergesprengt, es sei denn durch die Dynamis des Lebens selbst, insbesondere durch die Treulosigkeit und geschickte List der Mädchen und durch die Schwierigkeit, den Verlust der Jungfernschaft physiologisch einwandfrei festzustellen; außerdem, natürlich, durch die Berechnung ehrloser Freier, deren Hang an der landläufigen Konvention durch den ungleich stär-

87 Das verpfuschte Leben einer bereits als kleines Mädchen Genotzüchtigten hat Heinz Tovote in einer Novelle seines Sammelbuches *Fallobst* (Berlin, 1. Aufl. 1890) geschildert.

88 In dem modernen italienischen Roman *Una Donna* von Sibilla Aleramo (Rina Pierangeli Facio), Roma-Torino 1907, Roux, wird die Heldin, die Beamtin in einer Fabrik ist, in welcher ihr Vater die Direktorstelle innehat, von einem Kontoristen vergewaltigt. Dieser verfolgt damit lediglich den Gedanken, dadurch Karriere zu machen, daß er sich einem einflußreichen Mann verschwägere (vgl. p. 53ff.).

keren Hang nach dem Gelde der Gefallenen zum Schweigen gebracht wird. In Siebenbürgen nehmen die magyarischen Bauernburschen bekanntlich nicht einmal Anstand, ihre Landsmänninnen bräutlich heimzuführen, die sich ihren Trousseau in schwerer Arbeit in den Bordellen Deutschlands und Österreichs verdient haben. Ähnliches, wenn auch mehr sporadisch, geschieht in allen Gesellschaftsklassen und in allen Ländern.

Von diesen angedeuteten Fällen abgesehen aber ist jede Gefallene, einerlei ob sie ihre Handlung aus Leichtsinn oder im Rausch, aus ehrlicher Liebesleidenschaft oder aus welchen anderen Motiven immer begangen, ein für allemal präjudiziert. Die Heirat mit dem Manne, der ihr die Ehre raubte, gilt, sobald dieses Ereignis zur öffentlichen Kenntnisnahme gelangt ist, selbst wenn die Ehe mit völliger Sicherheit als unglücklich vorauszusehen ist, für ehrenvoller als ein stolzes und vielleicht glückliches Alleinbleiben nach erkannter Minderwertigkeit des Liebhabers. Erst in allerletzter Zeit beginnen einige Frauen, wenigstens in den Romanen, eine frei erwählte Altjungfernschaft der erzwungenen Ehe mit ihrem Entjungferer, ja selbst der freiwilligen Ehe mit dem anscheinend reuigen, aber inzwischen in seinem wahren Unwert erkannten Geliebten vorzuziehen.

Nicht anders wie die öffentliche Meinung verhält sich den gefallenen Mädchen gegenüber die Rechtsprechung. Selbst die Ausleger der Gesetze halten auf Sittenstrenge der Frau vor der Ehe. In Deutschland hat das Reichsgericht kürzlich entschieden, daß der Mann die Gültigkeit seiner Ehe in allen den Fällen anzufechten das Recht habe, in welchen er erfährt, daß seine Frau vor dem Eingang der Ehe mit ihm schon mit einem andern geschlechtlich verkehrt und diese Tatsache ihm verschwiegen habe. Es wird dabei von dem Standpunkt ausgegangen, daß es den allgemeinen Anschauungen entspräche, wenn der Mann bei der Eheschließung auf die Jungfräulichkeit der Frau in entscheidendem Maße Wert lege. Dagegen wurde, nebenbei bemerkt, eine Frau, welche ihre Ehe anfocht, weil der Mann vor der Ehe mit einem anderen Mädchen ein Kind gezeugt und diesen Umstand ihr verschwiegen hatte, mit ihrer Klage von denselben Instanzen abgewiesen.[89]

Der Mensch – Mann wie Weib – ist in seiner Entwicklung den verschiedensten Strömungen, Tendenzen, Bedürfnissen unterworfen. Der Mann ist nicht mehr, wie der Jüngling, der Greis nicht mehr, wie der Mann war. Alles ändert sich, oder modifiziert sich doch. Gedankenrichtung, Geistesart, häufig selbst Beruf. Kein bedeutender Mensch, dessen

89 Nach einem Bericht der Zeitung *Frauenfortschritt*. Berlin, 12. Mai 1910.

Lebensgang wir kennen, ist sich stets „derselbe" geblieben. St. Augustin, Luther, Napoleon, Bismarck, um nur einige zu nennen, haben sich in wesentlichen Punkten geändert und wieder geändert. Unter den Punkten, in denen der Mensch, und nicht nur der berühmte, sondern auch der normale, gewöhnliche, durchschnittliche Mensch, die größten Metamorphosen durchmacht, steht aber das Geschlechtsleben an erster Stelle. Mit der Parabel der von diesem jeweils erzeugten Bedürfnisse wechselt zugleich auch der Komplex von Postulaten, die der Mann an das Weib stellt, und das Weib an den Mann. Es gibt im menschlichen Leben Augenblicke, wenn nicht Perioden, in denen der Postulatenkomplex bis auf die eine große Forderung der Geschlechtlichkeit zusammenschmilzt. Jedes Geschlecht fordert vom andern nur das Gegensätzliche. *Le sexe cherche le sexe*. Es ist aus vielen Gründen nicht rätlich, eine so vereinfachte Formel blindlings zu lösen. Aber wir wollen hier nicht Moral treiben, sondern Analyse. In solchen Momenten oder Perioden vereinfachter, aber deshalb nicht weniger angespannter Gehirntätigkeit werden oft Entscheidungen getroffen, deren Tragweite das ganze Leben überspannt und gefangen hält. Man hat die Ehe als das letzte Mittel des Lüstlings bezeichnet. Ist kein anderer, schnellerer, billigerer, bequemerer Weg vorhanden, sich in den geschlechtlichen Besitz des ersehnten Gegenstandes zu setzen, so muß, bei in besonders hohem Grade gesteigerter Konzentration des Verlangens, die Ehe herhalten. Man braucht diese Motive nicht zu verallgemeinern. Vorhanden sind sie, in großem Umfange. Es muß zugegeben werden, daß dadurch die Heiligkeit der Ehe etwas an Bedeutung verliert. Für die Häufigkeit der Fälle, in denen das Triebleben der überwiegende Anlaß zur Ehe wurde, besteht ein gewisser Maßstab in der Häufigkeit unglücklicher Ehen überglücklicher Brautleute. Verliebtheit gibt nicht nur keine Gewähr für Liebe, sondern wird häufig zu einer Klippe für sie. Die Liebenden drängen nach der Hochzeitsnacht. Ist sie vorüber, hat die Ehe ihren Zweck erreicht. Was übrig bleibt, ist ein Stück Papier und eine oft schier unergründliche Kluft im Empfindungsleben sowie in den allgemeinen Interessen.

Es ist nun aber eingangs der Ehe nicht vorauszusehen, in welcher Richtung sich die unausbleibliche Veränderung der Gatten vollziehen wird. Der Mensch entwickelt sich auch in der Ehe weiter, die Frau ganz besonders, die zumeist als ein Kind, unausgebildet, körperlich wie geistig, in sie tritt. Es wäre naiv, anzunehmen, daß der Moment des Eheschlusses den Abschluß des Sexualempfindungslebens bedeute. Für die Frau ist die Ehe häufig nicht *stazione d'arrivo*, sondern *stazione di partenza*, für den Mann meist *stazione di passaggio*. Das mag zu bedauern sein, denn die Ehe ist ein Ideal, das wir nicht missen können, aber wir versuchen hier, uns mit psychologischen Phänomenen zu befreunden, nicht, sentimentale Tränen über die Schlechtigkeit der Welt zu vergießen. Es folgt aus dem oben Gesagten, daß das „Liebesideal" des Menschen, auch nach der Ehe, sich verschieben, wechseln, sich ändern kann. Dasselbe junge Mädchen, das mit achtzehn Jahren im Banne ihres Blutes den rein sinnlichen Mann bevorzugt – wie wir denn selbst ganz intelligente und gebildete Mädchen in jenen Jahren häufig gerade den blödesten und gierigsten Gecken in die Arme fallen und den ernsten jungen Mann dem leichtlebigen gealterten Don Juan hintansetzen sehen, weil ihr konzentrierter, wenn auch vielfach noch seiner selbst unbewußter Geschlechtssinn demjenigen zustrebt, der ihnen die intensivste Befriedigung ihrer Geschlechtsnöte zu versprechen scheint – dasselbe junge Mädchen wird, wenn sie erst einige Jahre lang Frau ist, sich ein anderes Liebesideal gebildet haben und ganz andere Ansprüche an den Mann stellen. Da stehen sich oft zwei verschiedene Lebensperioden mit zwei ebenso verschiedenen Sexualanschauungen gegenüber. Nicht immer läßt sich in der ersten Periode die Ehe, in der zweiten der Ehebruch verhindern. Noch größeren Gefühlsschwankungen als das Mädchen ist der Mann unterworfen. Manche jungen Leute lieben in ihrer Braut nur die Jungfrau. Nach der Entjungferung in der Ehe ist der Reiz verflogen. Noch häufiger ist es aber die wachsende intellektuelle und kulturelle Kluft, die der Ehe ihren ethischen Boden entzieht. Ehe und Liebe bersten wie Glas, wenn der Mann geistig in die Höhe wächst, während die Frau in ihren vier Wänden in Kindergeschrei, Haushaltsnot und Nachbarinnenklatsch verengt und verkümmert oder auch in Putz und Tand aufgeht und den Bestrebungen und Idealen des Mannes Gleichgültigkeit oder gar offene Verachtung entgegenbringt.

Aus dem Gesagten geht hervor, daß wir es bei ein und demselben Menschen mit je nach der Phase seines Lebens verschiedenen geistigen und geschlechtlichen Persönlichkeiten zu tun haben. Es ist deshalb grausam, die letzteren für die von ersteren begangenen Verfehlungen verantwortlich zu machen und zeit ihres Lebens für sie leiden zu lassen. Gerade weil die „erste Liebe" häufig zu ihrem Inhalt nur Sinnlichkeit hat, ist sie noch nicht „die Liebe", sondern nur ein Fragment, ein Torso, der aus einem Rumpf ohne Kopf besteht. Es ist nicht gesagt, daß diese erste rein sinnliche Liebe immer in dieser von allen höheren Elementen baren Form auftritt, noch braucht sie immer zur geschlechtlichen Vereinigung zu führen. Am allerwenigsten vermögen wir in ihr ein im Frauenleben notwendiges Durchgangsstadium zur wahren, d.h. aus sinnlichen und geistigen Substanzen gleichmäßig gemischten Liebe zu erblicken, wonach der erste Geliebte die Rolle des starken Geschlechtsmannes, des Erlösers aus dem Banne des Blutes, der zweite die des Vollgatten zu übernehmen hätte.[90] Dagegen ist die Forderung, daß die Frau an ihre erste Liebe nicht ihr Leben einzusetzen gezwungen werden soll, wenn sie ihrer späteren und höheren Entwicklung nicht mehr entspricht, durchaus sittlich und vernünftig. „La Virginité des femmes appartient à leur premier amour, et non à leur premier amant, sagt Dumas."[91] Allerdings hat eine ernste Sexualpädagogik alle Kräfte dafür einzusetzen, daß durch eine innere und die Faktoren des Gemütes, des Herzens und des Willens gleichmäßig frühzeitig zur Entfaltung bringende planmäßige Erziehung der beiden Geschlechter sich die Anzahl der Fälle, wo beides nicht zusammenfällt, immer mehr verringere.

---

90 Diese These ist mit besonderer Verve aufgestellt und verfochten worden von Grete Meisel-Hess in *Fanny Roth, eine Jung-Frauen-Geschichte*. Berlin, Seemann. Man liest hier auf p. 121ff.: „Und auf einmal verstand sie ihr Schicksal und begriff, daß es nur so hatte kommen können. Ihm und gerade ihm war sie in die Arme gesunken, weil er der Stärkste, der Maskulinste, der Gegensätzlichste gewesen, weil seine Person alles das verheißen – und auch erfüllt – hatte, was sie in jener Zeit am meisten gebraucht ... Denn er war für sie der richtige gewesen, gerade er. Damals. Er, mit seiner hinreißenden Erotik, – ja, er war der richtige, um ein Mädchen aus den Banden der Jungfräulichkeit zu erlösen, um die Schmerzen des Blutes von ihr zu nehmen ... Von ihren Augen war nun die Binde gefallen. Aber sie fühlte, daß sie nicht anders hatte wählen können, weil das Mädchen im Bann seines unerlösten Blutes überhaupt nicht wählen, überhaupt nicht entscheiden kann. Eine harte soziale Form macht aus dem ersten, der ihr die Fesseln der eigenen Körperlichkeit löst, den Einzigen, den Richtigen, dem sie gehören muß fürs Leben ... Und *jetzt* erst hätte sie erkennend den Mann wählen können, der die Ergänzung ihres eigenen Selbst war, der zu ihr gehörte, um mit ihr das Neue zu schaffen, das mehr sein sollte als sie beide." Die Prämissen dieser Auffassung reichen weiter zurück, zum mindesten bis auf Friedrich Schleiermacher, der in seinen *Vertrauten Briefen über Friedrich Schlegels Lucinde* (1800) meint, die ersten Regungen der Liebe verkündigten sich als eine unbestimmte Sehnsucht und erst von der Höhe der ausgebildeten und vollendeten Liebe ließen sie sich hintennach als das erkennen, was sie wirklich gewesen seien. Der Liebe ergehe es nicht anders als jedem anderen Geistigen im Menschen. „Soll etwa sie, die das Höchste im Menschen ist, gleich beim ersten Versuch von den leisesten Regungen bis zur bestimmtesten Vollendung in einer einzigen Tat gedeihen können?" (*Sämtliche Werke*, III. Abt., Bd. I, p. 473.)

91 Alexandre Dumas Fils: *La Dame aux Camelias*. Paris 1898, Calm.-Levy, p. 74.

Drittes Kapitel

Die Grenzen der Brautstandsmoral

Die landläufige Moral verlangt von den Brautleuten den Verzicht auf ihr Geschlecht und stempelt sie, in der ekstatischen Zeit der heißesten Liebe, zu geschlechtslosen Wesen. Das Grundprinzip der Brautstandsmoral ist die Enthaltung vom Geschlechtsgenuß. Braut und Bräutigam dürfen um keinen Preis in sexuelle Beziehungen zueinander treten. Um sie daran zu verhindern, wird in den meisten Ländern ein wahres Spionagesystem in Anwendung gebracht; überall gilt die Übertretung des Gebotes für verwerflich. Anständige bürgerliche Familien halten sich für entehrt auch dann, wenn die Tochter vom Bräutigam-Vater noch rechtzeitig geheiratet wird, d.h. das erscheinende Kind, wenngleich es nicht in der Ehe empfangen ist, standesamtlich als eheliches gebucht werden kann.[92]

Eine solche Auffassung ist unsittlich, um so mehr als die mit ihr verbundenen Gebräuchen, die ich anderen Ortes ausführlicher beschrieben habe, die Ungeschlechtlichkeit des bräutlichen Lebens als innerlich widersinnig erscheinen lassen.[93] Sie ist es aber ganz besonders, weil sie

---

92 Vgl. In diesem Band p. 28 [d.h. hier S. 47].

93 In meiner Broschüre *Brautstandsmoral* (Leipzig 1906, Magazinverlag), auf die hiermit ausdrücklich verwiesen sei, finden sich folgende Ausführungen: „Die Eltern des jungen Mädchens, das zu verheiraten ist, setzen einen Tag fest, an dem die Hochzeit, das heißt das Fest stattfinden soll, nach dessen Beendigung die jungen Leute der Brautstandsmoral ledig sind. Dieser Tag kann auf jedes beliebige Datum fallen. Jedenfalls aber wird er so bestimmt werden, daß das junge Mädchen fähig ist, die sexuellen Pflichten ihrem angetrauten Manne gegenüber erfüllen zu können; gerade herausgesagt: der Tag darf nicht in die Menstruationsperiode fallen. Um dessen ganz sicher zu sein, fragt die vorsorgliche Mutter darob bei ihrer Tochter persönlich an. Also: während die Keuschheit der Braut über alles gesetzt wird, schont man sie dennoch so wenig, daß man sich nach dem Tage erkundigt, an dem sie imstande ist, sie verlieren zu können. Ist die Gefahr, dem jungen Ehemann seine Frau nicht zum Sinnengenuß bereit zu überliefern, glücklich umgangen, so beginnen allmählich die Vorbereitungen zu dem „Freudenfest", das natürlich *orbi et urbi* bekanntgegeben werden muß. Es wird eine Gesellschaft geladen, Verwandte, Freunde, Bekannte, oft selbst Freunde von Bekannten, Bekannte von Bekannten, und sonstige dem jungen Paar Wildfremde. Inzwischen arbeitet man krampfhaft an der Ausstattung der jungen Frau. Wenn der Bräutigam in dieser Zeit seine Braut besucht, findet er sie hinter ei-

zur Voraussetzung die Einrichtung der Brautnacht hat. Es sei mir gestattet, mich an dieser Stelle auf einige der bereits erwähnten Quelle entnommene eigene Darlegungen aus früheren Jahren zu stützen:

Die Liebe – und, wohlgemerkt, ich verstehe unter diesem Wort jenes *Mixtum compositum* von gegenseitigem geistigen Verstehen, Kameradschaftsgefühl und Sinnlichkeit, ohne das die Liebe degradiert und prostituiert wird – ist ein unendlich feines und zumal im Anfang leicht zerbrechliches Ding. Ihre Weiterentwicklung verlangt viele und sanfte Übergänge und kann kein schroffes und rüdes: „gestern nichts, heute aber alles!" vertragen. Das (intellektuelle) Sichverstehen und die (sexuelle) Begier müssen Hand in Hand gehen, von dem ersten Erzittern der jungen Körper bis zum gegenseitigen Wunsche vollständigen Besitzes, der erst nach

---

nem Berg von weißer Leinwand, feinen Spitzen und bunten Stoffen versteckt. Er hat den ganzen mysteriösen Apparat vor sich, der die Braut binnen kurzem als junge Frau in das Haus ihres Gatten begleiten soll und der aus vielen Dingen zusammengesetzt ist, die keinen anderen Zweck haben, als die menschliche Nacktheit zu verbergen, und die ihm gerade dadurch Begierde erregen und Lustgefühle versprechen müssen. Fast immer wird ein ganz besonderer Wert darauf gelegt, daß die Braut für ihren „Ehrentag" auch genügend mit Kleidungsgegenständen herausgestutzt ist. An den Füßen muß sie „Brautschuhe", an den Beinen „Brautstrümpfe" tragen, um ja nur recht weiß wie eine Taube zu erscheinen. Das Hauptgewicht legen Mutter und Tochter jedoch auf das „Brauthemd", das aus feinster Leinwand verfertigt und mit möglichst wertvollen, natürlich durchsichtigen Spitzen garniert sein muß, damit, wie man es oft sagen hört, der junge Ehemann seine Freude daran haben soll. „Ist es denn nicht ein alter und heiliger Brauch, daß die Frau sich ölt und schminkt, um das süße Geschenk ihres Körpers noch verführerischer zu gestalten?" ruft die als unmoralisch verschrieene, aber jedenfalls mit einem gesunden Blick für die Schäden der Gesellschaft begabte Helene von Monbart einmal ironisch aus. (In ihrer unter dem bekannten Pseudonym Hans von Kahlenberg geschriebenen Novelle: *Nixchen*. Dresden-Leipzig 1900, p. 90.) Sind die Vorbereitungen, in denen, wie beschrieben, die Wäsche eine Hauptrolle spielt, vorbei, so naht der Hochzeitstag selber. Die Braut nimmt am Vorabend noch schnell ein Bad, der Bräutigam ebenfalls, wenn auch nicht mit der gleichgroßen Feierlichkeit. Jetzt endlich erscheinen die beiden Liebenden würdig und bereit, sich anzugehören. Die jungen Leute werden zunächst auf dem Standesamt, dann in weiterem Kreise in der Kirche und schließlich in einem langen und üppigen Festmahl, an dem teilzunehmen man sie zwingt und allwo sie noch den Treffpunkt für allerhand schlechte Späße abgeben müssen, noch einmal öffentlich und ausführlich ausgestellt. Erst dann dürfen sie sich in die Arme fallen."

und nach entstehen darf. Die Begier hat nur dann eine sittliche Existenzberechtigung, – eine physische hat sie ja immer! – wenn sie nur die letzte Stufe einer langen und stets wachsenden Intimität, der höchste Ausdruck einer intellektuell schon längst vollzogenen, nur noch körperlich zu vollziehenden Verbindung ist. Auf den Augenblick, wo die Augen ihre Blicke zum ersten Male tief ineinander versenkt haben, muß naturgewollt der folgen, in dem man mit zitternder Stimme und bleichem Gesicht die naive und zärtliche Litanei der Liebe flüstert, weiter der, in dem sich die Lippen zum ersten Male zum nicht endenwollenden Kusse finden, der, in dem man zuerst das Haar, die Wangen der Geliebten liebkost ... bis zu dem, in dem man Körper und Seele zugleich dem Menschen schenkt, von dem man ein glückseliges und menschlich bessermachendes Zusammenleben und die Fortpflanzung des Heiligsten und Besten in der Spezies erwartet.

Statt, daß man in der Brautnacht die junge Frau ihrem Bräutigam überliefert, wie man eine gefangene Maus dem Kater vorwirft, damit er sie verschlinge, sollten die Brautleute also vielmehr einer an der Seite des anderen wie zwei treue Freunde und getreue Kameraden leben, die, geschlechtsverschieden, allmählich erst das Bewußtsein ihres Geschlechts erlangen und allmählich erst davon Gebrauch machen. Statt der plötzlichen Revolution im Geschlechtsleben eine langsame Evolution des Geschlechtslebens. Das müßten die ersten Forderungen jeder Reform auf diesem Gebiete sein.

Die graduale Evolution ist der natürlichste und gleichzeitig auch der sittlichste Weg der Sinnenliebe. Eine wirkliche Moral folgt immer der Natur. Sie besiegen wollen, heißt, sie unterdrücken wollen, ein um so törichteres Unterfangen, als sie sonst im gegebenen Moment nur desto wilder und tierischer hervorbricht. Wäre die Moral der Verlobten eine freie, so würde die Ehe nicht, wie man heute so vielfach und mit Recht klagt, so oft eine bittere und schmerzvolle Enttäuschung nach einem kurzen Moment der Wollust sein.

Die Brautstandsmoral, wie sie heutzutage unter uns wütet, ist mit zwei Verbrechen gegen die Natur, die Sittlichkeit und die Vernunft zugleich verknüpft:

1. Sie zwingt die Liebenden zu einer sehr gefährlichen Nervenüberreizung, indem sie sie nötigt, bei monatelanger und oft jahrelanger beständiger Nervenüberreizung dennoch geschlechtlich abstinent zu leben;

2. Sie zwingt bzw. verführt die Liebenden zu einer zweiten sehr gefährlichen Nervenüberreizung, indem sie sie – in der sogenannten Brautnacht und den darauffolgenden Wochen – zu plötzlichem und deshalb zumeist widernatürlich und widergesundheitlich intensivem Liebesgenuß auffordert.

Die Roheit der Brautnacht ist der Totengräber mancher Liebe. Denn häufig ist Balzacs Wort wahr: „Le sort d'un ménage dépend de la première nuit."[94] Sie und die darauffolgenden Nächte bergen aber auch häufig die Keime des körperlichen Todes. Das Hochzeitsbett mit seinen Mühen ist häufig der Ausgangspunkt langen Siechtums, das den Mann dem frühen Grab, die Frau dem Irrenhaus überliefert.[95]

Aus der Übergangslosigkeit im Liebesgenuß ist auch in 99 Fällen von 100 die Angst zu erklären, die das moderne Mädchen vor der Brautnacht empfindet. Es ist auffallend, wie oft und mit welchem Nachdruck gerade von Frauenhand die bis zum physischen Ekel gehende, mit Scham und furchtbarer Angst untermischte Scheu der Neuvermählten vor dem ersten Alleinsein mit dem jungen Ehemann geschildert wird.[96] Diesen meist mit großem Aufwand von Leidenschaft niedergeschriebenen Klagen steht die häufige Bestätigung, die ergraute Matronen in Stunden der Intimität und der Expansion ihren Kindern ins Ohr flüstern, zur Seite. Es gibt sogar Frauen, die die Ereignisse der Brautnacht geradezu als Vergewaltigung empfinden.[97] Das Bangen der jungen Frau vor ihrem Mann hat freilich mehr als eine Ursache. Die krasse Unwissenheit, in der man hier und da in den oberen Gesellschaftsklassen das junge Mädchen vor der Ehe immer noch in allen Geschlechtsdingen läßt, und die in ihm, das durch Witze, Bücher und Gespräche immerhin einige und zwar häufig gerade die am abstoßendsten klingenden, weil aus dem Zusammenhang gerissenen und der gesunden Phantasie des Mädchens am entferntesten liegenden Einzelheiten „aufgeschnappt" hat, ein unwiderstehliches Ge-

94 Honoré de Balzac: *Physiologie du Mariage,* loco cit., p. 76.

95 Christian von Ehrenfels: „Sexuales Ober- und Unterbewußtsein", in: *Politisch-Anthropologische Revue,* loco cit., p. 405. Ehrenfels bringt eine längere Beschreibung der gesundheitsschädlichen Folgen der Brautnacht.

96 Einige Beispiele: die Hochzeitsnacht Orys in Amalie Skram: *Verraten,* loco cit., p. 14ff.; die Fannys in Grete Meisel-Hess: *Fanny Roth,* Berlin, Seemann, p. 56; vgl. auch Lily Braun: *Memoiren einer Sozialistin,* München 1909, Langen, p. 13. In einer Skizze von Ella Grün: „Ehen werden im Himmel geschlossen", in: *Zukunft,* XIX. Jg., Nr. 10, heißt es zum Schluß: „Orgelklang und Priesterwort besiegelten den Glücksbund. Meine Schwester, die das Glück solchen Bundes nun schon kannte, gab mir vor Tisch den Rat mit auf den Weg: ‚Betrinke dich so, daß du nichts mehr von dir weißt'."

97 Marcel Prévost bezeichnet die, welche „trouvent brusque et désagréable la surprise de l'alcôve et crient à la trahison et au viol", als Hysterische (Marcel Prévost: *Les Demi-Vierges*. Paris 1894, Lemerre, p. 71.) Er bekämpft mit diesen Worten aber wohl mehr die Tendenz des Alles-Wissen-Wollens vor der Ehe, die ihm zufolge zum *Demi-viergisme* führt, als daß er dem brüsken Übergang das Wort redete.

fühl der Beklommenheit und der angsterfüllten Erwartung der gefährlichen Dinge, die da kommen sollen, zurückläßt. Ferner, die Furcht vor den sicher zu erwartenden körperlichen Schmerzen beim Verlust des sogenannten Jungfernhäutchens. Vor allem aber ist es das *Ex-abrupto* der Handlung selbst, auf das wir hingewiesen haben, das diesen Seelenzustand erzeugt. Bei allmählicher gradueller Hingabe kann kein Angstgefühl entstehen. Es würde, zusammen mit dem Schwestergefühl der Scham, im Wonnegefühl der Liebe, der erwachten Lust ersterben.

Die heute bestehende Brautstandsmoral vergiftet den Brautstand und den heiligen Akt der Vereinigung zweier sich liebender Wesen auf das Schlimmste, indem sie das junge Mädchen nur durch das infame Tor der öffentlichen Zurschaustellung in das geschlechtliche Leben eintreten läßt – von der Hochzeitsreise und sonstigen Schäden soll nicht einmal die Rede sein –, geschmückt wie eine Pfauhenne und in ihrer jungfräulichen Würde auf das tiefste verwundet, weil sie Stunde und Bett vorher kennt, in dem sie sie *nolens volens* verlieren soll. Die Öffentlichkeit, die man einem Akt gibt, der zwar einer der feierlichsten, aber auch zugleich der heimlichste des Lebens sein müßte, beweist, daß sich die Brautstandsmoral noch in einem primitiven Zustand befindet und einer Revision von Grund aus bedarf.

Heute freilich würde es eine Gewissenlosigkeit sein, die sich kein Sozialwissenschaftler zuschulden kommen lassen darf, die Abschaffung der Brautstandsmoral und ihren Ersatz durch ein evolutives sexuelles Einleben, gleichgültig ob vor oder nach der offiziellen Registrierung der Ehe auf dem Standesamt, zum Thema einer Agitation zu machen oder auch nur warm zu empfehlen, ohne der Empfehlung gewisse Ergänzungen und Einschränkungen hinzuzufügen. Diese betreffen vorzüglich folgende zwei wichtigen Punkte.

1. Ein geschlechtliches Zusammenleben der zur Ehe Bestimmten (Brautleute) – und nur dieses, nicht aber die Verführung, welche eine wissentliche geschlechtliche Ausbeutung ist, haben wir hier in den Kreis unserer Betrachtungen gezogen – vor dem für die Moral gleichgültigen und höchstens für den Staat interessanten Termin der sogenannten Eheschließung sollte von Sittlichkeits wegen bei allen jenen Paaren ausgeschlossen sein, denen eine unvernünftige Gesellschaftsordnung es nicht gestattet, ein als Folge des geschlechtlichen Zusammenlebens etwa erscheinendes Kind zu ernähren oder, mit anderen Worten gesagt, sich innerhalb einer gewissen Frist einen eigenen Haushalt, und sei er auch noch so klein, zu gründen. Die Zahl dieser Paare würde sich durch Verminderung der Ansprüche auf allen Seiten der Beteiligten (das „in das gemachte Bett kommen" der Frau) allerdings sehr bedeutend verringern lassen.

2. Ein eventuelles geschlechtliches Zusammenleben im Brautstand, welches heute in manchen Schichten der Bevölkerung bereits de facto besteht, ohne daß es bei ihnen im allgemeinen entsittlichende Folgen gehabt hätte, würde allerdings in anderen, und zwar nicht zuletzt in gewissen Kreisen „der Bildung und des Besitzes", vielfach ein Sitzenlassen des Mädchens zur Folge haben, zum mindesten so lange, als die Mädchen jener Kreise in ihrem aus sentimentalem Idealismus und laxem Realismus gemischten Bildungsstand verharren. Die Umgestaltung der heutigen ungesunden Brautstandsmoral wird deshalb erst dann restlos erfolgen können, wenn sich Wirtschaft und Recht und mit ihnen die Moral umgestaltet und höher entwickelt haben werden.

Der mittlere Mann von heute entbehrt noch gänzlich einer sexualethischen Erziehung, die ihn befähigte, sich in allen seinen Handlungen ihrer Tragweite bewußt zu bleiben. Das geliebte Mädchen ist für ihn der Gegenstand heißester geschlechtlicher Sehnsucht; sich in seinen Besitz zu setzen höchstes Ziel, dem alles geopfert wird, wenn es nicht anders geht, auch das Junggesellentum. Wir sprachen es bereits aus, daß die Ehe häufig nichts anderes ist als das einzige Mittel, ein geliebtes, aber tugendhaftes Mädchen geschlechtlich zu erobern.[98] Das Ziel der Sehnsucht ist das Bett.

Aber der Moment des Besitzes bedeutet deshalb meistens auch den Gipfelpunkt der Liebe. Das Sprichwort, das die unglückliche Liebe als eine Liebe, die mit Heirat endet, definiert, hat einen tiefen Sinn. Der Abstieg von dem Gipfel der Hochzeit ist oft erschreckend rasch und steil abfallend, manchmal selbst ein jäher Absturz. Es gibt Männer, die

98 Das wird von Bräutigamen in Privatgesprächen mit ihren intimsten Freunden häufig zugegeben. Besonders oft wird die Weigerung der Geschlechtsliebe seitens der begehrten Frau gerade in solchen Fällen für die Männer Motiv zur Ehe, wo sie ihrer gesellschaftlich nicht ebenbürtig ist. Hübsche und kluge Ladenmädchen, Kontoristinnen, Artistinnen usw. können mit fast absoluter Sicherheit auf einen „besseren" Mann, vielleicht gar einen Grafen, rechnen, wenn es ihnen gelingt, den Verführungsversuchen ihres späteren Ehemannes als Verehrer auf kokette Weise zu widerstehen (vgl. die Skizze „Die Probiermamsell" von Alfred Deutsch-German in den *Wiener Mädel*. Berlin, Seemann, p. 29). Dieser Widerstand gelingt natürlich kalten und berechnenden Naturen leichter als warmherzigen und ehrlichen. Darum sind es nicht immer die schlechtesten Elemente der exponierten Mädchenwelt, welche „fallen", und nicht immer die besten, welche, wie die verständnislose öffentliche Meinung in solchen Fällen zu sagen pflegt, sich „in bewundernswerter Weise jahrelang allen Anfechtungen erwehrt" haben und nun, zur Belohnung für so löbliches Verhalten, in den Himmel der Ehe eingehen.

für ein erobertes Weib jedes Interesse verlieren, andere (die sittlich noch tiefer stehen), welche das Mädchen, das, ihrem Drängen weichend und vielleicht gar von tiefer Liebe erfüllt, ihnen zu Diensten war, als eine Gefallene ansehen und es als ihrer nicht wert verachten. Solchen Männern würde durch eine Anerkennung der Brautstandsmoral, wie wir sie oben entwickelt haben, ein Freibrief zur Liederlichkeit und Gewissenlosigkeit ausgestellt werden. Eine Vermehrung der sitzengelassenen Bräute und unehelichen Mütter würde die Folge sein.

Heute werden die von mir entwickelten Grundsätze nur für eine kleine Elite sittlich hochstehender Menschen Geltungskraft haben können, von Menschen, die durch den Besitz vor der Ehe das Ziel der Ehe nicht aus den Augen verlieren, weil ihnen die allmähliche Geschlechtsgemeinschaft während des Brautstandes ein sittlicher Gewinn ist. Die freie Liebe als Selbstzweck hat als Theorem längst abgewirtschaftet. Die Sozialisten, die einst der freien Liebe begeisterte Lobsinger waren, sind längst verstummt und sind, soweit sie es nicht längst in der Praxis schon waren, teils mit ihren alten Geliebten, teils mit neuen in den heiligen Stand der Ehe getreten. Freie Liebe ist heute für die Allgemeinheit eine Gefahr, die im Sumpf allgemeiner Korruption enden muß, für den einzelnen ein schöner Gesinnungssport, der mit dem Erscheinen des ersten Kindes in legale Bahnen überlenkt.[99] Die alte Ehe blutet aus tausend Wunden, welche eine ebenso scharfsinnige wie unerbittliche Kritik ihr geschlagen.[100] Da sie auf dem Grundsatz der ehelichen Pflicht, d.h. des Geschlechtszwanges, ruht, wird sie der Gefahr nicht entgehen,

---

99 In Italien erklärt der leidenschaftlichste Theoretiker der freien Liebe, der sozialistische Abgeordnete Guido Podrecca, in vielen seiner Artikel im *Avanti* 1907 ausdrücklich, daß sie praktisch heute eine weitere geschlechtliche Ausbeutung des Weibes durch den Mann bedeuten würde und deshalb nicht ratsam sei. Auch eine deutsche theoretische Anhängerin der freien Liebe, Grete Meisel-Hess, meint treffend, die Frau sei heute in einem freien Verhältnis dem Manne ausgeliefert und „äußerlich tausendmal bedrohter, innerlich tausendmal abhängiger als in der Ehe" (siehe ihre Schrift: *Die sexuelle Krise*. Jena 1909, Diederichs, p. 216).

100 Anbei einige bibliographische Notizen. Zu den besten neueren Kritikern der Ehe und gleichzeitigen Propagandisten für eine edel aufgefaßte freie Liebe gehören: Jacques Mesnil: *Le Mariage Libre,* Paris 1900, Temps Nouveaux (deutsch: *Die Freie Liebe,* übersetzt von Karl Federn, 2. Aufl. 1904, Schmargendorf-Berlin, Verlag Renaissance); Ludwig Gumplówicz: *Ehe und freie Liebe,* Berlin 1900. Verlag d. Sozial. Monatshefte; ferner, im großen Stil, der Historiker und Ästhet Mathieu Schwann: *Liebe,* Leipzig 1901, Diederichs; endlich August Bebel: *Die Frau und der Sozialismus,* Stuttgart, Dietz, 35. Auflage.

eine offiziell konzessionierte Notzuchtsanstalt zu werden, wenn der Sinn für Takt und das Gefühl für die Grenzen des ethischen Rechtes der Männer auf Sinnlichkeit die juristisch rechtliche Lage nicht individuell korrigieren. Sie ist nichtsdestoweniger die beste Form geschlechtlicher Konvivenz und bildet die notwendige Zelle jedes Kulturlebens. Sie ist als solche also zwar reformabel, aber nicht abschaffbar.[101] Die Änderung der heutigen Brautstandsmoral hat deshalb nur Sinn, wenn die, welche sie für sich abändern, sich bewußt bleiben, daß die Zustände, die sie an ihre Stelle setzen, nicht die Abschaffung der Ehe zur Folge haben dürfen, sondern vielmehr nur dazu dienen sollen, den möglichst vernunftgemäßen und sittlichen Weg zu finden, durch eine Schärfung des Verantwortlichkeitsgefühles eine Gesundung der Ehe überhaupt erst einzuleiten. Ohne diese Begrenzung würde die neue Brautstandsmoral in das alte, sozial beklagenswerte Verhältniswesen einmünden.

---

101 Unter den französischen Sozialisten tritt vor allem der syndikalistische Philosoph Edouard Berth mit vieler Energie gegen jede Propaganda auf, welche den Prozeß der Dissolvierung der Ehe beschleunigen könnte. Er erklärt die Einrichtung der Ehe für die Quelle alles moralisch Guten. Sein Losungswort lautet auf eine Wiederherstellung der Familie (siehe Edouard Berth: „Le Centenaire de Proudhon", in: *Le Mouvement Socialiste*, Jg. XI, Nr. 206, 1909, sowie seinen Band: *Dialogues Socialistes*, Paris 1901, Jacques, p. 274ff.).

Vierter Teil
Eheliche Grenzprobleme

Erstes Kapitel
Äußerliche Unterwerfungsmerkmale der Frau in der Ehe

Wer immer in Landen deutscher Zunge täglich seine Zeitung liest und deshalb ohne weiteres annimmt, er beschäftige sich mit innerer Politik, spricht oft und gern von der „sozialen Frage der Zeit", trotzdem er vielfach nicht einmal ahnt, was unter dieser Spitzmarke verstanden werden könnte. Aber selbst ein Teil der wenigen, welche mit dem vielgenannten Worte einen gewissen Begriff verbinden, bestreitet der Frage als solcher kühn jede Existenzberechtigung. Wieder andere, zwar nicht eigentlich der wissenschaftlichen Welt, wohl aber den oberen Klassen, der sogenannten besseren Gesellschaft angehörig, meinen eine Lösung der Frage, die sie im übrigen anerkennen, dadurch zu erleichtern, daß sie sie als einfache „Magenfrage" bezeichnen.

Die Verneiner der Existenzberechtigung der sozialen Frage müssen unberührt an alledem, was Geist und Herz bewegt, vorbeigegangen sein, oder, noch schlimmer, aus Furcht, sich durch schwierige Erörterungen die Gemächlichkeit des Lebens zu zerstören, oder vielleicht auch in dem freilich nicht berechtigten Glauben, durch Ignorieren müsse die ganze Frage von selbst zerfließen, sie wissentlich achtlos abseits liegen lassen. Es ist für jeden, dem der Fortschritt menschlichen Intellektes am Herzen liegt, ein trauriger Anblick zu sehen, ein wie großer Bestandteil gerade der gebildeten Stände den wichtigsten Zeitfragen gegenübersteht, als ob sie ihn nichts angingen. Es ist das genau derselbe kindlich-kindische Egoismus und genau dieselbe Unfähigkeit, sich in die Lage anderer zu versetzen, die aus den Worten jener sagenhaften Prinzessin sprechen, welche, nachdem man ihr auf ihre Frage, warum nur das Volk vor den Toren des elterlichen Palastes lauere, geantwortet hatte, die armen Leute litten Hunger, weil sie kein Brot hätten, voll Erstaunen ausrief: Aber wenn sie kein Brot haben, warum essen sie dann nicht Kuchen?

Diejenigen Verächter der „sozialen Frage" jedoch, welche sie mit dem Schlagwort Magenfrage zu verkleinern und wohl auch lächerlich zu machen gedenken, übersehen in ihrem persönlichen, unhistorischen Materialismus völlig die Entstehungsursachen der modernen Erscheinungen überhaupt. Denn neben der materiellen Seite, wohl abhängig von ihr, aber deshalb von nicht weniger offenbarer Wichtigkeit, liegt die moralisch-kulturelle Seite des Problems.

Eine sogenannte soziale Frage entsteht, sobald sich in einem Staate, einem Volke, einer Klasse die dem obwaltenden sozialen Zustand entsprechenden Ansprüche auf Befriedigung körperlicher wie geistiger, materieller wie ideeller Bedürfnisse, sich in einem Mißverhältnis zu den hierfür gebotenen Befriedigungsmitteln befinden, vorausgesetzt, daß diese Befriedigungsmittel nicht etwa Imponderabilien der Natur, sondern bereits in Händen eines bestimmten Volkes, einer Klasse, eines Geschlechts usw., also greifbar vorhanden sind. Der Gegensatz von Wunsch und Erfüllung läßt ein Mißvergnügen, eine Gärung entstehen und, da die Mißvergnügten ihre Lage naturgemäß mit der ihrer mehr begünstigten Nachbarn vergleichen, so wird sich leicht persönliche Gehässigkeit bemerkbar machen, wenn von seiten der Intelligenteren unter den Benachteiligten nicht stets von neuem darauf hingewiesen wird, daß man für eine Änderung der gesamten Zustände kämpfen müsse, anstatt subjektiv die Gegner zu hassen.

Dieses Bewußtsein sozialer, nationaler und ökonomischer Verunrechtung ist erst in neuerer Zeit entstanden oder doch wenigstens erst in neuerer Zeit in weite Massen hineingetragen worden. Es ist deshalb im historischen Sinne nicht unrichtig, wenn man behauptet, die Gegensätze zwischen den einzelnen Klassen, Rassen und Geschlechtern hätten sich zugespitzt und spitzten sich mit dem Fortschreiten der verschiedenen Bewegungen immer weiter zu. Die Sklaven des Altertums, die hörigen Bauern des Mittelalters waren – und die Parias in Indien sowie die Fellahs in Ägypten sind noch heute – von den herrschenden Klassen durch eine unüberbrückbare Kluft getrennt. Keine Möglichkeit vielfach selbst für ein einzelnes Individuum, sich in eine andere Kaste emporzuarbeiten. Selbst eine eheliche Verbindung zwischen Angehörigen zweier verschiedener Kasten war zumeist ausgeschlossen. Ebenso scharf umrissen war ehemals auch die Scheidung zwischen den beiden Geschlechtern in ihrer eherechtlichen und öffentlich-rechtlichen Schätzung und Stellung. Das Weib des Altertums und noch weit mehr das Weib des Mittelalters und auch derjenigen neuzeitlichen Länder, in denen das Mittelalter immer noch andauert, ist nichts anderes als ein warenhaftes Besitzstück des Mannes. Die Gegensätze zwischen Hoch und Niedrig, Arm und Reich, Mann und Weib waren, und sind bei stehengebliebenen Völkern noch heute, gewiß ungleich ausgeprägter als bei den Kulturvölkern Europas. Dennoch gab es, weder im Altertum und Mittelalter, noch gibt es heutzutage in Indien, Ägypten oder China, eine fortgeschrittene „soziale Frage".

Der Schlüssel zur Lösung dieses anscheinenden Rätsels liegt in folgendem: Die unterdrückten Klassen, Rassen, Geschlechter usw. waren sich zwar auch früher des starken Unterschiedes, der zwischen ihnen und den herrschenden Klassen usw. bestand, bewußt, aber sie faßten diesen Zustand als etwas natürlich Gegebenes, „Gottgewolltes" auf. Erst wenn eine Masse aufgeklärt ist und ihren Zustand als eine Unterdrückung, ein Unrecht empfindet, und sich überdies darüber klar wird, daß es nichts oder doch wenigstens fast nichts Gegebenes und Gottgewolltes gibt, sondern daß alles Menschenwerk ist und wieder beiseite geschoben oder in wichtigen Bestandteilen geändert werden kann, erst dann entsteht aus der Verschiedenheit ein Gegensatz, das heißt eine soziale Frage.

Die zahlreichen Einzelfragen nun, aus denen die sogenannte soziale Frage zusammengesetzt ist, erscheinen, wenn sie auch untereinander auf das innigste zusammenhängen, nach Ursprung, Äußerung und Zielen dennoch so verschieden, daß man eigentlich nicht von einer sozialen Frage, sondern nur von sozialen Fragen reden müßte, zumal da, auch wenn wir unsere Betrachtung nur auf Europa beschränken, die einzelnen Länder, wenn auch keines von ihnen davon verschont geblieben ist, so doch keineswegs die gleichen sozialen Fragen aufweisen, und auch die Bedeutung derselben für die arischen Länder eine sehr verschiedenartige ist, je nach der historischen, sozialen, politischen und ökonomischen Entwicklung jedes einzelnen Volkes.

Aber *ein* Phänomen ist allen Bewegungen für eine gerechtere Lösung der strittigen sozialen Fragen eigen: sie entstammen keineswegs der Hefe der betreffenden Klassen, Rassen und Geschlechter, sondern gehen stets zuerst von der privilegierten Klasse usw. angehörigen Idealisten aus, um dann von der Elite der benachteiligten Klassen aufgenommen zu werden. Diese letztere erlangt das Bewußtsein, daß sie bzw. die Klassen usw., welche sie vertritt, von der sogenannten Ordnung der Dinge, d.h. von den Menschen und Zuständen, von denen diese abhängt, unterdrückt wird, und deshalb zieht sie in den Streit.

Daß dieses Gefühl der drückenden Lage beim weiblichen Geschlecht von einem zwar quantitativ kleinen, qualitativ aber auf das höchste einzuschätzenden Bestandteil der Frauen stark empfunden wird, darin besteht unseres Erachtens einer der wesentlichsten Fortschritte der neuesten Zeitepoche. Die Frauenfrage, historisch begründet, sozial, intellektuell und ökonomisch empfunden, ist kein Märchen zum Zeitvertreib für einige um ihr Gleichgewicht gekommene Weiber, sondern ein sehr ernstes Problem, das zu seiner Lösung die Arbeit der Besten einfordert.

Heute befinden wir uns, trotz Eroberung mehrerer akademischer Fakultäten und einiger Wahlrechte durch die Frauen, erst am Anfang der Lösung. Noch fehlt in weitesten Kreisen der Frauen jene Empfindung des Unrechtes, die, wie wir sahen, die Entstehung einer sozialen Frage überhaupt erst einleitet. Allerdings nicht nur in weitesten Kreisen der Frauen.

Vor mir liegt eine beliebige Verlobungsanzeige. Auf der Innenseite des schönen, starken Bogens steht in feiner lithographischer Schrift folgendes zu lesen:

links:

> „Die Verlobung ihrer Tochter Eva mit Herrn Rittergutsbesitzer A. B. auf Groß-J. b. R. beehren sich anzuzeigen
> M. N. und Frau Marie, geb. T."

rechts:

> „Meine Verlobung mit Fräulein Eva N., einzigen Tochter des Herrn M. N. und seiner Frau Gemahlin Marie, geb. T., beehre ich mich anzuzeigen.
> Rittergut Groß-J. bei R. A. B."

Wer diese Anzeige ohne viel Nachdenken durchliest, wird zweifellos nicht viel Absonderliches an ihr finden; ja, dem in die Verhältnisse der betreffenden Familie M. N. Eingeweihten wird die Abfassung der Anzeige sogar ganz besonders würdig und bescheiden vorkommen. Hat Herr M. N., der in seiner Jugend einmal die Würde eines königlich preußischen Reserveoffiziers bekleidete und der außerdem noch Ritter mehrerer Orden ist, diese seine ihn über die gewöhnliche Herde der bürgerlichen Welt heraushebenden Prärogativen in der Anzeige von der Verlobung seiner Tochter ja doch noch nicht einmal, wie das doch sein gutes Recht gewesen wäre, erwähnt.

Auf solche und ähnliche Gedanken möchte der Eingeweihte wohl kommen. Im übrigen aber wird er in der Abfassung der Anzeige absolut nichts Anormales entdecken können. So tief sitzt der heutigen Generation die Gewohnheit im Blute, auch das Anormalste als normal zu empfinden und deshalb mit in den Kauf zu nehmen.

Lesen wir die Verlobungsanzeige noch einmal langsam durch! Der Bräutigam ist also Rittergutsbesitzer. Was ist das, Ritterguts„besitzer"? Ist das die Bezeichnung eines Erwerbstandes? Daß der Landwirt zufälligerweise ein „Rittergut" besitzt, scheint mir von Bedeutung nur für den Steuereinnehmer zu sein. Was für eine kuriose Art von Berufsangabe ist doch dieses schöne Wort „Rittergutsbesitzer"! Eine Angabe nicht der Qualität, sondern der Quantität des Besitzers. Warum hat der Mann da nicht lieber ohne weiteres auf seine Verlobungsanzeige drucken lassen, daß er in der ersten Steuerklasse sitzt? Rittergutsbesitzer = Besitzer eines Rittergutes. Wie nun, wenn jeder alles das als „Stand“ angeben wollte, was er „besitzt“? Da würden wir schöne Berufsarten erleben! Und doch wäre etwa der „Markensammlungsbesitzer“ oder der „Kanarienvogelbesitzer“ oder der „Besitzer von zweihundert silbernen Löffeln“ als Standesbezeichnung nicht unsinniger als der „Rittergutsbesitzer“, im Gegenteil, nach Sinn und Wortbildung durchaus eine Analogie zu diesem Titel.

Wir sehen also, daß der Bräutigam A. B. auf Groß-J. auf seiner in alle Welt hinausgesandten Verlobungsanzeige nicht angegeben hat, was er tut, sondern, was er hat, nicht, worin er arbeitet, sondern, was er besitzt. Jemand kann sehr gut „Besitzer“ eines Rittergutes sein, ohne daß er sich um diesen Besitz in anderer Weise zu kümmern braucht, als daß er dort einen Verwalter hinsetzt und am Ende jeden Jahres seinen Gewinn aus diesem Besitztum zieht. Er kann als Ritterguts„besitzer“ ganz gut aktiver Offizier, Beamter, ja auch Nichtstuer sein, und ist es tatsächlich oft genug. Erst das Wort „Landwirt“ würde angeben, daß der betreffende Mann sich überhaupt mit Landwirtschaft beschäftigt. Besitzt dieser Landwirt ein ganz besonders stattliches Gut, eine ganz besonders große Anzahl von Schweinen, Kühen usw., so steht es ihm ja schließlich, wenn er durchaus seiner Eigenschaft als Agrarkapitalist auch äußerlich Ausdruck verleihen will, immer noch frei, sich als „Großlandwirt“ oder „Überlandwirt“ oder „Länderwirt“ zu bezeichnen. Das Wort „Rittergutsbesitzer“ – ein reicher Kaufmann müßte sich dementsprechend als „Millionenbesitzer“ vorstellen – gibt uns kein Bild von dem Wesen des Herrn A. B. auf Groß-J. Ein Berufsgenosse des Herrn in England, Frankreich oder Italien würde in Verlegenheit geraten, wenn er dieses ihm unbekannte Wort in seine Muttersprache übersetzen sollte. Ich habe es in einer Gerichtssitzung in Verona, in welcher ich als Dolmetscher fungieren mußte, einmal selbst erlebt, daß einem des Einschmuggelns von Tabak angeklagten deutschen Korpsstudenten, der als Stand seines Vaters eben den des Rittergutsbesitzers angab, bei Übersetzung dieses Monstrums von Begriff vom Gerichtspräsidenten lachend erwidert wurde: „Wir wollen nicht wissen, was Ihr ritterlicher Herr Vater alles besitzt, sondern welche Profession er ausübt!“

Also, wir hatten gesehen, der Bräutigam der glücklichen Eva „ist“ Ritterguts„besitzer“. Der Vater des jungen Mädchens aber, Herr M. N., ist, wie die unterlassene Berufsangabe zu beweisen scheint, offenbar berufslos, höchstens ein Rentier. Weit gefehlt! Wer Herrn M. N. kennt, weiß, daß er Kaufmann ist, bereits ein halbes Jahrhundert als solcher tätig und Besitzer eines großen Tuchgeschäftes, und trotz seines nunmehr hohen Alters immer noch überaus fleißig an der Arbeit, überdies noch der alten Patrizierfamilie einer süddeutschen Großstadt entstammend. Nun drängt sich aber die Frage auf: Wie ist es zu erklären, daß sich der junge Herr A. B. auf „Groß-J.", der sich seinen „Rittergutsbesitz" erst vor etlichen Monaten erkauft hat, stolz als „Rittergutsbesitzer" geriert, der seit seiner Jugend geschäftlich tätige und in Ehren ergraute Herr M. N. jedoch es vorgezogen hat, Amt und Würden zu verschweigen? Ist das Bescheidenheit? Oder etwa eine gewisse Scham?

Es ist tatsächlich Scham. Der Kaufmann betitelt sich nicht gern als solcher. Um das zu verstehen, müssen wir in aller Kürze uns den sozialen Zuständen in Deutschland zuwenden.

Trotzdem Deutschland schon längst im Zeitalter des Industrialismus steht, hat es doch noch lange nicht den Feudalismus überwunden. In Deutschland haben die sozialen Zustände in ihrer Weiterentwicklung mit den ökonomischen Fortschritten nicht gleichen Schritt gehalten. Wirtschaftlich schon längst über die Periode des Agrarstaates hinaus, steckt es gesellschaftlich und politisch immer noch tief in dessen Auffassungen drin. Während in den sozial fortgeschritteneren Ländern, wie in England und Amerika, ja selbst in ökonomisch noch weit hinter ihm liegenden Ländern, wie z.B. Italien, sich die industrielle Bourgeoisie, wenn auch noch nicht ganz, so doch immerhin schon bis zu einem sehr hohen Grade vom Feudalismus emanzipiert hat und im Staate und in der Gesellschaft die Rolle spielt, welche ihr die heutige Entwicklung des Wirtschaftslebens anweist, ist die *roture* in Deutschland sozial immer noch nicht faktisch gleichberechtigt. Wenn sie „gesellschaftlich" etwas bedeuten will, kann sie das nur, indem sie feudales Wesen annimmt, d.h. so gut es eben geht zu kopieren sucht. Und selbst dann noch bleiben ihr die ersten Stellen im Heer, in der Marine und in der Verwaltung hermetisch verschlossen.

Eine der tausendundeins Folgeerscheinungen dieses krankhaften Zustandes, dessen Dauerhaftigkeit vorwiegend der politischen und sozialen Rückgratlosigkeit des deutschen Bürgertums zuzuschreiben ist, besteht in dem höheren Ansehen, in welchem der Agrarkapitalismus im Vergleich mit dem industriellen und merkantilen steht. Der „Rittergutsbesitzer", selbst wenn er, wie wir annehmen wollen, einer sogenannten „Parvenu"familie angehört, gilt weit mehr als der Handelsherr. Während ersterer mit seinem Besitztum bewußt oder unbewußt zu protzen pflegt, empfindet der letztere eine unüberwindliche Scheu vor dem Namen „Kaufmann". Während der eine als seinen „Stand" einen Besitz angibt, der dazu noch nicht einmal logisch mit einem Beruf verbunden sein braucht, zieht der andere es vielfach vor, den seinen überhaupt zu verschweigen. Der erstere erfreut sich eben eines feudalen Abglanzes, der letztere entbehrt dessen nicht nur, sondern ihm wird auch noch obendrein sogar eine gewisse, freilich nicht immer unverdiente, Geringschätzung zuteil.

Aber die vor uns liegende Verlobungsanzeige zeigt uns noch mehr. Sie lehrt uns auch unsere Rückständigkeit auf sexualethischem Gebiet kennen. Der Herr „Rittergutsbesitzer" A. B. „auf Groß-J." hat sich mit Fräulein Eva, „der einzigen Tochter" des Herrn M. N. und seiner „Frau Gemahlin Marie, geb. T." verlobt, und, wie wir aus der Verlobungsanzeige ebenfalls ersehen können, Herr und Frau M. N. „beehren sich", „die Verlobung ihrer Tochter Eva mit Herrn Rittergutsbesitzer usw. anzuzeigen." Wohlgemerkt, Herr und Frau M. N., nicht ihre „einzige Tochter" Eva selbst.[102] Wir haben hier einen Überrest barbarischer Ausdrucksweise aus der Zeit der *patria potestas* vor uns. Der Vater, Eigentü-

---

102 Diese Skizze erschien, soweit sie sich auf die Analyse der Verlobungskarte bezieht, zuerst in der *Ethischen Kultur* vom 4. Juli 1903, XI. Jg., Nr. 27, und wurde u.a. auch von der *Frankfurter Zeitung* (Nr. 183 desselben Jahres) abgedruckt. In Nr. 186 dieses Blattes erschien in einem Eingesandt folgende treffliche Ergänzung unserer Ausführungen: „In der scheinbar so bescheidenen Verlobungsanzeige findet sich ein bemerkenswertes Attribut; zutreffendenfalls kehrt es auf deutschen Verlobungskarten so regelmäßig wieder, daß kaum jemand mehr daran Anstoß nimmt und daß es sogar dem kritischen Auge des Herrn Verfassers entgangen ist. Es ist das harmlos klingende: ‚einzig'. Welchen Zweck, so frage ich mich jedesmal, verbindet eigentlich der glückliche Bräutigam damit, daß er besonders hervorhebt, er habe sich mit der einzigen Tochter des Herrn X. verlobt? Soll man glauben, es rege sich in ihm eine Art von Mitleid mit den armen Eltern, die ihr Ein und Alles an ihn verlieren sollen? Das wäre rührend, ist aber recht unwahrscheinlich. Dieses Attribut hat vielmehr als das Äquivalent für das Fehlen der anderen Attribute zu gelten, die man im kastenfrohen Deutschland auch an seinen Schwiegereltern nur höchst ungern vermißt. Wenn ein Mandarine sich zur Verlobung mit der Tochter eines Müller oder Schulze entschließt, dann ist er sich selbst wie den Angehörigen seiner Kaste eine Entschuldigung oder Erklärung für die Deklassierung seiner Person schuldig. Das Wort ‚einzig' gibt sie. Man begreift sofort, was den Herrn Grafen oder den Rittmeister der Landwehr-Kavallerie zu dieser *Mesalliance* bewogen hat. Das Wappenschild bedurfte dringend der Vergoldung. Nur eine ‚einzige Tochter' war dazu imstande. So ist die ‚einzige Tochter' auf der einen Seite das Korrelat zu dem Herrn ‚Rittergutsbesitzer' auf der anderen, auch eine ‚Quantität', keine ‚Qualität', eins so geschmackvoll wie das andere, aber dem deutschen Ohre klingt es nicht mehr befremdlich. Wer in Frankreich seine Verlobung mit der *fille unique* anzeigen wollte, würde sich geradezu lächerlich machen."

mer über Leib und Seele seiner Tochter, hat dieselbe, natürlich ohne deren Zustimmung abzuwarten, gegen genügendes Entgelt einem Manne zur Ehe versprochen – oder verkauft? – und zeigt den Abschluß des Geschäftes Freunden und Verwandten nunmehr gebührend an. Wohl ist die Genesis der Verlobung heute vielfach, wenn auch noch lange nicht in gebührendem Maße, evolutioniert, wohl kommt es heute vor, daß sich das junge Mädchen wirklich selbst verlobt, die Form der Kundgebung dieser Verlobung aber ist die alte erniedrigende geblieben. Die Braut ist dem Bräutigam bei der Schließung des wichtigsten Aktes in ihrem Leben von vornherein nicht gleichgestellt. Nicht sie, sondern ihre Eltern zeigen die Verlobung an, während die Eltern des jungen Mannes, welche doch bei der Verlobung nicht selten ein gewichtiges Wort mitzureden hatten, offiziell ebenfalls ganz aus dem Spiele bleiben und nicht nur die Verlobung ihres Sohnes nicht anzeigen, sondern sogar in den sie kundgebenden Worten überhaupt nicht einmal genannt werden, also durch ihr bescheidenes Zurücktreten die moralische Selbständigkeit ihres Sohnes vor aller Welt offen anerkennen. Auch an diesem Beispiel sehen wir also wieder die ganze künstlich aufrecht erhaltene Verschiedenheit der sexuellen Unabhängigkeit von Mann und Weib, die Kettung der Braut an den Willen der Eltern und ihre Unfreiheit in den wichtigsten Lebensentschließungen, kurz ihren Besitzwechsel aus der Hand des Vaters in die Hand des Bräutigams. Der Anzeige nach zu schließen, „verlobt" sich der Bräutigam eigentlich nicht so sehr mit seiner Braut als mit ihren Eltern. Die vor uns liegende Verlobungsanzeige birgt also trotz ihres anscheinend simplen und harmlosen Aussehens gar vieles in sich, was der Beachtung wert ist. Sie stellt ein wirkungsvolles Dokument von dem Tiefstand unserer sozialen Zustände dar. Sie weist auf die Macht des Agrarkapitalismus sowie gleichzeitig auf eine diesem entspringende ethische Schwäche und soziale Mißachtung des deutschen Bürgertums, ganz besonders aber auch auf eine Aufgabe hin, deren Lösung der modernen Frauenbewegung noch vorbehalten bleibt, auf eine harte, aber notwendige Arbeit.

Eine in konsequentem Denken geübte Frauenbewegung müßte sich gegen alle äußeren Formen des öffentlichen Lebens wenden, hinter denen sich eine Geringschätzung oder doch eine geringere Einschätzung des Weibes dem Manne gegenüber versteckt. Auch wenn sie anscheinend bloß den Sprachgebrauch betreffen oder gar durch eine jahrhundertelange Tradition so tief eingebürgert sind, daß der großen Mehrzahl der Betroffenen der in ihnen liegende tiefere Sinn entschwunden ist. Das prägnanteste Beispiel für solche Gebräuche haben wir in der Zweiteilung der für die Frauenwelt bestehenden Titulatur. In allen Ländern europäischer Kultur unterscheidet man zwischen Frau (*madame, mistress, signora, señora, senhora, mevrouw* usw.) und Fräulein (*mademoiselle, miss, signorina, señorita, senhorita, mejuffrouw* usw.). Unter ersterer Bezeichnung versteht man das regelrecht verheiratete, legitime Weib; unter letzterer das noch unverehelichte Weib, gleichgültig, ob dieses eine jugendlich-jungfräuliche Anwärterin auf die Ehe, eine unverehelicht gebliebene alte Dame oder eine sich zwar geschlechtlich betätigende, aber mit keinem Mann in gesetzliche Beziehungen getretene Freiliebende ist. Dieser amtliche Stempel bedeutet eine der Frauenschaft als Ganzes genommen durchaus unwürdige, unerlaubte staatliche, d.h. männliche Einmischung. Bei näherer Prüfung des Problems muß sich die Frage, erheben: Was geht es die große Menge an, zu wissen, ob eine Frau geschlechtlich berührt oder unberührt ist, oder ob sie ihren Fuß je ins Standesamt gesetzt hat oder nicht? Zu dieser Frage gesellt sich die zweite: Fragt man nach den gleichen Dingen auch beim Mann? Nein, denn bekanntlich fehlt für die Männer der die Frauen in zwei große Lager teilende Dualismus der Bezeichnung gänzlich. Ob Ehemann oder Junggeselle, Jüngling oder Schürzenjäger und alter Sünder, alle sind sie „Herren". Der Junggeselle würde es sich füglich verbitten, als Unverheirateter nach dem Muster des Fräulein zum Unterschiede von den verehelichten Herren etwa als Herrchen angeredet zu werden. So bei Vorstellungen: Fräulein Helene Lange – Herrchen Paul Singer. Auf diese Weise würde wenigstens das gleiche Maß beide Teile messen; von beiden würde man auf drei Meilen im Umkreis die schon im Namen zum Ausdruck gelangende Tatsache erfahren, daß sie dem heiligen Ehestand nicht beigetreten sind.

Unter denselben Gesichtswinkel fällt auch die völlige Namensänderung der Frau bei der Heirat. Man kann sagen, daß, zumal in den kaufmännischen Kreisen Englands, Frankreichs und Deutschlands, in denen es nicht üblich ist, daß die Frau, wenigstens in ihren gesellschaftlichen Beziehungen, ihren Vornamen weiter führt, die Gattin in der Ehe vom Ehemann, soweit der Name in Frage kommt, sozusagen mit Haut und Haaren verschlungen wird. Es bleibt von ihr keine Spur übrig. Fräulein Mariechen Müller wird Frau Zacharias Winkelfink. Die Frau tauscht also den Namen, der die Herkunft angibt, gegen einen Namen ein, der angibt, in wessen Besitz sie übergegangen ist. Denn die Frau Zacharias Winkelfink ist nicht mehr da. Sie hat sich entäußert. Die Frau Zacharias Winkelfink ist eigentlich ein grammatikalischer Fehler, ein für einen Genitiv gesetzter Nominativ. Frau Zacharias Winkelfink ist ja nur eine Umschreibung für die Frau des Zacharias Winkelfink. Mariechen Müller hat ihre ganze Eigenheit verloren. Der Eigentumscharakter der verheirateten Frau kommt im Namen folgerichtig auch dadurch zum Ausdruck, daß sie, wenigstens in Deutschland, selbst die Titel und Würden ihres Mannes in ihren Namen übernimmt, eine Sitte, durch die die Frau, die sich ihren Doktortitel in ehrlichem jahrelangen Studium erworben hat, sich nicht vom ersten besten Gänschen unterscheidet, das einen Doktor geheiratet hat. In den anderen Ländern würden Benennungen, die der deutschen „Frau Geheimrat", „Frau Leutnant" und ähnlichen Monstrositäten entsprächen, nicht bloß aufs äußerste lächerlich wirken, sondern auch als unwürdige Anmaßungen, als ein Sichschmücken mit fremden Federn, empfunden werden. In Italien, Frankreich, England genügt auch den Ehefrauen der titelreichsten, ja titelsüchtigsten Männer als Anrede das einfache Madame usw., wovon nur bei Adelstiteln, die als zum Namen selbst gehörig betrachtet werden können, eine Ausnahme gemacht wird. Die offiziellen Einladungen französischer Minister pflegen folgende Fassung zu haben: *Le ministre des Affaires Étrangères et Madame X* (folgt der erheiratete, aber titellose Name der Ministergattin) *se donnent l'honneur* usw.

Während in Deutschland der Name der Ehegattin, wenn auch vielfach mit fremden Titeln überbürdet, in der Anrede verschwindet, haben andere Völker wenigstens den Vornamen im intimeren gesellschaftlichen Verkehr zu erhalten gewußt. So wird die vornehme Russin in weitesten Kreisen von sozial Gleichgestellten mit dem Vornamen und dem Patronymicon, ohne Hinzufügung des Frauentitels angeredet, z.B.: Anna Theodorowna, d.h. Anna, Tochter des Theodor, oder: Wera Paulowna, d.h. Wera, Tochter des Paul. Ähnlich erfolgt in vornehmen Kreisen in Italien bei größerer Intimität die Anrede der Frau als Signora Giulia, oder, wenn die Angeredete einer Adelsfamilie entstammt, Donna Giulia, d.h. Frau Julie, wie im Russischen ohne Hinzufügung des ehemännlichen Namens. Das sind äußerliche Symptome, die auf eine höhere Wertung des Weibes in der Schätzung der Männer deuten, da die Frau in diesen Arten der Anrede nicht als Weib (Madame) oder als Anhängsel ihres Mannes (Frau Geheimrat), sondern als sie selbst erscheint und als solche geachtet wird.

Bei der Nachkommenschaft bleibt in fast keinem Lande Europas vom Namen der Mutter, die sie doch zeugte, eine Spur übrig. Wenn wir in Deutschland bisweilen Bestrebungen von Einzelpersonen, den Namen der Mutter weiter zu führen, im Gange sehen, so können wir sicher sein, daß sie nicht dem Gefühl der Gerechtigkeit und der Liebe zur Mutter, oder den Eingebungen der Logik, die fordern würde, auf das Produkt auch äußerlich den Stempel der Gesamtfirma, d.h. der beiden verantwortlichen Erzeuger zu setzen, sondern lediglich der Eitelkeit und Äußerlichkeit entspringen. Es sind Nachkommen bürgerlicher Väter mit adligen Müttern und dergleichen, die hier in Frage kommen. Gerechter und vornehmer ist in dieser Hinsicht nur der Brauch der Spanier, bei denen sich auch der Name der Mutter, der an die zweite Stelle gesetzt und mit dem des Vaters durch ein vermittelndes und die Gemeinsamkeit der Arbeit bezeichnendes y (*und*) verbunden wird, auf die Kinder überträgt. Heiratet also eine Señorita Quejedo einen Señor Chotuno, so führen sämtliche dieser Ehe entsprießenden Kinder den Namen Chotuno y Quejedo. Die Kinder dieser Kinder behalten dann aus begreiflichen Gründen – der Name würde sonst schon im dritten Gliede acht Namen umfassen – freilich nur noch den vordersten Namen des väterlichen Großvaters (und den vordersten der Mutter) bei, während die Namen der beiden Großmütter fallen gelassen werden. Aus technischen Gründen sind da also der Vererblichkeit der weiblichen Namen bedauerliche, aber natürliche Grenzen gezogen. Innerhalb dieser Grenzen hingegen könnte aber, wie eben das Beispiel des verachteten Spanien beweist, den Gesetzen der Gerechtigkeit und Logik jener Spielraum gelassen werden, der ihnen zukommt. Daß Deutschland (Deutsch-Österreich nicht ausgenommen) in bezug auf die Erfüllung dieser Gesetze heute an letzter Stelle steht, erhellt aus den hier angeführten Tatsachen mit unbestreitbarer Klarheit.

Zweites Kapitel
Die Körperlichkeit der Liebe
Zur monogamischen Zähmung polygamischer Anlage

Liebe ist Geschlechtsliebe. An der Definition des als Mann von Geist auch von Friedrich dem Großen geschätzten Dichters aus dem Frankreich Ludwig XV., Alexis Piron – *„l'amour c'est un mal qui prend d'abord par les yeux; une tumeur se forme ensuite au coeur, et perce un peu plus bas"* – ist nur die etwas zynische Form, nicht der Inhalt zu beanstanden.[103] Die Geschlechtlichkeit aus der Liebe ausschalten, hieße die Liebe töten. Geschlechtslose Liebe, ob in der Ehe oder außerhalb ihrer, ist schal und flach.[104] In der Praxis ist jedermann in die notwendig sinnliche Grund-

103 Nach *Paris-Bohême en 1820*, „La vie de Garçon dans les Hôtels-Garnis de la Capitale", p. 58.

104 Das Bürgerrecht der Sinnlichkeit in der Ehe wird von dem evangelischen Theologieprofessor Wilhelm Herrmann mit aller Entschiedenheit betont. Er geht so weit, zu sagen: „Die Begründung der Ehe geht immer aus von einer sinnlichen Liebe zu einer bestimmten Person des anderen Geschlechts. Was ohne diesen Segen der Natur an geschlechtlichen Verbindungen, wenn

eigenschaft der Liebe eingeweiht. Aber die Mär von der Sünde hat, zusammen mit der Heuchelei des Gesellschaftslebens, im Menschen jenen schweren Dualismus erzeugt, der sich im Nachtbewußtsein und im Tagbewußtsein äußert. Jenes, das zu allem fähig ist; dieses, das uns in unsinnliche, engelgleiche Wesen umzuformen scheint. Ein Dualismus, der die Männer das Weib in der Nacht als Hure, am Tage als Heilige betrachten läßt.[105]

Der Männer, die ihr Leben in Gesellschaft schlechter Frauen oder doch in Gesellschaft von Frauen, von denen sie nur die schlechte Seite kennen gelernt haben, verbringen, bemächtigt sich eine große Sehnsucht nach dem *„reinen"* Weibe, mit welchem Wort sie zumeist einen Begriff der Keuschheit in männlichem Sinne, d.h. der Geschlechtsfrugalität und des Gehorsams gegen den Mann, in dessen Händen es befindlich, verbinden. Die Männer, die ihr Leben an der Seite eines angetrauten braven Gänschens verbringen, hegen hingegen einen anderen Wunsch, den nach dem Besitz eines *„echten"* Weibes, worunter sie dann ein lebenslustiges, geist- und witzsprühendes, mit einer großen Dosis Grazie und auch einer kleinen Dosis Koketterie ausgerüstetes Weib verstanden wissen wollen. Beide Sehnsüchte sind als Reaktionen auf einen Zustand bestehender sexueller Unbefriedigtheit, als Ausflüsse zweier verschiedenartiger Pathologien zu betrachten.

Das „reine" Weib ist nicht dem Gehirn eines sittlich denkenden Mannes, der das Weib auch ob seiner Unreinheit, sofern diese die Gesetze des kategorischen Imperativs nicht verletzt, lieb hat, entsprungen. Das reine Weib ist eine Fiktion des Wüstlings. Der Wüstling leidet unter einem grausamen Zwiespalt der Seele: Dem heißen Verlangen nach der Befriedigung seiner Sinne und der glühenden Sehnsucht nach dem Madonnentypus. Er lebt in einem unwürdigen Taumel zwischen diesen beiden Idealen, die sich in seinem kranken Hirn zu grauenvollem Chaos vermischen. Das Auffinden der „Reinen", das ihn mit Wonnen erfüllen müßte, macht ihn bald erschauern. Er ist der Geisteskrankheit nahe, wenn er auch nur daran denkt, daß auch die „Reine" sexueller Regungen fähig sein könnte. Er brennt nach ihrem Besitz, aber der erreichte Besitz macht ihn nicht froh. Er nimmt es ihr übel, daß sie sich ihm gegeben hat. Sie hat sich dadurch entheiligt und sinkt nun in seinen

---

auch lebenslänglichen und kirchlich eingesegneten zustande kommt, ist nicht Ehe, sondern Unzucht" (Wihlem Herrmann: *Ethik*. Tübingen-Leipzig 1901, Mohr, p. 152.)

105 Vgl. die bereits zitierte interessante Studie von Christian von Ehrenfels: „Sexuelles Ober- undUnterbewußtsein", in: *Politisch-Anthropologische Revue*, Jg. II, Nr. 6.

Augen zur geborenen Dirne herab, wie alle anderen. So verzweifelt der Wüstling schließlich an sich und der ganzen Welt. Er spricht von den Frauen nicht mehr individuell, sondern nur noch kollektiv, als „das Weib" oder „die Weiber", einem Genus, dem er alle Laster zutraut und nur eine gute Eigenschaft, nämlich den Mann geschlechtlich zu erregen und zu befriedigen, eine Eigenschaft überdies, die von ihm mit den schwersten Opfern des Leibes und der Seele erkauft werden müsse. Er lacht über die Möglichkeit, daß es Frauen geben könnte, die, einerlei, welchem Stamm und welcher Gesellschaftsschicht sie angehören, nicht bereit wären, für Geld oder Geldeswert ihren Leib preiszugeben. Der Fall des Weibes ist für ihn keine qualitative, sondern lediglich noch eine quantitative Frage. „Die Weiber" teilen sich ihm nicht nach dem verschieden hohen Grade ihrer Sittlichkeit, sondern nach dem verschieden hohen Grade ihres Kaufpreises ein.

Dergleichen geistige Wüsteneien haben ihre Hauptursachen in der Begriffsverwirrung, die das Gehirn aller derjenigen zu ergreifen pflegt, die sich jahrelang einseitig mit einem Phänomen beschäftigt haben und die dann genötigt sind, über einen ganzen komplexen Gegenstand ein Urteil abzugeben. Dem Kasinoverwalter wird, sofern er nicht nahe Anverwandte in ihm verloren hat, der siegreiche Krieg als das freudigste, festesgekrönteste, champagnerlustigste Ereignis erscheinen, das Gott im Himmel in einer Stunde heiterer Laune zum Wohlgefallen der Menschheit geschaffen habe. Ebenso wird der Wüstling, mit je mehr Frauen er in Berührung kommt, immer weniger imstande sein, das Komplexum Weib zu kennen, weil er jede von ihnen immer nur in ganz bestimmter Lage, unter einem ganz bestimmten Gesichtswinkel, kennen lernte. Er ist vielleicht in der Kunst der Liebe ein erfahrener Mann, in den Finessen der Strumpfbänder und Dessous bewanderter als der Fabrikant jener Gegenstände selbst, er wird vielleicht auch in der Materie der Wissenschaft des *Comment elles se donnent* von analytischer Schärfe der Beobachtung sein, aber wenn er auch „das Weib" als Genus kennt, die Frau, das Weib kennt er nicht. Gerade darum, weil er mit einer Seite des weiblichen Lebens hypertrophische Bekanntschaft gemacht hat, ist der Wüstling außerstande, zu begreifen, daß auch das Idealbild, das er sich, als Antithese zu dem Realbilde seiner Erfahrungen, gemacht hat, wenn auch in natürlicher und normaler Form, die gleichartigen sexuellen Züge aufweist als jene, die er – ob mit Recht oder mit Unrecht, wäre noch zu untersuchen – verachten lernte. Es ist deshalb nur logisch, daß das Postulat der absoluten Reinheit des Weibes nicht von Idealisten, welche die gesunde Sinnlichkeit des Weibes als ein kostbares Kulturgut schätzen und hochhalten werden, sondern von solchen Elementen der Männerwelt aufgestellt wird, welche eines unerreichbaren Idols bedürfen, weil ihr unreines Empfinden im gesundsinnlichen Normalweib stets die Züge wittert, die es mit den Dirnen der Gosse, bei denen sie sich ihre Begriffe über das Wesen des Weibes geholt haben, kraft seines Geschlechtes gemeinsam hat.

Keine ruhig und vornehm denkende Frau hat sich jemals durch das geschlechtliche Verlangen eines Mannes nach ihr beleidigt und in ihrer Ehre gekränkt gefühlt. Warum sollte auch eine schweigende Huldigung vor der Unwiderstehlichkeit ihrer weiblichen Reize von ihr als beleidigend empfunden werden können? Nicht das Verlangen, der Wunsch an sich, sondern erst Nebenphänomene, die mit ihm nicht unbedingt verwachsen zu sein brauchen, ihn aber seines harmlosen Gewandes entkleiden, können der Huldigung den Charakter der Beleidigung verleihen. Keine Frau vermag das Verlangen eines Mannes nach ihrem Besitz zu hindern. Aber jede von ihnen, auch die ärmste und erbärmlichste, hat das Recht zu fordern, daß, falls nicht der veredelnde Wunsch nach ständigem Zusammenleben, ehelichem oder außerehelichem, in ihm liegt, mit dem Verlangen zugleich auch der Verzicht auf seine Erfüllung klar und deutlich zum Ausdruck komme. Der sehnsüchtig bewundernde Blick, den der Kavallerieoffizier der vorübereilenden jungen Fabrikarbeitersfrau zusendet (oder, um auch im Ausdruck jede als Absicht zu deutende Möglichkeit der Interpretation zu vermeiden, der ihm „entwischt"), ist für diese an sich ebenso ehrenhaft, ja ehrenvoll, wie der gleiche Blick, mit dem der Kellner eines feinen Restaurants der Baronesse, die eben bei ihm diniert, folgt. Erst das freche, bewußt-sinnliche des Blickes, der sowohl erkennen läßt, daß der betreffende Mann gewillt wäre, alle Hindernisse des sittlichen Anstands zu übersteigen, als auch, daß er die Frau gering genug einschätzt, auf den Wink einzugehen, enthält die Ehrenkränkung.

Mit fortschreitender Kulturentwicklung des Menschengeschlechtes verfeinert sich das Liebesleben, erhöht sich der Liebesgenuß, nimmt die Liebe im Leben und in den Gedanken der Menschen einen immer größeren Raum ein. Die physiologischen Reize des Liebeslebens sind, wie auch Voltaire bemerkt[106], durch die größere Reinlichkeit, welche die Haut feiner und daher die Lustempfindungen, die durch den Tastsinn entstehen, zahlreicher und die Organe empfindlicher gemacht hat, durch die Kultur beträchtlich vermehrt worden. Der sexuelle Apparat gewinnt immer mehr an Ausdehnung. Im ältesten Altertum, und in noch stärkerem Maße bei den

106 Voltaire: *Dictionnaire Philosophique*. Paris, Flammarion, p. 19.

heutigen Kulturvölkern, ist die körperliche Sphäre des Sexuallebens sehr begrenzt. Der Kuß war den Indern und selbst den ältesten Hellenen unbekannt. Die Brust, die heute zu einem Mittelpunkt des Liebeslebens geworden ist, und von der die Dichter singen, daß sie der Liebe Flügel leihe, wird noch bei Homer nur als ein Organ der Mutterschaft, nicht als indirektes Hilfsorgan zur Zeugung, erwähnt. In der Wildheit beschränkt sich die Erotik auf die Zeugungsorgane. Bei den heutigen Negern sind sowohl Brust als Mund ohne erotische Beziehung; vielleicht hängt dies erstere teilweise mit der Verlängerung der Periode des Säugens, das bei manchen Negerstämmen bis hart an die Grenze der Pubertät des Säuglings fortgesetzt wird, zusammen. Es ist erst der Kultur vorbehalten geblieben, diese beiden Körperteile in den Kreis der Sexualorgane (im weiteren Wortsinne genommen) hineinzuziehen. Lombroso hat die weibliche Brust und die Lippen im Gegensatz zu den immanenten, die Funktion selbst ausübenden Organen geradezu als erworbene Geschlechtsorgane (*organi sessuali acquisiti*) bezeichnet.[107] Aber auch die geistige Beziehungswelt zur Erotik erweitert sich immer mehr. Die erotisch wirksamen Momente steigern sich ins Ungemessene. Daher mancherlei Phänomena, die ins Gebiet der *Pathologia Sexualis* gehören[108], andererseits aber auch die häufige Verbindung der Erotik mit der Geschmacksrichtung der Zeit. Remy de Gourmont erzählt von einem Fall romantischer Liebenden, *„que l'on vit, enveloppés par l'orage, se posséder avec fureur"*.[109] Der Blitz und Donner waren in ihrem von Romantizismen angefüllten Hirn in erotische Potenzen verwandelt.

Ein Koeffizient im Liebesleben, der lange nicht genügend gewürdigt wird, ist die Gewohnheit, die stumpfe, blöde Gewohnheit. Auf ihr beruht in der Mehrzahl der Fälle die eheliche Treue; d.h. überall, ausgenommen in Ehen, die durch wirkliche dauernde Zuneigung oder durch die Handlungen beherrschende Sittengesetze intakt bleiben. Besonders mit zunehmendem Alter wächst dieser Faktor an Bedeutung, da in ihm Mann und Weib die aggressiven Fähigkeiten des Geschlechtes allmählich verlieren. Ihre Sinne werden abgestumpft und verlangen nur nach der Erhaltung der Alltagsspeise. Das zunehmende Alter hat ihren Erobererinstinkten den Stachel genommen. Auf neuen Raub auszuziehen, fehlt es ihnen an Mut, Schwungkraft und Geschicklichkeit. So bleiben sie einander treu; oder, in der unehelichen Liebe, heiratet der

107 Cesare Lombroso: *Organi e gesti umani acquisiti*. Milano 1899, Martinotti, p. 6ff.
108 Richard von Krafft-Ebing: *Psychopathia sexualis*. Stuttgart 1894.
109 Remy de Gourmont: „Le Succès de l'Idée de Beauté", in: *Mercure de France*, Bd. XXXIX, Nr. 140 (1901).

Mann schließlich die alte Geliebte, aus Faulheit, Angst vor möglichen Nebenbuhlern und Gewohnheit.[110]

Aber das sind Erscheinungen, die immerhin erst in späteren Phasen des Ehelebens in Kraft treten. Der Mann ist sicher polygam, das Weib meistens polyandrisch veranlagt. Wenn wir auch die männliche Veranlagung zur Polygamie nicht für so weitgehend halten möchten, um Professor Christian von Ehrenfels zustimmen zu können, der behauptet, daß ein sittliches Gebot, etwa dahingehend, mit einem Weib im Leben nie mehr als einen Koitus auszuüben, der von Kultur, Erziehung und moralischer Suggestion unbeeinflußten gesunden Natur des Mannes besser entsprechen und zu seiner Aufrechterhaltung vom Manne weniger Selbstüberwindung verlangen würde als das Gebot, den Koitus im Leben nur mit einem Weibe auszuführen[111], so scheint es uns doch über jeden Zweifel erhaben, daß es keinen auch noch so tugendhaften Mann gibt, der nicht mindestens in Gedanken, im Traum usw., mehrere Frauen besessen hat. Die Reize, die den Mann in geschlechtliche Erregung (das Wort nicht im grobsinnlichen Sinne verstanden) zu bringen vermögen, sind so überaus mannigfaltiger, differenzierter Art, daß es unmöglich ist, daß ein Weib allein sie alle besitzen könnte. Auch der ehelich treueste Mann wird deshalb häufig in die Gelegenheit kommen, Frauentypen zu begegnen, nach denen sein durch den Besitz der Einen nicht restlos befriedigter Sinnenkomplex ein vorübergehendes, durch Erwägungen der Vernunft und der Moral gemäßigtes und in Zaum gehaltenes Verlangen trägt.

Die Geliebte kann den Folgen der polygamischen Neigung des Mannes nur dadurch präventiv begegnen, daß sie selbst innerhalb der Grenzen der Monogamie nach Möglichkeit „polygamisch" wird.

---

110 Vgl. Alphonse Daudet: *Sappho (moeurs parisiennes)*. Paris 1887, Marpon et Flammarion, p. 214; vgl. auch folgende Verse aus der klassischen Literatur Italiens:

„La fede in cor di donna, se pur fede
In donna alcuna, ch'io nol so, si trova,
Non è bontà, non è virtù, ma dura
Necessità d'amore, misera legge
Di fallita beltà che un sol gradisce
Perchè gradita esser non può da molti."

Battista Guarini: *Il Pastor Fido. Venezia* 1788, Pitteri, p. 37. Der einzige „moralische" Gedanke des Leutnant Gustel von Arthur Schnitzler (Berlin 1904, Fischer) ist: „Hat doch auch was für sich, so immer gleich ein hübsches Weiberl zu Haus vorrätig zu haben!" (p. 15).

111 Christian von Ehrenfels: „Sexuales Ober- und Unterbewußtsein", in: *Politisch-Anthropologische Revue*, loco cit., p. 463.

Der brutal-stumpfsinnig vollzogene Geschlechtsakt muß gerade auf den feiner empfindenden Mann auf die Dauer eine abstoßende Wirkung ausüben. Ohne ein bestimmtes, nicht allzu gering bemessenes Maß von Animalität ist die Frau als Degenerierte zu betrachten. Viele Frauen glauben, eheliche Liebe nur mit Gleichmaß, Maßvolligkeit und Passivität ausüben zu dürfen. Manche von ihnen bilden sich ein, dem Manne auf diese Weise die Liebe der „anständigen Frau" im Vergleich mit der vorher gekosteten frechen Dirnenliebe in desto herrlicherer Reinheit und Majestät strahlend erscheinen zu lassen. Erotische Sachkenner, die Gelegenheit hatten, ihre Eroberungszüge in verschiedenen Ländern Europas zu unternehmen, wollen wissen, daß dieser Typus Frau vor allem in deutschen Landen zu Hause sei. Es geht sogar die historische Sage, Papst Alexander VI. habe, an ein grauenhaftes Vorkommnis anknüpfend[112], den deutschen Frauen eigens in einer Bulle anbefohlen, sich im Liebesgenuß mehr aktiv und lebendig zu bezeigen, um dadurch die Ehe vitaler zu gestalten und den Mann mehr zu befriedigen.[113] Nicht nur der Intensität, auch der Variabilität ihrer Liebesäußerungen nach muß das Weib den Mann an sich fesseln. Zunächst als Typus Mensch. Treffend sagt ein venezianisches Sprichwort: „la donna debbe aver quattro emme: matrona in strada, modesta in chiesa, massaia in casa, e mattona in letto".[114] Das heißt, wenn wir den gesunden Witz dieses psychologisch feinen Wortes ohne deutsche Prüderie wiedergeben dürfen, daß jede Frau vier Gesichter haben müsse: auf der Straße müsse sie gesetzt, in der Kirche demütig, im Hause fleißig und im Bett ein Wildfang sein. Letzteres Postulat beruht auf der Erkenntnis, daß Einförmigkeit der Tod der Liebe ist. Ein lockerer französischer Sänger des Rokokozeitalters singt einmal:

„J'ai plusieures maîtresses en elle
Et je jouis à chaque instant
Du mérite d'être constant
Et du plaisir d'être infidèle."[115]

---

112 Leichenschändung, begangen von einem Ehemann an seiner Ehefrau, die während des Beischlafs plötzlich verstarb, ohne daß der Mann, der an die absolute Passivität der Frau gewöhnt war, es gewahr geworden sei, weshalb er den Akt ruhig zu Ende führte. Die Anekdote ist *ben trovata,* aber wahrscheinlich *non è vera.*

113 Siehe die Novelle in Versen „La Bolla d'Alessandro VI." von Giambattista Casti, in dessen Novelle *Galanti,* Neudruck Firenze 1897, Bd. II, p. 15ff.

114 Lodovico Frati: *La Donna Italiana.* Torino 1899, Bocca, p. 131.

115 Stanislaus de Boufflers: *Contes en prose et contes en vers.* Paris 1888, p. 247.

In der kecken Weise liegt tiefste psychologische Wahrheit verborgen. Wie die Ideen sich endlos kombinieren lassen, so auch die Liebesfreuden. Je mehr Varietät in ihnen, desto größer sind die Chancen der Männertreue in der Ehe.[116] Zwischen Menschen verschiedenen Geschlechtes, die sich nur um des Geschlechtes willen lieben, sind derartige Liebesfreuden Libertinage. Wo aber die Gemeinschaft zwischen Mann und Weib auf mehr als der Geschlechtlichkeit allein beruht, ist jede Lascivität von vornherein ausgeschlossen. Die keuscheste Ehegattin vermag sehr wohl die sinnlichste, brünstigste zu sein. Ist sie's nicht, so liegt dem, wenn nicht Krankheit, törichte Hypokrisie oder eisige Geschlechtskälte zugrunde.

Neben den komplizierten Anforderungen rein erotischer Natur hat der Mann von Kultur aber auch Anforderungen ästhetischer Art an das Weib zu stellen, die zwar mit jenen zusammenhängen, aber doch auch selbständigen Wert besitzen. Ist bezüglich jener das Weib noch zumeist in primitiven Anschauungen befangen, so trägt sie diesen, trotz ihrer natürlichen Putzsucht, im allgemeinen noch weit weniger Rechnung. Zumal in Berlin fällt dem aufmerksamen Beobachter aus dem Auslande die große Anzahl der ungefügen und dickleibigen, verärgert und selbstisch aussehenden Damen ins Auge, mit denen die Natur gekargt hat und die nun ihrerseits mit der Schneiderin kargen. Von wo aus immer der Fremde die deutsche Grenze überschreitet, wird er, wenn er nicht gerade aus Holland kommt, dessen Frauen in dieser Beziehung die deutschen noch um einige weitere Grade übertrumpfen, unwillkürlich unter dem Eindrucke stehen, wie wenig Sorgfalt der weibliche Teil des deutschen Volkes auf Eleganz des Auftretens, insbesondere der Kleidung und Haarpflege, legt. Beim Durchschnitt der deutschen Frauen ist keine Spur zu finden von der Koketterie[117] der Französin, der *Civetteria* der Italienerin, der *Smartness* der Engländerin oder gar Amerikanerin, oder selbst der Feschheit der Wiener Jüdin.

Außer in Köln, wo leichtes rheinisches Blut und die französisch-belgische Nähe den Grundtypus etwas modifiziert haben, trägt die Durch-

---

Ähnlich und zeitlich um ca. ein halbes Jahrhundert früher der Duc de la Rochefoucauld in seinen *Maximes*: „La constance en amour est une inconstance perpétuelle … arrêtée et renfermée dans le même objet" (Ausg. Paris 1795, Devaux, p. 58).

116 Honoré de Balzac: „S'il existe des différences entre un moment de plaisir et un autre, un homme peut toujours être heureux avec la même femme" (*Physiologie du Mariage*. Paris 1876, M. Levy, p. 59).

117 Das französische Wort *coquetterie* hier nicht so sehr im Sinn von Gefallsucht, als von eleganter und zierlicher Schmuckheit verstanden.

schnittsdeutsche der mittleren, aber auch der höheren Stände ein ungraziöses Kostüm lieblos auf einem schläfrigen Körper in schlechter, vorgebeugter, von Mangel an Energie und Selbstbewußtsein zeugender Haltung mit langem, unelastischem Schnitt zur Schau. Ein boshafter Spottvogel meinte einmal, als er zum ersten Male nach Deutschland kam und sich den Aufzug der Damenwelt auf dem Rektoratsball einer deutschen Universitätsstadt betrachtet hatte, jetzt erst verstehe er die offenbare Häufigkeit der Homosexualität unter den deutschen Männern. Aber, auch ohne geistreichen Übertreibungen zu frönen, soviel muß zugegeben werden: die Deutschen sind früher zu Macht und Reichtum als zu Kultur des Geschmackes gelangt, und in der Kleidung und äußeren Haltung ihrer Frauenwelt findet dieses Mißverhältnis seinen prägnantesten Ausdruck.

Erschwerend fällt dabei ins Gewicht, daß es der deutschen Mittelfrau keineswegs am Wunsche fehlt, schön zu sein, aber der Wunsch deckt sich nicht mit der Fähigkeit. Vielleicht mag sowohl die Französin als die Italienerin und Amerikanerin einen größeren Teil ihres Tages auf Toilettenfragen und Körperpflege verwenden als die Deutsche, vielleicht mag auch der Prozentsatz der hierfür ausgesetzten Summe im Familienbudget in Frankreich usw. höher sein als in Deutschland. Sicher ist aber, daß mit dem von der Deutschen aufgewandten immerhin nicht geringen Einsatz von Zeit und Geld die Französin weit größere ästhetische Wirkung zu erzielen verstehen würde.

Wohlverstanden: wir möchten weder übertriebenem Luxus noch überhaupt übertriebener Äußerlichkeit, am wenigsten einem alle anderen Seiten des Lebens überwuchernden Ästhetizismus das Wort reden. Das Leben ist komplex, und vor den Forderungen der Schönheit und des Geschmackes gebührt der Ethik in allen ihren Formen entschiedener Vorrang. Wir möchten auch für uns wiederholen, was Fr. Theodor Vischer seinen *Auch Einer* sagen läßt: Das Moralische versteht sich immer von selbst. Aber eben in diesem Komplex des menschlichen Lebens gibt der Ästhetizismus eine Note, ohne welche der kulturell empfindende Mensch das Leben nackt und kahl und des Gelebtwerdens nicht wert findet.

Drittes Kapitel
Über die Grenzen des Rechtes und der Pflicht der ehelichen Kinderzeugung

Ein eben geborenes Kind ist eines der vollendetsten Meisterwerke der ewig schöpferischen Natur. Väter, die ihre Kinder in den ersten Lebenstagen – ja, häufig selbst in ihren ersten Wochen, Monaten und Jahren

– nicht sehen können, sie „häßlich" finden und gar vor ihnen davonlaufen, beweisen durch ihr Verhalten, daß sie das vorzüglichste Wonnegefühl der Vaterschaft nicht verstehen und daß ihnen das elementarste Element der Vaterliebe abgeht: das instinktive physiologische Zugehörigkeitsgefühl, das nicht nur in der Mutter, sondern auch, wenngleich in entsprechend abgeschwächtem Maße, im Vater lebendig sein muß. Die ersten Tage oder mindestens die ersten Stunden nach der Geburt des Kindes bedeuten sogar für den Vater, der sich seiner Vaterschaft bewußt ist, den Höhepunkt des Vatergefühls. Die Mutter, ermattet von der Arbeit des Gebärens, ist in Lethargie versunken, um neue Kräfte zu sammeln. Sie ist dem Kind noch nichts, auch körperlich, da die Milch sich häufig erst nach vierundzwanzig Stunden einzustellen pflegt. So gehört das Kind dem Vater allein. Wer diese Wonne des Alleinbesitzes durchgekostet hat, wird sie nicht wieder vergessen. Die Kleinheit und Feinheit der Gliedmaßen sowie die Klarheit, wenn auch noch nicht Ausdrucksfähigkeit der (noch blinden) Augen, dazu der penetrante, ich möchte beinahe sagen appetitliche Erdgeruch, der dem Kinde vor seinem ersten Milchgenuß zu eigen, tragen dazu bei, den einmal geweckten Vaterinstinkt wach zu halten und zu begeisterter Vaterliebe anzufachen.

Und doch! Einem Menschen das Leben zu schenken, ist ein so ernstes Ding, daß allein der Gedanke an die damit übernommene Verantwortlichkeit Grauen einflößt. Es ist ein Symptom schwach entwickelten sozialen wie persönlichen Pflichtgefühls, daß die Mehrzahl der Menschen noch heute den Akt geschlechtlicher Verbindung mit der gleichen Sorg- und Gedankenlosigkeit begeht, wie sie ein Glas Wasser zu sich nimmt oder einen Spaziergang macht. Selbst die von der Notwendigkeit der Kinderbeschränkung überzeugten Frauen und Männer vergessen sich im entscheidenden Moment. So entstehen die Kinder,

> „jouets d'un hazard qui lança
> un spermatozoïde aveugle dans un ovaire,"

wie der Akademiker Jean Richepin in seinen *Blasphèmes* gesagt hat, häufig ohne daß der genügende Boden für ihre Existenz vorhanden ist.

Die Einschränkung der Nachkommenschaft ist überall da eine Notwendigkeit, wo es sich darum handelt, das häusliche Budget nicht zu großer Belastung auszusetzen, also das Problem des privaten ökonomischen Gleichgewichtes zu lösen. Das gilt zumal für die ärmeren Volksklassen. Wenn in einem Hause das Brot schon für vier Personen knapp ist, wird es für acht Personen so wenig ausreichen, daß eine wahre Unterernährung der Familie eintritt. Ökonomisches Elend gebiert aber auch moralisches Elend. Da machen dann die Ehegatten sich gegenseitig tragikomische Vorwürfe über die Vermehrung der Kopfzahl der Familie. Der rauhe Sturm des harten Kampfes um die Notdurft des Lebens vernichtet auch die letzten Blüten am Baume der Liebe. Selbst in begüterten Familien, wo ein neuer Zuwachs nicht gerade materielle Not verursachen würde, müßten sich die Eltern der Verantwortlichkeit bewußt sein, die sie durch eine weitere Parzellierung des Vermögens den Kindern und deren Fortkommen gegenüber auf sich laden.

Die Einschränkung der Nachkommenschaft müßte ferner aber auch aus dem Verantwortlichkeitsgefühl, das sich aus der Beobachtung der Tatsache, daß bei häufigen Geburten der Frau die Mortalität der Kinder eine ungemein hohe Ziffer erreicht, ergibt, hervorgehen. Nach den kürzlich angestellten Berechnungen eines Berliner Augenarztes beträgt bei den Einkinderehen der Prozentsatz der zugrunde gehenden Kinder nur 23,5%; bei den 8-gebürtigen Ehen steigt er bereits auf 51.5%, das heißt um mehr als die Hälfte, um bei den mehr als 15-gebürtigen die Höhe von 69,3% zu erreichen. Häufige Geburten bedeuten also, wenigstens im Proletariat, in der Regel den gesundheitlichen Ruin der Frau ohne demographische Kompensation.[118]

Die Häufigkeit der Geburten hat auch für die Ehe an sich traurige Folgen. Zunächst für das Eheglück der Gattin. Die Frau, durch viele Geburten geschwächt, verliert häufig die geschlechtliche Sensitivität, das heißt die sensitive Energie der Organe, mit andern Worten den Geschmack an der Erotik. Die aus den häufigen Schwangerschaften resultierende langperiodische Geschlechtsunfähigkeit der Frau sowie ihre alsdann selbst in den Zwischenzeiten verminderte Geschlechtslust ebnet dem geschlechtlich stark veranlagten, durch ein langes sexuelles Vorleben an häufigen Geschlechtsgenuß gewöhnten, aber an straffe Selbstzucht nicht gewöhnten Teil der Ehemännerwelt – und mit dieser Tatsache muß gerechnet werden – den Weg zum Ehebruch, wenn auch die durch die vermehrte häusliche Tätigkeit absorbierte ewige Mutter selten etwas von diesem Vorgang merkt. „Wer nicht zu Hause essen kann, der muß ins Wirtshaus essen gahn", heißt es im Jargon leichtfertiger Ehemänner.

Der Typus der ewigen Mutter ist aber ohnehin ein primitiver, das heißt ein dem modernen Kulturleben abgewandter. Schon sechs ausgetragene Schwangerschaften rauben der Frau etwa zehn Jahre – die

---

118 C. Hamburger: „Kinderzahl und Kindersterblichkeit in Berliner Arbeiterfamilien", in: *Die Neue Generation,* Jg. V, Heft 9.

besten, produktiv reichsten – des Lebens. Ewige Mütter sind, wie uns die Erfahrung lehrt, selten über eine gewisse Routine in der Kinder- und Hauspflege herausgekommen. Versteht sich: zur Ausbildung etwa vorhandener organisatorischer Gaben ist ihnen keine Zeit verblieben. Nicht einmal in der Kindererziehung sind sie in der Regel über das Gröbste hinaus. Auch das versteht sich: es ist viel leichter, zwei bis drei Kinder mit eingehender Liebe und individuell abgetönter Hingabe zu leiten als acht oder neun. Genau wie im Unterrichtswesen der gebildete Hauslehrer bessere Resultate erzielt als der vielleicht ebenso gebildete Schulmeister einer überfüllten Klasse. Der erste leistet, wenn er begabt ist, wertvollste Kleinarbeit, der andere arbeitet, selbst beim besten Willen, Schablone. Daß der erstere dabei allerdings leichter Gelegenheit, auch wertvolle Individualitäten des Schülers zu stark zu modeln, am Ende gar zu unterdrücken, hat, während dem anderen die Fülle des zu bearbeitenden Materials und das dementsprechend geringere Zeitteilchen, das auf den einzelnen entfällt, zu solchem Beginnen keine Muße läßt, muß dem allerdings hinzugefügt werden. Alles in allem aber kann, ohne den Reiz verkennen zu wollen, den ein kinderreiches Haus in mancher Hinsicht ausübt, ausgesprochen werden, daß die Kinderbeschränkung im Interesse der Eltern wie der Kinder selbst liegt.

Aber nicht nur die Häufigkeit der Geburten, auch der frühe Eintritt des Kindes ins eheliche Leben hat oft genug Wirkungen zur Folge, die weit davon entfernt sind, jene Mindestsumme des Glücksgefühls im Menschen zu erzeugen, ohne die das Leben anfängt, eine, wenn auch selten ungern getragene, Last zu sein.

Die heutige Ehe gewährleistet keine graduelle Entwicklung von der Jungfrau zur jungen Frau und von der jungen Frau zur Mutter, sondern überspringt sozusagen das Mittelglied und macht die junge Frau, die gestern noch völlig unberührt war, sofort zur beginnenden Mutter. Es ist eine Erfahrungstatsache, daß bei einer ungemein großen Anzahl der Ehen die Schwangerschaft, wenn nicht gleich in der ersten Liebesnacht, so doch in der ersten Woche, im ersten Monat, im ersten Trimester, beginnt. Die Rückkehr der Neuvermählten von der Hochzeitsreise als Schwangere ist ein nicht ungewöhnliches Bild. Schwangerschaft aber heißt steigende Verminderung der Fähigkeit zum Lebensgenuß, heißt, besonders das erstemal, neunmonatliche Rücksicht und Vorsicht, Verzicht auf geistige und teils auch körperliche Arbeit, auf Ball und Tanz, vielfach auf Theater und Geselligkeit und, neben vermehrter nervöser Reizbarkeit, steigende Unfähigkeit oder Unwilligkeit zur Erotik, kurz eine Periode der Suspension, die zu überwinden der Mann, besonders wenn seine Tätigkeit ihn vorzugsweise ans Haus fesselt (Schriftsteller,

Universitätsdozent usw.), eine außerordentlich große Dosis treuer innerlicher Liebe zur auserwählten Gattin, Entsagungsfähigkeit, sexueller Enthaltsamkeit und kräftiger Nerven besitzen muß. Fünfzig Prozent unglücklicher Ehen haben in dem mit der Schwangerschaft zusammenhängenden, langdauernden pathologischen Zustand der jungen Frau, der Unfähigkeit, dem Mann Spielkameradin, Festeskameradin und Reisebegleiterin zu sein, sowie ihrer Sprödigkeit *in eroticis* ihren Ausgangspunkt. Denn alle diese unangenehmen Begleiterscheinungen der Schwangerschaft, die der Mann später vielleicht leichter zu ertragen lernen würde, bereiten ihm, dem Unerfahrenen, am Eingang des Ehelebens eine wesentliche Enttäuschung und wirken dahin, ihm das Bild der Ehe von vornherein zu verzerren.

Auch für die junge Frau ist der sofortige Beginn der Schwangerschaft unbedingt von übel. Der Eintritt in die Ehe bedeutet für die Frau eine Revolution aller Gewohnheiten: plötzliche und infolgedessen überakzentuierte Einweihung in die Mysterien des Geschlechtslebens[119], selbständige Übernahme des Hauswesens mit allen den daraus erwachsenden Verantwortlichkeiten, gesellschaftliche Verselbständigung mit der dazugehörigen Bewegungsfreiheit, Revision und Neukomposition des vorherigen Bekannten- und Verwandtenkreises mit dem des Gatten, endlich Übernahme artistischer Pflichten gegenüber den kahlen Wänden des jungen Ehehauses. Alle diese Obliegenheiten erfordern seitens der jungen Frau sorgsames Einarbeiten, ernstes Überlegen, kurz Sammlung und Ruhe, wenn anders das neue gemeinschaftliche Leben nicht von vornherein eine unsichere Basis erhalten soll. Statt dessen beginnt die junge Frau *le lendemain des noces* mit der Vorbereitung für die Ausstattung des zu erwartenden *bébé*, eine Sorge, die alle Gedanken absorbiert und konzentriert. Was in diesen Monaten versäumt wird, reicht oft ein ganzes Leben nicht aus, wieder wett zu machen. In den ersten Jahren der Ehe sucht der Mann zunächst unbewußt in seiner Frau vor allem die Gefährtin und Kameradin sowie die Geliebte. Das ist es, was ihn mit ihr verbindet. Beides kann ihm die angehende Mutter und erst recht die Gebärerin, Amme, Pflegerin und Wärterin nicht oder nicht in dem erwünschten vollen Maße bieten. Die Mutterschaft betrügt somit den Mann um viele seiner schönsten Hoffnungen – ich spreche hier stets von den ersten Ehejahren junger Ehemänner – und zerstört selbst bereits vorher vorhanden gewesene Güter in der Frau. Die junge Doktorin, die viele Jahre ihres jungen Lebens ernsten Studien gewidmet hatte, vergißt über dem Kinde ihre Wissenschaft und ihre

119 Vgl. in diesem Band p. 121ff. [d.h. hier S. 110ff.]

Berufsliebe und wird zu einer „Hausfrau", wie alle andern, während sie ohne dieses überstürzte Ereignis ihrem Manne in geistiger Arbeit vielleicht ebenbürtig zur Seite stehen könnte. Gewiß, das ist zum Teil eine Wirkung des ewigen dreiteiligen Kampfes zwischen Mutterpflichten und Gattenpflichten und den Pflichten der Frau gegen sich selbst.[120] Und doch darf die Frage aufgeworfen werden: wo sind unsere Doktorinnen und Studentinnen, die sich verheiratet haben, geblieben? Sie sind verschwunden. Die Ursache hierfür ist auf das zu frühe und zu häufige Erscheinen der Kinder zurückzuführen. Die wenigsten dieser Frauen haben – als Wissenschaftlerinnen – den Sturm des ersten Kindes überdauert. Sie sind in den Sorgen und Mühen des täglichen Lebens wie in ihrer Eigenschaft als Mutter (im weitesten Sinn des Wortes genommen) untergegangen.

Jedes menschliche Wesen hat ein Recht auf seine Existenz. Jedes Leben besitzt Anspruch auf Unantastbarkeit, auf Inviolabilität. Das ist ein elementares Gesetz der Humanität. Auf Grund seiner hat man alle gesetzlichen Bestimmungen beseitigt, die den Menschen zum Privateigentum des Menschen machten (Sklaverei). Seinetwegen haben einst zu Zeiten des zweiten Kaiserreiches die französischen Demokraten die Einrichtung des Plebiszites bekämpft, da es unsittlich sei, daß ein Volk zugunsten eines Dynasten nicht nur seiner eigenen Souveränität entsage, sondern in diesen Verzicht auch Kinder und Kindeskinder einschließe. Seinetwegen befehden heute die Tolstoianer und die sozialistischen Antimilitaristen den Völkerkrieg und die allgemeine obligatorische Dienstpflicht, weil durch sie die Gesamtheit, oder doch die in ihrem Namen sprechende und handelnde Minderheitsgruppe, den Einzelnen zwinge, ohne Ansehen der Person und ohne Kenntnis des Grundes, der zu diesem Befehl geführt habe, das eigene Leben in die Schanze zu schlagen und das des Nebenmenschen zu vernichten. Von einigen, auf das Gebiet der Medizin entfallenden Sonderfällen abgesehen, ist nach dem Stande der heutigen Erkenntnis die Lebenserhaltung das oberste Sittengesetz. Wohlverstanden: nur die Erhaltung des fremden Lebens ist Sache der Gesamtheit. Das Recht – *diritto di vita o di morte* – auf das eigene Leben geht nur uns und einige wenige Personen, die mit uns in engster Verbindung stehen, an.

Auf die Beziehungen zwischen der freiwilligen Beschränkung der Kindererzeugung und den Geboten der Sittlichkeit angewendet führen diese Thesen zu folgenden Resultaten:

Das durch den Beischlaf etwa zu formende Kind ist nicht im Besitz des Lebens, nicht einmal eines Lebensfunkens. Es ist ein spekulatives

120 Vgl. in diesem Band Teil IV, Kap. 4, p. 180ff. [d.h. hier S. 148ff.]

Phantasma; physiologisch gesprochen inexistent. Es nicht zu erzeugen involviert niemandes Schaden. Die Eltern haben nach dem Stande der heutigen, trotz ihres Ursprungs aus dem Bereich der brutalen Machtverhältnisse und wirtschaftlichen Kräftefragen von ethischen Kategorien nicht freien Gesetzgebung aller Kulturvölker das Recht verloren, das geborene Kind je nach Gutdünken leben oder sterben zu lassen. Aber sie können nie das sittliche Recht verlieren, ein imaginäres Kind nicht zum Keimen kommen zu lassen, indem sie durch künstliche Mittel die Bildung der Knospe verhindern. Sie haben – in diesem einen Punkt – Gewalt über Leben und Tod. Ohne hier noch einmal auf die Motive zurückkommen zu brauchen, welche einen derartigen Entschluß im Einzelfalle bestimmen, können wir den Leitsatz aufstellen, daß jeder Mann und jedes Weib das Recht besitzt, ohne jede Verzichtleistung auf körperliche Liebe die Zeugung von Kindern zu verhindern. Diese Schlußfolgerung ergibt sich aus dem elementaren Recht auf das eigene Leben, d.h. darauf, sich das Leben nach eigenem Gutdünken einzurichten, ein Recht, zu dem sich häufig noch die Pflicht dem imaginären Kinde, oder auch den vorhandenen Kindern gegenüber gesellt.

Das sittliche Recht auf willkürliche Kinderbeschränkung persistiert nicht nur auf der Basis physiologischer Forderungen und als Resultat ökonomischer Berechnungen, sondern es bleibt selbst vor der Laune, vor dem *capriccio* bestehen. Man erschrecke nicht, es ist kein Druckfehler: vor dem *capriccio*. Reiche Mütter, die aus Vergnügungssucht ihr Kind nicht selbst säugen und es den Gefahren einer vielleicht nicht tauglichen gemieteten Amme oder gar der künstlichen Ernährung aussetzen, sind pflichtvergessene Gesellschaftsdamen. Reichen Müttern hingegen, die aus der gleichen Vergnügungssucht es vorziehen, keine Kinder mehr in die Welt zu setzen, vermag meines Erachtens auch nicht der geringste Vorwurf gemacht zu werden. Im Gegenteil: es ist sogar besser, wenn solche sozial wertlosen Piepweibchen keine Nachkommenschaft zeugen und auf diese Weise jene Rasse, die für jede ernste Arbeit und für jede tiefe Empfindung, ja für jedes wirklich künstlerische Erschauen verloren ist, ausstirbt. Aber ängstliche Gemüter mögen sich beruhigen: in der Mehrzahl der Fälle wird die künstliche Beschränkung der Kinderzahl aus ernsteren Erwägungen hervorgehen, wie aus Krankheitsursachen oder aus wirtschaftlichen Motiven sowie aus der Befürchtung, durch eine zu starke Belastung der Lebensenergien durch Kindersegen der Fähigkeit zum Genuß der Güter der Kultur Abbruch zu tun und der heiteren Freude am Dasein entsagen zu müssen, auf die jeder unter der Sonne Geborene ein unanfechtbares Menschenrecht hat.

Wir haben die Frage der bewußten Einwirkung der Menschen auf die Natalität bisher nur vom Standpunkt der *Privatwirtschaft* (subjektiv) betrachtet. Es ist aber nötig, wenn auch nur in Kürze, sie auch in ihrem Verhältnis zur *Volkswirtschaft* (objektiv) zu beleuchten.

Wir wollen von den rein wirtschaftlichen, zumal die Weltwirtschaft betreffenden Gründen, die für den Neomalthusianismus sprechen, absehen. Vorläufig reichen die Subsistenzmittel noch auf unabsehbare Zeiten für alle Volksvermehrung aus. Übervölkerung heißt heute meist nur Mißverhältnis zwischen der Arbeitskraft (dem demographischen Faktor) und der vorhandenen Arbeitsmöglichkeit (dem ökonomischen Faktor) eines Landes, wobei zu bedenken ist, daß eine Hebung der Produktivkräfte des betreffenden Landes das Mißverhältnis zumeist beseitigen würde, so daß sich die Übervölkerung als eine willkürliche, momentane und also durch Menschenwerk zu behebende Erscheinung charakterisieren ließe. Selbst da aber, wo sie zurzeit in unzweifelhaft schwer zu beseitigender Form besteht, könnte sie durch internationalen Ausgleich verhältnismäßig mühelos wieder wettgemacht werden (Auswanderung des Überschusses der Bevölkerung Italiens nach Argentinien, Brasilien usw.). Wichtiger für die nächste Gegenwart und Zukunft als die Stellung der Weltwirtschaft zu der uns hier interessierenden Frage ist ihre Beziehung zur Volkswirtschaft im engeren Sinne, zur Nationalwirtschaft. Außer in den bereits erwähnten Bassermannschen Gestalten komischer oder impotenter Sittlichkeitsfanatiker, welche die Präventivmaßregeln im Geschlechtsverkehr im Namen einer Moral verwerfen, die sich weder um die Erkenntnisse der Nationalökonomie noch um die Postulate des Rechtes auf das Leben noch endlich um die Zwangsgründe der Natur kümmert, hat der Neomalthusianismus seine grimmigsten Gegner im Lager der Militaristen und Nationalisten. Der Neomalthusianismus beschränkt zwar nicht notwendigerweise die Geburtenzahl, sondern setzt sie nur, soweit möglich, mit den vorhandenen Wirtschaftsgütern ins Verhältnis. Immerhin mag zugegeben werden, daß bei dem heutigen Stand der Dinge, zumal der zwar gehobenen, aber immer noch kümmerlichen Lebenslage der Arbeiterschaft, die Anwendung neomalthusianistischer Regeln allerdings eine Verminderung der Natalität herbeiführen würde. Da die Steigerung der Wehrmacht einer Nation auf ihrer männlichen Einwohnerzahl beruht und diese sich, von der freilich bei hoher Natalität im ganzen nicht nur relativ, sondern auch absolut wachsenden Mortalität der Kinder abgesehen, aus der Höhe des Geburtenüberschusses ergibt, so haben allerdings die Militaristen und Machtpolitiker von ihrem Standpunkt aus recht, die Neomalthusianer als Vaterlandsfeinde zu befehden. In

Frankreich ergeht an die Frau in allen Tingeltangels der larmoyante Appell, mehr wie bisher dafür zu sorgen, dem Lande Soldaten zu schenken. Wir bekennen freimütig, daß wir für eine Theorie, welche die Erzeugung von Menschen unter dem Gesichtswinkel der Vermehrung des Kanonenfutters betrachtet, wenig Geschmack haben[121] und ihr gegenüber in der unter die Folgen des Neomalthusianismus zu rechnenden zunehmenden erhöhten Friedfertigkeit, wie sie sich gerade in Frankreich in den letzten Jahrzehnten offenbart, einen Faktor von ungleich größerem Kulturwerte erblicken. Für die Weltexpansion der Völker ist allerdings, das muß zugegeben werden, eine stationäre oder gar zurückgehende Geburtenziffer ein endgültiges Hindernis. Wären sie die Wege der modernen Franzosen gegangen, so hätten weder die Engländer sich ihr römisches Imperium schaffen und den Stempel ihrer Kultur und ihrer Sprache der halben Welt aufdrücken können, noch die Holländer des 18. Jahrhunderts Südafrika zu bevölkern vermocht, noch würden heute die Italiener es unternehmen dürfen, mit ihrem Fleiß und ihrer Intelligenz die Schätze Südamerikas zu heben.

Wie sehr die künstliche Beschränkung der Kinderzahl als Zeichen verfeinerter Kultur und erhöhten Wohlstandes zu betrachten ist, weiß jeder, der sich mit dieser Materie befaßt hat. In Frankreich, dem Stammland angewandten Neomalthusianismus, finden wir die ästhetisch feinsten Lebenssitten und die höchste Geschmacksentwicklung. Das Zweikindersystem mag Frankreich in seiner militärischen Potentialität beeinträchtigen und einen Teil seiner Industrie in ein in rein nationalem Lichte betrachtet nicht immer ungefährliches Abhängigkeitsverhältnis von dem guten Willen – und der ökonomischen Zwangslage

---

121 Der große Condé sagte, als sein Heer in einer Schlacht große Verluste an Menschenleben erlitten hatte, „qu'une nuit de Paris réparerait tout ça." Mit Recht hat schon der Baron Holbach dazu bemerkt, daß ein derartiger Satz auf falscher Berechnung beruhe, weil „une nuit de Paris ne fournit point à l'Etat des hommes tout formés; sur dix enfants qui naissent, il y en a tout au plus un qui parvient à l'âge de trente ans" (Baron Holbach: *Système Social.* Paris 1822, Niogret, Bd. II, p. 132). Zur Illustrierung, welchen Gipfel des Zynismus die Militaristen in ihrer Betrachtungsweise des Zeugungsproblems erreichen, mögen beifolgende Verse des Emigranten Chevalier de Boufflers dienen, die dem Gedichte *Le Bon Avis* entnommen sind:

„Que l'ennemi, que la bergère
Soient tour à tour serrés de près!
Eh! mes amis, peut-on mieux faire,
Quand on a dépeuplé la Terre,
Que de la repeupler après?"

(Stanislas de Boufflers: *Contes en Prose et Contes en Vers,* loco cit., p. 257.)

– der italienischen, spanischen und belgischen Arbeiter, dieser modernen Emigranten, bringen, es ist aber andererseits unbestreitbar, daß Frankreich gerade diesem System seinen unerschöpflichen Wohlstand, insbesondere den relativ hohen mittleren *standard of life* und die Höhe des privaten Reichtums verdankt. In dem letzten Aufsatz, den er vor seinem Tode veröffentlichte, hat Ludwig Gumplowicz von der Französin rühmend hervorgehoben, daß sie, als aus der sklavischen Stellung dem Manne gegenüber verhältnismäßig befreite Frau, die begonnen habe, über ihre Lage nachzudenken, sich dagegen auflehne, eine Gebärmaschine zu sein, und darauf verzichte, auf Kosten ihres eigenen Lebensgenusses problematische Mutterfreuden zu erfahren.[122] In allen Ländern macht der Intellektuelle weit häufigeren Gebrauch von den Verhütungsmitteln als der Arbeiter, der blindlings aufs Geratewohl Kinder zeugt. In Amerika hat der Neomalthusianismus gerade im Proletariat derjenigen Staaten lebhafte Anhänger gefunden, in denen es sich einer höheren Lebenshaltung erfreut. Der Neomalthusianismus darf also zum mindesten wohl als eine Begleiterscheinung höherer Kultur betrachtet werden.

Einige Fachgelehrte – und unter ihnen Namen von so gutem Klang in der Wissenschaft wie mein verehrter Kollege und Freund Achille Loria – haben gemeint, an die Stelle der von ihnen bekämpften neomalthusianischen Verhütungsmaßregeln den Rat zu setzen, das allgemeine Heiratsalter möglichst noch weiter hinauszuschieben.[123]

Die Gründe, die gegen einen derartigen Vorschlag sprechen, sind mannigfach und, wie uns scheinen will, durchschlagend.

Schon heute ist das durchschnittliche Heiratsalter überall beträchtlich hoch. Dazu ist es eine den Fachleuten geläufige Tatsache, daß es, zumal in den oberen Ständen, wenn auch langsam, immer noch weiter in die Höhe geht. Die jungen Mütter, die eben erst den Mädchenschuhen entwachsen sind, werden immer seltener. In Italien trifft man in der älteren weiblichen Generation, etwa unter den Müttern heiratsfähiger Töchter, noch heute häufig Frauen, die mit fünfzehn oder sechzehn Jahren geheiratet und mit sechzehn oder siebzehn Jahren ihr erstes Kind bekommen haben. Die Töchter dieser Mütter fürchten aber bereits, zu jung zu heiraten, wenn sie mit zwanzig Jahren zur Ehe schreiten (das durchschnittliche Heiratsalter der Frau in Italien beträgt heute 25 Jah-

122 Ludwig Gumplowicz: „Frankreichs Sorge", in: *Monatsschrift für Soziologie*. Jg. I, Nov./Dez. 1909.

123 Siehe die Antwort von Achille Loria auf die Enquete über die Nützlichkeit oder Schädlichkeit der neomalthusianistischen Agitation in Italien. *Pagine libere*, Jg. III, Heft 18.

re). Eine gleiche Entwicklung läßt sich, in noch sehr viel mehr prononzierter Form, bei der Männerwelt beobachten. Die jungen Gatten von zwanzig bis fünfundzwanzig Jahren sind, zumal in den besitzenden Klassen der Gesellschaft, fast völlig verschwunden. Überall macht sich eine Steigerung des durchschnittlichen Heiratsalters bemerklich.

Die Folgen einer weiteren Heraufschiebung des Heiratsalters bestehen aber in einem ganzen Komplex sozial unerwünschter, die erotischen und seelischen Beziehungen zwischen den Menschen vergiftender und die Ehe untergrabender Erscheinungen.

1. Schon heute ist der Mann durchschnittlich bereits seit fünfzehn Jahren geschlechtsreif und seit zehn Jahren geschlechtlich tätig, ehe er in die Ehe tritt. Eine weitere Erhöhung des durchschnittlichen Alters der Verheiratung würde der Verbreitung der Bordelle sowie der Verführung ärmeren sozialen Klassen angehöriger Mädchen (dem sogenannten Verhältniswesen) Vorschub leisten, kurz das voreheliche Geschlechtsleben des Mannes und die für ihn damit verbundenen gesundheitlichen Gefahren sowie die sexuelle Ausbeutung eines Teiles der Frauenwelt noch um einige Grade vermehren; desgleichen die Zahl der unehelichen Kinder, die sich meist im gleichen Verhältnis mit der Verzögerung der mittleren Verheiratung vergrößert.

2. Dadurch, daß die Väter in noch späteren Jahren, als es schon heute der Fall ist, in die legale Ehe treten, würde, teils aus Gründen des Alters selbst, teils aus dem mit dem längeren Warten verbundenen erhöhten Satz der Geschlechtskrankheiten, ein kränklicher und greisenhafter Nachwuchs von ihnen in der Ehe erzeugt werden.

3. Ebenso würde eine Verringerung der seelischen Beziehungen zwischen dem Vater und den Kindern eintreten. Schon heute liegt zwischen der „Weltanschauung" des Vaters und der des Sohnes oder der Tochter eine Kluft. Jede einzelne Generation spricht eine verschiedene Sprache, die das gegenseitige Verständnis ausschließt oder doch stark behindert und das Aufkommen einer über das Maß der blutsverwandtschaftlichen Beziehungen hinausgehenden Freundschaft zwischen beiden Teilen fast unmöglich macht. Es liegt auf der Hand, daß jede Erweiterung des Altersabstandes zwischen Eltern und Kindern den beide trennenden psychischen Abstand noch erweitern würde.

4. Desgleichen würde die häusliche Erziehung der Kinder, mit der es heute schon aus mehreren Gründen, insbesondere der außerhäuslichen Berufsbeschäftigung und vielfach auch außerhäuslichen Verwendung der freien Zeit des Vaters, im argen liegt, durch die weitere Herausschiebung des Heiratsalters noch in höherem Maße erschwert werden. Der Vater würde der Familie häufig schon in einer Zeit entrissen wer-

den, in der die Kinder noch im zartesten Alter stehen und seiner Hilfe und Lebenserfahrung noch auf Jahrzehnte hinaus bedürften.

5. Endlich würde dieses gepriesene Präventivmittel die Anzahl unglücklicher Ehen beträchtlich vermehren. Die Männer würden auch bei heraufgesetztem Heiratsalter nicht etwa Frauen ihres Alters heiraten, sondern, falls sie nicht überhaupt auf die Ehe nicht mehr reflektieren, nach wie vor nicht darauf verzichten, junge Mädchen zu Frauen zu nehmen. Teils aus den die Altjungferschaft des älteren Mädchens umgebenden Vorurteilen, teils aber auch aus der in jedem Menschen liegenden Tendenz nach dem Besitz möglichst absoluter Schönheit und Reinheit. Endlich auch, weil die Jugend für alternde Männer eine belebende Kraft, auch im physiologischen Sinne, besitzt. Das Leben in einer Atmosphäre, die mit den Ausdünstungen jugendfrischer Körper geschwängert ist, gilt älteren wie neueren Medizinern geradezu als Heilmittel gegen Marasma und Anämie. Das Zusammenschlafen mit jungen Mädchen, aber auch mit jungen Männern, wurde ehemals Greisen von Stand sogar als Kur verschrieben.[124] Auch sollen eingeschlafene Sexualempfindungen durch Berührung mit jugendlichen Körpern wieder erwachen.[125] Die jungen Frauen hingegen würden ob des großen Altersunterschiedes in ihren Männern weder die physiologische Frische des Geliebten, noch die psychologische Frische des Kameraden, auf die sie ein Anrecht hätten, finden. Daraus ergäbe sich für leichtlebige Frauen und bei Häufigkeit der Berührung mit anderen, die eigenen Ehegatten an Jugendlichkeit übertreffenden, also ihnen geistig wie körperlich ebenbürtigeren Männern, eine lockende und bis zu einem gewissen Grade auch verzeihliche Verleitung zum Ehebruch. Das junge Weib eines alternden Mannes ist die natürliche Beute des unternehmenden Frauenfreundes. Der Gedanke, nur ein solches zu verführen, dient selbst sittlich höherstehenden Männern zur Beruhigung ihres schlechten Gewissens.

Den Gefahren allzu zahlreicher Nachkommenschaft, die von vielen bereits anerkannt werden, wird fernerhin häufig auch mit der Forderung der Keuschheit in der Ehe begegnet. Wer im Besitz einer seinen Ansprüchen genügenden und wirtschaftlichen Verhältnissen entsprechenden Zahl Kinder ist, bzw. keine haben will, heißt es, enthalte sich des sexuellen Liebeslebens. Nach dieser Theorie hätte ein wertvolles Element des menschlichen Lebens aus heterogenen Bedenken aus ihm

124 Pierre Jean Georges Cabanis: *Rapports du Physique et du Moral de l'Homme*. 2. Aufl. Paris 1805, Bd. II, p. 420ff.

125 Siehe z.B. in der Anekdote von Giambattista Casti: „Le Due Sunamitidi", in: *Novelle Galanti*, loco cit., Bd. I, p. 43, 47.

auszuscheiden. Das wird einigen Personen, bei denen der sexuelle Stimulus nicht stark entwickelt ist – darunter eine offenbar nicht geringe Anzahl Frauen, denen das Geschlechtsleben an sich keinen Genuß oder gar körperlichen Schmerz bereitet – gleichgültig sein. Bei der Mehrzahl der Ehegatten beiden Geschlechtes jedoch, bei denen zudem noch gerade durch die Ehe eine Geschlechtsgewöhnung eingetreten ist, welcher durch das stete intime Zusammenleben, den unbestreitbar vorhandenen Übersättigungstendenzen, die dem alten in unserem Unterbewußtsein schlummernden Hang zur Polygamie entstammen, zum Trotz, immerwährend neue Nahrung und Versuchung erwächst, wird sich ein derartiger Rat als unangebracht und utopisch erweisen.

Die körperliche Geschlechtsliebe, ursprünglich Mittel zum Zweck und auch heute noch von orthodoxen Christen aller Konfessionen, Vegetariern und weißhaarigen Moralisten nur als solches gewürdigt, ist mit der fortschreitenden Emanzipation des Menschen aus einem der wesentlichsten Phänomene tierischer Psyche allmählich zu einem Selbstzweck geworden. Wir müssen den Mut haben, zu bekennen, daß wir die Liebe und ihre Exstase um ihrer selbst willen lieben.[126] Die Geschlechtsliebe muß von dem Gedanken an das Kind insofern emanzipiert werden, als ihr auch dann ein Recht auf eigenes Bestehen zuerkannt werden muß, wenn die Zeugung eines Kindes vermieden werden soll. Daraus ergibt sich die sittliche Berechtigung immer (und oft die Pflicht) einer methodischen Anwendung künstlicher zu diesem Zweck führenden Mittel.

Die „sittliche Forderung", die Geschlechtsliebe nur um des kommenden Kindes willen zu pflegen und selbst beim Liebesakt stets sich der edlen Pflicht der Fortpflanzung des Menschengeschlechtes bewußt zu sein, – „erinnern Sie sich noch dieser Worte, die ich im traulichen altmännerreichen Ivry in einer diskussionslüsternen Aprilnacht bei herrlichem Burgunder Ihnen und Ihrem Gemahl, meinem Freunde, entgegenwarf, Sie schöne und gefühlsfeine Mystikerin, Jeanne Berth?" – ist im Grunde brutal und unsittlich. Der Geschlechtsakt – diese Krönung psychologischer Voraussetzungen – ist vielleicht nicht „ideal", bedeutet aber, in seiner Realität betrachtet, in der durch ihn herbeigeführten Ekstasis aller Kräfte einen der wenigen Freudenmomente unseres armen Lebens. Erotische Kultur ist deshalb in energetischem Sinne hohe Kultur. Das Eheweib, das dem sich ihr nähernden Manne die Frage

126 Diese Erkenntnis bricht sich neuerdings selbst im frömmelnden England Bahn. Vgl. die freilich noch nicht genügend geklärten Ausführungen, die Edward Carpenter in seiner Schrift *Love's coming-of- age* (Manchester 1896) über diesen Gegenstand macht (Deutsche Ausgabe, unter d. Titel: *Wenn die Menschen reif zur Liebe werden*. 3. Aufl., Leipzig 1903, p. 72).

vorlegt: „Kommst du, um mit mir zu zeugen oder bloß, um mit mir zu sündigen?" ist innerlich unrein – wenn auch vielleicht gut christlich –, weil es, wenn es den Mann wirklich lieben würde, keinen Frevel darin erblicken könnte, mit ihm zu „sündigen", im Falle jedoch, daß es ihn nicht liebte, nicht bereit sein dürfte, mit ihm zu „zeugen". Dazu kommt noch eins: Zur Zeugung eines gesunden Kindes gehört unbeschränkte erotische Hingabe, mit anderen Worten Freisein von allen angeblich moralischen Nebengedanken und Teleologien.

Und doch ist es nötig, ans Kind zu denken, zwar nicht im Akte selbst, wohl aber vorher. Nicht an das Kind als versittlichendes Endziel an sich vermeintlich unsittlicher Handlungen, sondern als an deren mögliche Folge. Das sagten wir bereits. Es ist verächtlich, Kinder in die Welt zu setzen, ohne ihnen für eine liebevolle Aufnahme und die Wahrscheinlichkeit erträglicher Lebensführung garantieren zu können. Diese Erwägung geht selbst über eine eventuelle Verminderung der Lustgefühle durch die Präventivmaßregeln. Kein Vater hat das Recht, im Namen der erhöhten Geschlechtslust Kinder zu zeugen, denen er kein Brot geben kann. Auf kurze Lust würde langer Schmerz folgen.

Die Präventivmittel im Geschlechtsverkehr sind aber auch unter kriminalistischen Gesichtspunkten besehen von nicht zu unterschätzender Bedeutung.[127] Sie sind Präventivmittel im eigentlichsten Sinne des Wortes, d.h. sie prävenieren indirekt die ja heute noch überall strafbaren künstlichen Aborte und die Kindesmorde; wovon letztere zwar fast ausschließlich auf den außerehelichen Geschlechtsverkehr entfallen, während erstere auch im heutigen Eheleben aller Gesellschaftsklassen so gang und gäbe und so entschuldbar sind, daß die Justiz und Polizei gerne, soweit sie kann, beide Augen vor ihnen zudrückt.

Der Neomalthusianismus ist keine Frage moralischer oder volkswirtschaftlicher Natur, sondern eine solche rein technisch-mechanischer Art. Die Probleme, die es zu lösen gilt, sind nicht theoretisch, sondern nur praktisch lösbar. Mit anderen Worten: es handelt sich darum, Mittel ausfindig zu machen, die den neomalthusianischen Zweck: Herrschaft der Lebenden über die Imaginären auf wirksamere und weniger vulgäre Weise erreichen als es mit den Mitteln, die uns heute zur Verfügung stehen, geschieht.[128] Ich habe einen Freund – es ist, nebenbei

127 Vgl. die ausgezeichnete Abhandlung von Oda Lerda Olberg: „Über den juristischen Schutz des keimenden Lebens", in: *Neue Generation*, Jg. IV, Heft 6 (1908).

128 In Italien hat Luigi Maria Bossi, Ordinarius für Gynäkologie an der Universität Genua, sich seit mehreren Jahren in einer sehr heftigen Weise gegen die Präventivmittel im Geschlechtsverkehr gewendet und sie beschuldigt,

bemerkt, sogar mein bester –der hat jedes seiner fünf Kinder – von denen drei am Leben sind, denen er in innigster Liebe zugetan ist, und die er um alles in der Welt nicht missen möchte – mit einem anderen Verhütungsmittel gezeugt. Hier ist also noch ein gar weites Feld für Erfinder und Verbesserer. Aber das ist ein Gebiet, das über die Sphäre der Sozialwissenschaften herausgeht und in das der Medizin fällt, deren Jüngern zugleich auch dafür die Sorge obliegen muß, daß den Erfordernissen der erotischen Physiologie und Psychologie, die heute vielfach bei Anwendung neomalthusianistischer Mittel zu kurz kommen, die gebührende Rechnung getragen wird.

Zum Schluß: Der zivilisierte Mensch hat ein Recht auf sich selbst. Dieses Recht schließt zugleich das Recht auf Nachkommenschaft, auf die Zahl der Nachkommenschaft wie auf Nichtnachkommenschaft ein. Schon heute ist es dem Junggesellen unbenommen, keine Kinder zu haben, der nichtverheirateten Frau sogar (durch das Sittengesetz der Gesellschaft) verboten, Kinder zu zeugen. Nichts spricht dagegen, daß dieses Recht auch auf die Ehegatten ausgedehnt anerkannt werde. Daß es nicht zur Entvölkerung der Erde führt, dafür kann man die tiefinnerliche, reinmenschliche Liebe zum Kinde, eine Liebe, die gerade der sittlich gute Mensch am heftigsten empfindet, getrost sorgen lassen. Der Neomalthusianismus hat also völlige ethische Existenzberechtigung. Er ist zwar widernatürlich, aber doch nur in dem Grade, in welchem alle Errungenschaften der Kultur auf dem Gebiete der Gesundheitslehre, etwa ein operativer Eingriff zur Beseitigung eines todbringenden Geschwürs, unnatürlich sind. Dem Menschen, der schon so viele Naturkräfte zur Unterwerfung gezwungen hat, kann es nicht verargt werden, wenn er bestrebt ist, auch die Reproduktion der Spezies dem blinden Zufall zu entziehen und dem eigenen Willen nach Möglichkeit zu unterwerfen. Der Neomalthusianismus bedeutet einen Sieg der menschlichen Vernunft über die tierische Unvernunft.

Viertes Kapitel

Über einige Klippen im Meere der Ehe
Der Intellektualismus des Weibes und seine Grenzen

Nichts Schöneres kann eine Frau von ihrem Manne sagen, als daß er stets bereitwillig dazu beigetragen habe, die in ihr liegenden Gaben zur

für beide Geschlechter in hohem Grade gesundheitsschädliche Wirkung zu besitzen (vgl. Luigi Maria Bossi: „La legge sul divorzio considerato dal lato ginecologico", in: *Bollettino della R. Accademia Medica di Genova*. Jg. XVIII, Nr. III).

Förderung und Entwicklung zu bringen[129] und daß er ihr beistehe nicht nur in den Kindesnöten – was bekanntlich schon selten genug eintrifft –, sondern auch in den Geburtsnöten eines neuen, sich in ihr offenbarenden Talentes. Die Seltenheit der Fälle, in denen die Männer ihre Frauen geistig fördern, ja, ihrem Willen auch nur freien Lauf lassen, erklärt sich aus den bekannten allgemeinen Ansichten über die Pflichten des Eheweibes als Hausfrau und Mutter, die in der Bourgeoisie der einzelnen Länder gang und gäbe sind. In einzelnen Lebensverhältnissen erscheint die mehr als sporadische Möglichkeit solcher Fälle sogar ganz ausgeschlossen:

1. Wenn die von der Frau ersehnte Tätigkeit dem Mann ein Plus von Arbeit auferlegt und ihn zwingt, ihr einen Teil der Haus- und Mutterpflichten abzunehmen, um sie für geistige und gesellschaftliche Arbeit freizumachen. Das gilt meist selbst dann, wenn der Mann an Beanlagung tief unter der Frau steht und durch den Tausch der von ihnen vorher erfüllten Funktionen ein sozialer oder auch ökonomischer Vorteil für ihre Gesamtheit als Familie entsteht.

2. Wenn das sich in der Frau offenbarende Talent ein das öffentliche Leben, die Politik, berührendes ist und die Frau in der Auswahl der Richtung ihre eigenen Wege geht. Eine öffentliche Tätigkeit an der Seite ihres Mannes verzeiht dieser seiner Frau unter Umständen. Daß die Frau aber eine von ihrem Manne abweichende politische Meinung habe, das kann dieser, wenn überhaupt, so nur dann ertragen, wenn sie verschwiegen oder doch zum allerwenigsten nicht öffentlich verwertet wird. Auch der modernste Mann gestattet seiner Frau, wenn er in irgendeiner, wenn auch noch so abgetönten Form am politischen Leben teilnimmt, im besten Falle nur seine eigene politische Meinung. Das Gegenteil davon würde er als einen Skandal betrachten und käme in der Folge einer Zerrüttung der Familie gleich. Wir kennen eine stattliche Anzahl von Beispielen in der modernen Parteigeschichte, wo Frauen mit Kraft, Energie und Wissen sich neben ihrem Manne in der gleichen Partei hervorgetan haben. Wir besitzen eine wahre Hülle und Fülle von Beispielen, wo die Söhne die politischen Anschauungen ihrer Familie über den Haufen geworfen und sich in einer der ihres Vaters diametral entgegengesetzten politischen Richtung betätigt haben, obwohl auch die Alten diesen Schritt ihres Jungen zunächst meist als einen Schlag ins Gesicht zu betrachten pflegen. Wir haben aber, soviel ich weiß, auch nicht ein einziges Beispiel, wo sich die Frau, ohne daß dieser Vorgang

129 So berichtet z.B. von ihrem Manne Adelheid Popp: *Die Jugendgeschichte einer Arbeiterin*. 3. Aufl. München 1910, Reinhardt, p. 79.

zu einem völligen Bruch mit ihm geführt hätte, von der Weltanschauung ihres Mannes emanzipiert hätte und auf Grund dieser Emanzipation öffentlich für ihre neuen Ideen aufgetreten wäre. Aus diesen Tatbeständen darf deduziert werden, daß die Frau in einem noch weit engerem Verhältnis geistiger Hörigkeit zum Manne steht als der Sohn zum Vater. In dieser Feststellung liegt übrigens eine der gefährlichsten Klippen für eine gesunde Anwendung des verwirklicht gedachten Wahlrechtes der Frau. Wird der Mann, so muß die Frage lauten, seiner eigenen Frau – und erst seiner noch im Hause befindlichen Tochter – gestatten, anders zu wählen wie er selbst?

3. Wenn die entdeckte Bedeutung der Frau auf dem gleichen Gebiete liegt, auf welchem sich die Berufstätigkeit des Ehemanns abspielt und dabei die seinige überragt. Als Hilfe und Stütze läßt der Mann seine Frau in seinem Berufe gerne zu. Der Arzt verwendet seine Frau, je nachdem, als Krankenpflegerin oder Apothekerin, der evangelische Geistliche als private Seelsorgerin; der Gelehrte erlaubt seinem Weibe, allerhand wissenschaftliche Handreichungen für ihn zu machen, übergibt ihr die Korrektur seiner Druckbogen oder überläßt ihr die Anfertigung von Namensverzeichnissen und Registern. Auch die Vornahme intimerer oder selbständiger Arbeiten des eigenen Faches gestattet der Mann der Frau, insbesondere wenn ein beträchtlicher Gelderwerb dadurch entsteht. Der Arzt wird sich der Ärztin, der Schauspieler der Schauspielerin assoziieren. Aber dabei wird eines immer von vornherein vorausgesetzt: daß das Weib durch seine Begabung die Berühmtheit des Mannes, seine Größe und seine Berufstüchtigkeit in der öffentlichen Meinung respektiere und nicht in den Schatten stelle. Der Mann erträgt es nicht, auf *seinem eigenen Gebiet* von *seiner eigenen* Frau überflügelt zu werden. Der Wiener Sänger, der kürzlich aus eigener Tasche Burschen in die Oper sandte, um seine Frau, eine berühmte Sängerin, die ebenso gefeiert, wie er selbst hintangesetzt wurde, auspfeifen zu lassen, ist ein drastisches, aber durchaus typisches Beispiel.

Dem Intellektualismus des Weibes sind somit in vielen Fällen schon durch den Egoismus des Mannes Grenzen gezogen.

Das intellektuelle Weib ist heute freilich noch in allen Gesellschaftsklassen dünn gesät. Zu einem Teil haben die Frauen zu viel, zu einem anderen Teil zu wenig zu tun, und zu einem dritten Teil suchen sie sich ihr Beschäftigungsfeld in den Malariagegenden allerhand mondäner Nichtsnutzigkeiten. Das intellektuelle Weib – worunter natürlich nicht die wissenschaftsnaschende Geheimratstochter, sondern die Frau mit weitem Blick und sicherem Verständnis für die großen Fragen der Menschheit verstanden werden soll – dürfte bisher nur in einzelnen wenigen Exemplaren anzutreffen sein. Diese Tatsache ist nun keineswegs dadurch zu erklären, daß die Wissenschaft für die Frau zu hoch sei, geschweige denn dadurch, daß, wie einige männliche Blaustrümpfe wissen wollen, die Kultur die Frau in ihrer Eigenschaft als Weib verderbe und untauglich mache, sondern sie entspringt einer sehr viel tieferen Quelle. Wir wollen nun hier versuchen, dieselbe zu entdecken oder doch wenigstens den Weg zur Entdeckung zu weisen.

Die Frau ist lange nicht so verschieden vom Manne, als es sich die fanatischen Stehenbleiber oder Rückwärtser unserer sozialen Ordnung einbilden. Immerhin ist aber wohl das eine nicht zu leugnen, daß einzelne Lebensfragen beim Weibe sehr von der Art und Weise, wie sie sich dem Manne stellen, differieren. So nimmt die brennende Frage: wie läßt sich der Beruf des Berufs mit dem Beruf der Elternschaft verbinden, allerdings, sobald man sie vom Standpunkt des Arztes auffaßt, naturgemäß bei Mann und Weib ganz andere Bedeutung an und führt deshalb auch in ihrer Beantwortung zu ganz verschiedenen Resultaten. Stellt man sie aber in pädagogischem Sinne, so sieht man, daß sie der Qualität nach dieselbe Antwort erfordert, denn sowohl Mann wie Weib, also Vater wie Mutter, kommen hier – oder sollten es doch wenigstens tun – in denselben Konflikt, da beide Teile Elternpflichten zu erfüllen haben, welche sich zuweilen, bei beiden, mit den Berufspflichten entweder gar nicht oder wenigstens doch nur schwer vereinigen lassen. Trotzdem ist aber hier die Orientierung beim Weibe schwerer, teils wegen der ungesunden ökonomischen Zustände, in denen wir leben, sowie wegen des Widerstandes, der ihr in den vorerwähnten Fällen seitens des Mannes entgegengesetzt wird, teils aber auch wegen allerhand psycho-physischer Beziehungen, speziell zwischen dem noch unmündigen Kind und der Mutter.[130] Hieraus erhellt, daß die intellektuelle Frau diesen Konflikt ohne Einbuße entweder an Gesundheit, oder an Geist, oder an Herz, oder an zweien von ihnen, oder gar an allen dreien, schwerer überwinden kann, als der ihr intellektuell ebenbürtige Mann. Was Wunder, wenn die intellektuellen Frauen bei der beständigen Desertion, der ihre Reihen auf diese Weise *vita ipsa* ausgesetzt sind, numerisch vorderhand niemals sehr stark sein werden!

Aber der Konflikt von Beruf und Mutterschaft, den ich hier nur habe andeuten können, ist nicht das einzige Dilemma für die intellektuelle Frau. Sie sieht sich – und viel häufiger noch – in ein zweites und schwie-

130 Volle Erwerbstätigkeit macht die Erfüllung der Mutterpflicht unmöglich. So auch Marianne Weber: *Beruf und Ehe*. Schöneberg-Berlin 1906, Verlag der Hilfe, p. 7.

rigeres Dilemma, nämlich in das zwischen der Liebe zu ihrem Manne und der Liebe zu ihrem Kinde, versetzt.

Von Kaiser Nero wird berichtet, daß er sich einmal einige Tage lang ins Bett gelegt und über starke Wehen geklagt, ja, eine ganze Kindsbettkomödie gespielt habe. Rosa Mayreder hat auf einigen Seiten ihres ausgezeichneten Buches zur Geschlechterfrage den doppelgeschlechtlichen Charakter, den ein nicht geringer Teil der Menschheit aufweist, gestreift.[131] Ich selber habe, bei jedem neuen Kinde, das mir meine Frau gebar, mich von einer ungemein starken Sehnsucht nach dem Stillen des Säuglings packen lassen, die fast die Formen der Eifersucht annahm. Diese Sehnsucht grenzte bisweilen selbst an physiologische Schmerzempfindungen. Neben ihr her ging die Empfindung einer unerträglichen Inferiorität des Mannes dem Weibe gegenüber.

Diese Empfindungen sind nicht Symptome der Schwäche, der Dekadenz, des Mangels an Männlichkeit. Schreiber dieses erhebt den Anspruch, nicht zu den verweichlichten Männern zu gehören und gerechnet zu werden. Eine liebevolle Analyse besagter Erscheinungen lehrt vielmehr, daß, wie fast in jedem Weibe bestimmend oder zeitweise das Bedauern lebendig ist, nicht als Mann auf die Welt gekommen zu sein, so auch im Manne sich häufig das Bedauern bemerkbar macht, nicht Weib zu sein. Da der Mann in der sozialen Achtung heute mehr gilt als das Weib, betrachten viele Männer das Lüften dieses Geheimnisses fast wie ein Bekenntnis der Schande und unterdrücken deshalb ihre diesbezüglichen Regungen. Aber vorhanden ist bei beiden Geschlechtern die Sehnsucht nicht nur nach dem gegenseitigen Besitz, sondern nach dem Austausch ihrer Geschlechtseigentümlichkeiten.

Auch der Mann ist also in psychischer Hinsicht nicht beziehungslos zu seinem Kinde.[132] Leben und Wesen des Weibes hingegen werden durch die Mutterschaft geradezu revolutioniert. Die Mutterschaft ist besonders in den ersten Monaten nach der Geburt des Kindes sehr intensiv. Die Mutter ist immer um das Kind herum. Sie geht in ihm auf. Der Mann rückt in die zweite Reihe. Er ist abgesetzt, ersetzt geworden. Früher war er es, der von der jungen Frau verhätschelt wurde; nun hat das Kind seine Stelle eingenommen. Viele Männer verstehen diese plötzliche Wandlung im Gefühlsleben des Weibes nicht einzuschätzen, noch gar vermögen sie die Beweggründe und Ursachen zu erkennen, die Veranlassung zu ihr gegeben haben.[133] So ist die Legende entstan-

131 Rosa Mayreder: *Zur Kritik der Weiblichkeit*. 2. Aufl. Jena-Leipzig 1907, Diederich, p. 266ff.

132 Vgl. in diesem Band p. 158 [d.h. hier S. 134].

133 Vgl. in diesem Band p. 163 [d.h. hier S. 137f.]. Die Leiden eines jungen Va-

den, das Weib suche im Liebesleben überhaupt nur die Mutterschaft. Es liebe den Mann nur, insoweit er das unentbehrlich notwendige Mittel zur Befriedigung der weiblichen Sehnsucht nach dem Kinde darstelle.

In dieser falschen Anschauung wird der Mann noch bestärkt durch die geschlechtlich ablehnende oder zum mindesten unfreudige Art der ganz in die Anbetung ihres Wickelkindes versunkenen jungen Mutter. Die Erscheinung von der Interesselosigkeit am Manne sowohl wie von dem Aufgehen im Kind aber haben dieselbe rein physiologische Unterlage. Die Wöchnerin ist physiologisch auf das Kind angewiesen in ihrer Eigenschaft als Milchgeberin. In der Periode des Stillens überwiegt in der Frau die Mutter über das Weib. Ihr ganzer Körper drängt, dem Geiste häufig unbewußt, dem Kinde zu, aber vom Manne hinweg, nicht vom Vater des Kindes, den sie gerade als solchen mit gelegentlichen Zärtlichkeiten speisen wird, wohl aber vom Manne als Geliebten, der ihrem eben erst wieder einrangierenden Körper auch aus dem Grunde instinktiv widerstrebt, weil er die normale Kontinuität der Mutterschaft durch eine mit einer erneuten Schwangerschaft hervorgerufene Versiegung der Ressourcen zur Ernährung des Säuglings jäh zu unterbrechen oder vielmehr abzubrechen droht.

Aber die Mutterschaft bildet nur eine im Kreislauf des normalen Frauenlebens mehr oder weniger häufig wiederkehrende Periode. Sie beherrscht das Dasein der Frau keineswegs in dem Sinne, daß beide identifiziert werden könnten. In Wirklichkeit hat das Weib genau so gut natürliche Geschlechtsbedürfnisse als der Mann. Wenn der Mann heute bestrebt ist, sein sexuelles Ausleben vor und in der Ehe als notwendige Folge seiner Bedürfnisse darzustellen, während er gleichzeitig fortfährt, dem Weibe (wenigstens dem seiner Klasse und seines persönlichen Interessenkreises) das gleiche Ausleben zu verbieten, unter dem Vorwande, das Weib besäße keine derartigen Bedürfnisse oder besäße sie doch wenigstens nur in einem hundertfach verkleinerten Maßstabe, so liegt dieser doppelten Moral, wie man sie wohl genannt hat, kein doppelter Tatbestand, der sie rechtfertigen könnte, zugrunde, sondern wir haben es hier vielmehr beim Manne mit einer Hypertrophie, einer häufig selbst an Entartung grenzenden Übersteigerung der Anforderungen des Geschlechtstriebes, beim Weibe hingegen mit einer systematisch betriebenen Unterdrückung des Geschlechtstriebes,

---

ters durch die Zurücksetzung, die er in der Liebe seiner Frau durch die Geburt seines Kindes erfährt, werden psychologisch wahr, wenn auch mit starken Farben aufgetragen, geschildert in dem Tendenzroman von Verus: *Einer für Viele, Aus dem Tagebuch eines Mannes*. 3. Aufl. Leipzig 1903, Seemann, p. 14ff.

in beiden Fällen, wenn auch im umgekehrten Sinne, mit unnatürlichen Auswüchsen zu tun. Auch im Frauenleben ist die Geschlechtsliebe Selbstzweck, und nicht nur Durchgangsstadium zur Mutterschaft. Das Weib benötigt physiologisch abwechselnd den Mann und das Kind. Aus Sehnsucht nach dem Kinde ließe sich weder die Hingabe armer lediger Mädchen an den Geliebten, noch der Ehebruch kindergesegneter Frauen erklären.

Erziehung und Konvention aber haben, ursprünglich im Interesse des Geschlechtsegoismus des Mannes, der die Frau an die Wiege verwies, um die Welt und ihre Freuden für sich allein zu besitzen[134], den physiologisch und psychologisch begründeten Eifer des Weibes in ihrer Konzentration auf das Kind über das notwendige, naturgegebene Maß hinaus entwickelt. In der vulgären Ethik spielt die „Mutterliebe" eine zu große Rolle. Heutzutage ist Sehnsucht nach dem Kinde Trumpf. Ihretwegen wird der Frau alles und jedes verziehen, mag sie sich nun – und sei es auch noch so ehelich – einem ungeliebten Manne um Geld und Geldeswert preisgeben, oder mag sie sich – und sei es auch noch so außerehelich – aus Leichtsinn oder unüberlegter Sinnlichkeit dem ersten besten Männlichen an den Hals werfen. Sie braucht nur zu einem Kinde gelangen zu wollen, oder auch, ohne das gerade direkt zu beabsichtigen, es doch, wenn es einmal da ist, zu lieben, so wird ihr von der augenblicklich in der Moderne vorherrschenden Strömung vergeben werden. Die Mutterschaft steht zwar sozial sowie ethisch unendlich hoch und die Mutterliebe und die Erfüllung der Mutterpflichten sind unbedingt die ersten Erfordernisse nicht nur für eine gesunde Fortpflanzung der Spezies, sondern auch für eine nötige Weiterbildung der Moral. Aber dem ungeachtet darf man sagen, daß der ganze Apparat der Mutterschaft an Rechten wie auch an Pflichten heute übertrieben wird. Die Frau als Mutter steht, sobald sie nebenbei nur überhaupt einen Mann besitzt, in der Achtung der Muhmen und Basen unendlich höher als die Frau als Mitarbeiterin ihres Mannes. Die Liebe zum Kind nimmt oft ungesunde Formen an. Die Mutter trägt häufig die Schuld daran, daß dieses eine ganz ungebührlich große Rolle im Hauswesen spielt, ja, daß es dasselbe ungestraft völlig auf den Kopf stellen darf. Es unterliegt keinem Zweifel, daß die Mutter in der Regel einen viel zu ho-

134 Nach einem geistreichen, in Anekdotenform geschriebenen Essay des holländischen Dichters Multatuli, der in seinen *Geschiedenissen van Gezag* (Nr. 8) erschienen ist, wird die subalterne Stellung der Frau dem Manne gegenüber dem Umstand zugeschrieben, daß dieser ihr auf suggestivem Wege die Überzeugung beizubringen verstanden habe, daß Wissen, Begreifen und Begehren für sie Sünde sei.

hen Prozentsatz ihrer Zeit auf die Kinder verwendet, nicht so sehr auf die eigentliche Kinderpflege, die ja von höchster Wichtigkeit für jede gedeihliche Weiterentwicklung der kommenden Generation ist, als auf recht unnötige, oft auch dem Kinde selbst nicht einmal zuträgliche Spielereien und Verwöhnereien.

Bei der heutigen Auffassung des Begriffes Mutter ist es verständlich, daß die Frau auch über die Periode des Säugens hinaus den Mann vor dem Kinde in den Hintergrund schiebt. Sie wird ihm zwar auch fernerhin alle jenen „Liebesdienste" antun, welche einmal zu den äußeren Pflichten einer braven Ehegattin gehören, aber er wird in ihrem Leben nicht mehr die Stelle einnehmen, welche er früher, vor der Geburt des Kindes, in normalen Fällen besetzt hielt.

Ist der Mann aber gewöhnt, an seine Frau auch in intellektueller Hinsicht Ansprüche zu stellen, war sie vor Geburt des Kindes seine geistige Kameradin, so wird der Zwiespalt der Frau zwischen ihren Pflichten als Gattin und Mutter doppelt schwer. Hier ist der Sache selbst nicht einmal dann viel geholfen, wenn die Frau aller *überflüssigen* Beschäftigung mit den Kindern entsagt.

Es ist zwar an sich richtig, daß geistige Arbeit die vermögende Frau in allen Lebenslagen begleiten kann, öde Vergnügungssucht nicht. Die Pflichten der Mutterschaft sind leichter vereinbar mit jener, als mit dieser. Ein Weib, das sein Kind selbst nährt, hat die Gräfin d'Agoult gesagt, kann mit Platon denken und sich in Descartes vertiefen; ihre Milch wird nicht darunter leiden. „Mais qu'elle se pare, se farde, veille, danse, intrigue, son sang s'échauffe, sa bile s'irrite, ses mamelles tarissent, son enfant pâlit."[135] Aber im täglichen Leben werden Platon und Descartes doch die junge Mutter nicht allzu stark ablenken dürfen. Denn die Kinder bedingen so unendlich viel Arbeit und Sorge und Mühe, daß die Frau durch sie fast immer genötigt sein wird, ihnen so viel Zeit zu widmen, daß sie ihre Wissenschaft und somit auch ihren Mann, zwar nicht körperlich, aber doch seelisch, wird vernachlässigen müssen, nicht aus natürlicher Bosheit oder Kurzsichtigkeit, sondern notgedrungen. Es besteht ein tiefer Zwiespalt im Leben des Weibes, welches Mutter ist, und je idealer und inniger die Liebe beschaffen ist, welche es seinem Manne entgegenbringt, je zahlreicher die intellektuellen Fäden sind, welche die beiden miteinander umschlingen, desto unerbittlicher wird der Konflikt einsetzen. Die Frau, welche Kinder hat, wird genötigt sein, soundsoviel Stunden des Tages sich mit ihnen zu beschäftigen. Alle die

135 Daniel Stern (Comtesse Marie d'Agoult): „Esquisses Morales. Pensées sur les Femmes", in: *Revue Independante*, Jg. VII, Bd. II, Paris 1847, p. 193.

Stunden, welche sie sich mit ihnen aber beschäftigen muß, werden der Arbeit verloren gehen, welche sie bisher mit ihrem Manne geistig verknüpft hatte. Die Mitarbeiterin des Mannes, die Sozialpolitikerin, die Kunsthistorikerin, oder was sie sonst noch sein mag, erhält durch die Mutterschaft eine Einbuße, wenn auch nicht an intellektueller Kraft, so doch an der Möglichkeit, sie zu betätigen.

Das Dilemma, in welchem sich das Weib-Mutter also befindet, ist für sie durch folgende Doppelfrage gegeben: wie kann ich meine zentrifugal wirkenden Pflichten als Kameradin meines Mannes und als Mutter meiner Kinder verbinden? Und wenn ich sie nicht verbinden kann, der Erfüllung welcher Pflicht muß ich den Vorzug einräumen? Der Mehrzahl unserer Frauen fällt die Beantwortung der ersten dieser Fragen kinderleicht, denn die Mehrzahl unserer Frauen befindet sich in der wenn man will günstigen Lage, keinerlei oder wenigstens doch nur verschwindend geringe geistige Interessen zu haben, welche sie mit ihren Männern verbinden könnten. Bei den meisten Frauen kommt es ja nur darauf an, daß sie sich wenigstens nicht allzusehr den Kindern widmen, so daß sie noch Zeit genug übrig behalten, des Mannes Forderungen an ihre Eigenschaft als Gesellschaftsdame zu befriedigen. Auch die zweite Frage, nämlich das Dilemma zwischen der Frau als Mutter und als Geliebten, wird in der Regel für die Mehrzahl der Frauen keine weiteren Schwierigkeiten mit sich bringen, denn der Durchschnitts-Ehegatte selbst ist ganz von der konventionellen Auffassung von Ehe und Mutterschaft durchdrungen und läßt es deshalb, zumal bei der Leichtigkeit des Ersatzes, ohne Murren geschehen, daß der Muttertrieb des Weibes in der Ehe den erotischen Trieb fast immer überwuchert.

Sehr ernst dagegen gestaltet sich in der Praxis das Dilemma zwischen dem Weib als intellektuellem und als tierisch-mütterlichem Geschöpf. Die einfachste Lösung dieses Problems ist der Reichtum. Die Mutter übergibt ihre Kinder bezahlten Kräften. Aber abgesehen davon, daß die meisten jungen Ehepaare diesen Reichtum, der sie aus schwierigen Problemen retten könnte, nicht besitzen, so wird er selbst, wenn er vorhanden ist, die Frau längst nicht immer aus ihrem Zwiespalt erlösen können, denn der Konflikt besteht ja vorzugsweise aus dem Widerstreit zweier Liebesgefühle und erst in zweiter Linie aus einem Widerstreit zweier Pflichten.

Ist der Ausgangsweg des Reichtums also entweder utopistisch oder, wenigstens für die ernsteren Naturen unter den reichen Frauen, illusorisch, so würde ein anderer Weg die Frau vielleicht aus ihrem inneren Kampfe zu erlösen vermögen. Die sozialistische Frauenkämpferin

Clara Zetkin[136] hat in einem anderen Zusammenhang einmal darauf hingewiesen, von welch ungeheurer Bedeutung für eine harmonische Ausgleichung der Berufspflichten mit den Mutterpflichten es sein würde, wenn der Mann nicht mehr, wie heute, den größten Teil seines Lebens außerhalb des Hauses zubringen, sondern der Frau redlich an die Hand gehen würde, die Kinder zu erziehen und im Haushalt zu helfen. Eine solche Arbeitsteilung würde zunächst unbestreitbare Vorteile für den Mann, dem sie vor allen Dingen eine größere Vielseitigkeit seiner Gedankenwelt bedingen würde, zur Folge haben, ferner aber auch der Frau selbst zugute kommen, da auf diese Weise der Mann einen Einblick in ihren Pflichtenkreis erhalten würde, von dessen Ausdehnung er bisher nur eine sehr vage Vorstellung hatte.

Die Geringachtung der Frau als Hausfrau ist eine logische Folge der Geringachtung der von der Frau dem Mann im Haushalte geleisteten Dienste. In den kontinentalen Kodizes erhält die Frau als Gegenleistung für die Werte, die sie als Hausfrau und Mutter erzeugt, immerhin die Gewährleistung ihres Unterhaltes; dem Ehemann liegt die Pflicht ob, seine Frau, solange sie in seinem Hause weilt, zu ernähren. Diese Bestimmung impliziert aber nur die elementarste Anerkennung der Hausfrau als einer überhaupt Werteschaffenden und auch dann in die Kategorie des *Homo Oeconomicus* Gehörigen und eine produktive Tätigkeit Ausübenden, wenn sie nicht draußen in der Fabrik für Lohn arbeiten geht oder in der Schule als angestellte Lehrerin Buben und Mädels in den Anfangsgründen menschlichen Wissens unterrichtet. Die ihr zugrunde liegende Auffassung ist noch ganz primitiv, da sie die von der Frau im Haushalt und in der Kinderstube erfüllte Funktion nicht höher einschätzt als den Wert, den die nackten Subsistenzmittel, die dazu genügen, daß sie das Leben fristen kann, besitzen. Das englische Recht erkennt sogar nicht einmal die elementare Unterhaltungspflicht des Ehemannes an. Nach dem englischen Gesetz ist der Ehemann nicht einmal verpflichtet, für die Unterhaltung seiner Familie zu sorgen, solange sie mit ihm zusammenlebt. Die englische Hausfrau hat kein Recht, von ihrem Manne Haushaltsgeld zu verlangen, die Gerichte besitzen keine Macht, ihn zur Zahlung eines solchen zu zwingen. Erst die Bitte der Frau um Aufnahme in ein *Workhouse* kreiert eine Unterstützungspflicht des Mannes, soweit dieser dazu in der Lage ist, überdies auch nur für den Fall der Aufnahme. Zu Hause ist der Mann unangreifbar. Derartige Bestimmungen sind die notwendige Folge von Anschauungen, die

136 Clara Zetkin: *Geistiges Proletariat, Frauenfrage und Sozialismus*. Verlag Vorwärts, Berlin 1902, p. 23.

den Werten, welche die Arbeit der Frau im Hause schafft, nicht gerecht werden.

Eine größere Anteilnahme des Mannes an den häuslichen Arbeiten würde aber für die Frau, außer dem ideellen Vorteil der präziseren Einschätzung ihrer Arbeitsleistung auch den reellen Vorteil einer starken Entlastung an Arbeit bzw. an Familienpflichten mit sich bringen und hierdurch das Dilemma der Pflichten, in welches die Frau als Mutter gerät, stark vermindern. Sehr vielfach wird ein solcher Vorschlag aber praktisch als nicht durchführbar erklärt. Sehr mit Unrecht! Denn wenn die Männer von heute weniger Zeit im Gasthaus, oder im Klub, oder wie sich die Gelegenheiten zur Zeitvergeudung sonst noch nennen mögen, zubringen würden, wäre der Gedanke einer häuslichen Arbeitsteilung zumal in der Erziehung der Kinder keineswegs unrealisierbar. Hier müßte also eine scharfe Bewegung einsetzen, welche zum Zweck hätte, einer gewissen Kategorie von Männern eine richtigere Auffassung von dem beizubringen, was sie ihren Frauen und ihren Kindern schuldig sind. Bei einer großen Anzahl von Ehegatten würde eine solche ethische Agitation schon heute ihren Zweck erfüllen und auf diese Weise daraufhin wirken, daß auch im häuslichen Leben eine gerechtere und zugleich beiden Teilen zuträglichere Verteilung von Rechten und Pflichten eintreten würde. Freilich, eine ganze Reihe männlicher Berufsarten erfordert eine teilweise, ja selbst völlige Abwesenheit der in ihnen Beschäftigten vom Hause. Bei den Frauen, deren Männer sich in solchen Zwangslagen befinden, gibt es allerdings nur eine einzige Rettung aus dem Dilemma: Erzieherin des Kindes oder Geisteskameradin des Mannes. Diese Frauen haben sich die schwere Frage vorzulegen, welche der beiden streitenden Pflichten ihnen mehr am Herzen liegt. Im Zwiespalt zweier Pflichten muß stets die kleinere der größeren weichen, wenn nicht am Ende alle beide vernachlässigt werden sollen. Das ist ein altes praktisches Moralgesetz. Die im Konflikt ihrer Pflichten befindliche Frau wird also ihrer stärkeren Liebe folgen und die schwächere Liebe – nicht verlassen, nicht vernachlässigen, – aber doch wenigstens wohl an zweite Stelle rücken. Diese schwächere Liebe – darüber dürfen wir uns keinen Illusionen hingeben – wird meistens der Mann sein und er trägt daran gewiß nicht selten die größte Schuld selbst. Ich stehe aber nicht an, zu erklären, daß es bei normaleren Lebens- und Liebesbedingungen, als wir sie heute haben, das Kind sein müßte. Konflikte, in denen sich die Frau in der Ehe genötigt sehen wird, zwischen Mann und Kind zu optieren, werden freilich nur in akuten Fällen entstehen und zum Teil vorübergehender Natur sein (z.B. im Dilemma: Forschungsreise mit dem Mann nach Afrika und zeitweiliger

Verzicht auf die Kinder oder Fortsetzung der Kinderpflege; oder auch: Entscheid zwischen der Pflege des verwundeten Mannes im Felde oder des gleichzeitig kranken Kindes bei gleicher Lebensgefahr beider). Im normalen Leben ist die Aufgabe der Frau weniger tragisch, wenn auch nicht weniger kompliziert: den Bedürfnissen von Mann und Kind je nach der augenblicklichen Lage in fein abgetönter Differenzierung und wechselnder Gradstärke der Aufmerksamkeit Sorge zu tragen und dabei doch auf ihre eigene Persönlichkeit nicht zu verzichten.

Anhang

Über die Grenzen hinaus

I. Soziale Bewegungen

Frauenstimmrecht – schon heute eine Notwendigkeit[1]

Die Frauenstimmrechtfrage ist eine der schwierigsten theoretischen Fragen der Zeit, von deren Lösung aber ein vielleicht größerer Teil der sozialen Frage abhängt, als sich der Biertisch- wie auch der Gelehrtentisch-Philister in der Regel denken mag. Darum halte ich eine Erörterung über diese Frage für durchaus am Platze und habe auch den darauf bezüglichen Artikel[2] im *Freien Wort* freudig begrüßt. Denn ich erhoffe von allem, was darüber je geschrieben wird, stets eine günstige Wirkung. Nicht, als ob ich etwa allen Ernstes glaubte, daß diese Frage in absehbarer Zeit bei uns in Deutschland einmal greifbare Gestalt annehmen und also das Gebiet der grauen Theorie verlassen könnte, aber ich bin der festen Ueberzeugung, daß jede offene Aussprache über ein Argument von so tief einschneidender Wichtigkeit uns doch einen kleinen Schritt der Lösung näher führt, zumal wenn eine solche Aussprache in einer vielgelesenen Zeitschrift mit gebildetem und obendrein modern fühlendem Lesepublikum vor sich geht.

Ich sage es gleich voraus. Ich bin keineswegs der Ansicht des Autors jenes Artikels im *Freien Wort*. Verständigen wir uns! Auch ich verkenne durchaus nicht die große Gefahr, die darin läge, wenn man schon der heutigen Frau, über deren politische Qualifikation oder vielmehr Nichtqualifikation ich in allen Punkten mit dem von jenem Gesagten übereinstimme, plötzlich das Stimmrecht in die Hand gäbe. Die Frau ist heute sicherlich noch zu einem weit höheren Prozentsatz als der Mann allen Einflüsterungen reaktionärer Gesinnung zugänglich. Alle Formen versteinerter Konvention, von der kirchlichen bis zur staatlichen, von der gesellschaftlichen bis zur ökonomischen, haben in ihr ihren mächtigsten Fürsprecher. Das ist zwar alles nicht inhärente Eigenschaft des Weibes an sich, sondern lediglich Schuld falscher Erziehung und geschlechtlicher wie ökonomischer Präpotenz des oft für seine eigene Person recht „freidenkenden" Mannes. Aber es ist so und man muß deshalb mit diesem Zustand der Dinge rechnen. Die Zulassung der Frau zum Stimmrecht würde für die reaktionären Parteien Deutschlands, welche wir alle,

1 [Erstveröffentlichung: „Frauenstimmrecht – schon heute eine Notwendigkeit", in: *Die Frauenbewegung*, Jg. 8, Heft 23, 1. Dezember 1902, S. 1-2.]

2 *Das Freie Wort*, Frankfurter Halbmonatsschrift für Fortschritt. 5. November 1902.

jeder auf seine Weise und mit seinem besonderen Ziel vor Augen, bekämpfen, allerdings aller Voraussicht nach zunächst nichts anderes als eine Verstärkung ihrer an und für sich schon genügend starken Position bedeuten. Was wir alle für ein Postulat einfachster Gerechtigkeit halten und was wir deshalb alle ersehnen, das Frauenstimmrecht, würde also etwas zur Folge haben, was wir befürchten, nämlich eine Stärkung des Gegners. Und wer gäbe je seinem Feinde Munition? Höchstens ein Geisteskranker oder ein Duellnarr würde so naiv sein.

Und doch halte ich den Schluß, den der Autor des bewußten Artikels im „Freien Wort" aus alle diesem zieht, für falsch. Die Zulassung der Frauen würde ein Uebel sein? Sie würde manche bereits geschehene Arbeit modern gesinnter Männer wieder rückgängig machen? – Gut! Zugegeben! Aber es würde meiner Ansicht nach *noch eine weitere Frage* bestehen bleiben und zwar die, *ob das Frauenstimmrecht ungeachtet des heutigen noch so unendlich niedrigen Kulturzustandes unserer Frauen nicht dennoch trotz aller Hemmnisse des Fortschrittes, welche es zweifellos mit sich bringen müßte, im Grunde dem Fortschritt der Menschheit nützlich sein würde*. Was mich anbelangt, so glaube ich, daß die Verleihung des Stimmrechtes an die Frau sogar nicht bloß nützlich, sondern zur Erreichung demokratischer und sozialer Ziele sogar *durchaus notwendig* ist, selbst wenn es bereits heute erfolgen sollte.

Diese meine Meinung mag nach dem, was ich kurz zuvor von den Folgen einer solchen Wahlrechtsreform gesagt habe, manchem wenig logisch zu sein scheinen, und doch ist sie nichts weniger als paradox.

Entriamo nell' argomento! Das Frauenstimmrecht wird von uns allen, auch vom Verfasser des bewußten Artikels in Nr. 15 vom 5. Novbr. als ein Ziel betrachtet, auf das wir lossteuern müssen. Nur muß dieses Ziel, meint er wohl, vorläufig noch „umsteuert" werden. Es soll uns zwar ein leuchtendes Gestade sein, aber wir dürfen unseren Kiel nicht danach lenken. Kurz, man darf nicht ohne *reservatio mentalis* daran denken. Das Ziel bleibt für die Zukunft aufgespart. Nun ist es aber mit dem Aufsparen als theoretisch für wünschenswert, aber praktisch für gefährlich erachteter Reformen so ein Ding. Sie schlafen stets im allgemeinen Dormatojo „guter Wünsche" ein und man tut nichts oder wenig, sie aus diesem Schlafe zu erwecken. *Jetzt* ist die betreffende Klasse, die betreffende Rasse oder das betreffende Geschlecht, welches aus moralischer oder ökonomischer Tyrannei befreit werden soll, wirklich oder vermeintlich, „noch nicht reif", aber diejenigen, die auf diesem Standpunkte stehen, sie für noch nicht reif zu halten, tun in der Regel nichts, um die betreffende Menschenkategorie allmählich *reif zu machen*, und so bleibt diese denn ewig im Stadium der Unreife.

Wenden wir dieses Axiom meiner historischen Philosophie auf den konkreten Fall des Frauenwahlrechts an, so sehen wir, daß die Frauen zwar tatsächlich noch nicht reif sind, aber daß sie, falls man das Stimmrecht für die Gegenwart noch als nicht wünschenswert erachtet, auch niemals, oder doch wohl höchstens erst zu Zeiten unserer Urenkel reif sein werden. Darum stehe ich nicht an zu erklären, daß ich der felsenfesten Ueberzeugung bin, *daß die Verleihung des Wahlrechts an die Frauen die Menschheit in ihrer Entwicklung nicht rückwärts, sondern nur vorwärts bringen, und daß, je eher dieser Zeitpunkt erfolgt, desto eher auch die Demokratisierung der Massen vor sich gehen wird. Denn* – und das ist meiner Ansicht nach der springende Punkt und das entscheidende Faktum in dieser ganzen Frage – *die Frau ist heutzutage noch zu rechtlos, um sich ohne jegliche Hilfe selbst befreien zu können, und die Männer – werden sich erst dann ernsthaft bemühen, die Frauen aus ihrem jahrhundertelangen Schlafe zu entreißen und sie den modernen Ideen zugänglich zu machen, wenn die Frauen das Stimmrecht in Händen haben*. Erst wenn die Männer sehen, daß die Frauen eine Macht besitzen, mit welcher sie ihnen und ihren Idealen Schaden tun können, erst dann werden sie auch unter ihnen die Propaganda machen, die sie heutzutage nur unter ihren Geschlechtsgenossen zu treiben pflegen. Die politisch rechtlose Frau ist dem Manne nicht viel anderes als ein Objekt instinktiver Bedrückung, nicht wert, erzogen zu werden, nicht wert, Kameradin, Mitkämpferin zu sein, die wahlrechtsfähige Frau wird dem Manne aber etwas bieten können, was sie seiner aufklärenden Arbeit wert macht. Die rechtlose Frau von heute wird stets dem Pfaffen gehorchen, dem Kapital dienstbar sein und den Junker vergöttern, auch wenn ihr Mann, ihr Bruder, ihr Sohn immer mehr zu freien Menschen werden. Die wahlrechtsfähige Frau von morgen aber wird, mitten in den Kampf moderner Weltanschauungen hineingerissen, ein Streitapfel aller Parteien, sehr bald zu einem sehr großen Prozentsatz verlernen, ein Hort überlebter Reaktion zu sein. Sicherlich wird der Kampf in seinem allerersten Stadium unseren Wünschen nicht ganz entsprechen, sicherlich wird zunächst Klerikertum und Junkertum dabei gewinnen, aber diese Gefahr würde auch bleiben, wenn die Frau selbst erst nach zwei bis dreihundert Jahren das Stimmrecht erhielte. Das feige Aufsparen einer Kampfesperiode aber, die doch nicht umgangen werden kann und doch einmal kommen muß, ist unwürdig. Und außerdem gibt es für den Schwarzseher noch eine große Beruhigung. Die große Masse der proletarischen und wohl auch einen großen Teil der kleinbürgerlichen Frauen – also ein gutes Dreiviertel der gesamten Frauenwelt! – wird allein das materielle Bedürfnis dazu nötigen, keinem reaktionären Kandidaten, und träte er selbst in

Apostelform auf, die Stimme zu geben. Das Klassenbewußtsein ist gerade in diesen Kreisen stark erwacht und verlangt gebieterisch – nicht nach einem feinen *Souper* im Himmel! – sondern nach einem Stückchen Brot auf Erden.

Noch einmal! Das Frauenstimmrecht würde schon jetzt von größter Nützlichkeit für die Zwecke moderner Weltanschauung sein. Ohne das Frauenstimmrecht ist aber der Traum einer Emanzipation der Frau überhaupt nicht zu verwirklichen.

Die politische Tätigkeit der sozialdemokratischen Frauen[1]

Zweifellos gibt es eine ganze Reihe von Fragen, in denen die gesamte aufgeklärte Frauenwelt, gleichgültig, welcher Bevölkerungsschicht die einzelnen Frauen angehören, Schulter an Schulter zu kämpfen hat und auch kämpfen wird. Ebenso unbestreitbar ist aber auch die Tatsache, daß unter den Frauen dieselben Klassenunterschiede bestehen wie unter den Männern. Klassen*unterschiede* aber bedingen ohne weiteres verschiedenartige Klassen*interessen* und diese wiederum *Klassengegensätze,* die ihrerseits in sich zu Parteien kristallisierenden verschiedenen *Weltanschauungen* ihren politischen Ausdruck finden. Die offene Anerkennung des auch unter den Geschlechtsgenossinnen bestehenden Klassenkampfes gibt nun aber nur der Bewegung der sozialdemokratischen Frauen ihre besondere Signatur, während die bürgerlichen Frauen diese Grundlage theoretisch vielfach nicht anerkennen, freilich doch in der Praxis des politischen Lebens ebenfalls so handeln, wie es ihrer Klassenlage entspricht, und in letzter Zeit zum Teil auch schon die parteipolitische Konsequenz daraus gezogen haben, sowohl in Deutschland wie anderwärts (England, Dänemark, Frankreich). Es gibt eigentlich nur ein Land, in welchem der Unterschied zwischen bürgerlicher und proletarischer Frauenbewegung verwischt erscheint: *Italien.* Das aber kommt daher, daß dort der bürgerlichen Frauenbewegung durch das auf vielen Gebieten äußerst weitgehende Entgegenkommen der Regierung ein Hauptlebensnerv schon frühzeitig unterbunden wurde und daß sich daher fast ohne jegliche Ausnahme alle diejenigen Frauen, welche die Frauenfrage durch Freimachung der Katheder an der Universität oder paritätische Behandlung männlicher und weiblicher Schullehrer noch nicht für gelöst hielten, sondern das *Endziel* der Frauenbewegung nur in der völligen ökonomischen, sozialen, politischen und eherechtlichen Gleichstellung der Frau mit dem Manne erblickten, ohne Unterschied der Lebensstellung, im sozialistischen Lager oder doch wenigstens in dessen Seitendeckungen zusammengefunden haben. Die bürgerliche Frauenbewegung ist dort, man kann wohl sagen, in der proletarischen untergegangen.

1 [Erstveröffentlichung: „Die politische Tätigkeit der sozialdemokratischen Frauen", in: *Frauen-Rundschau,* Jg. 4, Nr. 21, 1. November 1903, S. 1045-1048.]

Die sozialdemokratischen Frauen aller anderen Länder und Zungen hingegen sehen dem Kampfe der bürgerlichen Frauenkämpferinnen mit der Ruhe dessen zu, der bei aller Sympathie für denselben doch sehr genau weiß, wie wenig ihm selbst die meisten ihrer Siege frommen, solange ihm die wirtschaftlichen und sozialen Grundbedingungen fehlen, um sie sich nutzbar machen zu können. Was nützt denn z. B. die Zulassung der Frau zur akademischen Docentenlaufbahn der Proletarierin? „Ein kluger Gärtner legt auf einem Stoppelfeld keinen Garten an, ohne es vorher zu düngen und umzugraben," sagt einmal eine der unstreitbar begabtesten Frauen der sozialistischen Bewegung Deutschlands, Lily Braun.[2] Das ist auf die Frauenfrage bezogen, der Standpunkt der gesamten Sozialdemokratie. Die Frauen werden erst dann ihre berechtigten Forderungen vollständig durchzusetzen vermögen, wenn die – wissentliche oder unwissentliche – Ausbeutung des Menschen durch den Menschen ihr Ende erreicht hat. Die Erlösung der Frau wird also mit dem Siege des sozialistischen Gedankens, wenn auch vielleicht nicht direkt zeitlich zusammenfallen, so doch in logischem und historischem Zusammenhang stehen müssen.

Dieser Gedankengang gibt generell die Stellungnahme der sozialistischen Frauen zu den Endforderungen der Frauenbewegung wieder. Die politische Tätigkeit, die sie heutzutage überall entfalten, wo bereits ein klassenbewußtes Proletariat besteht, soll prinzipiell nicht anderes bezwecken, als den Weg zum Endziel nach Kräften abzukürzen und gleichzeitig bis zur endlichen Erreichung desselben die Lebenshaltung und Bildung der Frau nach Möglichkeit zu heben und zu konsolidieren. Daher ist die, wie man nicht ganz richtig zu sagen pflegt „praktische" Tätigkeit der sozialdemokratischen Frauen vorzugsweise auf die Lösung naheliegender Tagesprobleme gerichtet.

Polizeiliche Quertreibereien, ein noch vollständig konfuses, beinahe embryonisches Vereins- und Versammlungsrecht sowie endlich die Notwendigkeit eines möglichsten Zusammenschlusses auf rein wirtschaftlichem, apolitischem Boden haben das Phänomen hervorgerufen, daß die proletarische Frauenbewegung sich mit Erfolg zunächst hauptsächlich in *gewerkschaftlicher Richtung* geltend machte. Seitdem die Arbeiterführerin Gräfin Guilleaume-Schack Ende der siebziger Jahre die ersten Frauen gewerkschaftlich organisiert hatte, und zwar in der Form, daß die Organisationen zwar einen rein proletarischen, aber leider auch einen rein weiblichen Charakter trugen, haben sich die Berufsvereine der Arbeiterinnen trotz harter Kämpfe mit Staat und Ge-

2 Lily Braun: *Frauenfrage u. Sozialdemokratie*. Berlin 1896, p. 3.

sellschaft in Qualität wie Quantität sehr beträchtlich weiterentwickelt. Die erste Etappe bildete die im Jahre 1890 vollzogene Verschmelzung der weiblichen Gewerkschaften mit den männlichen durch die Gründung der „Zentralkommission der Gewerkschaften Deutschlands", wobei der Wichtigkeit und Bedeutung der Frauenorganisationen durch die Wahl einer Frau in den Vorstand noch besonders Rechnung getragen wurde. Heute ist die Bewegung fortgeschritten und die Zahl der gewerkschaftlich organisierten Frauen ist auf 23.600 gewachsen. Das ist keine sehr erhabene Zahl. Von den 826.000 organisationsfähigen Arbeiterinnen – Dienstboten und Landarbeiterinnen sind heute, es ist jämmerlich genug, es sagen zu müssen, *rechtlich* noch nicht für einen Zusammenschluß zu erreichen und konnten hier aus diesem Grunde nicht mitgerechnet werden – betragen die gewerkschaftlich organisierten Arbeiterinnen eben 2,63 %[3], aber wenn man an die unendliche Mühe denkt, die das Erschließen der intellektuell wie ökonomisch zum Teil noch so tief stehenden weiblichen Industriearbeiterschaft bereiten muß, dann gewinnt auch diese bescheidene Zahl ein ganz anderes Ansehen.

Die rein wirtschaftliche Organisation der Frauen ist aber auch von hohem *politischen* Wert. Denn die organisierten Frauen sind durch die Gewerkschaften, denen sie angehören, mittelbar auch an gewissen Bruchteilen der Sozialpolitik, wie Versammlungs- und Koalitionsfreiheit sowie Arbeiterschutzgesetzgebung interessiert und werden auf diese Weise allmählich in die Politik überhaupt eingeführt. Tatsache ist, daß die Gewerkschafterinnen in der Regel die überzeugtesten und eifrigsten unter den sozialdemokratischen Frauen genannt werden können. Aber, wenn auch die Personen, die sich an ihnen beteiligen, vielfach dieselben sind, so ist doch die *gewerkschaftliche* Bewegung von der *politischen* praktisch wie theoretisch scharf geschieden.

Das Movens, welches einige großstädtische Arbeiterinnen zuerst zur Bildung von Sondervereinen auf sozialdemokratischer Basis antrieb, war, außer den allgemeinen Ursachen der Erhebung des vierten Standes überhaupt, der lebhafte Wunsch nach einem auf dem Wege der Politik zu erreichenden gesetzlichen Arbeiterinnenschutz. Das erste Hervortreten proletarischer Frauen auf politischem Gebiet in Deutschland geschah gelegentlich der Reichstagswahlen 1874. Die Regierung beantwortete aber das siegesfrohe Eintreten der Arbeiterfrauen für

3 Vgl. Alice Salomon: *Soziale Frauenpflichten*. Berlin 1902, p. 110, sowie Lily Braun: *Die Frauenfrage, ihre geschichtliche Entwicklung und wirtschaftliche Seite*. Leipzig 1901, p. 436.

„umstürzlerische Bestrebungen" mit Auflösung ihrer Vereine. Von da an beginnt ein beständiger Kampf der Proletarierinnen mit den Behörden. Immer wieder gründen sich neue Arbeiterinnenvereine, immer wieder fallen sie der Reaktion zum Opfer.[4] Die bürgerliche Frauenbewegung sah diesem Kampf fast durchweg mit teilnahmsloser Ruhe zu, ihren Klassencharakter bekundend. Je tapferer sich jedoch die junge sozialistische Frauenbewegung an der Seite der männlichen Arbeiterschaft schlug, desto stärker war die Rückwirkung derselben auf das Programm und die Organisation der Partei.

In allen sozialistischen Parteien der Welt wird die Frau *grundsätzlich als gleichberechtigt* mit dem Manne angesehen. Irgend ein rechtlicher Unterschied besteht zwischen ihnen nicht. Dieser theoretischen Auffassung entspricht die Praxis. Soweit es der heutige Staat erlaubt, sind die Sozialdemokratinnen auch in der Parteiorganisation ihren männlichen Parteigenossen völlig gleichgestellt. Sie haben Sitz und Stimme in den Parteiversammlungen und auf den Parteitagen. Es kommt keineswegs selten vor, daß sogar eine nur aus Männern bestehende Lokalsektion sich auf dem Parteitag durch eine Frau vertreten läßt. Selbst zu Vorsitzenden der großen internationalen Parteitage sind Frauen bereits erwählt worden, darunter Eleanor Marx (England), Anna Kuliscioff (Italien) und Klara Zetkin (Deutschland). Auch zu Mitgliedern der Parteivorstände sind Frauen des öfteren ernannt worden, so z. B. die Leiterin der wissenschaftlichen Zeitschrift der holländischen Marxisten „De Nieuwe Tijd", Henriette Roland-Holst in Holland.

Die Organisation der politisch Interessierten Arbeiterinnen Deutschlands hat sich inzwischen folgendermaßen festgelegt: Ueberall da, wo sich der Angliederung der Frauen an die bestehenden Parteiortsgruppen kein Gesetzesparagraph in den Weg stellt, haben sich dieselben ohne weiteres den männlichen Vereinen angeschlossen. So zählen die drei sozialdemokratischen Wahlvereine der Stadt Hamburg die stattliche Anzahl von *902* Frauen zu ihren Mitgliedern. In Sachsen sind im 22. und 23. Wahlkreis *180*, im 4., 5. und 6. *194*, im 12. und 13. *550* Frauen politisch organisiert.[5] Da jedoch, wo die einzelstaatlichen Sondergesetze der Frau den Beitritt zu politischen Vereinen außer zur Zeit der ausgeschriebenen Reichstagswahlen verwehren, wie in Preußen und Bayern, hat man sich mit der Gründung unpolitischer aber doch politisch inter-

4 Näheres hierüber in der Broschüre von Emma Ihrer: *Die Arbeiterinnen im Klassenkampf*. Hamburg 1898.

5 Siehe Bericht der Vertrauensperson der Genossinnen Deutschlands in: *Protokoll über die Verhandlungen des Parteitags der sozialdemokratischen Partei Deutschlands,* München 1902. Berlin 1902, p. 39.

essierter Arbeiterinnenbildungsvereine, Lesevereine und Flickvereine wenigstens notdürftig ausgeholfen, Vereine, die außer manchen anderen auch noch den Übelstand im Gefolge haben, daß sie entgegen den Parteiprinzipien an der unnatürlichen Sonderung der Frauen von den Männern festhalten müssen. Zur systematischen Leitung der Organisation und Agitation unter den Arbeiterinnen in den hauptsächlichsten Industriezentren stehen der Partei jetzt 54 vertrauenswürdige aber unbesoldete Frauen, sogenannte „Vertrauenspersonen“, zu Verfügung, zu deren Anleitung wiederum eine andere Ehren-Stelle, deren Inhaberin – gegenwärtig ist es Fräulein Ottilie Baader – den furchtbaren Titel einer „Zentralvertrauensperson“ zu tragen hat, in Berlin geschaffen worden ist. Die Agitation unter den Frauen ist äußerst rührig, schriftlich (durch Verteilung von Flugblättern, Verbreitung von Broschüren) sowohl wie mündlich (durch Vorträge). Eine große Schar rühriger Frauen – unter denen neben den Akademikerinnen Klara Zetkin und Lily Braun neben vielen anderen tüchtigen Frauen, vielleicht die authentische Proletarierin Luise Zietz aus Hamburg besonders hervorgehoben zu werden verdient – ist in großartigem Opfermut stets zur Agitation unter den Frauen bereit. Dieselbe geschieht vielfach überdies völlig unentgeltlich. Wer sich schon einmal polizeilichen Schikanen, mittelalterlich verhetzten Männern und anscheinend für alle höheren Gesichtspunkte unzugänglichen Weibern gemeinsam gegenüber befunden hat, der wird sich von der Schwere und der Verantwortlichkeit dieser Agitation der sozialdemokratischen Frauen wenigstens eine ungefähre Vorstellung machen können. Das gesundheitsschädliche Reden in überfüllten, tabakgeschwängerten und überheizten Gasthaus„sälen“ mit ihrer verbrauchten Luft und ihrem augentrübenden Lampenlicht ist noch der kleinste der Schäden, die jene tapferen Frauen in diesem Befreiungskampfe mit in den Kauf zu nehmen haben.

Die Stützung, Leitung und Anfeuerung zu diesem Kampf aber hat das offizielle Organ für die Arbeiterinnen Deutschlands, die in Stuttgart unter der Direktion von Klara Zetkin erscheinenden Halbmonatschrift „Die Gleichheit“ übernommen, in deren Spalten der helle Ton der energieerzeugenden Kriegstrompete mit ernsten Betrachtungen und Ratschlägen abwechselt. Nicht vergessen seien schließlich auch die sozialdemokratischen Frauenkonferenzen, die einen Ausgleich und Austausch der Meinungen und Erfahrungen herbeiführen sollen und deren letzte, die im September v. J. in München stattfand, von 20 Delegierten (darunter 4 Männer) beschickt war und zur Klärung der Gedanken in manchen wichtigen Fragen von hohem Wert sein sollte.

Wo die Kampfesfelder der sozialdemokratischen Frauen liegen, erübrigt sich zu sagen. Ein Blick in das Programm der Partei, der sie angehören, dürfte zur Kenntnis derselben genügen.

Immerhin erstreckt sich die politisch-polemische Tätigkeit der sozialdemokratischen Frauen vorzugsweise auf die Gebiete, welche ihnen als Geschlechtswesen am nächsten liegen. Ich möchte an dieser Stelle deren fünf kurz hervorheben.

In erster Linie steht naturgemäß der Kampf um die Grundbedingung zu jeder politischen Frauenbewegung überhaupt: *ein freies Vereins- und Versammlungsrecht*. Wie haarsträubend die Zustände gerade in dieser Beziehung bei uns sind, kann wohl als bekannt vorausgesetzt werden: Aber selbst Rechte, die den Frauen gesetzlich freistehen, wie der Besuch *öffentlicher* politischer Versammlungen, werden durch Sachunkenntnis und Auslegungskünste des heiligen Hermandad den Frauen des öfteren ebenfalls verschlossen. Da kommt es denn zu solchen Absurditäten wie in einer Stadt des Regierungsbezirks Arnsberg i. W., wo nach dem Bericht der Rednerin selbst (Luise Zietz) das halbe Dutzend Frauen, die in die Volksversammlung gekommen waren, um sie zu hören, von dem beaufsichtigenden Polizeibeamten barsch aus dem Saal herausgewiesen wurden. Selbst die bedienende Frau des Wirtes mußte den Saal mit verlassen. Danach aber konnte die Rednerin selbst ungehindert ihren Vortrag abhalten![6] Sogar von Tanzfestlichkeiten politischer Vereine haben staatserhaltende Polizeiorgane die Frauen nicht selten auszuschließen verstanden, „da sie" – so hieß es im amtlichen Bericht! – „auch nicht ein Mittel für ihre (der Vereine) Zwecke sein sollten, wie sie es sein würden, wenn sie an Festlichkeiten politischer Vereine teilnähmen, um diese zu verschönern, zu verherrlichen, sie anziehender zu gestalten, und so dem Vereine neue Freunde gewinnen zu helfen!"[7] Daß solchen Drangsalierungen seitens einer schönen Polizeiseele ein für allemal durch ein klares Vereins- und Versammlungsrecht der Weg versperrt sein muß, bevor sich eine wirksame Frauenagitation überhaupt entfalten kann, liegt auf der Hand, und darum bewegt sich gerade in dieser Richtung der Kampf der sozialistischen Frauen besonders energisch.

Ein weiteres Kampfesziel ist *die Sicherung und Erweiterung des Arbeiterinnenschutzes*. Seit den ersten großen wirtschaftlichen Bewegungen proletarischer Frauen – ich erinnere an den Kampf gegen den Näh-

6 Siehe Bericht über die Frauenkonferenz München 1902 im *Protokoll*, loco cit., p. 305.

7 Ferdinand Tönnies: *Vereins- und Versammlungsrecht wider die Koalitionsfreiheit*. Jena 1902, p. 25.

garnzoll, die Lohnbewegungen der Konfektionsarbeiterinnen und der Kellnerinnen! – ist der Arbeiterinnenschutz zu einer der vorzüglichsten Aufgaben der sozialdemokratischen Frauen geworden.[8] Die nächsten Forderungen an den staatlichen Arbeiterinnenschutz seien hier durch folgende Wünsche bezeichnet: stufenweise reichsgesetzliche Verkürzung des Arbeitstages bis zur Einführung des Achtstundentages – Erhöhung der Altersgrenze auf 18 Jahre – Einführung eines obligatorischen Fortbildungsunterrichts, in dessen Schulplan Haushaltungsunterricht, Gesundheitslehre und Säuglingspflege hineinzuziehen sind – erweiterter Wöchnerinnenschutz (möglichst 4 Wochen *vor*, jedenfalls aber 8 Wochen *nach* Entbindung, Ruhe!) – Ausdehnung der Krankenversicherung auf die Wöchnerinnen – Errichtung von Beschwerdekommissionen zur Abstellung von Unzuträglichkeiten in den Arbeitsgelegenheiten – Kinderschutz, Ausdehnung desselben auf Forst- und Landwirtschaft, Herabsetzung der Arbeitsmaximalzeit und endlich – Heimarbeiterinnenschutz.

Neben dem Kampf zur Erreichung der Vereins- und Versammlungsfreiheit sowie eines wirksameren Arbeiterinnenschutzes führen die Sozialdemokratinnen aller Länder auch auf dem Gebiet zweier Tagesfragen noch einen erbitterten Kampf: nämlich gegen die *Verteuerung der Lebensmittel* und die *Militärlasten*.

Um aber alle diese Kämpfe kraftvoller gestalten und ihnen mehr Möglichkeit praktischer Wirksamkeit verleihen zu können, lautet das Hauptpostulat der Sozialdemokratinnen aller Zungen: *Gleiches Wahlrecht auch für die Frau!*

Es ist nun nicht zu leugnen, daß es auch unter den internationalen Sozialdemokraten einige wenige Krausköpfe gibt, die, entgegen der programmatischen Forderung ihrer Partei, eine völlige politische Emanzipation der Frau für nicht erstrebenswert halten. Auch muß unbedingt zugegeben werden, daß ein verständlicher aber falscher Opportunismus die Sozialdemokratie bereits ein- oder zweimal bewogen hat, diese Forderung wenigstens in der Praxis zurückzustecken, wie im Winter 1902 in Belgien, woran freilich gerade die *bürgerlich liberalen* Frauenfreunde einen großen Teil der Schuld tragen. Aber andererseits muß doch hervorgehoben werden, daß die Frauenstimmrechtsbewegung der Sozialdemokratie von ihren Mitgliedern, gleichgültig ob männlich oder weiblich, im allgemeinen kraftvollst betont und nachdrücklichst gefördert wird. Noch in der Münchener Konferenz gab eine Frau, die dafür bekannt ist, daß sie keineswegs ein frauenrechtlerischer Heiß-

8 Näheres bei Lily Braun: *Die Frauenfrage*, loco cit., p. 455.

sporn ist, nämlich Klara Zetkin, dieser Entschlossenheit mit folgenden Worten Ausdruck: „Die Forderung des Frauenstimmrechts muß in der parlamentarischen Aktion und außerparlamentarischen Agitation unserer Partei mit allem Nachdruck vertreten werden, damit wir die Köpfe der Massen revolutionieren und die Frauen darauf vorbereiten, einst mit den Stimmzetteln auch den richtigen Gebrauch zu machen."[9] Auf dem nächsten internationalen Parteitag, der im nächsten Jahre in Amsterdam stattfinden wird, wird, wie zu hoffen ist, die Forderung des Frauenstimmrechts auf der Tagesordnung stehen.

Was aber ist die *psychologische Rückwirkung* der Gesamttätigkeit der sozialdemokratischen Frauen auf die Masse der klassenbewußten Arbeiterschaft? Hat sie erzieherisch gewirkt und in welcher Weise? Ich glaube nicht fehl zu gehen, wenn ich behaupte, daß auch der sozialdemokratische Arbeiter der Frau als solcher generell noch nicht vorurteilsloser gegenübersteht als der Parteimann oder Privatmann aus den sogenannten höheren Gesellschaftsschichten. Aber wenn er Gleichgültigkeit und Nurweiblichkeit der Frau vielleicht noch nicht in ihren Folgen und Ursachen zu begreifen und dementsprechend möglichst zu verzeihen und auch Mutterschaft und Gattenpflichten der Frau noch nicht richtig zu verstehen und zu werten vermag und in seiner sexuellen Verständnislosigkeit vielfach also ethisch nicht höher steht als der Durchschnitts-Herr, in einem Punkte übertrifft der politische Proletarier seinen begüterten und gebildeten Geschlechtsgenossen weit: dem *Bildungsdrang, dem Wissen und Können der Frau gegenüber ist er voll liebevollen Verständnisses.* Nie wird eine Frau in einer Arbeiterversammlung ob ihrer Anwesenheit angestaunt, und wenn sie spricht, belächelt oder gar insultiert werden. *Die politisch oder gewerkschaftlich tätige* Frau, überhaupt die intellektuell rührige Frau, behandelt der Arbeiter ohne weiteres als seinesgleichen. Ich hörte neulich in Marburg den Vortrag einer *Dame* vom evangelischen Frauenverein über ein sozialpolitisches Thema. In einem Saale voll Damen war außer mir nur noch ein einziger Mann. Selbst die ortsangesessenen männlichen Verwandten der auswärtigen Referentin hatten es vorgezogen, nicht zu erscheinen. Unlängst vorher hatte ich in Turin dem Vortrag einer *Arbeiterin* beigewohnt. Eine dichte Menschenmenge, darunter über 4/5 Männer, drängte sich um sie und hing bewundernd an ihren Lippen. Man denke den Vergleich weiter aus und man wird die typische Verschiedenheit in der Wertschätzung der Frau verstehen.

9 Protokoll, loco cit., p. 303.

Die proletarische Frau ist dem proletarischen Mann, sobald sie sich nur über den Zustand der lässigen Indifferenz erhebt, eine gleichwertige und gleichberechtigte Mitarbeiterin auf allen Gebieten des sozialen und häuslichen Lebens. Das ist nicht das letzte Resultat der proletarischen Frauenbewegung.

Entstehung der Frauenfrage als soziale Frage[1]

Wer immer in Landen deutscher Zunge täglich seine Zeitung liest und deshalb ohne weiteres annimmt, er beschäftige sich mit innerer Politik, spricht oft und gern von der „sozialen Frage der Zeit", trotzdem er vielfach nicht einmal ahnt, was unter dieser Spitzmarke verstanden werden könnte. Noch trauriger aber ist das Faktum, daß selbst ein Teil derjenigen, welche mit dem vielgenannten Worte immerhin einen gewissen Begriff zu verbinden scheinen, der Frage als solcher kühn jede Existenzberechtigung bestreiten wollen. Wieder andere, zwar nicht eigentlich der wissenschaftlichen Welt, wohl aber den oberen Klassen, der sogenannten besseren Gesellschaft angehörig, meinen eine Lösung der Frage, die sie im übrigen anerkennen, dadurch zu erleichtern, daß sie sie als einfache „Magenfrage" bezeichnen.

Die Verneiner der Existenzberechtigung der sozialen Frage müssen nun wirklich unberührt an alledem, was heute Geist und Herz bewegt, vorbeigegangen sein, aber, noch schlimmer, aus Furcht, sich durch schwierige Erörterungen die Gemächlichkeit des eigenen Lebens nur nicht etwa zu zerstören, oder vielleicht auch in dem freilich nicht berechtigten Glauben, durch Ignorieren müsse die ganze Frage von selbst verfließen, wissentlich an ihr achtlos vorübergehen. Es ist wahrhaftig ein jämmerlicher Anblick für jeden, dem der Fortschritt menschlichen Intellektes am Herzen liegt, zu sehen, ein wie großer Bestandteil gerade der sogenannten gebildeten Stände den wichtigen Zeitfragen so lau gegenübersteht, als ob sie dieselben überhaupt gar nichts angingen. Es ist das wirklich genau derselbe kindlich-kindische Egoismus, sowie genau dieselbe Unfähigkeit, sich in die Lage anderer zu versetzen, die aus den Worten jener sagenhaften Prinzessin spricht, welche, nachdem man ihr auf ihre Frage, warum nur das Volk vor den Toren des elterlichen Palastes so lauere, geantwortet hatte, die armen Leute litten Hunger, weil sie kein Brot hätten, voll Erstaunen ausrief: Aber wenn sie kein Brot haben, warum essen sie dann nicht Kuchen?!

Diejenigen „Feinde der sozialen Frage" jedoch, welche sie mit dem Schlagwort Magenfrage kleiner und wohl auch verächtlicher zu machen gedenken, haben in ihrem persönlichen – nicht historischen! – Materialismus völlig die Entstehungsursachen der modernen sozialen

1 [Erstveröffentlichung: „Entstehung der Frauenfrage als soziale Frage", in: *Die Frauenbewegung*, Jg. 9, Nr. 3, 1. Februar 1903, S. 17-18.]

Frage überhaupt übersehen. Denn neben der materiellen Seite, wohl abhängig von ihr, aber deshalb von nicht weniger offenbarer Wichtigkeit, steht die moralisch-kulturelle Seite des Problems vor uns.

Eine sogenannte soziale Frage entsteht, sobald in einem Staate, einem Volke, einer Klasse der bestehende soziale Zustand, das heißt die mehr oder minder berechtigten Ansprüche auf Befriedigung körperlicher sowie geistiger, materieller und ideeller Bedürfnisse in einem Mißverhältnis zu den hierfür gebotenen Befriedigungsmitteln stehen und zwar wenn diese Befriedigungsmittel nicht etwa *imponderabilia* der Natur, sondern bereits in Händen eines bestimmten Volkes, Klasse, Geschlechts u.s.w. befindlich sind. Der Gegensatz von Wunsch und Erfüllung läßt nun stets ein Mißvergnügen, eine Gährung entstehen und, da die Mißvergnügten nun ihre Lage naturgemäß mit der ihrer mehr begünstigten Nachbarn vergleichen, so wird sich leicht ein gewisser persönlicher Haß bemerkbar machen, wenn von seiten der Intelligenteren unter den Benachteiligten nicht stets von neuem darauf hingewiesen wird, daß man für die Sache kämpfen müsse, anstatt subjektiv die Gegner zu hassen.

Die Fragen nun, aus denen sie soziale Frage zusammengesetzt ist, erscheinen, wenn sie auch unter einander auf das innigste zusammenhängen, nach Ursprung, Aeußerung und Zielen dennoch so verschieden, daß man eigentlich nicht von einer sozialen Frage, sondern von sozialen Fragen reden müßte, zumal da, wenn wir unsere Betrachtung auch nur auf Europa beschränken, die einzelnen Länder, wenn auch keines von ihnen verschont geblieben ist, so doch keineswegs dieselben sozialen Fragen haben, und auch die Bedeutung derselben für die arischen Länder eine sehr verschiedenartige ist, je nach der historischen, sozialen, politischen und ökonomischen Entwicklung jedes einzelnen Volkes.

Aber ein Phänomen ist allen Bewegungen für eine gerechte Lösung der strittigen sozialen Fragen eigen: sie entstammen keineswegs der Hefe der betreffenden Klassen, Rassen und Geschlechter, sondern gehen stets von ihrer Elite aus. Die Vorkämpfer haben das Bewußtsein erlangt, daß ihnen bezw. den Klassen etc., welche sie vertreten, von der sogenannten Ordnung der Dinge, d. h. von den Menschen und Zuständen, von denen diese allein abhängt, Unrecht geschieht und aus diesem Grunde kämpfen sie.

Dieses Bewußtsein sozialer, nationaler oder ökonomischer Verunrechtung ist aber, wie als allgemein bekannt vorauszusetzen, erst in neuerer Zeit entstanden oder doch wenigstens erst in neuerer Zeit in weite Massen hineingetragen worden, und es ist deshalb in gewissem

Sinne nicht unrichtig, wenn man behauptet, die Gegensätze zwischen den einzelnen Klassen, Rassen und Geschlechtern hätten sich zugespitzt und spitzten sich mit dem Fortschreiten der einzelnen Bewegungen immer weiter zu.

Die Sklaven des Altertums, die hörigen Bauern des Mittelalters standen – und die Parias in Indien sowie die Fellahs in Aegypten stehen noch heute – den herrschenden Klassen schroff gegenüber. Keine Möglichkeit vielfach selbst für ein einzelnes Individuum, sich in eine andere Kaste emporzuarbeiten. Selbst eine eheliche Verbindung zwischen Angehörigen zweier verschiedenen Kasten war zumeist ausgeschlossen. Ebenso war auch der Unterschied zwischen den beiden Geschlechtern in den eherechtlichen, öffentlich-rechtlichen u. s. w. Stellungen unendlich kraß, das Weib des Altertums und noch weit mehr das Weib des Mittelalters und auch derjenigen neuzeitlichen Länder, in denen das Mittelalter immer noch vorhält, nichts anderes als ein warenhaftes Anhängsel des Mannes. Kurz die Gegensätze zwischen Hoch und Niedrig, Arm und Reich, Mann und Weib waren, und sind bei stehengebliebenen Völkern noch heute, gewiß ungleich ausgeprägter als bei den Kulturvölkern Europas, und dennoch gab es, weder im Altertum und Mittelalter noch gibt es heute in Indien, Aegypten oder China eine „soziale Frage".

Der Schlüssel zur Lösung dieses anscheinenden Rätsels liegt ganz einfach darin: Die unterdrückten Klassen, Rassen, Geschlechter etc. waren sich zwar auch früher des starken Gegensatzes der zwischen ihnen und den herrschenden Klassen etc. bestand, *bewußt, aber sie faßten diesen Zustand als etwas natürlich Gegebenes, „Gottgewolltes" auf. Sobald aber eine Masse aufgeklärt ist und ihren Zustand als eine Unterdrückung, ein Unrecht empfindet, und sich überdies darüber klar wird, daß es nichts oder doch wenigstens fast nichts Gegebenes und „Gottgewolltes" gibt, sondern daß alles Menschenwerk ist und wieder beiseite geschoben oder in wichtigen Bestandteilen geändert werden kann, dann entsteht eine soziale Frage.* Daß aber dieses Gefühl, diese Empfindung der drückenden Lage, wenn auch zwar quantitativ immer noch nur von einer kleinen Minderheit, aber doch von einem beträchtlichen Bestandteil qualitativ auf das höchste einzuschätzende Frauen stark empfunden wird, das ist eine nun einmal nicht abzuleugnende Tatsache. Die Frauenfrage, historisch begründet, sozial, intellektuell und ökonomisch empfunden, ist also kein Märchen zum Zeitvertreib für einige um ihr Gleichgewicht gekommene Weiber, sondern ein sehr ernstes Problem, das zu einer Lösung die Arbeit der Besten einfordert.

Rückblick auf die Geschichte der proletarischen Frauenbewegung in Italien[1]

Die ersten Anfänge der proletarischen Frauenbewegung in Italien bis 1893

Die Gerechtigkeit und die historische Objektivität muß anerkennen, daß die Grundansätze proletarischer Frauenbewegung in Italien sich in dem Schaffen einer Frau finden, welche die soziale Frage auf bürgerlich-philanthropischer Basis zu lösen bestrebt war, nämlich der bekannten Mailänderin Laura Solera Mantegazza. Freilich fallen die ersten Versuche derselben noch in eine Zeit, wo es nicht nur überhaupt noch keine Sozialisten im heutigen Sinne in Italien gab, sondern wo Italien noch nicht einmal ein geeintes und freies Land war. Die in ihrer praktischen Anwendung leider zumeist als Gegensätze zu bezeichnenden Begriffe von „national" und „sozial" fielen damals zwar ebensowenig zusammen wie heute, aber sie ließen sich doch leichter bis zu einem gewissen Grade vereinigen als das heute leider in *praxi* der Fall ist.

Laura Solera Mantegazza entstammte der reichen und vornehmen lombardischen Bourgeoisie. Sie war die Mutter des noch heute lebenden weltbekannten Physiologen Paolo Mantegazza. Nachdem sie sich in den Aufstandsjahren 1848/49 bereits als revolutionäre Patriotin durch ihren persönlichen Mut und ihre überlegene Klugheit hervorgetan hatte[2], gründete sie im Jahre 1850 das erste große Säuglingsasyl (*Ricovero pei Bambini Lattanti*) in Mailand, um den arbeitenden Frauen durch Übernahme und sorgsame Pflege ihrer kleinen Kinder die harte Arbeit möglichst zu erleichtern. Diesem ersten Schritte ließ die 49-Jährige zwölf Jahre später den zweiten folgen. 1862 legte sie den Grundstein zur Arbeiterinnenselbsthilfe durch Gründung des großen Vereins der *Associazione di mutuo Soccorso ed Istruzione di Operaie* (Arbeiterinnenbund zu gegenseitiger Unterstützung und Belehrung). Diese Vereinigung verfolgte den Zweck, den Frauen weitgehende Unterstützung

---

1 [Erstveröffentlichung: „Rückblick auf die Geschichte der proletarischen Frauenbewegung in Italien", in: *Die Gleichheit*, Jg. 13, Nr. 1, 1. Januar 1903, S. 2-3; Nr. 2, 14. Januar 1903, S. 11-13; Nr. 5, 25. Februar 1903, S. 36-38; Nr. 8, 8. April 1903, S. 58-60; Nr. 11, 20. Mai 1903, S. 83-85; Nr. 17, 12. August 1903, S. 131-134.]

2 Paolo Mantegazza: „La mia mamma!"

in Krankheitsfällen, Invalidität und Alter zu verschaffen und verband damit alle diejenigen Mittel und Wege, welche die Proletarierin überhaupt vor dem Drucke des Kapitalismus nach Kräften zu schützen vermögen. Jedes Mitglied – *socia* – hat das Recht auf Arbeit, das heißt der Verein verpflichtet sich, ihr bei eventueller Arbeitslosigkeit Arbeit zu verschaffen. Auch wird sie während der Wochenbettszeit von der Gesellschaftskasse aus unterstützt. Die Sozialistin Bice Cammeo, die Verfasserin einer kleinen Biographie der Mantegazza, hat deshalb so Unrecht nicht, wenn sie in derselben diese Frau als Bahnbrecherin für die späteren Genossenschaften und *Casse di Maternità* (Mutterschaftskassen) bezeichnet.[3]

Laura Solera Mantegazza entwickelte über die Arbeiterinnenfrage Ansichten, die vollständig als sozialistische hätten bezeichnet werden können, wenn ihnen nicht der Glaube an die Notwendigkeit des bestehenden Klassengegensatzes und des daraus als naturgegeben entstandenen Klassenkampfes gefehlt hätte. Sie hält die Vereinigung zu gegenseitiger Hilfe für die einfachste Form des Zusammenschlusses der Arbeiterinnen. Darin steckt aber, meint sie, schon der Kern zu noch größeren und noch edleren Dingen. Wenn man erst einmal soweit wäre, daß alle Proletarierinnen den Berufsgenossenschaften beiträten, dann könnte man nicht nur leicht und in reichlichster Weise für die Gebärenden Sorge tragen, den Verwitweten eine Pension zahlen und die Waisenkinder unterstützen, sondern man könnte auch genossenschaftliche Verkaufsstellen für die Arbeitserzeugnisse errichten, neue Industriezweige ins Leben rufen und so bis zum höchsten Grade der „Organisation der Arbeit" gelangen.

So war die Philanthropin mit dem goldenen Herzen, die unaufhörlich bis in ihr hohes Alter hinein weiter wirkte, allmählich fast zu einer Sozialistin mit weitem Blick geworden. Durch die Begründung einer Schule für die des Lesens und Schreibens unkundigen Arbeiterinnen, in welcher sie übrigens selber mit dem größten Eifer lehrte, trug sie nicht wenig dazu bei, das Mailänder Proletariat aus die Stufe geistiger Entwicklung zu bringen, auf der es heute steht. Laura Solera Mantegazza krönte ihr Werk durch die im Jahre 1870 erfolgte Gründung der ersten weiblichen Gewerbeschule, in welcher die Mädchen lernen sollten, im Kunstgewerbe oder Handwerk sich auf ehrliche Weise durchs Leben zu schlagen. Erwähnt sei noch, daß später die ersten staatlich angestellten weiblichen Telegraphenbeamten den Zöglingen dieser

3 Bice Cammeo: *Laura Solera Mantegazza*, Mailand 1900, Biblioteca dell'Unione Femminile, p. 8.

Schule entnommen wurden. Laura Solera Mantegazza entschlief, erst sechzigjährig, im Jahre 1873.

Die praktische Tätigkeit der Mantegazza wurde in gewissem Sinne ergänzt durch die zeitlich etwas späteren mehr theoretischen Bemühungen einer anderen Frau, welche dem weiblichen Proletariat auf ihre Weise ebenso nützlich geworden ist, als die unermüdliche Mailänder Praktikerin. Diese Frau war Anna Maria Mozzoni.

Hatte sich die Mantegazza *an die Klasse der Arbeiterinnen* gewandt und ihr gezeigt, wie sie durch *praktische Arbeit* die Emanzipation des Geschlechtes und der Klasse zugleich vorbereitet werden könnten, so wandte sich die Mozzoni als die erste der italienischen Frauenrechtlerinnen *an die – damals noch sehr kleine – sozialistische Partei* mit der Forderung um *theoretische Anerkennung* der Gleichheit der Frau.

Die sozialistische Partei in Italien ist, ähnlich wie die in Deutschland, aus der Vereinigung verschiedener lange Zeit von einander getrennt fechtender Gruppen entstanden. So hatte es anfangs der achtziger Jahre in Italien neben der sozialistisch-transigenten unter dem direkten Einfluß von Bénoit Malon stehenden und von Ettore Bignami und Osvaldo Gnocchi-Viani geführten und der anarchistelnden Gruppe *Amilcare Ciprianis* und anderen noch eine rein proletarische Arbeiterpartei gegeben, welche ihr Zentrum in Mailand hatte. Diese Partei, der nur Handarbeiter beitreten durften, hatte im Jahre 1883 unter dem Namen *La Lega dei Figli del Lavoro* (Bund der Söhne der Arbeit) gelegentlich der Wahlen einen neuen, wenn auch kurzen Aufschwung genommen und in Mailand eine neue Zeitung gegründet, die den Namen *Il Fascio Operaio, voce dei figli del lavoro* (Arbeiterbund, Stimme der Söhne der Arbeit) trug und deren Leiter Antonio Maffi war. Der neue Parteiname und die neue Zeitung erforderten auch ein neues Programm. In den Satzungen desselben finden wir nun folgende Stelle: „Der ‚Fascio Operaio' wird überdies für die völlige Emanzipation der Frau kämpfen, ohne welche weder wahre Bildung noch wahre Gleichheit möglich ist, fernerhin für wirtschaftlich intellektuelle Hebung unserer Brüder, der Bauern, für Abschaffung der stehenden Heere, für eine Hygiene der Arbeit u.s.w., kurz, er wird sich mit allen den Fragen beschäftigen, welche von humanitärem, pädagogischem und wirtschaftlichem Standpunkt aus der Arbeiterklasse Vorteil bringen können."[4] Durch diesen Satz war also die Gleichstellung der Frau programmatisch festgelegt. Als aber die Fusion der einzelnen sozialistischen Gruppen zu einer größeren, wenn auch noch nicht großen sozialistischen Partei stattfand und ein neues Pro-

4 Alfredo Angiolini: *Cinquant'Anni di Socialismo in ltalia*, Florenz 1900, p. 126.

gramm entworfen wurde, da wurde die frauenrechtliche Forderung des *Fascio Operaio* nicht mit aufgenommen.

So blieb das Postulat der politischen Emanzipation der Frau wieder privaten Kräften überlassen, und aus diesem Grunde ist das mutige Auftreten der Mozzoni in Italien historisch nicht hoch genug zu bewerten.

Anna Maria Mozzoni war die unbeugsamste Verfechterin der Frauenrechte im Italien der siebziger und achtziger Jahre des 19. Jahrhunderts. Ueber ihre Forderung gleichen Stimmrechtes, sowie ihre Tätigkeit zur Verbesserung der Stellung der Frau vor dem Gesetz wird noch in anderem Zusammenhang die Rede sein. Hier haben wir nur ihres Zusammentreffens mit den Sozialisten kurz zu gedenken.

Es ist eine traurige Wahrheit, daß die damaligen noch nicht vereinigten sozialistischen Gruppen Italiens die Frauenkämpferinnen schroff abwiesen. Nun trägt die Mozzoni meines Erachtens sicherlich ein gut Teil der Schuld selber, denn sie erklärte kühn die Erreichung der politischen und sozialen Emanzipation der Frau für die überhaupt wichtigste aller sozialen Fragen. Andererseits war aber die sozialistische Partei in Italien damals noch im Embryozustand. Von der Regierung auf das schärfste verfolgt, hatten ihre Bekenner noch keine rechte Muße gehabt, über die Forderungen der Frau wieder nachzudenken. Auch lag noch kein praktisches Bedürfnis vor, die Frau als Kampfgefährtin zu bewillkommnen. Von gewerkschaftlicher und genossenschaftlicher Organisation war sozialistischerseits damals noch keine Rede. Der italienische Sozialismus, der damals noch sehr stark unter dem Einfluß Bakunins stand, beschränkte in den sechziger und siebziger Jahren seine Tätigkeit noch in der Hauptsache auf Vorbereitung kleiner Putsche, sowie auf Zeitungspolemiken seiner bedeutendsten Vertreter untereinander.[5] Dennoch aber ist der Vorwurf nur zu berechtigt, den die Mozzoni tief enttäuscht in ihre Worte legte: „Genau dieselben Männer", schrieb sie in einer Broschüre,[6] „welche sich um die Fahne der Freiheit gesammelt hatten, die sie höher als alle anderen Güter des Lebens schätzten, genau dieselben konnten nicht begreifen, daß die Frau sich gegen ihre Fesseln aufbäumt, daß sie die elende Knechtschaft zerreißen und die schwere Last des Stimmrechtes auf ihre Schultern nehmen will."

Trotzdem ließ die Mozzoni aber nicht ab, immer wieder von neuem ihren Sturmanlauf gegen die Gleichgültigkeit der sozialistischen und

5 Angiolini, loco cit., p. 36-91.

6 Anna Maria Mozzoni: *I Socialisti e l'Emancipazione della Donna*, Allessandria, Tipografia Sociale Panizza.

bürgerlichen demokratischen Parteien zu unternehmen, und mit großer Sachlichkeit und Ausführlichkeit alle Einwände, welche man gegen die Emanzipation der Frau von irgendwelcher Seite her erheben könnte, immer wieder von neuem kraftvoll zu widerlegen.[7]

Die Entwicklung der Frauenstimmrechtsfrage in den einzelnen sozialistischen Gruppen Italiens bis 1891

Es dürfte zweifellos interessant und, da dieses Thema in nur einigermaßen ersichtlichem Zusammenhang noch niemals behandelt worden, auch historisch nützlich sein, der Entwicklung der Frauenstimmrechtsfrage innerhalb der sozialistischen Gruppen Italiens einmal auf den Grund zu gehen und sie des näheren zu untersuchen.

Schon sehr frühzeitig hatten sich in den Arbeiterparteien Stimmen gefunden, welche die Forderung aufstellten, die Frauen als gleichberechtigte Kämpferinnen anzuerkennen. Der Boden hierzu war schon längst gepflügt. Bürgerliche Demokraten, wie Salvatore Morelli, hatten schon 1859 die Gleichberechtigung der Frau als ein Haupterfordernis zur Lösung der sozialen Frage angepriesen,[8] auch Giuseppe Mazzini war wiederholt für die Gleichstellung der Frau eingetreten. Konservative, für Sozialreformen fechtende Gelehrte wie Pietro Ellero hatten ebenfalls neben dem Recht auf Arbeit, dem Recht auf Leben, dem Recht auf Beistand und auf soziale Hilfe auch die zivilrechtliche und politische Emanzipation der Frau ganz besonders dringend verlangt.[9] Da konnte der Sozialismus, der von jeher die Forderungen der Demokratie und der Wissenschaft aufgenommen und vertreten hat, der Frau sein volles Eintreten für ihre Ansprüche auch nicht länger versagen. In der Eröffnungsnummer der von Enrico Bignami, Andrea Costa und Anna Kuliscioff herausgegebenen ersten wissenschaftlichen sozialistischen Monatsschrift Italiens, der *Rivista Internazionale del Socialismo*, welche im Jahre 1880 in Mailand erschien, war über ein Drittel des in der Einleitung der Zeitschrift befindlichen Programms der Frage der Frauengleichberechtigung gewidmet. Nachdem in ihr gesagt worden war, daß die heutige Gesellschaftsordnung zumal die Arbeiter, die Jugend und die Frauen bedrücke, heißt es weiter: „Ja, wir sprechen von den Frauen, und zwar keineswegs aus öder Galanterie, sondern nur

---

7 Anna Maria Mozzoni: *La Donna nella Famiglia, nella Città e nello Stato*, Bologna 1891, Tipografia Pongetti, p. 31ff.

8 Salvatore Morelli: *La Donna e la Scienza, o La Soluzione del Problema Sociale*, Neapel 1859.

9 Pietro Ellero: *La Riforma Sociale*, Bologna 1880.

deshalb, weil es darauf ankommt, daß diese am sozialen Leben teilnehmen. Bis jetzt taten sie es nur wenig oder gar nicht, und zwar unseres Ermessens einfach darum, weil die in den jüngsten Zeiten innerhalb der jetzigen sozialen Ordnung erwirkten Reformen keinen allgemein menschlichen Charakter hatten. Aber die Lebensbedingungen ändern sich, und die Ideale und Grundsätze mit ihnen. Da sich die Beziehungen der Menschen zueinander aber allmählich anders gestalten, so ist es unsere Pflicht, auch die Frau in unser Neuerungswerk mit einzuschließen, zu welchem die Zeiten und unsere Überzeugungen uns anspornen, denn wir wollen nicht nur die Umgestaltung der äußeren und vor Augen liegenden Lebensbedingungen, sondern die Umgestaltung der individuellen und familiären Beziehungen der Menschen zueinander. Der Sozialismus soll im *Leben* jeden Tages etwas bedeuten und die Gewohnheiten, die Sitten, kurzum das ganze menschliche Wesen zum Guten ändern."[10]

So sprach sich die Gelehrtengruppe der sogenannten *Socialisti* über die Frauenfrage aus.

Wenige Jahre später äußerte sich auch die demokratisch-proletarische Arbeiterpartei Mailands, welche, wie wir bereits früher gesehen haben, nur aus Handarbeitern bestand. Wir erinnern uns, daß das Programm, welches sie nach den Wahlen von 1883 aufstellte und in der Zeitung *Il Fascio Operaio* veröffentlichte, von einem Kampfe für die „völlige Emanzipation der Frau" sprach.[11] So schienen die Aussichten für ein einmütiges und entschiedenes Eintreten der italienischen Sozialisten für die bürgerliche Gleichstellung der Frau ausgezeichnet, hatten sich doch sowohl die „Intellektuellen" der *Rivista Internazionale* wie die „authentischen Proletarier" der *Lega dei Figli del Lavoro* ausdrücklich, wenn auch nur sehr allgemein, dafür erklärt. Der Bund von Frauenrechtsbewegung und Sozialismus schien auf ewig besiegelt. Und doch sollten schon die nächsten Jahre zeigen, daß er leider nur „auf Kündigung" war.

Die Anhänger sozialistischer Ideen und somit die Mitglieder sozialistischer Gruppen mehrten sich von Jahr zu Jahr, teils mittels einer im großen und mit wahrer Aufopferung getriebenen Propaganda, teils getrieben durch den „Zug der Zeit", die überhandnehmende Großindustrie in Norditalien, die Aushungerung der Landbevölkerung durch die Latifundienbesitzer im Süden und auf den Inseln. Der politische Einfluß derselben blieb aber gleich Null. Teils waren die Sozialisten

10 Rivista Internazionale del Socialismo (RIS): I, 1, 15. Mai 1880, p. 3.

11 Angiolini, loco cit., p. 126.

damals in ihrer anarchistelnden Dogmatik davon überzeugt, daß jede Beteiligung des Proletariats am Leben des kapitalistischen Staates eine Abschwächung ihrer Prinzipien bedeute und verschmähten es deshalb, sich am politischen Kampfe überhaupt zu beteiligen, teils standen sie zwar bereits auf modernem Boden, besaßen aber noch nicht die Kraft, sich geltend zu machen. So kam es, daß in der Legislaturperiode 1882 bis 1886 nur ein einziger Sozialist, Andrea Costa, in der Kammer die Rechte der Arbeiterklasse verteidigen konnte.

Allmählich aber war in allen Gruppen, Cliquen und Verzweigungen der sozialistisch denkenden Männer Italiens die Überzeugung gereift, daß nur Einigkeit zum Ziele führen könne, und daß wenn irgendwo, so gerade im politischen Kampfe ein solidarisches Zusammengehen aller erforderlich sei. So hatten sich denn nach vielen schwierigen Verhandlungen, Versammlungen und Auseinandersetzungen hin und her eine Reihe von Kopfarbeitern und Handarbeitern bereit finden lassen, die alte Streitaxt zu begraben und zu einer neuen Partei, dem *Partito Operaio Italiano,* zusammenzutreten. Natürlich wurde jetzt auch die alte sozialistische Forderung von der Emanzipation der Frau wieder aufgenommen, sonderbarerweise aber nur in sehr bedingter und zahmer Form. Nicht mehr von der Forderung radikaler Gleichstellung war die Rede, sondern nur noch von einem Verlangen nach bürgerlichen Reformen. In dem von der Mailänder Sektion des *Partito Operaio* 1886 aufgestellten Programm finden wir statt der Forderung „vollständiger politischer Gleichberechtigung zwischen Mann und Weib" nur noch folgende Zugeständnisse auf dem Gebiet der Frauenfrage:

§ 8. Für gleiche Arbeitsleistung gleicher Lohn ohne Rücksicht auf Geschlechtsverschiedenheit der Arbeitenden; sowie

§ 13. Einführung der Ehescheidung und Nachforschung nach der Vaterschaft.[12]

Und so blieb es. Freilich wurde später das volle Recht der Frau auf wirtschaftliche Gleichberechtigung mit dem Manne ausdrücklicher betont und motiviert.

Ein Beschluß des Parteitags in Bologna vom Jahre 1888 lautete folgendermaßen: „Die Frage der Frauenarbeit kann nur durch die Organisation unserer Leidensgefährtinnen selbst gelöst werden, welche wir durch die Aufstellung des Satzes ‚gleicher Gewinn für gleiche Arbeit' fördern und entwickeln müssen, weil wir in den arbeitenden Frauen vollwertige Persönlichkeiten anerkennen, welche dieselbe Verantwortung, dieselben Rechte und dieselben Pflichten mit den Männern haben

12 Angiolini, loco cit., p. 134.

müssen, und wir weisen jeden Lösungsversuch zurück, den man durch eine Beschränkung der weiblichen Arbeit unternehmen wollte."[13]

So war die alte Teilung zwischen der Forderung der wirtschaftlichen Emanzipation der Frau und der ihrer öffentlich-politischen Emanzipation – eine Teilung, welche heute im Lager der internationalen Sozialdemokratie bereits längst überwunden ist, welche aber in den Köpfen sehr vieler bürgerlicher Ideologen noch weiterspukt! – also auch in der Partei zum öffentlichen Ausdruck gelangt. Die Frau sollte wirtschaftlich gleichgestellt und eherechtlich gehoben werden, die Forderung ihrer öffentlich-rechtlichen Emanzipation wurde jedoch zwar nicht verneint, aber einfach totgeschwiegen. Die Frage nach der politischen Gleichberechtigung, nach dem aktiven und passiven Wahlrecht der Frau, war verstummt.

Wir stehen nun vor der Frage, wie diese plötzliche Umwandlung sich im Geiste so moderner und idealgesinnter Männer, wie die italienischen Sozialisten es größtenteils waren und auch heute noch größtenteils sind, so unvermittelt vollziehen konnte. Es ist schier ein Rätsel, daß A, der sich 1880 für die völlige Emanzipation der Frau aussprach, und B, welcher noch 1883 eine gänzliche Gleichheit der Frau mit dem Manne erstrebte, bei ihrer Vereinigung zu A und B die vorher aufgestellten Ideale einfach beiseite schoben und sich mit der Forderung gewiß wichtiger, aber doch nicht entscheidender Reformen begnügten. Sollte es der alte Kampf zwischen Idealismus und Realismus, zwischen bedingungslosem Hinsteuern auf das eine große Ziel und kleinlicher Anpassung an die Erfordernisse des Heute, zwischen Intransigenz und Utilitarismus gewesen sein, welcher auch hier seinen Schabernack getrieben hatte?

Die von mir benutzten, sehr zerstreuten und meist in äußerst lakonischem Tone gehaltenen Quellen wissen über den Grund dieser stillschweigenden kampflosen Niederlage des Frauenbefreiungsgedankens größeren Stiles nichts zu berichten. Sie verzeichnen nicht einmal ausdrücklich die Tatsache, sie geben nur die Dokumente. Wer aber mit der Geschichte des italienischen Sozialismus nur einigermaßen vertraut ist, dem kann, sollte ich meinen, der innere Grund dieser äußerlichen Wandlung der Partei in der Frauenfrage nicht entgehen. Jedes Blatt der damaligen Parteigeschichte zeigt uns deutlich, daß in demselben Maße, in welchem die Parteigruppen sich auf moderne Basis stellten, die Forderungen von Frauenrechten zusammenschmolzen. Das alte historische Gesetz, des zu viel und zu wenig und dann wieder

13 *Per una Legge sul Lavoro delle Donne e dei Fanciulli,* Mailand 1902, p. 21.

zu viel und wieder zu wenig, das beständige Spiel der Ebbe und Flut, der Gegensätze, wie man es nennen möchte, trat auch hier wieder in Erscheinung. Die Zeit vor 1886 war vor allen Dingen dem Kampfe für die letzten Ziele gewidmet worden, die Zeit um 1886 brachte darauf den Rückschlag. Hatten die Sozialisten vorher ihre Zeit vielfach mit nutzlosem Kampfe für fernliegende, erst nach einer langen Entwicklung der Wirtschaft und der Moral zu erreichende Ziele verbracht und so manche Kraft ergebnislos verschwendet, so machte sich nun eine Gegenströmung in der Partei geltend, welche „praktisch" und nicht viel anderes als praktisch sein wollte und im Aussprechen „letzter Ziele" überaus vorsichtig war. Wenn die Sozialisten in ihren Programmen vor 1886 vielfach zu „unpraktisch" gewesen, so sollten sie nun in den entgegengesetzten Fehler verfallen und zu „praktisch" werden. Die politische Gleichheit der Frau mit dem Manne, dachten sie wohl, wird voraussichtlich vorderhand für die nächsten 20 bis 30 Jahre eine Utopie bleiben. Warum also sollen wir da so vorzeitig davon sprechen und den Leuten damit Angst machen?

Unter diesen Umständen war das Auftreten der stets die letzten Ziele der Frauenbewegung klar vor Augen habenden Anna Maria Mozzoni von höchstem Nutzen. Schon in den sechziger und siebziger Jahren hatte diese Frau ihre Stimmrechtsforderungen zum Ausdruck gebracht und sich, wie wir im vorigen Artikel bereits gesehen haben, mit den Sozialisten in Verbindung gesetzt.

In der Periode, in welcher die einzelnen sozialistischen Gruppen die Gleichstellung der Frau zu befürworten begannen, hatte die Mozzoni dann um eine *praktische Agitation* behufs Erlangung des Frauenstimmrechtes vergeblich gerungen. Nun, wo nach Zusammenschluß vieler Hunderte zu einer sozialistischen Partei Italiens die den Frauen skeptisch gegenüberstehenden Genossen die Oberhand behalten hatten, und die Frau zwar als Mitkämpferin begrüßt, aber derselben nur teilweise gleiche Rechte versprochen wurden, da sah sich die Mozzoni wieder um ein gutes Ende auf ihrem Wege zurückgeworfen. Trotzdem ließ sie sich aber nicht entmutigen.[14]

Wir werden im folgenden Teile unserer Betrachtung sehen, daß die Bemühungen der Mozzoni schließlich doch noch von Erfolg gekrönt wurden, wir werden sehen, daß hierzu aber zwei Dinge erforderlich waren, nämlich erstens der wenigstens äußerliche Uebertritt der Mozzoni zur sozialistischen Partei und zweitens das Auftreten einer ande-

14 Anna Maria Mozzoni: *La Donna nella Famiglia, nella Città e nello Stato,* Bologna 1891, Tipografia Pongetti.

ren, und zwar durch und durch proletarisch denkenden Frau, Anna Kuliscioff.

Anna Maria Mozzoni, Anna Kuliscioff. Die ersten größeren Lohnbewegungen der italienischen Arbeiterinnen

Die italienische Arbeiterpartei (*Partito Operaio Italiano*) hatte sich binnen kurzem zur ausgesprochen sozialistischen Arbeiterpartei (*Partito Socialista dei Lavoratori Italiani*) verdichtet.

Auf dem Mailänder Parteitag im Jahre 1891 erschien Anna Maria Mozzoni als Parteigenossin. Es wurde ihr sogar die Ehre zu teil, zu einigen Sitzungen auf den Präsidentenstuhl gehoben zu werden. Trotzdem erreichte sie zunächst nichts. Der Kongreß sprach sich für den gesetzlichen Kinderschutz aus. Der Schutz der Arbeiterin und die Agitation für Frauenstimmrecht wurde übergangen. Die Gleichberechtigung der Frau mit dem Manne wurde angedeutet, aber nicht offen ausgesprochen. „Berechtigung zum Eintritt in die Partei", heißt es in den Kongreßbeschlüssen, „haben alle Arbeitervereine, städtische wie ländliche, *männliche wie weibliche*, Lohnarbeiter der Kopfarbeit und der Handarbeit (*salariati o stipendiati*) und auch unabhängige Privatleute, falls sie nicht einen Beruf haben, in welchem sie die Arbeit anderer ausbeuten oder leiten."[15] Mehr erreichte die Mozzoni nicht. Da sie aber in den aus sieben Personen bestehenden Parteiausschuß gewählt wurde – die erste Frau in der sozialistischen Partei Italiens, welcher dieses Vertrauen zu teil wurde –, so war ihr auch fernerhin die Möglichkeit geboten, im Rahmen der Partei, also von innen heraus, für ihre Sache zu fechten. Der größte Gewinn für das Weiterwirken feministischer Ideale, welchen die Mozzoni erreichte, war aber der Ansporn, welche sie auf eine andere Frau auszuüben wußte, die nicht wie sie selber sich vom Feminismus zum Sozialismus entwickelt hatte, sondern deren Frauenrechtsideen stets auf dem Boden eines revolutionären Sozialismus gestanden hatten.

Hatte zur Erreichung des gemeinsamen Zieles die Mantegazza mit vorzugsweise realen und die Mozzoni mit vorzugsweise idealen Mitteln gekämpft, so trat um die Mitte der achtziger Jahre in Italien eine dritte Frau auf, welche beides in reichstem Maße vereinte und der es, obgleich sie nicht einmal von Geburt Italienerin war, gelang, Frauenrechtsbewegung und Sozialismus in Italien auf das engste zu verbinden. Diese Frau ist die russische Emigrantin Anna Kuliscioff.

---

15 Angiolini, loco cit., p. 163.

Es war im November 1879, gelegentlich des großen Verschwörungsprozesses in Florenz, als der Name dieser Frau, zusammen mit der florentinischen Sozialistin Luigia Pezzi,[16] einer Herrenschneiderin und verdienstvollen Propagandistin, zum erstenmale genannt wurde. Schon damals gewann sie, die später eine so große Rolle in der Geschichte des italienischen Sozialismus zu spielen berufen war, die Herzen aller. Ästhetisch und moralisch machte sie einen gleich gewaltigen Eindruck auf ihre Umgebung.[17] Sie war nur wenig über zwanzig Jahre alt. Mit ihrem aschblonden, etwas strähnigen Haare erschien sie den Italienern als echter Typ einer slawischen Jungfrau. „Mit dem Madonnenköpfchen", versichert ein Augenzeuge des Prozesses, „mit ihrer weißen, von der Gesundheit geröteten Gesichtsfarbe, mit ihren langen, den Rücken herabfallenden Zöpfen und deren glänzendem Blond mußte man bei ihrem Anblick unwillkürlich an die graziösen Frauenköpfe der Präraphaeliten denken."[18]

Mehr noch, als ihr Äußeres entzückte, imponierte aber die unendlich selbstbewusste Haltung, welche die Angeklagte ihren Richtern gegenüber annahm. Da war kein Funken von Furcht in ihren Augen zu sehen. Sie schien gegen jedes Schicksal von vornherein gewappnet.

Paola Lombroso hat jüngst ein sehr lesenswertes Buch geschrieben, in welchem sie den Versuch unternommen hat, aus den Physiognomien der Individuen auf deren Charaktereigenschaften zu diagnostizieren.[19] Unter den Beispielen befindet sich auch Anna Kuliscioff. Das Auge dieser Frau hat ein ganz besonders selten anzutreffendes Charakteristikum: wenn sie jemanden ansieht oder von jemandem angesehen wird, so bleiben die Lider mehrere Augenblicke lang ganz bewegungslos, so daß es schwer fällt, den Blick dieser Frau auszuhalten, der wie ein plötzliches und blendendes Licht dem Beschauer entgegenstrahlt und ihm bis in die innerste Seele hineinzuschauen scheint. Nicht mit Unrecht hält Paola Lombroso diesen klaren und sicheren Blick für das

---

16 Luigia Pezzi wurde später 1884 zusammen mit ihrem Manne und dem bekannten ehemaligen Anarchisten Rechtsanwalt F. Saverio Merlino und Enrico Malatesta in einem Prozeß „wegen Aufreizung der Massen" verwickelt und zu drei Jahren Zuchthaus verurteilt. Es gelang ihr aber mit ihrem Manne zu entfliehen. Sie entkam nach Amerika und ließ sich in Buenos Aires nieder, wo sie noch jetzt leben soll. Der Bewegung ist diese tapfere Frau leider verloren gegangen.

17 Die historische Skizze von Carlo Monticelli im *Avanti della Domenica,* I, 1. (Januar 1903.).

18 Angiolini, loco cit., p. 113.

19 Paola Lombroso: *I segni rivelatori della personalità,* Turin 1902, Fratelli Bocca.

äußere Merkmal von Annas unbezwinglicher Tatkraft, welche sie einst veranlaßte, mit 15 Jahren bereits dem Sammt und der Seide ihres väterlichen Hauses zu entfliehen und mit kühler Überlegung einem wilden Kämpferleben entgegenzugehen, in welchem sie, trotzdem ihr nichts, weder Kerker noch Verfolgung, weder Enttäuschung noch Krankheit erspart blieb, stets und allerorten, ohne mit der Wimper zu zucken, um ihre Ideale weiter gerungen hat.

Bemerkenswert ist die Ansicht, welche Anna Kuliscioff in diesem Prozeß über den Sozialismus und seine Aufgaben aussprach und aus welcher hervorgeht, wie sehr sie von den kleinbürgerlichen, unbewußt doch von Guiseppe Mazzini beeinflußten Ideologen abstand, welche damals noch die Hauptmasse der italienischen Sozialistenpartei bildeten. „Wie ich die Sache ansehe", sagte sie, „hat der Sozialismus nicht die Aufgabe, bewaffnete Insurgentenbanden aus dem Boden zu stampfen, wohl aber muß er bereit sein, die Führung über diejenigen zu übernehmen, welche sich als natürliche Folge der heutigen sozialen Lage bilden werden. Das Volk willkürlich aufzuwiegeln, damit es sich in bewaffnete Banden zusammenschließt, scheint mir keine volksfreundliche Handlung zu sein. Der Sozialismus aber ist mit dem Volke und für das Volk."[20]

Nach ihrer Freisprechung widmete sich Anna Kuliscioff der Organisation und der Propaganda. Um aber ihr Leben fristen zu können und gleichzeitig den Armen mit Rat und Tat beizustehen, studierte sie in Neapel Medizin und ließ sich nach bestandenem Examen und längeren Studien in Turin, Zürich und Paris als praktische Aerztin in Mailand nieder, wo sie sich nach ihrer kurzen und nicht glücklichen Ehe mit dem bekannten Sozialisten Andrea Costa, welcher eine Tochter, nach dem Vater Andreina genannt, entstammte, zum zweitenmale vermählte, diesmal mit dem Leiter der *Critica Sociale,* der nach dem allzu frühzeitigen Eingehen der *Rivista Internazionale del Socialismo,* damals einzigen wissenschaftlichen Zeitschrift des Sozialismus in Italien, Filippo Turati – auch diesmal nach freier Überzeugung ohne Standesamt.[21]

In Mailand hatten sich die gebildetsten und im heutigen Sinne des Wortes wissenschaftlichsten Sozialisten zur *Lega Socialista Milanese* zusammengeschlossen. Filippo Turati war ihr geistiges Oberhaupt. Die *Critica sociale* wurde sofort nach ihrem Entstehen 1891 das Organ des Bundes. Die *Lega* trat warm für den Marxismus ein und stellte sich je-

20 Angiolini, loco cit., p. 114.

21 Näheres hierüber in dem Aufsatz: „Anna Kulischoff" in: *Die Gleichheit,* 8. Jahrgang, Nr. 15 vom 20. Juli 1898.

dem sogenannten Gefühlssozialismus von vornherein sehr ablehnend gegenüber. Leider hatten aber die Übertreibungen der Mozzoni, welche freilich durchaus nicht in den Forderungen an und für sich, sondern einzig und allein an der übertriebenen Wertschätzung lag, welche sie ihnen zu geben bereit war, auf diese positivistische Gruppe der italienischen Sozialdemokratie insofern schlecht eingewirkt, als diese sich nun in ihrem Programm berechtigt glaubte, die Forderungen der Mozzoni, sowie der früheren sozialistischen Programme des *Fascio Operaio* und der *Rivista Internazionale* etwas herabzustimmen. So werden im Programm der *Lega Socialista Milanese* nur folgende für die baldmöglichste Erreichung der sozialistischen Gesellschaft notwendigen Reformen genannt: „Die vollständige Auflösung der altpatriarchalischen Familie, die in den menschlichen Gewohnheiten und möglichst auch in den Gesetzen zu bewirkende Milderung der väterlichen und ehemännlichen Allgewalt, die Freimachung der Ehe von den Banden der Kirche, das schnelle Wachstum der Ehescheidungen, die Einführung der Ehescheidung als Gesetzesmöglichkeit, die freien Geschlechtsverbindungen aus Überzeugung und nicht aus Leichtsinn und *der Zutritt der Frauen zu* ***fast allen*** *Berufen und sozialen Stellungen."* Während das Programm der *Lega* hierdurch also den Frauen das Recht auf völlige öffentlichrechtliche Gleichstellung mit dem Manne absprach, so betonte es andererseits wenigstens die familienrechtliche Emanzipation auf das allerentschiedenste. „In der Familie sieht der Sozialismus eine freie Verbindung beider Geschlechter, welche mittels der wirtschaftlichen Gleichstellung zu einer vollständigen Gleichheit an Rechten und Befugnissen erhoben sind. Auch muß diese Verbindung vollständig auf (gegenseitiger) Wahl beruhen, damit beide Teile die freie Verfügung über ihre eigene Person und ihre erotischen Gunstbezeugungen behalten. Denn das liegt sowohl im Interesse der *individuellen* Glückseligkeit als in dem der *gesellschaftlichen* Fortschritte als endlich auch in der allmählichen *Verbesserung der Spezies."*[22]

Es ist sehr interessant und zugleich sehr lehrreich, die Entwicklung des Gedankens der sozialen Gleichstellung der Geschlechter im Schoße der sozialistischen Partei Italiens zu verfolgen. Diese Entwicklung geht Hand in Hand mit der Entwicklung der praktischen Frauenarbeit auf dem Gebiet des wirtschaftlichen Befreiungskampfes.

Inzwischen begann auch in Italien die Großindustrie – langsamer zwar als in England, Belgien, Frankreich und Deutschland, aber immerhin schnell genug zur Weiterverelendung der Massen – um sich

22 *La Critica Sociale,* Mailand, 20. April 1891.

zu greifen und immer mehr Frauen mit ihren Schlingarmen zu erfassen. 1881 betrug die Zahl der allein in der Textilindustrie beschäftigten Frauen und Mädchen der Volkszählung zufolge nicht weniger als 1.601.669, unter denen sich noch dazu 153.185 Kinder im Alter zwischen 9 und 14 Jahren befanden,[23] eine horrende Ziffer, wenn man bedenkt, daß ganz Süditalien und die Inseln fast reine Ackerbaubevölkerung haben. Dabei waren die Frauenlöhne außergewöhnlich niedrig. Während zum Beispiel in der Leinen- und Flachsindustrie die Männer 3,20 Lire täglich erhielten, erreichten die Löhne der Frauen nur eine Höhe von 1,05 Lire. Und in den übrigen Industriezweigen war es fast ausnahmslos ebenso, immer bekam die Frau für eine gleiche Arbeitsleistung nur ein Drittel oder höchstens die Hälfte von dem Lohne des Mannes.[24] Trotzdem verharrte das weibliche Proletariat in stumpfer Resignation. Da, als die ersten, rafften sich die emilianischen Reisarbeiterinnen auf. Dezimiert von der miasmenerfüllten Luft der nassen Reisfelder, den Hungerlöhnen und dem Pauperismus taten diese mutigen Frauen sich im Mai 1890 zusammen und erklärten, für 60 bis 65 Centesimi pro Tag nicht mehr weiter arbeiten zu wollen. In dem Städtchen Conselice in der Provinz Ferrara vereinigten sich 500 Reisarbeiterinnen zu der Forderung eines Tagelohns von einer Lira (80 Pfennig). Ein hartnäckiger Kampf folgte, zunächst nur ein Lohnkampf, in welchem die Brotgeber sich weigerten, mehr als 80 Centesimi täglich zu zahlen. Als aber die Reismädchen auf ihrem Ansinnen verharrten und dasselbe, erbittert durch die Engherzigkeit der adeligen und bürgerlichen Latifundienbesitzer, durch Aufzüge und andere Demonstrationen bekräfteten, da rückten „zum Schutze des Eigentums" Soldaten ein und schossen in die Menge. Auf diese Weise endete der erste große aufsehenerregende Ausstand italienischer Reisarbeiterinnen.[25] Trotzdem aber war hier wie anderswo die Agitation unter den Arbeiterinnen im ganzen noch eine unendlich schwierige. Denn die *risaiole* nahmen von jeher eine Sonderstellung ein. In seinem berühmt gewordenen Vortrag vom l. Mai 1891 über den Achtstundentag konnte Filippo Turati klagen, daß die Proletarierfrau dem Manne immer noch nichts anderes sei als politisch ein Hemmschuh und ökonomisch eine Konkurrentin. Die italienische Bauernschaft, meinte er, läge noch immer tief im mittelalterlichen Schlummer, und nur dann und wann einmal gäbe sie einen vagen Klagelaut,

23 Anna Kuliscioff: „Schwestergrüße aus Italien", in: „Die Gleichheit", 11. Jahrgang, Nr. 10 vom 8. Mai 1901.

24 Anna Kuliscioff: *Il Monopolio dell'Uomo,* Mailand 1894. 2. Aufl. Vergleiche auch Ersilia Majno Bronzini: *Relazione sul Lavoro delle Donne,* Mailand 1900.

25 Angiolini, loco cit., p. 157.

etwa wie den Ton eines im Traume Redenden, von sich. „Tiefer aber noch als der Bauer", fügte er hinzu, „schläft die Frau."[26]

Und doch stand das Erwachen beider schon sehr nahe bevor. Kaum ein halbes Jahr später konnte derselbe Filippo Turati in einer Mailänder Arbeiterversammlung von den Proletarierfrauen bereits ein Heldenlied singen. Bei Gelegenheit eines übrigens unglücklich ausgelaufenen Ausstandes der Mailänder Metallarbeiter hatte das Arbeiterweib das erste große Beispiel von Solidarität gegeben. Lassen wir den auch als Lyriker bekannten Parteigenossen in seiner wunderbar schönen Sprache selber erzählen: „Wer von euch erinnert sich nicht mehr, wie reizend und rührend zugleich junge Botinnen euch, gebogen unter der schweren Last, den bis obenhin mit Soldostücken angefüllten Koffer brachten? Mit den Soldostücken, welche sie eines nach dem anderen in ihren dumpfen Werkstätten gesammelt hatten? Jedes von diesen Kupferstücken zeugte von einer Entbehrung – bisweilen eines Haarbandes oder eines Spielzeugs, öfter aber noch eines Stückchen Brotes oder eines Teller Suppe auf dem öden Tische eurer Arbeitsschwestern. Und kaum hatten sie die Last niedergelegt, da flogen sie auch schon wieder von dannen – halb stolz und halb verschämt, sich schnell dem Beifall der Dankbarkeit entziehend, aber mit der Inaussichtstellung neuer Kollekten für kommende Freitage."[27] Aber die Mailänder Frauen halfen nicht nur ihren männlichen Arbeits- und Leidensgefährten, sie begannen auch selber sich gegen die Übermacht des Kapitals zu wehren. Im August 1892 streikten in Mailand die Weberinnen und auf dem Parteitag in Genua wurde für sie gesammelt.[28] So wechselten die Funktionen von Kämpfer und Helfer von Fall zu Fall.

Zugleich mit dem weiblichen Stadtproletariat erwachte auch das ländliche. Brachten doch bei Gelegenheit desselben Mailänder Metallarbeiterstreiks auch die Landmädchen von Pieve d'Olmi Haufen von Körben mit Eiern nach der nahegelegenen Stadt Cremona, damit sie zu gunsten der Ausständigen als Beitrag der Agrarbevölkerung verkauft würden.

Auch die Reismädchen im Bolognese waren wachgeblieben. Männer, wie Gregorio Agnini, Giuseppe Massarenti und der ortsansässige Arzt Dottore Romeo Romei spannten alle ihre Kräfte an, diese geplagten Landmädchen zu organisieren. Jetzt richtete sich der Kampf hier zunächst vor allem gegen die Zwischenhändler zwischen Arbeitskraft

26 Filippo Turati: *Le 8 ore di lavoro,* 4. Aufl., Mailand 1897, p. 7.

27 Filippo Turati: *Il Dovere della Resistenza,* 4. Auflage, Mailand 1898, p. 12.

28 Angiolini, loco cit., p. 174.

und Kapital, die mit ihrer Vermittlung Wucher treibenden sogenannten Unteroffiziere (*caporali*). Zum Kampfesmittel aber wurde die Agrargenossenschaft (*Cooperativa agricola*), an welche sich die Schutz- und Trutzvereine (*Leghe di Resistenza*) anschlossen.[29] In der Stadt Bologna sammelte die *Società Operaia Femminile* mit Hilfe der begeisterten Anhängerin des Sozialismus, Argentina Bonetti-Altobelli, fast 800 Arbeiterinnen unter ihren Fahnen.

Überall regte es sich. Die breiten Massen des darbenden Proletariats begannen allenthalben aufzuatmen. Die große Sonne der sozialistischen Weltbefreiung hatte geschienen und dort Wunder getan, wo selbst die große Sonne des südlichen Himmels machtlos gewesen war. Die Göttin Hoffnung war aufgewacht und winkte ihren Söhnen.

Fortschritte, Rückschläge und Aussichten der Frauenbewegung im Jahre 1893

Die Frauenlohnbewegungen des Jahres 1892 hatten ihren ersten Widerhall auf dem Parteitag der italienischen Sozialisten zu Genua (August 1892). Das äußerte sich zunächst schon in dem Umstand, daß derselbe von über acht weiblichen Delegierten besucht war.[30] Jetzt, wo die Frau anfing sich wirtschaftlich und sozial zu betätigen, gebührte ihr auch in der Beratung über die Schicksale der Partei ein größerer Platz.

Es ist bekannt, daß sich in Genua nach harten Kämpfen die scharfe Scheidung zwischen marxistischen Sozialisten und cafieristischen Anarchisten bis zur völligen Trennung der Wege verschärfte, eine taktische Notwendigkeit, die zuerst mit vielen Härten verbunden war, deren gute Folgen später aber umsomehr offenbar wurden, als die sozialistische Partei in demselben Maße erstarkte, in welchem die vernünftigen Elemente unter den Anarchisten ihre Partei verließen und zu den Sozialisten übergingen. Eine der Hauptfiguren der taktisch transigenteren, aber dogmatisch intransigenteren Sozialisten war wiederum Anna Kuliscioff. Sie stand unter denen, welche am eindringlichsten und rücksichtslosesten für eine reinliche Scheidung von den Anarchisten plädierte und ihrem Worte war es nicht zum wenigsten zu verdanken, daß dieser Gedanke auch zur Verwirklichung gelangte.

Die Stellung des Kongresses zur Frauenfrage bedeutete für dieselbe einen, wenn auch nur kleinen Fortschritt. Es wurde ein Beschluß ge-

29 *Resoconto del Primo Congresso delle Camere del Lavoro Italia,* 29. Juni bis 1. Juli. Parma 1893, p. 26ff.

30 Angiolini, loco cit., p. 170.

faßt, welcher besagte,[31] „daß die Lohnarbeiter beiderlei Geschlechtes und jeden Berufes ob ihrer wirtschaftlichen Abhängigkeit das Proletariat bilden und deshalb zu einem Zustand von Armut, Unbildung und Bedrückung verurteilt sind und daß alle *uomini* – ein Wort, welches sowohl *Menschen* als auch nur *Männer* bezeichnen kann! (Notiz des Verfassers) – vorausgesetzt, daß sie je nach ihren Kräften dazu beitragen, an einer Besserung der sozialen Zustände mitzuwirken und, falls eine solche erreicht ist, zu erhalten, dasselbe Recht besitzen sollen, die Wohltaten derselben, unter denen als erste die Existenzsicherheit zu rechnen ist, zu genießen."

Aus diesem neuen Beschluß über die Frauenrechte geht meines Erachtens zweierlei hervor. Zunächst erscheint es klar, daß derselbe gegenüber der Bestimmung im Programm der *Lega* (siehe Nr. 1 dieses Jahrgangs) einen Fortschritt bedeutet, indem er nicht mehr wie jene von nur „teilweiser" Gleichstellung der Frau redet. Zweitens freilich leidet auch dieser Beschluß noch an großer Undeutlichkeit. Das Wort *uomini* ist, wie gesagt, zweideutig und läßt infolgedessen alle Auslegungen zu. Hätte der Parteitag eine völlige Emanzipation der Frau programmatisch festlegen wollen, so hätte er sich zweifelsohne präziser ausgedrückt. Mit der etwas naiven Beteuerung, daß auch der weibliche Lohnarbeiter mit zum Proletariat gehöre, war die Frage keineswegs gelöst.

Aber die bedeutende Anteilnahme der Anna Kuliscioff, welche im Jahre 1891 bereits als Vertreterin des italienischen Sozialismus auf den internationalen Kongreß zu Brüssel gesandt worden war und welche nunmehr wiederum auch auf den internationalen Parteitag als italienische Delegierte nach Zürich (1893) – wo sie übrigens als besonderer Achtungsbeweis ihrer ausländischen Genossen in einer Sitzung einmal zur Präsidentin gewählt werden sollte – entsandt wurde, verbürgte allein schon ein weiteres Fortschreiten des feministischen Gedankens im italienischen Sozialismus. Auch die anarchistische Gruppe auf dem Genueser Parteitag wählte, auch das soll noch erwähnt werden, eine Frau in den Parteivorstand: die Arbeiterin Angela Pezzotta.[32]

Herrschte in der Frage der *politisschen* Gleichberechtigung der Frau innerhalb der sozialistischen Partei noch eine bedauernswerte Unklarheit und Unentschiedenheit, so brachte das Jahr 1892 doch noch eine nicht zu unterschätzende Anerkennung der Frau als *wirtschaftlich gleichberechtigte.* Der erste Kongreß der italienischen Arbeiterkammern (Gewerkschaften), welcher in den letzten Junitagen des Jahres in Par-

31 *Rapporto al Congresso Internazionale di Zurigo* (1893), Mailand 1893, p. 12.
32 Angiolini, loco cit., p. 174.

ma tagte, sprach sich rückhaltslos für das Prinzip: Gleiche Löhne für gleiche Arbeit! aus,[33] und das, ohne daß eine Frau am Kongreß teilgenommen und ihre Rechte verteidigt hätte. Gleichzeitig erklärte der alte liebenswürdige Venetianer Internationalist Carlo Monticelli, auch die Wissenschaft verlange gebieterisch die volle Gleichberechtigung der Frau mit dem Manne. Denn das Gesetz der regressiven Progression, durch welches die Menschheit im Laufe der durchlebten historischen Epochen schließlich wieder zu ihren ursprünglichen Formen zurückkehre, ohne dabei des inzwischen errungenen geistigen Fortschritts verlustig zu gehen, werde von selbst bewirken, daß zwischen Mann und Weib – wie das ja heute noch bei den Wilden der Fall sei – außer der Geschlechtsverschiedenheit keine wesentlichen Unterschiede mehr bestehen könnten.[34]

Auf dem durch die im Vorjahre vollzogene endgültige Trennung von den Anarchisten äußerlich geschwächten, innerlich aber erstarkten Parteitag der Sozialisten zu Reggio Emilia im Jahre 1893 finden wir fünf weibliche Delegierte, welche zum Teile sogar von männlichen Sektionen entsandt worden waren. Es waren dies die vier Mailänderinnen Rosa Genoni (Bandwebergewerkschaft), Luigia Dell' Avalle (weibliche Versicherungsgesellschaft *Genio e Lavoro*), Ida Fontana (Versicherungsgesellschaft *Sorelle di Lavoro*) und Anna Kuliscioff (*Lega Socialista Milanese*), sowie Maria Biggi vom sozialistischen Verein zu Lissa Parmense.[35] Der Kongreß selbst aber bedeutete eine Sammlung aller vorhandenen Kräfte zu weiteren Erfolgen.

Die Jahre 1892 und 1893 bezeichnen für die Geschichte des italienischen Sozialismus überhaupt einen Höhepunkt, wie er dann erst 1900 wieder kommen sollte. Sieg folgte auf Sieg. Nicht der geringsten einer war die fast vollständige Eroberung der öffentlichen Meinung, die sich damals vollzog, und die durch alle Kämpfe hindurch sich mehr oder weniger bis heute erhalten hat. Bei einer damals (1893) von der Zeitschrift *La Vita Moderna* veranstalteten Enquete wurde die Presse durch die sehr unerwartete Feststellung der Tatsache überrascht, daß sich mit nur dreißig Ausnahmen die gesamte Gelehrten- und Künstlerwelt Italiens als dem Sozialismus sehr sympathisch gegenüberstehend erklärte.[36] Damals war das vornehmste Gelehrtenorgan Italiens, die *Nuova*

---

33 Resoconto, loco cit., p. 34.

34 Carlo Monticelli: *Socialismo Popolare*, 4. Auflage, Florenz 1902, p. 73ff.

35 *Il Congresso di Reggio Emilia*, Verbale Stenografico, Mailand 1893.

36 Näheres siehe bei Angiolini, loco cit., p. 194, beziehungsweise in dem Werkchen: *Il socialismo giudicato da Letterati, Artisti e Scienziati Italiani*, con prefazione di Gustavo Macchi. Mailand, Aliprandi.

Antologia, fast ein marxistisches Diskussionsblatt zu nennen. Die Universitäten bevölkerten sich zusehends mit sozialistischen Professoren. Zwei der größten Leuchten italischen Geistes, der Kriminalist Enrico Ferri und der Novellist Edmondo De Amicis, gingen zum Sozialismus über und widmeten sich sogar der praktischen Propaganda der Idee.

In dieser Zeit erregten in der literarischen Welt Europas auch zwei Frauen Aufsehen, von denen die eine, die unter dem Pseudonym Bruno Sperani schreibende Dichterin Beatrice Speraz, sich zum Sozialismus bekehrte, und die andere, die schon genannte Ada Negri, sich als proletarische Poetin überhaupt bekannt zu machen begann. Während Ada Negri in ihrer 1892 veröffentlichten Gedichtsammlung *Fatalità* sich zur Sängerin der sozialen Leiden und zur Heroldin der wirtschaftlichen Befreiung machte, mahnte Bruno Sperani, dieser Augenblick allgemeinster geistiger Expansion müsse doch auch die Frau aufrütteln![37]

Die geistige Ermunterung, die der Proletarierin von der Poetin zu teil wurde, vereint mit der tätigen Organisationsarbeit und dem erwachten Klassengewissen der Arbeiterinnen, wirkte Wunder.

In Norditalien finden wir 1893 die ersten großen weiblichen Berufsgenossenschaften auf sozialistischer Basis. Die Weberinnen im Bergamasco und Cremonese, die für ihre vierzehn- bis sechzehnstündige Arbeit mit 40 bis 50 Centesimi Tagelohn abgelohnt wurden, vereinten sich nach einem siegreich durchfochtenen Streik zu gegenseitigem Schutz und Trutz.[38] Am großartigsten offenbarten sich aber die Frauen 1893 in der *sozialistischen Bewegung Siziliens.* Der Sozialismus war sehr plötzlich und leider auch ziemlich unvermittelt ebenfalls an die sikulischen Gestade verschlagen worden und hatte dort in wahrhaft erstaunlich kurzer Zeit das gesamte Proletariat und einen sehr großen Teil der gebildeten Stände der Insel ergriffen. Im Handumdrehen war der vierte Stand zu den sogenannten *Fasci* (Bünde) organisiert. Eine wie große Rolle die Frauen in dem nun darauf folgenden Klassenkampfe, der dem sizilianischen Volkscharakter sowie der Jugend des dortigen Sozialismus entsprechend, freilich vielfach mit Formen des ungezügeltsten Individualismus verbrämt war, spielten, davon wissen die Historiographen der Bewegung nicht genug zu berichten.

Ins Auge springend war vor allen Dingen die starke Beteiligung der Frauen an den *Fasci.* Der *Fascio* in der Stadt Sommatino, welcher im Ganzen 1800 Mitglieder zählte, hatte eine Sektion von 200 Frauen,[39] der

37 Bruno Sperani: „Le Donne che scrivono", in: *Giù le Armi!,* Mailand 1894.

38 Rapporto, loco cit., p. 15.

39 Adolfo Rossi: *Die Bewegung in Sizilien,* Stuttgart 1894, p. 35.

in der alten albanesischen Kolonie Piana de' Greci, einem Zentrum des sizilianischen Sozialismus, umfaßte neben 2500 Männern etwa 1000 Frauen,[40] der von Corleone neben 4000 Männern 2000 Frauen.[41]

Was die sizilianischen Frauen vor allem auszeichnete, das war der wahrhaft glühend zu nennende Eifer, mit dem sie ihre Sache verfochten. Bei den Wahlen waren sie es, die die Männer dazu ermunterten, für den sozialistischen Kandidaten zu stimmen. In den Versammlungen rühmte man ihnen ihre klare und laute Stimme, ihre natürliche Unbefangenheit, sowie die Wärme nach, mit der sie sprachen.[42] Maria de Felice Giuffrida, die Tochter des großen Organisators, damals ein Mädchen von nur 14 Jahren, riß durch ihre glühende Begeisterung, sowie ihre ungewöhnliche Beredsamkeit die Massen, die ihr gleich einer Prophetin anhingen, mit sich fort.[43] Und von den Bäuerinnen des Städtchens Corleone erzählt uns der sicherlich nicht im Verdacht günstiger Voreingenommenheit stehende bürgerlich-radikale Mailänder Publizist Adolfo Rossi, daß sie die Grundbegriffe des Sozialismus selbst ihren unmündigen Kindern lehrten.[44]

Aber der Sozialismus des sizilianischen Bauernvolkes 1893 hatte zugleich auch etwas sehr Kindliches an sich. Seine Durchsetzung mit orientalischem Wesen und kindlich-religiösem Aberglauben und Autoritätsanbetung berührten den klassenbewußt kämpfenden norditalienischen Proletarier schon damals beinahe wie eine Erniedrigung des ernsten Kampfes ums Dasein. Vielleicht ist dieses Urteil aber doch insofern ein wenig hart, als der sozialistische Gedanke sich den verschiedenen Volkscharakteren nach in den einzelnen Rassen naturgemäß auch verschieden umsetzen darf und daher die Verbindung von Marxismus und Sizilianismus an und für sich zwar originell, aber keineswegs als miteinander unverträglich anzusehen ist. Jedes Volk paßt die herantretende Weltanschauung seinem innersten Wesen an, und wenn es sich ihren Inhalt vielleicht auch großenteils zu eigen macht, so bleiben die äußeren Formen, unter denen sich dieser Inhalt verbirgt, dennoch stets oder wenigstens doch auf unabsehbar lange Zeit hinaus die althergebracht-nationalen. Freilich ganz zu eigen gemacht hatten sich die sizilianischen *Fasci* den Sozialismus nicht, und in dem Kompromiß, welchen sie mit ihm schlossen, steckte – und das hat sich bis auf den heutigen Tag noch nicht vollständig gehoben – etwas für uns Fremdes.

40 Rossi, loco cit., p. 59.
41 Rossi, loco cit., p. 73.
42 Rossi, loco cit., p. 8.
43 Rossi, loco cit., p. 30.
44 Rossi, loco cit., p. 74.

Den Führern der Bewegung brachten Männer und Frauen eine fast abergläubische Verehrung entgegen. In ihrer naiven Verquickung der sozialen Frage mit religiösen Zutaten glaubten sie, die geistigen Leiter der Bewegung, De Felice, Bosco, Verro und Barbato, seien direkt vom Himmel herabgestiegen, um das arme Volk auf Erden zu erlösen. Bei ihren Umzügen sah man oft das Kruzifix mitgetragen werden, neben der roten Fahne und den Tafeln, auf denen Marxsche Sentenzen standen. Zu Vorträgen holten Männer wie Frauen mit Musik, Fackeln und Lampions ihre Führer ab.[45] Viele warfen sich zur Begrüßung selbst auf die Erde, genau so, wie sie es früher zur Begrüßung ihrer Bischöfe getan hatten.[46] In Piana de' Greci standen bei den Versammlungen Männer und Frauen nach orientalischem Ritus getrennt.[47] Andächtig hörten sie zu, sie faßten den Sozialismus auf wie einen neuen großen Glauben, dem sie nicht nur mit dem Zutrauen, sondern auch mit den äußeren Zeichen des alten begegneten.

Sobald aber die Lage ernster wurde und die Bauern mit der bewaffneten Macht in Konflikte kamen, benahmen sich die Frauen mit einem Mute, der jedenfalls von der Ungenauigkeit der alten Theorie der weiblichen Schwäche zeugt. In Villa Floresta nahmen sogar nicht organisierte Frauen die *Karabinieri* gefangen, nachdem sie sie vorher angegriffen und nach kurzem Handgemenge einfach entwaffnet hatten.[48]

In Milocea befreiten vierzig Frauen und Mädchen die verhafteten Führer der *Fasci* aus der Kaserne der *Karabinieri.* Am nächsten Tage wurden sie selbst verhaftet und abgeführt. Schon in den ersten Wochen des großen Ausstandes wurden im ganzen über 800 Frauen dingfest gemacht und zum Teil sogar mit schweren Festungsstrafen belegt. In den Kämpfen mit dem Militär waren verschiedene Frauen gefallen und viele verwundet worden.[49]

Einen wie hohen Grad von Furchtlosigkeit die sizilianischen Frauen entwickelten, gleichzeitig aber auch wie wenig tief der Sozialismus in einen großen Teil ihrer Gemüter eingedrungen war, das beweist die Geschichte von der Beilegung eines drohenden Handgemenges mit dem Militär, welche sich in Piana de' Greci ereignete. Die „zur Aufrechterhaltung der Ordnung" entsandte Kompagnie Soldaten hatte schon auf die Bauern angelegt, da drängte sich, heißt es, ein Mädchen vor,

45 Rossi, loco cit., p. 35.
46 Rossi, loco cit., p. 8.
47 Rossi, loco cit., p. 60.
48 Rossi, loco cit., p. 110.
49 Siehe „Der Aufstand in Sizilien und die sizilianischen Frauen", in *Die Gleichheit*, Jg. 4, Nr. 5 vom 7. März 1894.

welches ihnen mit lauter Stimme zurief: „Habt ihr den Mut, auf uns zu schießen?" Durch diese Worte wurden die Soldaten in ihrem militärischen „Pflichtbewußtsein" verwirrt und in ihrer „Pflichterfüllung" beirrt. Auch der Hauptmann war für eine unblutige Lösung des Konfliktes gewonnen. Er stellte nur die Forderung, die Arbeiter sollten die Armee und den König hochleben lassen. Sehr lakonisch erzählt uns ein Augenzeuge und Sozialist: „So geschah es denn auch! Von jenem Augenblick an haben wir diese unsere Genossin zur Fahnenträgerin der weiblichen Sektion unseres *Fascis* erkoren."!![50]

Viel ernster und klassenbewußter war die Weiterentwicklung der proletarischen Frauenbewegung im Norden. Volkspsychologische und ökonomische Motive wirkten zusammen, um dort allmählich eine Bewegung entstehen zu lassen, wie sie nach vielen Richtungen hin gar nicht musterhafter gedacht werden kann.

Dieses Lob sollen die nächsten Fortsetzungen meiner Artikelserie begründen.

Die Ausbreitung und Vertiefung der Arbeiterinnenbewegung in den Jahren 1895 bis 1898

Das Jahr 1893/94 mit seiner Erhebung der Sizilianer Bauernschaft und seinen Aufstandsversuchen der von den Anarchisten übelberatenen Menge in Massa, Carrara und anderwärts, hatte natürlich eine Reaktion der Regierung zur Folge gehabt. Ausnahmegesetze wurden geschaffen und auf Grund derselben der Versuch gemacht, die machtvoll aufsteigende sozialistische Partei zu erdrücken. Auf der ganzen Halbinsel wurden alle Arbeitervereine, mochten sie nun auf gewerkschaftlicher oder politischer Basis beruhen, aufgelöst und verboten. Aber der Sozialismus erprobte sich wieder einmal als stärker wie jede Reaktion. Kaum hatten die schlimmsten Maßregeln der Regierungsgewalt etwas nachgelassen, da erwuchsen auch überall wieder die früheren Vereine und Gesellschaften wie die Pilze aus dem Boden, und zwar um ein beträchtliches stärker als sie vorher gewesen waren.

Inzwischen regte sich überall neues Leben. Wie in Mailand die Linda Malnati, so sammelte in Turin die Lehrerin Emilia Mariani Kleinbürgerinnen und Arbeiterinnen unter der Fahne eines wenn auch nicht wissenschaftlichen, so doch sehr wohlgemeinten Herzenssozialismus. Von allen Seiten wurde die proletarische Frau zum Kampfe gegen das Kapital und seine bösen Folgeerscheinungen ermutigt. Der bekannte Sozialist

50 Rossi, loco cit., p. 67.

Fabio Massi machte sich zum Verfasser einer Agitationsbroschüre, in welcher er die enge Verbindung von Sozialismus und Feminismus feierte.[51] Dr. Aroldo Norlenghi legte eine Bresche in die bürgerliche Sexualmoral, indem er als Grund- und Ecksteine jeder ehelichen Verbindung bloß „Gesundheit von Körper, Geist und Herz“ gelten lassen wollte.[52] Edmondo De Amicis unterließ es nicht, in seinen sozialen Betrachtungen eine Hymne auf die Frau der sozialistischen Zukunft, welche „den Geist eines Mannes, aber das Herz eines Engels“ haben würde, zu singen.[53]

Zum innerlichen Erstarken der italienischen Arbeiterinnenbewegung in dieser Periode trugen vor allen Dingen zwei Umstände bei: die offizielle Anerkennung der Frau als politisch gleichberechtigtes Wesen auf dem Beratungstag zu Bologna (24. März 1895),[54] welcher durch einen für alle sozialistischen Parteien der Welt gültigen Beschluß des internationalen Kongresses zu London 1896 bestätigt werden sollte, sowie die Übersetzung des berühmten Buches von August Bebel über die Frau.[55] Während erstere der Proletarierin die Stellung im Klassenkampf anwies, die ihr gebührte, und somit alle etwaigen Widersacher der Frauenemanzipation in der Partei zum Schweigen brachte, sorgte letzteres für die theoretische Begründung jener politischen Maßregel. Bebels „Frau“ ist noch heute eines der gelesensten Bücher in italienischen Bibliotheken.

Allmählich hatte also die sozialistische Partei soviel Gelegenheit gehabt, mit den Forderungen der sogenannten Frauenrechtlerinnen sich zu befreunden, daß sie die völlige politische und familienrechtliche Gleichheit der Frau mit dem Manne im Prinzip anerkannte und in ihr Programm mit aufnahm.

Andrea Costa hatte seine Ansicht über die Zusammengehörigkeit von Frauenbewegung und Arbeiterbewegung schon vor beinahe zwanzig Jahren einmal in die Worte zusammengefasst: „Im Sozialismus müssen gewisse skandalöse Ungleichheiten an Geisteskraft und Bildung verschwinden, welche für naturgegeben erachtet werden und doch nicht anderes sind als die traurige Konsequenz einer unglückseligen Gesellschaftsordnung.“[56] Er war der Entwicklung seiner Partei in diesem Punkte vorausgeeilt.

---

51 Fabio Massi (ps. Biagio Carlantonio): *Fra Operaje di Città e di Campagna.* Turin 1896. Libreria Editrice Socialista del Grido del Popolo.

52 Aroldo Norlenghi: *Gergo Borghese*. Mailand 1895, p. 7.

53 Edmondo De Amicis: *Lotte Civili.* Florenz 1899, p. 133.

54 Angiolini, loco cit., p. 244.

55 Erschienen bei Kantorowicz in Mailand.

56 Gennaro Messina: *Il Manuale dei Socialisti*. Florenz 1901, p. 394. Aus einem Artikel in der Bologneser Zeitung *Il Martello*, 1877.

Verweilen wir hier einen Augenblick! Praktisch war die Frau in der sozialistischen Partei immer völlig gleichberechtigt gewesen. Wir haben eine ganze Reihe von Frauen hintereinander und nebeneinander eine große Rolle in der Partei spielen sehen, und zwar nicht die Rolle der Beraterinnen hinter den Kulissen, geschweige die des in Königshäusern üblichen „dämonischen Weibes", welches durch seine erotische Brunst die von ihm geliebten Männer zu großen Taten anreizt, sondern die Rolle mutiger und gescheiter Kämpferinnen, welche an der Seite der Männer wie Kameraden für das gleiche menschheitsbefreiende Ideal kämpften. Theoretisch jedoch war die Gleichberechtigung der Frau wohl oft genug ausgesprochen, aber seit dem Programm des *Fascio Operaio* vom Jahre 1891 nicht mehr mit genügender Schärfe präzisiert worden. Anna Kuliscioff, die sich, wie es scheint, lange in der Frage des Stimmrechtes zurückgehalten hatte, forderte 1897 selbst auf, für das Frauenwahlrecht zu propagieren. „Hört doch nicht", so rief sie aus, „auf alle die, welche euch wiederholen, ihr wäret unfähig und unvorbereitet für den politischen Kampf. Noch hat niemand etwas gelernt, ohne ans Werk zu gehen. Man lernt nicht schwimmen, wenn man sich nicht vorher ins Wasser wirft. Man lernt nicht nähen, wenn man nicht damit beginnt, die Nadel zur Hand zu nehmen. Auch das männliche Proletariat war unfähig und unvorbereitet. Nur mit der Übung erwirbt man Fähigkeiten."[57]

Hier kommen wir nun von neuem auf das Streben Anna Kuliscioffs zurück, die mit Hilfe einiger Genossinnen und Genossen auf dem bereits von Laura Solera Mantegazza gelegten Grundstein der Arbeiterinnenbewegung weiter baute.

Der Mittel- und Treffpunkt des gesamtem Mailänder organisierten Proletariats, die *Camera del Lavoro* (Arbeitskammer)[58] hatte ihre eigene große Frauengruppe (*Gruppo Socialista Femminile*), die seit ihrer Entstehung im Jahre 1885, man kann wohl sagen von Tag zu Tag, an Macht und Bedeutung wuchs.

Neben der Lohnbewegung, ja, eigentlich noch mehr als diese, lag der Kuliscioff aber eine andere Bewegung am Herzen, nämlich die zur Erlangung eines staatlichen Frauen- und Kinderschutzgesetzes, deren Seele sie war. Was sie dazu bewog, gerade diese Seite der Reformtätigkeit zu der ihren zu machen, das hat sie in der ihr eigenen Weise vor dem Kriegsgericht des Jahres 1898 mit klaren und kurzen Worten selbst ausgedrückt.

---

57 Anna Kuliscioff: *Alle Donne Italiane*. Per le Elezioni Politiche. Mailand 1897, p. 13.

58 Über Aufgabe und Bedeutung dieser Arbeitskammern wird ein späterer Artikel sprechen.

„Wenn ich als Ärztin nicht immer mit dem moralischen und physischen Elend der arbeitenden Frauen in stetem Kontakt gewesen wäre, hätte ich ja vielleicht nicht einmal das bißchen Agitation zu ihren Gunsten getrieben, welche man mir nun vorwirft. Aber ich habe sie getrieben, und zwar zu ihrem Besten, und darüber freue ich mich jetzt."[59]

Anna war unaufhörlich bemüht, das, was sie als das Richtige erkannt hatte, in weitesten Kreisen zu propagieren. Schon 1893 auf dem Internationalen Kongreß in Zürich hatte sie der Frauenschutzgesetzgebung das Wort geredet. Nach Mailand zurückgekehrt, machte sie der Partei immer und immer wieder klar, wie wichtig es für den Fortschritt des Sozialismus sei, wenn die Frau nicht mehr willkürlich dem Arbeitgeber preisgegeben ist. Von nun an brachte die Kuliscioff auf den italienischen Parteitagen mit untrüglich wiederkehrender Gewißheit ihre Forderungen bezüglich des Frauenschutzes ein. Aber keiner der drei aufeinanderfolgenden Kongresse von Reggio Emilia (1893), Venedig (1895) und Bologna (1897) ging auf die Anträge der Russin näher ein.[60] Wohl erklärte sich eine Anzahl hervorragender Parteimitglieder, Costantino Lazzari, Dr. Osvaldo Gnocchi Viani, Ettore Reina, Carlo Monticelli und andere vollständig mit ihr einverstanden, aber die große Mehrzahl stand dem Vorschlag kühl gegenüber. Es war die Zeit der beginnenden großen politischen Kämpfe, und die italienischen Sozialisten hatten damals für die ökonomische Seite des Klassenkampfes im ganzen noch nicht sehr viel übrig.

Enttäuscht und wohl auch ein wenig erbittert entschloß sich Anna Kuliscioff, „weil sich die Partei nur wenig mit dieser Frage beschäftigte", selber zur Propaganda, um ihren Überzeugungen Anhang zu verschaffen. Sie hielt Vorträge, um den Arbeiterinnen die Notwendigkeit der Einführung eines Gesetzes zu ihrem Schutze klar zu machen. „Denn", so sagte sie selber, „ich hatte die feste Überzeugung, daß dieses Gesetz sehr viel leichter einzuführen sein werde, sobald diejenigen, welche durch es geschützt werden sollen, sich selbst über die Wichtigkeit eines solchen klar werden."[61]

Unterstützt wurde Anna Kuliscioff in dieser Arbeit von Ersilia Majno-Bronzini, der Gattin des berühmten Rechtsgelehrten Luigi Majno, welche sich auf dem Arbeiterunfallkongreß zu Mailand (19. März 1895) sehr energisch ebenfalls für staatlichen Eingriff in die Frauenarbeit aussprach. Bei dieser Gelegenheit votierte der – von der *Camera del Lavoro*

59 Angiolini, loco cit., p. 295.

60 Siehe hierüber: *Per una Legge sul Lavoro delle Donne e dei Fanciulli,* Notizie e Documenti. Mailand 1902, Unione Femminile.

61 Maria Cabrini: „Per la Donna e per il Fanciullo!", in: *Avanti,* Nr. 1384.

in Mailand einberufene – Kongreß auch, daß alle männlichen Widerstandsvereine (*Leghe di resistenza*) jederzeit bereit sein müßten, Frauen als Mitglieder aufzunehmen.[62]

War die Arbeit der Proletarierinnen Mailands mehr ökonomisch-friedlicher Art, das heißt suchten sie hier ihre Lage zumeist durch Zusammenschluß und das Eintreten für soziale Reformpläne zu bessern, so waren ihre ländlichen Schwestern mehr für Schutz- und Trutzvereine behufs Ermöglichung ausgedehnter Arbeitsausstände.

Jahrelang hintereinander gaben die Reismädchen im Bolognese[63] das damals in Italien unerhörte Beispiel großer und vorzüglich organisierter Arbeiterinnenstreiks. Mit der ihnen angeborenen eisernen Energie ruhten sie nicht eher, als bis sie die Lohnerhöhung durchgesetzt hatten, die ihnen wenigstens ein einigermaßen menschenwürdiges Leben in ihren Sümpfen zu garantieren schien, das heißt Löhne mit einem Mindestsatz von 1,50 bis zu einem Höchstsatz von 3,50 Lire pro Tag.

Das Jahr 1896 brachte noch einen anderen aufsehenerregenden Frauenausstand. Die Strohflechterinnen in Toskana, die, 60.000 bis 80.000 an Zahl, sich trotz ihrer Masse gegen die ihnen auf zwölfstündige Arbeitszeit hin gezahlten Schandlöhne von 20 Centesimi täglich nicht aufzulehnen wagten, verloren, als ihnen ihre Herren eines Tages erklärten, von nun an könnten sie ihnen bloß noch 10 Centesimi geben, endlich die Geduld.[64] Der übrigens nach vielen Wechselfällen leidlich günstige Ausfall des Streiks dieser armen Heimarbeiterinnen machte in Italien nicht wenig von sich reden. „Diese Sozialisten wiegeln sogar unsere sonst so zufriedenen Frauen auf", schrieb ein konservatives Blatt empört.

Selbst im schwarzen Rom, in welchem sich päpstlicher Einfluß mit savoyischer „Königstreue" und bürgerlich-republikanischer Gesinnung bisher in die Herrschaft der Geister geteilt hatten, brachten die neunziger Jahre dem sozialistischen Gedanken die erwünschte Erstarkung, an welcher auch die proletarischen Frauen teil hatten. Bei dieser Gelegenheit verdient eine Genossin erwähnt zu werden, welche bis zu ihrem allzu frühen tragischen Ende ein wahres Muster von Rührigkeit und Aufopferungsfähigkeit gewesen ist, und welcher die sozialistische Bewegung in Rom mehr verdankt, als sich in Worten überhaupt ausdrücken läßt. Es war dies Emilia Alciati Marabini. Diese hochherzige Frau stammte aus einer reichen klerikalen Familie. Ihre Heirat mit dem

62 *Notizie e Documenti*, loco cit., p. 27.

63 Näheres über ihre Arbeit in einem nächsten Artikel.

64 Maria Montessori: „Über das Leben der Arbeiterinnen" in: *Der internationale Kongreß*, loco cit., p. 206.

verdienstvollen Rechtsanwalt Ezio Marabini brachte sie der sozialistischen Partei näher. Bald hatte sie ihren katholischen Glauben völlig durch die Hoffnung auf eine Besserung der Menschheit in der sozialistischen Gesellschaft ersetzt, ohne deshalb ihr tiefinnerstes Christentum völlig aufgegeben zu haben. Emilia Marabini war eine Idealistin in des Wortes edelster Bedeutung. War die Anna Kuliscioff nur durch ihren Kopf Sozialistin geworden, so hatte das Herz die Emilia Marabini dem Sozialismus in die Arme getrieben.

Man könnte diese Frau mit Fug und Recht eine zweite Mantegazza nennen, nur müßte man bei diesem Vergleich bedenken, daß Emilia Marabini in einer Zeit lebte, in welcher die sozialistische Bewegung bereits eine Größe war, mit der man rechnen konnte. Daher bewegte sich ihre praktische Tätigkeit auch durchaus in proletarischen Bahnen. Unermüdlich war sie tätig; mit der kleinen Einzelpropaganda in den Vorstädten Roms wußte sie eine fast christlich zu nennende Wohltätigkeit zu verbinden. In einer Reihe von Artikeln, welche nach ihrem Tode in einem Bande gesammelt zu den interessantesten Dokumenten der sozialistischen Frauenliteratur Italiens gehören, trat sie als begeisterte Vorkämpferin für ihre Ideen auf. Mit besonderer Heftigkeit wandte sie sich auch gegen die Lässigkeit der männlichen Genossen in der Wertung des politischen Scharfsinnes ihrer Frauen. Wie könne man es lächerlich nennen, daß auch die Frauen sich mit Politik befassen? „Lächerlich sind doch nur die", ruft sie einmal aus, „welche das Eine sagen und das Andere tun. Lächerlich sind doch nur die, welche den Sozialismus zwar in den Versammlungen mit großer Schwatzhaftigkeit verteidigen, im täglichen Leben aber bekämpfen, indem sie soundsoviele Intelligenzen der Propaganda entziehen. Lächerlich sind nur diejenigen, welche nicht den Mut besitzen, die Meinung, welche sie doch zu haben behaupten, vollständig auszusprechen und sie aus falschem Opportunismus ihren Frauen gegenüber schön bei sich behalten. Lächerlich sind die, welche zwar unter der Schar der Sozialisten kämpfen, welche aber dennoch die Frau für ein Wesen halten, mit dem man sich genügend beschäftigt hat, wenn man ihm zu Kindern verhilft. Lächerlich, ja schlimmer noch als lächerlich sind diejenigen, welche, trotzdem sie zu uns gekommen sind, um den Egoismus zu bekämpfen, dennoch in sich selbst den ungerechtfertigtsten und unvernünftigsten Egoismus nicht zu besiegen wissen."[65]

Neben der schriftlichen trieb Emilia Marabini, wie erwähnt, aber auch eine mündliche Propaganda. Als sie auftrat, waren in Rom noch

65 Emilia Alciati Marabini: *Propaganda,* 4. Aufl., p. 80. Rom 1898, Tipografia Cooperativa Sociale.

so gut wie keine Frauen organisiert. In kurzer Zeit verstand sie es, den 12.000 in der römischen Arbeitskammer organisierten Arbeitern immerhin eine kleine Schar von 40 Frauen beizugesellen. Der *Federazione Socialista* stellte sie den sogenannten *Nucleo Femminile* (Frauenschild) als ihre eigenste Schöpfung zur Seite.[66] Aber ihr Ehrgeiz, für die gute Sache zu wirken, ging noch weiter. Ihre Pläne liefen auf eine von den Männern unabhängige, aber mit ihnen zusammen arbeitende Spezialarbeitskammer für Frauen und auf eine große Arbeiterinnenversicherungskasse hinaus. Da raffte die erst Zweiunddreißigjährige mitten aus der Arbeit im ersten Kindbett der Tod hinweg (1897). Emilia hatte sich so sehr gerade ein Töchterchen gewünscht, weil es, wie sie sagte, „an Genossinnen so sehr not tue". Nun war der sozialistischen Bewegung mit ihr selber eine Genossin entrissen worden, deren Weiterleben und Weiterwirken der ganzen Partei ebenfalls „not getan" hätte. Eine traurige Ironie des Schicksals raubte diese tapfere und rührende Frau in demselben Augenblick, in welchem sie die um ihre Ideale ringenden Scharen gerade um eine neue Mitkämpferin vermehren wollte. Der frühe und in diesem Falle so ganz besonders grausam empfundene Tod einer seiner tapfersten Vorkämpferinnen konnte, einen so harten Verlust er auch für die ganze Partei bedeutete, die *große Bewegung* nicht hemmen.

Das „böse Jahr" 1898

Wir haben in früheren Nummern dieser Zeitschrift des allmählichen Wachstums der proletarischen Frauenbewegung in Italien gedacht. Wir haben gesehen, wie rührige und idealgesinnte Frauen, die Luigia Pezzi, welche polizeiliche Mißgunst ihres Vaterlandes beraubte und übers Meer nach Amerika verbannte, in Florenz, die Emilia Marabini, welcher die Mißgunst des Schicksals mitten im rastlosesten Streben einen zu frühzeitigen Tod bereitete, in Rom für das Wohl der arbeitenden Klassen kämpften und wie diese selbst, durch häufige und mutig durchfochtene Ausstände ihre zunehmende soziale Reife bewiesen. Das Jahr 1897 bedeutete für das Proletariat Italiens noch frisches Leben, das Folgejahr 1898 aber den Tod.

An dieser Stelle sei ein kurzer Rückblick gestattet. Die sozialistische Frauenbewegung, welcher, wenigstens in Mailand, durch bürgerliche Idealisten kräftig vorgebaut worden war, hatte Schritt für Schritt Boden gewonnen. Sinn für Solidarität, der sich zunächst in gegenseitiger Hil-

66 Propaganda, loco cit., p. XIV und 62.

fe äußerte, sodann aber zu einem festen Zusammenschluß in Schutz- und Trutzvereinen führte, war geweckt worden, und die eigentliche im sozialistischen Sinne revolutionäre Bewegung hatte sich hier und dort bereits in Lohnerhöhungskämpfe umgesetzt, die sich zwar je nach dem verschiedenen Grade der sozialistischen Bildung, den das Proletariat in den einzelnen Landschaften Italiens sich angeeignet hatte, wohl verschiedenartig gestalteten, immer aber die ausgesprochene Tendenz von Klassenkämpfen in sich trugen.

In Mailand, damals zweifelsohne das Zentrum der sozialistischen Wissenschaft, kämpften Filippo Turati und Anna Kuliscioff in der von ihnen gegründeten und geleiteten Halbmonatsschrift *La Critica Sociale* gemeinsam einen für die Befreiung des italienischen Proletariats nach zwei Seiten hin gleich wichtigen Kampf. Einmal wurde in ihr zum erstenmal in Italien die theoretische Grundlage des Sozialismus wissenschaftlich erörtert und die so gewonnenen Erkenntnisse in der Partei verbreitet, so daß die italienischen Sozialisten, denen immer noch ein gut Teil Bakuninscher Revoltenmacherei im Blute steckte, zu einer ernsten und sachgemäßen Auffassung der sozialen Probleme im Geiste von Karl Marx erzogen wurden und zweitens wurde gerade in jener Zeit zu dem besonders engen – leider nur bis auf den heutigen Tag allzu einseitigen – Gedankenaustausch Grund gelegt, der den italienischen Sozialismus mit der deutschen Sozialdemokratie verbindet. Ferner erfüllte diese Zeitschrift aber auch noch die Aufgabe, das italienische Proletariat aus den Spalten der Leitartikel heraus zur Selbsthilfe anzuhalten und zur Organisation anzufeuern.

Anna Kuliscioff entwickelte aber auch noch neben ihrer ärztlichen und journalistischen Tätigkeit in fieberhaftem Eifer eine persönliche Propaganda. Wochenlang, so erzählte sie dem Schreiber dieses selber, besuchte sie tagaus tagein zur Mittagszeit eine kleine in der Nähe dem Domplatzes gelegene *Locanda,* in welcher die Arbeiterinnen einer nahen Fabrik in der halbstündigen Zwischenpause ihr kärgliches Mahl einzunehmen pflegten. Dort hielt Anna Kuliscioff dann ihre Vorträge, und atemlos lauschten die Frauen und Mädchen ihren Worten. Die geistige Nahrung ging ihnen noch über die körperliche. Sie begannen erst ordentlich zu essen, wenn Anna mit ihrem Vortrag zu Ende war.

Auf diese Weise gelang es der tapferen Ärztin, welche hierbei auf das Trefflichste von der Arbeiterin Giuditta Brambilla unterstützt wurde, immer größere Scharen von arbeitenden Frauen der gewerkschaftlichen Organisation zuzuführen. Dieses heiße Bemühen der Anna Kuliscioff um die edle Sache, welche sie verfocht, bedeutet zweifellos eines der größten Blätter des Lorbeerkranzes, den sie sich verdient hat, aber es sollte für sie auch zur größten Dorne in dem Dornenkranz werden, welchen ihr die bürgerliche Gesellschaft binnen kurzem aufs Haupt setzen sollte. Der erste Tramwaywagen, den die von der Polizei und den Soldaten gehetzte Menge in den Maitagen 1898 zu Selbstverteidigung benutzte, wurde mit Beihilfe derselben Arbeiterinnen der Fabrik Pirelli umgestürzt, welche Anna Kuliscioff in der *Locanda* organisiert hatte. Dieser Umstand führte natürlich später zum „Beweis", daß die eingewanderte Russin eine Revolutionärin in des Wortes bürgerlichster Bedeutung sei.

Auch zu den 1897 stattfindenden Wahlen entfaltete Anna eine bisher nie gesehene Tätigkeit unter den arbeitenden Frauen Mailands. In einer vom *Gruppo delle Donne Socialiste Milanesi* herausgegebenen Broschüre feuerte sie die Frauen an, die lässigen Männer in den Wahlkampf hineinzuziehen und allenthalben eine kräftige Propaganda zu machen. Ihre Forderungen aber sollten sein:

1. Achtstündiger Arbeitstag.
2. Für gleiche Arbeit gleiche Bezahlung.
3. Selbstbestimmung der Frau über ihren Lohn.
4. Enthaltung der Frau von aller Fabrik- und Landarbeit je zwei Monate vor und nach der Geburt eines Kindes.[67]

Die Sympathie aller rechtlich denkenden Männer folgte dieser begonnenen Erlösungsarbeit mit ungeteiltestem Wohlwollen. Da wurde dem friedlichen Schaffen durch das böse Jahr 1898 eine jähe Unterbrechung.

Es hatte sich viel Zunder gehäuft. Die Regierung und die mit ihr verbündeten herrschenden und besitzenden Klassen hatten dem schnellen Wachstum des Sozialismus mit giftigstem Neide und mit blankem Schrecken zugeschaut. Die hier und dort erreichten besseren Arbeitsbedingungen des Proletariats, das starke Eindringen sozialistischer Weltanschauung in die Kreise der moralisch und intellektuell besten der herrschenden Klassen, die Kreise der Gebildeten und Künstler, galten schon längst als Anzeichen einer kommenden Sintflut. Man tat deshalb von Regierungsseiten alles, dieses möglichst zu verhindern, und zwar glaubte man das am besten tun zu können, wenn man in diesem Punkte das Rezept der sonst nicht mit Unrecht selbst von der italienischen Bourgeoisie als roh und barbarisch bezeichneten Bismarckschen Blut- und Eisenpolitik befolgte.

Äußere Veranlassung dazu gaben die zu Beginn des Jahres 1898 besonders häufig auftretenden und allerdings sich auch ziemlich heftig

67 Anna Kuliscioff: *Alle Donne Italiane!* Per le Elezioni Politiche, Mailand 1897, p. 9.

äußernden Streiks, an welchen wiederum das wahnwitzige Über- und gleichzeitig Unterproduktionssystem des Kapitalismus, in diesem Falle eine große Brotverteuerung, die Schuld trug.

Dabei lagen die Dinge so: Die herrschenden Klassen, zumal die Regierung mit ihrem ganzen Apparat, waren einer blutigen Lösung der sozialen Frage, wie bereits gesagt, keineswegs abgeneigt. Die Kapitalisten, die sich eben erst an die Tatsache, daß es außer ihnen bei Bestimmung des Lohnes noch einen zweiten Faktor gab, der mitsprechen wollte, zu gewöhnen angefangen hatten, benutzten natürlich die leicht erkennbare Stimmung des Zornes von „oben", um in den Lohnkämpfen besonders halsstarrig und unverfroren aufzutreten. Die Polizei befand sich in ähnlicher Lage. Einesteils harrte ihrer, das wußte sie, bei Zusammenstößen mit dem „Pöbel" nur Lob und Belohnung, und dann war sie auch selbst bei eventuell bei ihr vorhandenem guten Willen noch nicht recht daran gewöhnt, mit Streikenden und Hungernden umzugehen.

Auch das Proletariat selber traf zweifellos ein Teil der Schuld an dem Unglück, das über es hereinbrechen sollte. Noch hatten sich sehr beträchtliche Teile desselben mit den sozialistischen Ideen nicht so vertraut gemacht, um zu dem Einsehen zu gelangen, daß man mit roher Gewalt und Zerschlagen von Laternen- und Fensterscheiben keine soziale Revolution machen könne. Noch war ihnen der Sozialismus nicht so in Fleisch und Blut übergegangen, daß sie gewußt hätten, mit dem Kopfe durch die Wand zu rennen dürften zwar Kinder, nicht aber klassenbewußte Vollmenschen versuchen. Vielen von ihnen mag auch ihre Schulerinnerung eine Tendenz zur blutigen Lösung strittiger Fragen mit ins Leben gegeben haben. Wird denn nicht – auch bei uns in Deutschland – die blutige Metzelei des Krieges, durch welche die Einheit und sogenannte Freiheit des Vaterlandes besiegelt worden sei, immer noch glorifiziert? Und da ist man noch so harmlos, sich zu wundern, daß die Dümmeren unter dem Proletariat auf den naheliegenden Gedanken kommen, auch die soziale Freiheit, die sie ersehnen, könne am leichtesten und zugleich am „glorreichsten" durch Waffengewalt und Blutvergießen erobert werden?

Durchaus unschuldig an den Maitagen waren dagegen die wahren Sozialisten, das heißt diejenigen Hand- und Kopfarbeiter, welche, Theorie und Praxis verbindend, die soziale Revolution und die unbesonnene Barrikadenrevolte sehr wohl zu unterscheiden wissen. Man kann sagen, daß sie in Wort und Schrift alles gethan haben, um ihre Mitbürger von Torheiten, sowie von Rohheiten fernzuhalten.

Im Frühling 1898 fanden überall Demonstrationen statt, in denen das vom Sozialismus noch nicht genügend erzogene – die Gegner sagten natürlich, das von den Sozialisten mißleitete und aufgehetzte – Volk in etwas stürmischer Weise nach Brot verlangte und zumal die Frauen – noch weniger erzogen als die Männer – etwas unnötigen Lärm vollführten – am 26. April in Faenza (Toskana) am 27. April in Bavi, am 30. April in Neapel, am 4. Mai in Sesto Fiorentino (Toskana).[68] In diesen Demonstrationen blieb es aber zumeist bei den gewöhnlich damit verbundenen Verhaftungen, Rippenstößen und kleinen Gefängnisstrafen. Ernster wurde die Sache erst am 3. Mai und folgenden Tagen in Pavia, wo einige sozialistische Studenten ihre Vereinigung mit dem Proletariat mit ihrem Leben besiegelten. Und darauf folgte die furchtbare Maiwoche in Mailand, wo die Truppen, anstatt die Beruhigung der Massen den gewissenhaften Sozialisten zu überlassen, es vorzogen, die Menge zu attackieren und mehrtägige Metzeleien zu provozieren, in denen nicht weniger als 200 Proletarier ihr Leben ließen.[69]

Als die Bataillone endlich die Streikenden und die mit ihnen Sympathisierenden zu Paaren getrieben und durch eine schändliche Menschenjagd auf den Dächern der Stadt wieder einmal bewiesen hatten, welche Kulturarbeit der Militarismus zu leisten vermag, glaubten die Generäle die soziale Frage endgültig gelöst zu haben, zumal da sie die Rädelsführer,[70] das heißt die bekanntesten Sozialisten, Republikaner und Demochristen[71] – welche in Wahrheit die Impulsivität der Massen stets im Zaume zu halten bestrebt gewesen waren, vor ihr Kriegsgericht schleppen und zu schweren Gefängnisstrafen verurteilen ließen. Es ist aus dem Begriff des nun herrschenden militaristischen Grundsatzes „Macht geht vor Recht" heraus allein erklärlich, daß jetzt der Moment gekommen schien, nun auch die Arbeiterinnenbewegung zu vernichten, indem man zunächst ihr geistiges Oberhaupt unschädlich machte. In der Tat wurde auch Anna Kuliscioff vor das Militärgericht geschleppt und trotz glänzender Verteidigung eines zu ihrem Verteidiger bestimmten Infanterieoffiziers zu tausend Lire Geldstrafe und, was mehr bedeutete, zwei Jahren Gefängnis verurteilt. Wiederum, wie im Jahre 1879, war ihre Haltung bewunderungswürdig. Sie bewies klar ihre Unschuld. Aber der Klassenhaß schonte ihrer nicht, sie mußte fallen. Sie war damals schwer krank und man fürchtete nicht ohne Grund,

68 Angiolini, loco cit., p. 281ff.

69 Napoleone Colajanni: *L'Italia nel 1898*, Mailand 1898, p. 35ff.

70 Angiolini, loco cit., p. 285.

71 Eine klerikale Partei, welche Kirchlichkeit mit gewissen sozialen und demokratischen Zutaten verbinden zu können glaubt.

daß die Knochentuberkulose, an der sie litt, sie im dumpfen Gefängnis einem baldigen Tode entgegenführen müsse. In der *Gleichheit* schrieb ihr Klara Zetkin in ihrer warmherzigen Weise schon eine Art von Nekrolog, in welchem sie bereits als Märtyrerin des sozialistischen Gedankens dargestellt wurde. „Als klarsehende, kühne Kämpferin", heißt es darin, „hat sie gelebt und gewirkt, als Kämpferin ist sie mitten in der Schlacht von einer Kugel ereilt worden. Was ihr gebührt, ist nicht rührseliges Mitleid mit dem Weibe, sondern Hochachtung und Sympathie für die überzeugungstreue, opferfreudige und starke Kämpferin. Kampfesgefahr hat sie mutvoll gewollt und bestanden, Kampfesehre sei ihr Teil!"[72]

Selbst das ultrakonservative, von dem berüchtigten Scarfoglio geleitete Neapolitaner Blatt *Il Mattino* sprach damals die Ansicht aus, daß die Verurteilungen in Mailand mehr ein Akt der *Vendetta*, als die Folge wahren richterlichen Erkenntnisses seien.[73]

Auch sonst wurde von seiten der Generäle à la Bava-Beccaris alles gethan, der sozialistischen Bewegung und nicht zum wenigsten derjenigen unter den Frauen, ein für allemal den Garaus zu machen. Die sozialistische Mailänder Lehrerin Linda Malnati, welcher man nicht einmal politische Aktion beweiskräftig zur Last legen konnte, wurde trotz ihres dreiundzwanzigeinhalbjährigen Dienstalters mit Entlassung aus dem Amte „bestraft". Alle proletarischen Schöpfungen, Vereine wie Arbeitskammern, verfielen der Auflösung, ihre Leiter übervölkerten in des Wortes wahrhaftester Bedeutung die Staatsgefängnisse. Alles, was auch nur von weitem als verdächtig erschien, wurde als umstürzlerisch verfolgt.

Bei dieser Gelegenheit muß noch eines weiblichen Vereins gedacht werden, der, ohne ausgesprochen sozialistischen Tendenzen zu huldigen, dennoch durch die Macht der Tatsache, daß der Sozialismus die Führung auf allen Gebieten menschlichen Fortschritts in Italien allein übernommen hatte, immer engere Fühlung mit der Partei gewonnen hatte und nun der Reaktion des Jahres 1898 mit zum Opfer fiel. Es war das die *Federazione delle Leghe per la Tutela degli Interessi Femminili* (Bund der Vereine zum Schutze weiblicher Interessen) in Mailand.

Schon im Jahre 1881 durch die Verbindung mehrerer Gruppen gebildet, hatte er unter dem Namen der *Lega Promotrice degli Interessi Femminili* trotz seines ursprünglich rein bürgerlichen Charakters von Beginn an mit starken Widerwärtigkeiten zu kämpfen. Seine Feinde – die edle

72 *Die Gleichheit*, 8. Jahrgang, Nr. 15 (20. Juli 1898).

73 Angiolini, loco cit., p. 300.

Dreieinheit von Spott, Frömmelei und Gleichgültigkeit – brachten ihn schon bald wieder zur Strecke. Er löste sich auf.[74]

Im Jahre 1894 aber – man bemerke, also im Hauptjahr der sozialistischen Propaganda – tat der Verein sich wieder auf und wuchs sichtlich schnell an Ausdehnung und innerer Stärke.

Inwieweit er nach und nach immerhin schon verhältnismäßig proletarisiert war und mit wie vielen Dingen er sich ernsthaft beschäftigte, zeigt uns ein Blick in sein Programm, welches aus dem Bericht seiner Sekretärin, der *Professoressa* Paolina Schiff, an den internationalen Kongreß für Frauenwerke und Frauenbestrebungen in Berlin 1896 ersichtlich ist.

1. Arbeit an den Jugendhorten. Mitwirkung an der Anstalt: *Scuola e Famiglia.*
2. Erziehung und Weiterbildung unbegüterter schulentlassener Mädchen durch die *Scuola Professionale Educativa Preparatoria* (gewerbliche Vorbereitungsschule). Die Schule beabsichtigte, die (in Italien bereits mit zehn Jahren) aus der Schule entlassenen Mädchen auf ihren späteren Beruf durch Erlernung eines Handwerkes vorzubereiten.
3. Haltung von Vorträgen über Gesundheitspflege, sowie deren Herausgabe in Broschürenform und Propagierung durch das offene Land.
4. Gründung von Gegenseitigkeitsversicherungsanstalten für die Mutterschaft (*Casse di Assicurazione mutua per la Maternità*).
5. Organisation von Berufsgenossenschaften, speziell für Telegraphistinnen und Lehrerinnen.
6. Agitation auf dem Gebiet der Lohnfrage. Durchsetzung der gleichen Bezahlung weiblicher und männlicher Arbeit.
7. Agitation zwecks offizieller Anerkennung der gleichen Rechtsstellung der Frau im bürgerlichen Gesetzbuch wie im Handels- und Gemeinderecht.
8. Anschluß an die Friedensbewegung.
9. Vorschlag der Bildung eines ohne jegliche Rücksicht auf Parteiunterschiede zu bildenden Komitees aller frauenfreundlichen Parlamentsabgeordneten.[75]

Dieser Verein, dem es bereits gelungen war, in Turin, Florenz und Rom Nebengruppen zu gründen, fiel also der Reaktion zum Opfer,

---

74 Ersilia Majno-Bronzini: „Die Geschichte der Frauenbewegung in Italien", in: *Handbuch der Frauenbewegung,* 1. Teil. Berlin 1901, p. 421.

75 Kongreß, loco cit., p. 45.

trotzdem er sich davon fern gehalten hatte, offen ein bestimmtes Parteiprogramm zu bekennen. Es schien eine Zeitlang, als ob es ein für allemal mit Arbeiter- und Frauenbewegung in Italien zugleich aus sei.

Während in Turin die sehr gemäßigte Lehrerin Emilia Mariani gemaßregelt wurde, erscholl aus Ferrara die Botschaft, daß die Reismädchen von Molinella *mit Waffengewalt* an einem etwaigen Arbeitsausstand verhindert werden sollten: „Nächsten Montag beginnt die Ernte und der General Mirri hat deshalb zweckdienlicherweise angeordnet, daß nach den einzelnen Ortschaften Truppen zu verteilen seien, *damit die Ernte ihren geordneten Verlauf nimmt*. Die Kavallerie wird in unvorhergesehenen Streifzügen und nächtlichen Märschen alle Lokalitäten besuchen."[76]

Die königliche Kavallerie konnte wohl reiten, um der letzten proletarischen Freiheit den Garaus zu machen, schneller aber noch als sie ritt der sozialistische Gedanke, trotz aller Hemmnisse, durchs Land, denn sein Gaul hieß: menschlicher Fortschritt. Wie schnell er aber ritt, das sollen die nächsten Kapitel zeigen.

[Die angekündigte Fortsetzung ist nicht erschienen, Anm. d. Hrsg.]

76 Vilfredo Pareto: *La grande Battaglia del Lavoro*, Rom 1898, p. 8.

Feminismus und Sozialismus[1]

Es ist schon oft – vielleicht am meisterhaftesten von August Bebel – behauptet und bewiesen worden, daß die Frauenbewegung, oder wie man zu sagen pflegt, der Feminismus, zur Verwirklichung seiner Forderungen unbedingt des Sozialismus bedarf und somit, ein Stück desselben bildend, integral mit jenem zusammengehört.

In folgendem möchte ich in aller Kürze den Beweis führen, daß der Feminismus nicht nur des Sozialismus bedarf, sondern auch ebenso der Sozialismus des Feminismus, mit anderen Worten und zugleich präziser ausgedrückt, daß die Verwirklichung der praktischen Forderungen der modernen Frau die unbedingte Folge eines gedachten sozialistischen Gemeinwesens sein muß.

Zunächst ist die Emanzipation der Frau vom Standpunkt des Sozialismus aus, einfach *ein ideales Postulat der Gerechtigkeit*. Es ist gar nicht auszudenken, daß in einer Gesellschaft, welche das gleiche Recht zum Leben aller als höchstes Prinzip anerkennt, die Hälfte der gesamten Menschheit von diesem Recht willkürlich ausgeschlossen sein sollte. Aus diesem Grunde wird bei einer Realisation des sozialistischen Grundideals auch das Stimmrecht der Frau ohneweiteres zufallen müssen, denn die Frau – sehr gleichgültig, ob zufällig verheiratet oder zufällig nicht verheiratet – hat zum mindesten dasselbe Interesse an den wichtigsten Fragen der Politik (Kindererziehung, Wehrpflichtsystem) als der Mann, weil von der Lösung derselben nicht bloß ihr eigenes, sondern auch das Wohl ihrer Kinder und Angehörigen abhängt.[2] Dabei ist meiner Meinung nach die Beantwortung jener so viel und gern gestellten Frage, ob das Weib *ex superiorum rerum natura* schwächer an Geist und geringer an Muskelkraft sei, sehr gleichgültig und belanglos. Denn, verneint man diese Frage, so ist es ja selbstverständlich, daß der gleichgeachtete weibliche Mensch dieselben bürgerlichen Rechte erhält, wie der männliche, und andererseits müssen auch diejenigen, welche die Frage bejahen und demgemäß die Frau zeitlebens *sub patriam potestatem* halten möchten, zugestehen, daß das schwächere Geschöpf doch erst recht eines ausgiebigen Rechtsschutzes bedarf, um ohne Schädigung seiner vitalsten Interessen existieren zu können. Nur

1 [Erstveröffentlichung: „Feminismus und Sozialismus", in: *Arbeiterinnen Zeitung* (Wien), Jg. 13, Nr. 22, 03. November 1904, S. 4-5.]

2 Vergleiche hierüber auch die Meinung des Berner Staatsrechtlers Professor Carl Hilty in der *Gazette de Lausanne*, August 1900.

eine dem Idiotentum völlig identische Unfähigkeit des Intellekts – und eine solche wird wohl selbst der heftigste „Misogyn" nicht voraussetzen wollen – könnte zur Ausschließung der Frau von den staatlichen Rechten berechtigen.

Aber die Gleichheit der Frau ist nicht bloß das Postulat eines idealen Prinzips, sondern auch *eine praktische Notwendigkeit.* Mit Recht hat schon Fourier darauf hingewiesen, daß sich die Gesellschaft nur mit der Entwicklung der dem weiblichen Geschlecht zukommenden Rechte selber mit weiterentwickelt.[3] Das Interesse der Gesamtheit fordert gebieterisch die Zusammenarbeit von Mann und Frau bei gleichen Rechten. Diese Gleichheit ist zunächst eine Forderung im Sinne der Rassenveredlung. Nur das in jeder Hinsicht dem Manne gleichgeordnete Weib vermag ihm ein würdiger Lebensgefährte und der Gesellschaft ein wertvolles Mitglied zu sein. Sehr treffend sagt hierüber der Poet Ernst von Wolzogen, der Labruyère des modernen Deutschland und einer der originellsten zeitgenössischen Literaten[4]: „Bastarde aus freien Geistern und Halbtieren werden die Entwicklung der Menschheit wahrhaftig nicht fördern können… Heldengeschlechter gehen nur aus ebenbürtigen Ehen hervor!" Auch hier ist es wieder nichts Wesentliches, ob die Frau möglichst viele gleiche Eigenschaften mit dem Mann besitzt (Mut, Entschlossenheit, Stärke) oder nicht. Ganz richtig verlangten bereits die Saint-Simonisten die Gleichberechtigung des Weibes nicht deshalb, weil sie Aehnlichkeiten in beiden voraussetzten, sondern weil die Eigenschaften der beiden Geschlechter *verschiedenartig* aber *gleichwertig,* das heißt in gleichem Maße für die Vorwärtsentwicklung der *Humanitas* notwendig seien. In der Tat wird das Gemeinwohl nur gewinnen können – und das ist die zweite, praktische Seite der Frauenemanzipation in der sozialistischen Gesellschaft der Zukunft – wenn beide Geschlechter sich gleichmäßig zur steten Besserung und Läuterung derselben vereinigen, wobei jedes in seiner Weise – in den Rechten gleich, aber in der Ausübung derselben individuell und sexuell verschieden – arbeiten wobei alle die durch eine falsche Erziehung künstlich erzeugten und deshalb ungesund wirkenden Verschiedenheiten im Charakter von Mann und Weib von selber schwinden werden. Die Gesellschaft hat die volle Betätigung und Entwicklung *aller* Kräfte nötig.

Aber die Gleichstellung der Frau ist nicht nur eine ideale Forderung, die meines Erachtens im Wesen der Demokratie allein begründet liegt;

---

3 Charles Fourier: *Théorie des quatre Mouvements et des Destinées Générales,* Paris 1808.

4 Arthur Kirchhoff (Hrsg.): *Die akademische Frau.* Berlin 1897, p. 340.

sie ist auch nicht nur eine rein praktische Forderung zum Wohle der Gesamtheit und zur Veredelung der Spezies, wie sie sich aus den Ideen des modernen Darwinismus ergibt, sondern – und das müßte eigentliche alle noch vorhandenen Gegner der Frauengleichheit innerhalb des internationalen Sozialismus verstummen machen – *sie ist die naturgegebene Folge der sozialistischen Gesellschaftsordnung selber*.

Im sozialistischen Zukunftsstaatswesen schwinden zunächst die wirtschaftlichen Gegensätze zwischen beiden Geschlechtern. Damit zugleich schwinden aber auch alle sonstigen, die Geschlechter trennenden Gegensätze. Ist die Frau nicht mehr die die Tätigkeit des Mannes auf das Schlimmste gefährdende Konkurrentin auf dem – bürgerlichen sowohl als proletarischen – Arbeitsmarkt, sondern die durch ihre Arbeit ihm Erleichterung bringende Mitschaffende, so tritt auch gleichzeitig eine andere, ich möchte beinahe sagen, eine homogenere Verteilung der Berufs- und selbst der Familienpflichten ein, und hiermit wäre, wie die Protagonistin eines kerngesunden Feminismus in Deutschland, Klara Zetkin,[5] klar genug sagt, „die Quelle schwerster Konflikte für die Frau in unseren Tagen" verstopft, denn „in der sozialistischen Gesellschaft kann die Frau berufstätig sein, ohne ihr Ausleben als Weib, ohne die Familienpflichten opfern zu müssen". So werden die veränderten wirtschaftlichen Zustände ohne weiteres die soziale, ethische, ökonomische Freiheit des Weibes zur Folge haben.

Also nochmals! Sozialismus und Feminismus gehören unzertrennlich zusammen. Jetzt, im Zeitalter des Kapitalismus wird von den beiden Bewegungen, die sie erstreben, die eine der anderen niemals entraten können und später, im Zeitalter der sozialistischen Gesellschaft, haben sie beide ihre Erfüllung gefunden und fallen in eins zusammen.

---

5 Klara Zetkin: *Geistiges Proletariat, Frauenfrage und Sozialismus*, Berlin 1902, p. 23.

Von der sozialistischen Frauenbewegung in Italien (Gisela Michels-Lindner)[1]

Die sozialistischen Frauen Italiens besaßen bisher noch keine einheitliche Organisation. Wohl waren in den Jahren ungeheuer raschen Wachstums der italienischen sozialistischen Partei, welche unmittelbar auf die Reaktionszeit von 1898 bis 1899 folgten, an vielen Orten sogenannte *Circoli socialisti Femminili* (sozialistische Frauenvereine) erstanden, die in kurzer Frist ansehnliche Mitgliederzahlen aufbrachten. Es hatten sich auch eine ganze Reihe von Gewerkschaften mit nur weiblichen Mitgliedern gebildet (*Leghe Femminili*). Jedoch alle diese Vereinigungen hatten keinerlei Fühlung miteinander, und der größte Teil derselben löste sich nach kurzem Bestehen wieder auf, weil es an führenden, geschulten Frauen fehlte, die die Bewegung wach zu erhalten imstande gewesen wären, und weil eben jeder organisatorische Zusammenhang fehlte. Auch von den zahlreichen, sporadisch hier und da auftauchenden sozialistischen Frauenzeitungen hat sich keine am Leben erhalten können. Das einzige sozialistische Propagandablatt für Frauen in italienischer Sprache, *Su, Compagne*, erscheint im Ausland, in Lugano, unter der Leitung der Genossinnen Angelica Balabanoff und Maria Giudice. Und doch haben gerade die italienischen Frauen für die Sache des Proletariats schon manchen Sturm ausgefochten, schon manchen Kampf zum Siege geführt – man denke nur an die heldenmütigen Streiks der Tabakarbeiterinnen und zumal an die alljährlich sich wiederholenden Kämpfe der Reisarbeiterinnen in Bolognese, die mit nie erschlaffendem Enthusiasmus immer von neuem Hunger und Entbehrungen auf sich laden, um sich, ihren Arbeitgebern zum Trotz, ein wenigstens etwas menschenwürdigeres Dasein zu schaffen. Wenn auch die italienische Proletarierin durchschnittlich auf einer noch niedrigeren Kulturstufe steht als ihre deutsche Klassengenossin, so besitzt sie doch einen großen natürlichen Schatz von Aufopferungsfreude und Begeisterungsfähigkeit, so daß sie – trotz aller geistigen Knechtschaft im Joch der Kirche – den großen Idealen des Sozialismus wohl zugänglich ist. Auch ist bereits seit Jahren eine kleine Schar tüchtiger Arbeiterinnen in Italien an der Arbeit, nur fehlte bisher noch jeglicher Zusammenhalt, jegliche einheitliche Leitung.

1 [Erstveröffentlichung: „Von der sozialistischen Frauenbewegung in Italien", in: *Die Gleichheit*, 31. Oktober 1906, Nr. 22, Jg. 16, S. 153.]

Schon im Jahre 1903, vor dem sozialistischen Parteikongreß von Imola, stellte Genossin Ersilia Majno (Mailand) bei der Parteileitung den Antrag, die Gründung einer nationalen sozialistischen Frauenorganisation auf dem Parteitag zur Sprache zu bringen. Der Antrag wurde damals mit dem Hinweis darauf abgelehnt, daß ja den sozialistischen Frauen in Italien die Gesetzgebung kein Hindernis in den Weg lege, wenn sie in die Organisationen der Männer eintreten wollten, und daß deshalb eine besondere Frauenorganisation gar nicht nötig sei. Inzwischen jedoch ist man zu der Erkenntnis gekommen, daß es vom agitatorischen Standpunkt aus notwendig wäre, eine Zentrale zu schaffen, von der aus in systematischer und einheitlicher Weise unter den Frauen die Aufklärungsarbeit gepflegt werden könne, die doch mit mancherlei Faktoren zu rechnen hat, welche bei der Agitation unter den Männern gar nicht oder weniger in Betracht kommen. Und in diesem Jahre ist denn nun ein erster Versuch gemacht worden, eine solche Zentrale zu bilden.

Die Genossinnen Angelica Balabanoff (Lugano) und Linda Malnati (Lehrerin in Mailand) hatten nämlich im Einverständnis mit dem Parteivorstand durch einen Aufruf im sozialistischen Zentralorgan *Avanti* „alle sich als Sozialistinnen betrachtenden Frauen in Italien" gelegentlich des diesjährigen Parteitags (7. bis 10. Oktober) zu einer Zusammenkunft nach Rom eingeladen. Leider war jedoch die Zahl der erschienenen Genossinnen nur eine sehr geringe, hauptsächlich wohl wegen der ungünstigen geographischen Lage Roms, weit entfernt von den norditalienischen Industriezentren und den Reisfeldern der Poebene, wo in Italien allein einzelne Häuflein politisch aufgeklärter Frauen zu finden sind. Auch die in der Geschichte der italienischen Arbeiterbewegung hervorragendsten Frauen fehlten: Anna Kuliscioff, die berühmte Vorkämpferin des Marxismus, Anna Maria Mozzoni, eine der ersten und geistig bedeutendsten Agitatorinnen, Leda Rafanelli-Palli, ehemalige Setzerin, jetzt sozialistische Novellistin mit starkem revolutionärem Empfinden, Argentina Altobelli-Bonetti, Sekretärin der Landarbeiterorganisation, die unermüdliche Organisatorin der Reisarbeiterinnen von Molinella. Im ganzen waren in den drei abendlichen Sitzungen etwa 20 Genossinnen versammelt, deren Arbeit natürlich nur eine sehr provisorische sein konnte. Man beschränkte sich bei dieser ersten Zusammenkunft darauf, zunächst wenigstens einen praktischen Anfang mit der Frauenorganisation zu machen; von theoretischen Debatten wurde von vornherein abgesehen.

Genossin Maria Cabrini (bekannte Agitatorin und Schriftstellerin, früher Herausgeberin einer gewerkschaftlichen Zeitschrift und Arbeitersekretärin in Mailand) unterbreitete den versammelten Frauen eine Anzahl Vorschläge, welche nach kurzen Debatten zur Annahme gelangten. Demzufolge wird zunächst ein aus fünf Genossinnen bestehendes Komitee in Mailand gegründet werden, welches die Organisation einer planmäßigen sozialistischen Agitation in die Hand nehmen soll, unterstützt von einer Reihe berichtender Genossinnen (etwa unseren deutschen Vertrauenspersonen vergleichbar) in einzelnen Orten, wo die sozialistische Bewegung unter den Frauen bereits Anhängerinnen besitzt. Die Genossinnen Linda Malnati, Maria Cabrini und Maria Goia, die Abgesandte der Molinellaer Reisarbeiterinnen, wurden beauftragt, die Komiteemitglieder zu wählen, und diese wiederum sollen ihrerseits das Recht erhalten, ihre Korrespondentinnen zu ernennen.

Ferner wurde noch der Beschluß gefaßt, dem Anerbieten der Genossin Angelica Balabanoff Folge zu leisten und die bisher in ihrem persönlichen Besitz befindliche Wochenzeitung *Su, Compagne* (Auf, Genossinnen) als offizielles Organ des zu gründenden Frauenkomitees zu übernehmen.

Es braucht wohl nicht erst betont zu werden, daß die italienische sozialistische Parteileitung den Organisationsbestrebungen der Genossinnen sehr freundlich gegenübersteht und sie auch, soweit die – allerdings in Italien leider ziemlich schwachen – finanziellen Mittel reichen, tatkräftig unterstützen wird. Daß dies geschieht und daß die sozialistische Frauenbewegung sich auch in Italien kräftig entwickelt, dafür liegt ein gutes Anzeichen vor. Auf dem diesjährigen Parteitag ist zum erstenmal auch eine Frau, die bereits erwähnte, Argentina Altobelli-Bonetti, unter großem Beifall des gesamten Kongresses in den Parteivorstand gewählt worden.

II. Institutionen, Öffentlichkeit und Frauenbilder

Das Weib und der Intellectualismus[1]

Wir haben in der letzten Zeit viel äusserst werthvolles Material in der die Frauenfrage betreffenden

Literatur erhalten. Ich möchte nur an das von Helene Lange und Gertrud Bäumer herausgegebene *Handbuch der Frauenbewegung* sowie das Werk von Lily Braun *Die Frauenfrage, ihre geschichtliche Entwickelung und ihre wirthschaftliche Seite* erinnern.[2] Es könnte bei der Betrachtung dieser beiden Werke beinahe scheinen, als ob die Frage, die sie zum Thema haben, bereits aus dem Stadium der Discussionen heraus sei und das Gewonnene sich in ruhiger und sachgemässer Darstellung zusammenfassen und gleichsam als einen Niederschlag betrachten lasse. Da erscheint soeben ein neues Buch, das so recht geschaffen ist, daran zu erinnern, wie relativ wenig die ganze Frauenbewegung bis jetzt doch immerhin nur zu erreichen vermochte und wie sehr nöthig es deshalb immer noch ist, neben der berechtigten Freude an bedeutsamen Niederschlägen, die Gegner stets wieder von Neuem zu Paaren zu treiben. Diese gewiss nicht leichte und nicht einmal so besonders angenehme Arbeit hat mit hochwissenschaftlichem Sinne und geradezu imponirender Dialectik Oda Lerda-Olberg in ihrem Werke „Das Weib und der Intellectualismus"[3] vollbracht.

Die Verfasserin des Buches – sie nennt sich, anscheinend ohne jegliches System, abwechselnd Oda Lerda-Olberg oder einfach Oda Olberg – ist ihrer Geburt und Erziehung nach Deutsche, lebt aber bereits seit einer Reihe von Jahren in Italien und ist mit dem bekannten italienischen Socialisten und Nationalökonomen Giovanni Lerda, Mitglied des Parteiausschusses, verheiratet. Diese ihre besonderen Lebensumstände haben offenbar sehr auf sie eingewirkt. Sie verbindet, wie keine andere, ein durch eminente Sprachkenntnisse befördertes Wissen, welches sie aus ihrem alten, mit einer classischen freiheitlichen Voreingenommenheit, welche sie aus ihrem neuen Vaterlande entliehen zu haben scheint. Diese ihre natürlich immer relativ zu nehmende „Voraussichtslosigkeit" offenbart sich zumal in dem einen Umstand: Oda Lerda-Olberg ist Socialistin, ja, sie neigt sogar offenbar der sogenannten „revolutio-

1 [Erstveröffentlichung: „Das Weib und der Intellectualismus", in: *Dokumente der Frauen*, Bd. 7, Nr. 4, 15. Mai 1902, S. 106-114.]

2 Beide Werke sind noch nicht vollständig erschienen.

3 Oda Olberg: *Das Weib und der Intellectualismus*, Akademischer Verlag für sociale Wissenschaften, Berlin-Bern 1902.

nären" Richtung des grossgedankigen Professors Enrico Ferri zu, aber ihr Buch ist dermassen unparteiisch geschrieben, dass ein unbefangener Leser, zumal ein solcher, welcher sich, wie das ja fast immer der Fall ist, nie in seinem Leben mit dem Socialismus beschäftigt hat und ihn deshalb für gleichbedeutend mit „Ungesetzlichkeit" und „Classenhass" hält, gar nicht auf den Gedanken kommt, dass die Verfasserin Socialistin sein könnte, trotzdem das unterstrichen sociale Thema doch gewiss die Verschiedenheiten bürgerlicher und proletarischer Weltanschauung eigentlich schon von selbst zum Ausdruck bringen müsste und für den Wissenden ja auch zum Ausdruck bringt.

Wie Oda Lerda-Olberg selbst in der Vorrede sagt, ist ihre Schrift durch eine Broschüre von Professor Möbius aus Leipzig „Ueber den physiologischen Schwachsinn des Weibes" angeregt worden. Aber sie beschränkt sich keineswegs darauf, den genannten Nervenarzt sowie Laura Marholm, Lombroso, Zola und Anderen kräftigst zu Leibe zu gehen, sie beweist haarscharf – die Leugner weiblichen Folgesinnes würden kopfschüttelnd hinzusetzen: und zwar mit „männlicher" Logik – dass die Cultur ein *Recht auf die Menschheit,* und dies bewiesen, die Frau ihrerseits wiederum ein *Recht auf die Cultur* habe. Wahrhaft staunenswerth ist ihr Arsenal; es stehen ihr die gesamten Waffen – nicht bloss der Deutschen, der Italienerin und der Socialistin – sondern der ganzen Wissenschaft der Philosophie, Naturwissenschaft, Physiologie und Anatomie gleichzeitig zu Diensten. Es ist ganz erstaunlich, wie viele Wissenschaften diese Frau mit gleicher Gründlichkeit beherrscht. Fügt man dazu noch einen seltenen Gedankenreichthum – sie bewegt sich, auch im Ausdruck, durch 118 Seiten, die ein so ungeheuer viel besprochenes Gebiet umfassen, nie auf abgefahrenen Geleisen! – so wird man sich eine Vorstellung davon machen können, wie schwer ihr Buch denen fallen muss, welche nur „populäre" Schriften zu lesen im Stande sind,[4] andererseits aber auch, welch hohen Werth das Werk einer solchen Frau für die Sache haben muss, für die sie kämpft.

Streng logisch scheidet sie zunächst die ökonomische und die intellectuelle Seite der Frauenfrage. Erstere ist die primitivere. „So lange es sich für das Weib darum handelt, die Bedingung für eine menschenwürdige Lebenshaltung zu erlangen, mündet seine Forderung in den breiten Strom der Arbeiterbewegung ein" (Seite 10).

4 Es tritt hier freilich noch ein anderer Factor dazu, das vorliegende Buch nicht zu den leichtverständlichsten zu machen. Die Autorin macht nämlich leider von der Sucht der Philosophen Gebrauch, sich möglichst „classisch" auszudrücken. So scheint sie oft mehr lateinisch-griechisch wie deutsch zu schreiben.

Erst wenn das Weib über die allerdirectesten Nahrungssorgen hinaus ist, kann sie sich ein Dasein zu schaffen suchen, das ihrer intellectuellen Wesenheit entspricht. Zu beweisen, dass sie auch ein Anrecht darauf hat, und dass dessen Erfüllung sogar von höchster Bedeutung für die gesunde Weiterentwickelung des Gesellschaftslebens ist, bezeichnet Oda Lerda nun als den Zweck ihrer Schrift.

Sie beginnt also ihre Beweisführung, Jedoch nicht positiv, indem sie ihre Dogmen durch Thatsachenmaterial und logische Schlüsse erhärtet, sondern umgekehrt negativ, indem sie sogleich einen Theil ihrer Gegner ad absurdum führt. Zunächst rechnet sie mit denen ab, welche die Minderwerthigkeit des Weibes so im Allgemeinen darzuthun meinen. Sie spricht da den richtigen Satz aus: „Die Frauenforderungen haben bei den Gegnern weit mehr Entrüstung und Unwillen geweckt, als zum Arbeiten und Forschen angeregt" (Seite 15). Die Richtigkeit dieser ihrer Behauptung thut sie an einer Reihe wahrhaft köstlicher Beispiele aus dem berühmten Buche von Cesare Lombroso, *La Donna Delinquente* und dem Werk von Giuseppe Sergi, *Doiere e Piacere* dar. Sie entwickelt dabei eine ätzende Schärfe und einen ausgezeichneten Witz, so z.B. wenn sie Sergi erwidert, er habe mit seinem Beweis, dass das Weib weniger Schamgefühl besitze als der Mann, weil es sich oft nicht einmal scheue, seinem Kind in Gegenwart Fremder die Brust zu reichen, ganz recht, denn: „das thut der Mann allerdings nicht" (Seite 17).

Oda Lerda ist nicht so thöricht, nicht offen anzuerkennen, dass das weibliche Geschlecht heute noch in vielen Dingen social weit hinter dem Mann zurücksteht. Es ist im Allgemeinen nicht recht fähig, sich in genügender Weise zu organisiren. Es ist jeder ökonomischen Neuerung im Haushalt in widersinnigster Weise abgeneigt. Letzteres zeigt sich übrigens meines Erachtens ja auch in dem geringen Anklang, welche die anregenden Gedanken Lily Braun's unter den Frauen bisher gefunden haben.

„Es handelt sich aber darum, sagt Oda Lerda, „zu ergründen, ob diese Inferiorität in der geschlechtlichen Wesenheit des Weibes begründet [...] oder das Ergebnis einer Verbindung biologischer Factoren mit socialen darstellt und also von dem jeweiligen Stande der Culturentwickelung beeinflusst werden kann." Bevor man diese Frage jedoch beweisen will, muss man sich zuerst entscheiden, welchen Werth man überhaupt der Cultur beimisst, mit anderen Worten, ob sie als gesunde Anpassungserscheinung gelten soll oder als Verirrung. Bei der Beantwortung dieser Frage wirft sich Oda Lerda nun warm und überzeugend für den socialen Werth der Cultur ins Zeug, Sie bekämpft es auf das Allerentschiedenste, wenn gewisse Menschen, welche für die heutige Lebensweise körperlich oder auch geistig zu schwach, zu lendenlahm sind, einen *begrifflichen* Unterschied zwischen der *Cultur* und der *Natur* machen wollen, denn die erstere sei bloss eine *Theilerscheinung* der letzteren. Diejenigen, welche jedem Menschen aus Sehnsucht nach einem primitiveren *standard of life* am liebsten ein Fleckchen Land geben möchten, damit er dort mittelst seiner Bedürfnislosigkeit von den üblen Begleiterscheinungen der Cultur gesunde, müssten schon von ihrer vielgeliebten „allweisen" Mutter Natur eine furchtbare Pestilenz vom Himmel herabflehen, denn sonst würden sie für ihre Projecte wohl kaum den nöthigen Boden finden. Um den sogenannten Uebeln der Cultur abzuhelfen, erklärt Oda Lerda eine gesunde Wohnungsreform, sowie Durchsetzung entschiedener Lohnerhöhungen des arbeitenden Volkes für sehr viel geeigneter.

Mit Recht verweist Oda Lerda die Culturschmäher auf die einfache Thatsache, dass die Menschheit noch niemals so gewaltige Kraftproben ausgehalten habe, als gerade in der heutigen verhältnismässig eminent hochentwickelten Cultur. In dem primitiven Thierzustand ist das Zugrundegehen die Regel. Der Urmensch wurde zwar nicht nervös, aber er starb fast immer eines gewaltsamen Todes oder wurde durch eine Epidemie hingerafft.

Nachdem Oda Lerda ihr einziges Prämiss, die Nothwendigkeit der Cultur, mit der ihr eigenen Schärfe präcisirt und begründet, stellt sie auf höchst geistvolle Weise die Wechselwirkung fest, in welcher die Cultur zur thierisch-menschlichen Fruchtbarkeit steht. Zunächst macht sie klar, dass wir, „wo immer wir Leben sehen, finden, dass mit der individuellen Erhaltungsfähigkeit die Fruchtbarkeit *sinkt*, dass die wachsende Fähigkeit, dem Tode zu entgehen, durch die sinkende Fähigkeit, Leben zu geben, compensirt wird" (Seite 43). Auch *innerhalb der Culturmenschheit* kann dies leicht nachgewiesen werden durch eine statistische Nebeneinanderstellung der Geburten in armen und reichen Stadttheilen. Aber die Culturangsthasen mögen sich beruhigen. Die Abnahme der Fruchtbarkeit bei steigender Cultur stellt keineswegs eine Entartungs-, sondern vielmehr eine darwinistische Anpassungserscheinung dar. Daher hat auch der Neomalthusianismus seine völlige Berechtigung. Aber was bereits am Leben ist, das soll auch am Leben erhalten werden. Dazu ist keine Mühe, komme sie nun aus liebendem Mutterherzen oder sei sie durch hygienische Reformen verursacht, zu gross. Es ist albern, zu glauben, die hohe Kindersterblichkeit im Proletariat könne als Intensität der Auslese rassenverbessernd wirken. Die überlebenden Kinder in ihrer durchschnittlichen Jämmerlichkeit liefern den besten Beweis für das Gegentheil, Trotzdem weist Oda Lerda alle Vorschläge einer Rassenverbesserung als „von den Kriterien der Viehzucht inspirirt, ab".

Gerade in diesen Worten tritt, ohne dass sie es sagt, die grosse Abneigung Oda Lerda's gegen die Ideen Nietzsche's klar zu Tage. Will jener seinen Uebermenschen grosszüchten, indem er bewusst-mitleidslos alles Kranke und Schwache dem physischen Untergang weihen möchte, so steht Oda Lerda auf dem Standpunkt, dass die durch eine möglichst sorgsame Pflege gewährleistete grössere Chance zum Ueberleben auch eine Form sei, in welcher sich die social werthvolleren Elemente unter den günstigsten Bedingungen fortpflanzen könnten (Seite 56).

Die Fortdauer des Daseinskampfes in seiner jetzigen thierischen Form kann die Macht der Religion, der Noth und Unwissenheit nicht missen, aber damit hängt logisch auch zusammen, dass man sie nicht *fordern* darf, wenn man es auch nur einigermassen mit der Welt gut meint.

Mit all diesen Fragen hängt natürlich die Hebung und Erhebung der Frau auf das Allerinnigste zusammen. Die Frauenfrage ist nur ein Theil der gesamten Weltfrage. Hat man einmal angenommen, dass ein weiteres Fortschreiten der Culturentwickelung nothwendig und wünschenswerth ist, so muss die Frau unbedingt mitfortschreiten, sich mitweiterentwickeln. Nur zwei Dinge könnten sie davon ausschliessen und, wie man zu sagen pflegt, sie auf ein besonderes Brett stellen. Das wäre zunächst die Annahme, dass sie die geistige Inferiorität als inhärenten weiblichen Geschlechtscharakter mit sich zur Welt brächte. Dann wäre natürlich jede Befreiungsarbeit umsonst, eine Danaïdenmühe! Oder aber man müsste aus irgend welchen Ursachen das Postulat aufstellen, dass die Frau im Interesse der Gesamtheit, um sich mit Helene Böhlan auszudrücken, das Halbthier bliebe, welches sie heutzutage noch fast immer ist. Die Untersuchung dieser beiden Fragen, die zwar nur die genaue Hälfte an Seitenzahl ihres Buches ausmachen, bilden den Mittel- und Kernpunkt der wissenschaftlichen Betrachtung Oda Lerda's.

Gewiss ist das Weib von heute minderwerthig. Das gibt Oda Lerda bedingungslos zu. Aber das liegt daran, weil das heutige Gesellschaftsleben keineswegs eine Pflanzstätte ist, die allem in der Anlage Vorhandenen die Möglichkeit der Entfaltung bietet (Seite 65). Ist aber das moderne Weib von Natur schwachsinnig, so ist die Frauenagitation nicht viel gefährlicher als etwa eine Agitation zur Regelung des Sonnenaufganges (Seite 68). Dass es so ist, scheint eine unausrottbare Legende zu sein. Bringt Professor Möbius nicht wieder den altberühmten Hirnbeweis, den schon der alte Theodor Ludwig Wilhelm Bischoff, Professor der Anatomie und Physiologie an der Universität München, in seiner berühmten Schrift *Das Studium und die Ausübung der Medicin durch Frauen* (München 1872) zu liefern geglaubt und den bereits sein Fachcollege Ludimar Hermann in seiner Entgegnung *Das Frauenstudium und die Interessen der Hochschule Zürich* (Zürich 1872) als nicht zutreffend von der Hand gewiesen hatte? Aber das Gespenst taucht immer und immer wieder auf und oft sogar an Stellen, wo man es am wenigsten vermuthet. Hat nicht neulich sogar ein – allerdings englischer – Socialist, Ernest Belfort Bax, entgegen den Programmforderungen seiner Partei, ebenfalls in das alte Horn der vermeintlichen Fraueninferiorität geblasen?[5]

Oda Lerda greift sich aus dieser ihr sicherlich ebenfalls bekannten Schaar nur den Möbius heraus. Mit der ihr eigenen feinen, spitzigen und tiefgründiichen Art weist sie ihm den alten Irrthum seiner alten Lehre treffend nach. Darauf wendet sie sich gegen das andere Kriterium weiblicher Inferiorität, das vermeintliche Ueberwiegen des Instincts über die Reflexion. Unter Zuziehung ihrer medicinischen Kenntnisse beweist sie, dass selbst, wenn es zweifellos wahr wäre, dieses Factum noch keineswegs eine Inferiorität bedeuten müsse, sondern höchstens auf eine relative Einfachheit der weiblichen Lebensbedingungen schliessen lasse. Aber es ist nicht einmal so unumschränkt richtig, dieses Ueberwiegen des Instincts. Selbst die Werthung erst einmal gesehener Personen, dieser Hauptbeweis von der Kraft weiblichen Instincts, versagt bekanntlich, sobald die betreffenden Personen nicht der Nationalität, der Gesellschaftsschicht etc. der Werthenden angehören!

Doch es gibt noch mehr Beweise der „Inferiorität". Möbius führt auch die körperliche Schwäche des Weibes als solche an. Oda Lerda antwortet ihm treffend mit dem Hinweis auf die Stärke des Thieres, ja selbst des Wilden gegenüber der des „Culturmenschen". Als weiteren Beweis führe Möbius das *frühe* Altern des Weibes an. Oda Lerda hält ihm in ihrer Belesenheit einen anderen Inferioritätsgläubigen, Cesare Lombroso, entgegen, der die Inferiorität der Frau umgekehrt aus dem *späten* Altern derselben herleiten will! Ein wirklich köstlicher Beweis gelehrter Induction und Apriorität! Aber sie ist in der Regel nicht einmal zutreffend, jene Behauptung von Möbius, dass das Weib bereits nach wenigen Wochenbetten zerfalle, und selbst da, wo sie wahr ist, lediglich eine Folge socialer Missstände oder Krankhaftigkeit.

Weit einfacher noch als die Widerlegung derjenigen Gelehrten, die dem Weibe eine chronische Inferiorität anwissenschafteln wollen, ist

5 Ernest Belfort Bax: „Englische Frauenprivilegien" in: *Neuen Zeit*, XX. Jahrg., Bd. 1, Nr. 20.

natürlich die intellectuelle Unschädlichmachung jener „Empiristen" und Reactionäre, welche diese Inferiorität zwar nicht als etwas *Naturgegebenes* hinstellen, sie aber als Postulat *fordern*, und welche die Frau im Namen der Cultur bitten, doch nur ja ewig stehen zu bleiben, um auf diese Weise des Mannes Verderbtheit bei Zeugung der Nachkommenschaft wieder zu compensiren. Das sind diejenigen, welche die Erhaltung der species nur von einer „Hausfrau" garantirt sehen und die Zeter und Mordio schreien aus Angst, dass die Frau draussen in der Welt „verderben" könne, Hier greift sich Oda Lerda die erotikbegeisterte Laura Marholm heraus, die sie nicht eher wieder aus ihren kritischen Krallen lässt, bis von ihrem ganzen System nur noch das ungeheuer Lächerliche übrig ist. Vielleicht hätte sie hier ebenso gut an ihrer jetzigen Landsmännin Gemma Ferruggia das Exempel statuiren können, welche in ihrem vielgepriesenen Buch *Il Cervello della Douna* (Milano, Aliprandi Ed., 1900), dem alten deutschen Heinrich von Sybel nahekommend (*Ueber die Emancipation der Frauen*, Bonn 1870), die Behauptung aufgestellt hatte, das Weib dürfe nichts anderes als Frau und Mutter sein und müsse allen Intellectualismus von vornherein dem Manne überlassen. Aber Oda Lerda wendet sich in ihrem Buche an ein deutsches Publicum und darum wählt sie, wie schon so viele – Helene Lange, Anna Bernau, Lily Braun, Clara Zeikin[6] u. A. – vor ihr, Laura Marholm als Angriffsobject.

Laura Marholm klagt die modeme Frau an, sie wolle ihre Individualität retten, aber es käme ihr dabei nicht darauf an, der Art damit zu schaden; sie verbrauche einen Fonds von Lebensenergie für egoistische Zwecke, der für Artzwecke bestimmt sei. „Mit demselben Rechte", ruft Oda Lerda aus, „könnte man einer Circusakrobatin sagen, sie verbrauche die Muskelkräfte ihrer Kinder!" Oda Lerda steht auf dem Standpunkte, dass alles, was der Mensch hat, auch benützt werden muss. Deshalb berührt sie sich einerseits mit den Reactionärinnen in der Forderung der Geschlechtlichkeit des Weibes. Aber sie ist consequenter als jene. Sie will auch die vorhandenen geistigen Kräfte der Frau genützt und entfaltet wissen, und zwar nicht zum Wenigsten gerade zum Nutzen für ihre Kinder. Verzicht auf intellectuelle Entwicklung der Frau zu fordern, ist nicht nur unbillig, sondern auch unculturell gedacht. Ebenso wie es eine unsittliche Anschauung ist, vom jungen Mädchen körperliche Unberührtheit zu verlangen, damit sich nur ja der *Roué* später,

6 Helene Lange: *Weltanschauung und Frauenbewegung*, Berlin 1900; Anna Bernau: *Hunger und Liebe in der Frauenfrage*, Minden i.W. 1901; Lily von Gisycki, *Die neue Frau in der Dichtung*, Stuttgart 1896; Clara Zetkin: *Geistiges Proletariat, Frauenfrage und Socialismus*, Berlin 1902.

in der Ehe, daran erfreuen kann, so ist es gewiss auch unsittlich, geistige Enthaltsamkeit von ihr zu fordern, damit der Dummkopf später sich mit Stolz sagen kann: ich bin doch noch schlauer als meine Frau.

Gerade für Kindererziehung bedarf die Frau ihres Intellects, ohne welchen keine Geduld, das Haupterfordernis, vorhanden sein kann. Vor allen Dingen aber muss die Frau – und zumal die Mutter! – Einsicht in die leiblichen und sittlichen Gefahren der Kinder haben. Gerade das sogenannte „Naturweib", wie es ja heute leider noch die Regel ist, ist das unpädagogischste Weib, deren Erziehungskunst bekanntlich ja auch nichts anderes aufweist als eine ewige Kette von Fehlern: Lässigkeit im Vorbeugen, sowie Widersinn in der Bekämpfung jugendlicher Fehler und Mangel an jeglicher hygienischer, sowie ethischer Anleitung. Die ungebildete Frau bleibt ihren Kindern nicht lange eine Respectsperson, hat sie doch vor der Plötz'schen Grammatik der Tochter, vor der lateinischen Syntax des Sohnes und überhaupt allen „Autoritäten" selber viel zu grossen Respect, als dass die Kinder den ihrigen vor ihr behalten könnten.

Woher aber kommt es, dass der Mann die Mutterschaft so vergöttert und gleichzeitig ihre praktischen Forderungen geringschätzt? Diese Frage beantwortet Oda Lerda damit, dass sie sagt, bei der *Vergötterung der Mutterschaft* denke der Mann an die Kinderstube *seiner Mutter*, in der er selbst noch als Kind figurirte, bei der *Geringschätzung der Mutter* aber an die Kinderstube seiner Frau, deren Höllenlärm und Unappetitlichkeit ihm zuwider sind und an der seine Frau – ein Zeichen ihrer Inferiorität! – dennoch Gefallen zu finden vermag. Diese Lösung des offenbaren Anomalons der gleichzeitigen Hochwerthung und Verachtung der Mutterschaft seitens des Mannes ist wohl nicht viel mehr als ein geistreiches Bonmot, aber den Schluss, den Oda Lerda daraus zieht, der Intellectualismus der Frau bedürfe dringend der Stärkung, ist richtig. „Vielleicht", meint sie, „wird etwas von dem stereotypen Cultus der *Mutterschaft* dabei draufgehen: die *Mutter* aber wird gewinnen und die Kinder noch mehr!"

Dieses Ziel ist aber bloss erreichbar durch Erziehung, deren Möglichkeit dieselben Leute oft in Frage stellen, die den „schlechterzieherischen Einfluss des emancipirten Frauenzimmers" auf die Gesellschaft fürchten und deshalb der Frauenbewegung die Flügel beschneiden möchten. Aber der Intellectualismus des Weibes soll nicht etwa bebrillte Gelehrsamkeit, sondern er soll einzig und allein *weiten Blick, tiefgedankige Erkenntnis und sichere Lebensauffassung* bedeuten. Ruhige Abschätzung der eigenen Kräfte und der Last des Geschickes sind fraglos von höherer Bedeutung zur Erreichung eines gewissen Glückszustandes im Leben als religiös-engbrüstige Selbstgerechtigkeit und Mangel an Muth zu jeglicher Verantwortung.

Aber noch ein letzter Zweifel drängt sich auf, eine letzte Frage. Wozu all dies Mühen, dies Bestreben, die Frau des Intellectualismus theilhaftig zu machen? Nur um ihre Kinder menschenwürdiger erziehen zu können? Freilich wäre das sicherlich schon genug, um den Kampf vollauf zu rechtfertigen. Aber die Frau hat noch eine andere Mission in der Welt, welche sie ebenfalls nur mit Hilfe des ihr heute noch mangelnden Intellectualismus zu erfüllen vermag: die *Mission des Lebenserhaltens* oder, wie Oda Lerda sagt, die conservative Function. Dieser Begriff ist nun keineswegs etwa so zu verstehen, dass er die „Heiligkeit der Institution" zum Zwecke hat, noch so, dass die Mission in der Krankenpflege sein alleiniges Ziel sein soll, sondern das lebenserhaltende Princip soll im *socialen* Leben seine Bethätigung finden. *Seine Aufgabe besteht in der kraftvollen Ueberwindung aller der überreichen Gelegenheiten des heutigen politischen und socialen Zustandes, in welchen Leben willkürlich vernichtet werden*: Krieg, Theuerung, Hungersnoth, Arbeitslosigkeit, Armuth.

Oda Lerda ist im Anfang ihres gedankentiefen Buches kühl und rein verstandesgemäss, allmälig wird sie im Verlauf der Betrachtungen warm und sie endet als Prophetin. Denen, die die heute bestehenden Zustände für ewig halten und also auch der Frau keinen Fortschritt gönnen, ruft sie die Worte zu:

„Kaum eine der vergangenen Gesellschaftsordnungen hat nicht einmal als ewig gegolten. Und man pflegte ihre Ewigkeit am lautesten zu verkünden, wenn sie begann, einem unter den Händen zu zerbröckeln."

Die Frau und der Militarismus[1]

Der Militarismus reißt die männliche Jugend in der Zeit ihrer kräftigsten Blüte heraus aus der soeben angefangenen Betätigung des mehr oder weniger frei gewählten Berufs, heraus aus den gewohnten Bahnen des Lebens, heraus aus der Freiheit der Selbstbestimmung über die arbeitsfreien Stunden, heraus aus dem Kreise der Freunde und der Familie, um sie auf ein bis drei Jahre – je nach dem Geldbeutel, den die einzelnen besitzen, und der Waffe, der sie dienen – in jenes Mittelding von Zuchthaus und Irrenhaus einzusperren, welches man so gemeinhin als „Kaserne" bezeichnet. Schon allein aus diesem Grunde müßten die Frauen, und unter ihnen zumal die *proletarischen* Frauen, unversöhnliche Gegnerinnen jenes Kasernensystems sein. Denn der Militarismus entreißt nicht nur den armen alten Eltern oft die einzige Stütze, welche nun, anstatt sie und die jungen Geschwister zu ernähren, auf ödem Kasernenhof „langsamen Schritt" und andere unnütze Kinderspielereien lernen und womöglich auch noch vom Elternhaus Zuschuß erhalten muß, wenn der Betreffende nicht im „Dienste seines Vaterlandes" elendiglich hungern will, sondern er überantwortet den blühenden Jüngling vielfach den ekelhaftesten Versuchungen widergeschlechtlicher wie sonstiger Korruption, und entfremdet der Braut oft ganz das Herz des Bräutigams. Aber das Sündenregister des Militarismus ist mit dieser Aufzählung noch lange nicht erschöpft. Er ist daran schuld, daß die jungen Leute durch die lange Unterbrechung ihrer Dienstzeit sehr oft ihren Beruf wieder von neuem erlernen müssen, weil sie in der Zwischenzeit zu viel verlernt haben, er ist mit daran schuld, daß die Quelle so vieler sozialer und gesundheitlicher Schäden, *das späte Heiraten* – mit anderen Worten die Verbindung der jungen Leute mit der Prostitution – nicht versiegen kann.

Der Militarismus mitsamt seinem „gräßlichen" Zwillingsbruder, dem Marinismus, ist vor allem mit dafür verantwortlich zu machen, daß immer höhere Zölle, Steuern und Abgaben auf die notwendigsten Lebensbedürfnisse gelegt werden, auf Getreide, Mehl und damit aufs Brot, auf Fleisch, Vieh, Schmalz, Petroleum etc., kurz auf alle die Artikel, welche die arme Arbeiterin für ihren Unterhalt bedarf, welche die sorgengeplagte Arbeiterfrau für den Haushalt beschaffen muß. Er ver-

1 [Erstveröffentlichung: „Die Frau und der Militarismus", in: *Die Gleichheit*, Jg. 13, Nr. 9, 22.4.1903, S. 70.]

teuert Millionen die ohnehin schon so kargen und mageren Bissen, ja nimmt ihnen dies und das vom Munde weg, gleichzeitig steigert er die Sorgen und die Arbeitslasten. Und damit nicht genug! Die Millionen, die Milliarden, die er auffrißt, im neuen Etatsjahr zum Beispiel rund 1062 Millionen, werden würdigeren, besseren Zwecken entzogen, die dem Wohle und der Kultur der Gesamtheit dienen. Um wieviel könnte nicht der Schulunterricht verbessert, die Volksbildung gehoben werden, wenn dafür ein Teil der Riesensummen verwendet würde, welche das Deutsche Reich heute für tödliches Pulver und Blei, für starke Panzerplatten, für Kasernenbauten und Exerzierplätze verausgabt! Welche menschenwürdige, kulturwürdige Fürsorge der Gesellschaft für ihre alten, kranken, arbeitsunfähigen und hilfsbedürftigen Glieder, welcher gedeihliche Schutz für Schwangere, Wöchnerinnen und Säuglinge, welcher Beistand für Witwen und Waisen wäre nicht möglich, wenn die Vergeudung der Volksmittel für den volksfeindlichen Militarismus ein Ende hätte! Die Frau, ganz besonders aber die proletarische Frau, leidet schwer unter der Vernachlässigung der Kulturaufgaben, an welcher der Militarismus die Schuld trägt.

So schädlich ist der Militarismus im Frieden! Aber er führt über den Frieden … zum Kriege, er tötet viele junge Menschenleben, ohne daß diese es je gewußt hätten, wofür sie zur Schlachtbank gehen mußten, oder wenn sie es wußten, dann war es auf das Geheiß einer beutelüsternen, einer raubgierigen Klasse wie anno 1870!

Der Militarismus ist vor allem ein Werkzeug zur Bekämpfung des „inneren Feindes". Wer aber ist der innere Feind, ihr Frauen und Mädchen der arbeitenden Klassen? Der innere Feind, das sind euere Söhne, Brüder und Väter, das seid ihr selbst, das sind alle Ausgebeuteten und Beherrschten, die Brot, Bildung und Freiheit erkämpfen wollen. Als vor Jahren die Lohnsklaven der steinreichen rheinisch-westfälischen Grubenbarone bessere Arbeitsbedingungen erkämpfen wollten, da ließ man gegen sie den Säbel hauen und die Flinte schießen, und die Geschichte zeigt uns, daß die Herrschenden noch immer ihr Heil gegen „ungezogene Nationen" in gezogenen Kanonen gesucht haben. Von Kriegsministern, Generalen und hohen Herren ist wieder und wieder sehr deutlich auf den Zweck des „herrlichen Kriegsheeres" hingewiesen worden, den inneren Feind zu bekämpfen.

Ihr Frauen, wollt ihr all den Schäden tatenlos zusehen, welche dem Militarismus anhaften, all die Gefahren heraufziehen lassen, die ihm auf dem Fuße folgen? Das könnt ihr nicht, das dürft ihr nicht. Tut euch nicht das Herz im Leibe weh, wenn ihr nur an die Möglichkeit denkt, daß euer Sohn, Bruder, Verlobter oder Mann fern von der Heimat auf fremder Walstatt liegen könnte, und das nur um fremden Gelüsten zu willfahren? Empört sich nicht jeder Blutstropfen in euch, wenn ihr euch vergegenwärtigt, eurem Sohne könnte der Befehl gegeben werden, auf Vater und Mutter, auf Schwester und Bruder zu schießen? Eure männlichen Angehörigen sollen euer bleiben in Arbeit und Liebe, deshalb fort mit dem Militarismus!

Wenn die sozialistisch denkenden Proletariermassen der ganzen Welt am 1. Mai brüderlich vereint gegen den Militarismus und für den Weltfrieden demonstrieren, so wird niemand überzeugter, begeisterter in die Tageslosung einstimmen als gerade die Frauen. Sie sind die geborenen, geschworenen Todfeindinnen des Militarismus, sie sind die nimmerermüdenden Vorkämpferinnen für die internationale Solidarität der Arbeitenden und Ausgebeuteten aller Länder, welche die Bürgschaft des Weltfriedens ist. Und die deutschen Proletarierinnen werden die Gesinnung, die sie am 1. Mai feierlich bekunden, in die Tat umsetzen, indem sie mit dem höchsten Opfermut dafür tätig sind, das bei den bevorstehenden Reichstagswahlen die Sozialdemokratie, die grundsätzliche Gegnerin des Militarismus, einen glänzenden Sieg erringt. Sie helfen dadurch das ihrige dazu, dem gesegneten Zeitpunkt näher zu rücken, an welchem es heißen kann: der kulturschänderische Militarismus, der die Felder verwüstete, Millionen Menschenleben knickte, die Völker verhetzte und den Bruder am Bruder zum Mörder werden ließ, er ist tot, tot auf immer.

Die öffentliche Sicherheit der Frauen auf der Strasse[1]

Wie die *Post* berichtet, hat der Minister des Innern den Berliner Polizeipräsidenten angewiesen, seine besondere Aufmerksamkeit auf den vielgerügten Uebelstand, daß die Frauen in Berlin steten Zudringlichkeiten sich an sie herandrängender unzüchtiger Männer auf der Straße ausgesetzt sind, hinzulenken und durch verstärkte Schutzmannschaft möglichst zu eliminieren. Diese Maßregel ist natürlich durchaus willkommen zu heißen. Trotzdem hat der *Vorwärts* Recht, wenn er hierzu bemerkt (XX, 207, 1. Beilage):

„Allerdings ist mit Polizeimaßnahmen allein verdammt wenig zu erreichen, wenn nicht der Sinn für weibliche Ehre in der Bevölkerung mehr als bisher geweckt wird. Rüpel, die anständigen Frauen unflätig kommen, giebt es selbstverständlich in allen Kreisen, unter Arbeitern so gut wie in bourgeoisen Schichten. Man braucht den ethischen Gewinn, der aus der Beschäftigung mit den sozialen Fragen erwächst, nicht zu hoch anzuschlagen, um aber doch zu der Einsicht zu kommen, daß das ernste Streben, das durch die Sozialdemokratie in der Arbeiterschaft geweckt wird, sowie die eindringliche Lehre, daß die Frau dem Manne politisch gleichstehen soll, außerordentlich viel zur Respektierung des weiblichen Geschlechtes beiträgt."

Die laszive Geschlechtlichkeit der Männer, die nicht einmal auf offener Straße im Zaum gehalten zu werden vermag, ist hauptsächlich eine Frucht der vollständig perversen Jugenderziehung, wie sie heute in Schule und Haus gang und gäbe ist. Anstatt die natürlichen Unterschiede zwischen Mann und Weib auf sich beruhen zu lassen, und zwischen beiden Geschlechtern durch ungezwungenen gemeinsamen Verkehr jene verbindenden Eigenschaften freudigen Zusammenarbeitens und gesunder kameradschaftlichen Gefühle aufkommen zu lassen, welche im Interesse sowohl der privaten als auch der sozialen Ethik liegen, thut man heutzutage alles, um die bestehenden Gegensätze zwischen Männlich und Weiblich noch künstlich zu erweitern, indem man den Knaben sowohl wie den Mädchen das andere Geschlecht lediglich eben als „Geschlecht" vor Augen führt, mit welchem jede Berührung in Schule und Haus ausgeschlossen ist bis zum erlaubten plötzlichen

1 [Erstveröffentlichung: Die öffentliche Sicherheit der Frauen auf der Straße, in: *Ethische Kultur*, Jg. 11, Nr. 3, 26. September 1903, S. 310-311.]

Ausleben der Geschlechtlichkeit für das Weib in, für den Mann in und außer der Ehe. Der soziale Grundsatz von der Gleichberechtigung zwischen Mann und Weib, in Verbindung mit einer juridischen und ökonomischen Evolution, kann hier allein Wandel schaffen.

Vom Wesen der Koketterie[1]

Das Mädchen hat nicht immer einen genauen Begriff davon, wie weit ihre Koketterie in der Kleidung den Mann reizen kann und wie sie infolgedessen von ihm gewertet wird. Häufig bedient sich das anständige Mädchen oder die ehrbare Frau mit Freuden neuer Moden, welche den Männern als in hohem Grade unschicklich und schamlos erscheinen, ja, die sie für ausdrücklich auf Erweckung der männlichen Sinnenlust berechnet halten. Sie bedient sich ihrer, insofern sie elegant und ein fröhliches lebenslustiges Weltkind ist, auch wenn sie keineswegs leichtsinnig und flatterhaft *in eroticis* ist, ohne Neben- und Hintergedanken, als Ding an sich. Im Manne spielt sich dann folgender Gedankengang ab: die Frau (oder das Mädchen) zieht sich in einer Weise an, die ihre Körperformen, ja die Formen ganz bestimmter Körperteile, künstlich in scharfes Licht setzt. Das kann sie nur getan haben, weil sie den Zweck verfolgt, meine Blicke auf sich zu lenken und meine Lustgefühle zu erwecken. Das Nachgeben der Mode gegenüber bedeutet also, daß das Weib sich dem Manne hinzugeben wünscht. Das Weib setzt dieser dickflüssigen und derben, primitiven Logik ein natürliches Schönheitsgefühl gegenüber, über das sich nicht rechten läßt. Wenn sie sich nach der Mode kleidet, so gehorcht sie instinktiv dem Bedürfnis nach Eleganz, wie sich dieser jährlich wandelbare Terminus gerade im Augenblick gibt; dieses Bedürfnis nach Eleganz entspringt seinerseits wieder einer Regung weiblichen Ehrgefühls: nicht hintanzustehen unter den Geschlechtsgenossinnen aus der gleichen Gesellschaftslage: der berechtigte Wunsch, am Wettlauf teilzunehmen. Dieser Wunsch aber wiederum hat seine Wurzel in der natürlichen Gefallsucht, in eben jenem Bedürfnis des Bewundertwerdens, das im innersten Sehnsuchtsschrein jedes normalen Menschen ruht, wenn anders traurige Entsagung es nicht geraubt oder gar weit häßlichere und weniger harmlose Lüste es nicht verdrängt haben. Das Bewundertwerden aber ist der eleganten Frau Selbstzweck. Es ist sinnlicher, aber deshalb noch längst nicht sexueller Natur.

---

1 [Erstveröffentlichung: „Vom Wesen der Koketterie“, in: *Die neue Generation*, Jg. 8, Nr. 11, November 1912, S. 603-606. Der Artikel erschien 1914 erneut in Michels' Band *Probleme der Sozialphilosophie* unter dem Titel „Zum Problem der Koketterie“. Hier ist die Version von 1912 abgedruckt. Die Veränderungen in der Version von 1914 belaufen sich auf eine Vielzahl kleinerer Korrekturen von Ausdruck, Satzbau und Zeichensetzung, auf deren Wiedergabe wir hier verzichten.]

Man hat die Koketterie in Rede und Gebärdenspiel die Mittlerin der Unzucht genannt. Es ist nicht zu verkennen, daß in diesem grausamen Urteilsspruch ein wahrer Kern steckt: die Gefallsucht wird leicht zur Fallsucht, wenn sie nichts weiter sein soll als die Eroberung des Mannes zum Zwecke der Liebe; wenn sie sich darstellt als Liebesvorspiel. Aber sie kann auch nur heiteres Spiel sein. Spiel mit dem Feuer, wenn man will, aber doch Spiel: ein Spiel des Versteckens, des Gebens, Hinhaltens und Zurückziehens, des scheinbar Gebens und Wiedernehmens, kurz, der erotischen Illusion. Diese Illusion spielt sogar häufig eine die Ehe und die Moral schützende Rolle. Um den dem Menschen innewohnenden polygamischen Trieb in etwas zu zähmen, muß der Mensch das Bewußtsein seiner polygamen Kapazität besitzen. Das heißt, das Weib wie der Mann müssen das Bewußtsein haben, daß es nur an ihnen liege, wenn sie auf die Polygamie verzichten und der (dem) Auserwählten monogam treu bleiben, daß es ihnen aber stets möglich sei, im Kreise sympathischer Menschen der eigenen Gesellschaftsschicht geschlechtlich Eroberungen zu machen, sofern sie nur den Finger danach ausstrecken. Dieses Bewußtsein nun verleiht die Koketterie. Durch sie erwirbt das Weib die Sicherheit, von den Schönsten und Besten des anderen Geschlechts bewundert und begehrt zu werden. Natürlich ist das nur möglich, wenn das Weib selbst in seinem Benehmen vorhandenes oder gut gespieltes Begehren durchblicken läßt und die Möglichkeit des Ehebruchs und der Eingehung ungesetzlicher Liebesverhältnisse nicht von der Hand zu weisen scheint. So entsteht jene Gesellschaft, in der auch die anständigste Frau nur selten auf den Luxus verzichtet, bisweilen den Schein der Unanständigkeit auf sich zu lenken. Sie setzt sich dadurch gegenüber dem kurzsichtigen und moralinsauren Beobachter, zumal wenn dieser aus der Kleinbourgeoisie stammt und das elegante Spiel vornehmer Erziehung, welches spielen zu können alterworbene Gewohnheit und intellektualistisch-ästhetische Qualitäten (Lebensart, schnelles Erfassen, geistige Biegsamkeit) voraussetzt, in seinem Unverständnis für blutigen Ernst hält, sehr ungünstigen Urteilen aus, ist aber meistens, ohne gut zu sein, weit besser als ihr Ruf, da die Koketterie in ihr nur der unschuldige Ausdruck eines starken Instinktes, ja vielleicht gar nur der letzte Schirm der Monogamie ist. Man wäre versucht, die Koketterie, unter diesem Gesichtswinkel betrachtet, als einen häufig unbewußten Versuch zu bezeichnen, den polygamen Geschlechtstrieb ohne Begehung materiell grob-sinnlicher Akte zu befriedigen.

Es erübrigt sich zu sagen: das Mittel ist gefährlich. Auch von der Koketterie, die stets eine gewisse Herausforderung in sich schließt, kann es heißen: wer sich in Gefahr begibt, kommt darin um. Oft ist die Koketterie nicht eine Ablenkung vorhandener starker Sinnlichkeit, sondern eine unbewußte oder auch bewußte Hinlenkung zur Sinnlichkeit, und es ist, vor allem dem inexperten Auge – und viele Männer bleiben ihr Leben lang trotz aller Experimente in diesem Punkte inexpert – nicht leicht, die beiden Typen voneinander zu unterscheiden. Auch mögen dem Bestreben der Frau, sich Respekt zu verschaffen, nachdem sie längstens alle Wasser hat springen lassen, um den Mann den Respekt vor ihr verlieren zu lassen, auch unschöne weibliche Eigenschaften gar die Laster entstehen lassen und großziehen können, zugrunde liegen: das Laster des Hochmuts und der Herrschsucht, das kein Mittel, auch das des stärksten sexuellen Reizes nicht, unversucht läßt, eine möglichst große Anzahl von Männern möglichst dauernd liebestoll und anbetungstrunken auf die Knie zu zwingen, ein Verfahren, dessen Reiz gerade dadurch ungemein erhöht wird, daß die angebetete Göttin selbst bei aller von ihr geübten Vorspiegelung sexueller Gelüste als die unnahbar Reine aus den Gefahren siegend hervorgeht. Und noch etwas anderes bildet häufig die Basis zügelloser Koketterie: die geschlechtliche Kälte und Bedürfnislosigkeit, die sich in ihrer Herzenskälte darin gefällt, warmblütige Menschen wahnsinnig zu machen und durch geschlechtlichen Reiz da gewagtes Spiel zu treiben, wo keinerlei eigene Gefahr vorliegt, da der eigene Frost vor jeder Eventualität, daß der Brand von der einen auf die andere Seite übergreifen möchte, von vornherein schützt.

Wie die meisten Äußerungen menschlicher Psyche, ja, in noch viel höherem Grade als die meisten unter ihnen, ist die Koketterie komplexer Natur. Sie kann urwüchsig sein und verfeinert und sie bedarf, um Werturteile über sie fällen zu können, gründlicher Analyse im Einzelfalle.

III. Sexualpädagogik

Sexualerziehung[1]

Es wird manchmal behauptet, dass die Aufklärung von Kindern in sexuellen Angelegenheiten notwendigerweise eines von zwei schlechten Ergebnissen mit sich bringt; entweder werden sie ihr ganzes Leben lang von einer exzessiven erotischen Erregbarkeit geplagt, oder es wird ihnen eine bedenkliche Angst vor Sex eingeflößt. Ein moderner deutscher Schriftsteller sagt uns: „Man kann ein Kind nicht in eine Konditorei bringen und ihm eine Fülle von Torten und Kuchen zeigen, die Kinder so leidenschaftlich lieben, ohne ihm ein oder zwei zu essen zu geben; eine solche Prüfung wäre zu viel für den kindlichen Verstand. Bei Dingen, die die kindliche Begierde gefährlich macht, nützt es nichts, mit einem Kind mit kariösen Zähnen und einem verdorbenen Magen geheimnisvoll zu reden; es ist besser, die Versuchung ganz aus den Augen zu lassen. Sexuelle Schüchternheit ist ein besserer Schutz gegen Unzucht als ein detailliertes Wissen über sexuelle Dinge."[2]

Es ist jedoch eine willkürliche Annahme, dass das Ziel der Sexualaufklärung darin besteht, den Kindern ein detailliertes Wissen über Sex zu vermitteln. Im Gegenteil, der Lehrer muss alles tun, um den erotischen Vorgang als solchen nicht zu stark in den Vordergrund zu rücken. Die Neugier, die durch eine solche Belehrung geweckt wird, ist jedenfalls nicht gefährlicher als die völlige Unwissenheit, die das Kind notwendigerweise den Täuschungen von schlechten Menschen aussetzt. Um bei dem eben angeführten Bild zu bleiben, ist vor allem eines gefährlich, nämlich die Kinder im Unklaren über die Folgen zu lassen, die der Verzehr der Torte nach sich ziehen kann, während diese Torte, die sinnliche Erfahrung, unmöglich von jedem Menschen mit normalen sexuellen Fähigkeiten und einer normalen sexuellen Neigung ferngehalten werden kann. Es ist eine Sache der allgemeinen Erfahrung, dass, wenn irgendein instinktiver Trieb in einem Menschen auftaucht, der über die Gefahren, die seine Befriedigung mit sich bringen kann, nicht

---

1 [Erstveröffentlichung: „Sexual Education", in: Michels, Robert: *Sexual Ethics. A Study of Borderland Questions*. New York 1914, S. 15-25. Das Kapitel hat Michels der englischen Ausgabe der *Grenzen der Geschlechtsmoral* hinzugefügt. Da es sich im deutschen Original nicht findet, wurde es für diesen Band durch die Herausgeber übersetzt und beigefügt.]

2 Hans Dankberg: *Vom Wesen der Moral. Eine Physik der Sitten*. Stuttgart, 1910, Hoffmann, p. 256.

gewarnt ist, er sich beeilt, gefräßig zu essen, und, um bei der Metapher zu bleiben, seine Verdauung zu ruinieren.

In Anbetracht dieser Erwägungen muss es nicht nur als zweckmäßig, sondern als unerlässlich angesehen werden, dass Kinder und Jugendliche einige allgemeine Vorstellungen über Fragen der Sexualität erhalten sollten; aber wenn man das zugesteht, ist die Wahl der Unterrichtsmittel, die dem unreifen Geist keinen Schaden zufügen, nicht gerade leicht.

Es stellt sich die Frage, wer am besten dafür geeignet ist, die sexuelle Aufklärung von Jungen und Mädchen zu übernehmen, und ob dies am besten in der Schule oder im Elternhaus geschehen kann. Obwohl der Verfasser nicht beansprucht, eine endgültige Antwort auf diese Probleme zu geben, kann er seine Meinung nicht verbergen, dass im Falle von Jungen und Mädchen, die sich der Pubertät nähern, eine sexuelle Unterweisung, die in Form eines planmäßigen Kurses über Volksmedizin in der Schule erteilt wird, gefährlicher ist als eine Aufklärung durch die Eltern. Solch eine Unterweisung muss entweder von einem Arzt oder von Mitgliedern des Schulpersonals erteilt werden. Nun ist es mit Recht zweifelhaft, welche dieser beiden Personengruppen am wenigsten dafür geeignet ist, dieses heikle Aufgabe zu übernehmen. Hier befinden wir uns in Wahrheit zwischen Skylla und Charybdis. Den Schullehrern fehlt das nötige Wissen, das auch nicht in ein paar Monaten erworben werden kann. Andererseits sind sie in solchen Dingen nicht in der Lage, unvoreingenommenen Rat zu geben. Denn Schullehrer haben, wie andere Menschen auch, ihre persönlichen Erfahrungen auf dem sexuellen Gebiet gemacht; und wenn wir nach dem etwas rauen und ungeschliffenen Charakter des durchschnittlichen Schullehrers urteilen dürfen, so dürften diese Erfahrungen in den meisten Fällen nicht besonders glücklich gewesen sein. Dennoch könnte nichts natürlicher und menschlicher sein, als wenn der Lehrer seinen Schülern die Früchte seiner eigenen Erfahrungen vermittelt, die mit einem bitteren Pessimismus behaftet sind. Dieser Pessimismus, der sich tief in den plastischen Verstand der Jugend eingegraben hat, wird eine Tendenz zu Misandrie oder Misogynie hervorrufen, die einen höchst unheilvollen Charakter hat.

Im Gegensatz zu den Schullehrern verfügen die Ärzte zweifellos über eine größere wissenschaftliche Erfahrung, aber sie sind völlig ohne pädagogische Fähigkeiten. Abgesehen davon, dass die typisch materialistische oder vielmehr darwinistisch-haeckelsche Erziehung, durch die der Geist der modernen Mediziner fast ausnahmslos geprägt wird, sie fast unfähig macht, den Wert der idealen Eigenschaften des menschlichen Charakters zu verstehen, lehrt die Erfahrung, dass Mediziner dazu neigen, im menschlichen Leben alles, was über den Gegenstand der Naturwissenschaft hinausgeht, zu ignorieren oder zumindest nicht erkennen zu wollen. Das große Problem der geschlechtlichen Liebe, mit Beziehungen, die sich über das ganze weite Feld der Psychologie und das ausgedehnte Gebiet der Sozialwissenschaft erstrecken, wird in der Sicht des Arztes auf die einfachen Detailfragen der menschlichen Fortpflanzung beschränkt, eine Angelegenheit, über die ich mit persönlicher Kenntnis sprechen kann. Im Alter von vierzehn Jahren, als ich bereits seit einem Jahr geschlechtsreif war, war ich in vielen sexuellen Angelegenheiten noch völlig unwissend. Diese Unwissenheit meinerseits gab Anlass zu einem unangenehmen Vorfall zwischen mir und einem der Schullehrer. In Anwesenheit der ganzen Klasse stellte ich in vollkommener Unschuld eine peinliche Frage, aufgrund derer ich von der pädagogischen Weisheit als schamloser und undisziplinierter Junge hart bestraft wurde. Meine Eltern, denen ich die Angelegenheit erklärte, schickten mich zu unserem Hausarzt. Dieser, eine höchst schätzenswerte Person, an die ich auch heute noch nicht ohne echtes Gefühl denken kann, hielt mir eine lange wissenschaftliche Abhandlung, in der er mir, soweit ich mich nach dieser Zeit an die Einzelheiten zu erinnern vermag, unter Zuhilfenahme einer Fülle von Zeichnungen, die inneren Vorgänge der Zeugung bis zu ihrer Vollendung in der Geburt des Kindes offenbarte. Damals verstand ich praktisch nichts von dem, was er mir sagte, und ich verließ sein Sprechzimmer so klug, wie ich es betreten hatte. Aber ich glaube, wenn der Harnisch meiner Unschuld weniger undurchdringlich gewesen wäre, wäre die Belehrung des Arztes nicht ohne schädliche Wirkung geblieben. Ein gleichaltriger Kamerad, der unter ähnlichen Umständen an einen anderen Mediziner verwiesen wurde, geriet am selben Tag in die Fänge einer Prostituierten und zog sich, da er völlig unerfahren war, eine schwere Infektionskrankheit zu.

Aber das schlimmste Ergebnis einer rein medizinischen Sexualaufklärung ergibt sich aus der Art des Materials, mit dem eine solche Aufklärung arbeitet. So versucht der Arzt nicht, die Kriterien der normalen Moral in sexuellen Beziehungen zu etablieren, sondern er bemüht sich einfach, Angst in den Köpfen der Jugendlichen zu wecken, indem er die Folgen sexueller Exzesse in reißerischen Farben schildert. Im besten Fall veranlasst er die Keuschheit nur durch die Angst vor der Syphilis. Auf diese Weise wird ein Gefühl gestärkt, das in unserem intellektuellen und sozialen Leben schon viel zu weit verbreitet ist und das jedem wahren Fortschritt feindlich gegenübersteht - das Gefühl der Feigheit.

Die größte Schwierigkeit im Zusammenhang mit der Arbeit der sexuellen Aufklärung betrifft nicht die Kinder, sondern die Erwachsenen, die Lehrer, nicht die Belehrten. Erwachsene, die nach den alten Systemen erzogen wurden, finden es schwierig, sich von der Verlegenheit zu befreien, wenn sie sexuelle Angelegenheiten mit ihren Kindern besprechen müssen; ihre Erklärungen werden dadurch aller natürlichen Spontaneität beraubt. In der Tat, wenn es eine Angelegenheit mehr als alle anderen erfordert, alle Affekte und alle Schroffheit beiseite zu legen, dann ist es die Angelegenheit der Sexualerziehung. Wenn z. B. die Tochter zu menstruieren beginnt, rufen Vater und Mutter sie zu einem feierlichen Konklave, um ihr vertraulich die notwendigen Informationen zu vermitteln. Wenn sie nicht schon vorher von anderen aufgeklärt wurde oder von Natur aus in solchen Dingen nicht zimperlich ist, so kann dies in ihr ein Gefühl des Unbehagens, ja der Verzweiflung hervorrufen, das viele Tage anhält, eine gefährliche Umwälzung in ihrem inneren Leben bewirkt und sogar ein Gefühl der Scham und des Ekels hervorruft, das, wenn auch mit der Zeit abgeschwächt, nie ganz verschwinden wird. Ein Mädchen, für das im Alter von fünfzehn oder sechzehn Jahren zum ersten Mal der Schleier gelüftet wird, durch den bisher alles, was zum Sexualleben gehört, eifersüchtig vor seinen Augen verborgen war, fühlt sich beleidigt, leidet zutiefst, glaubt sich von nun an den Begierden aller Männer ausgesetzt, in ihrer Gewalt zu sein, wie ein Tier, das von den Jägern verfolgt wird; wie Paola Lombroso es ausdrückt, ist ihr Gefühl ein persönliches, sie ist „Beute der Jagd."[3] Der jugendliche Heranwachsende hingegen wird auf ähnliche Weise schlagartig aufgeklärt, fühlt sich plötzlich gottgleich gemacht, ahnt mit Rausch die Freuden eines bisher ungeahnten Paradieses. So wird er geneigt, die Schranken zu überspringen, die zwischen ihm und dem tatsächlichen Erleben des Sexuallebens stehen, und es wäre schwer, ihn zurückzuhalten.

Sexualaufklärung darf also nicht zum ersten Mal und plötzlich im Alter der Pubertät erfolgen; in dieser Zeit sollte allenfalls mit leichter und zarter Hand der letzte Schliff an dieser Aufklärung gegeben werden.

Zusammenfassend lässt sich sagen, dass die Wirkung dieser Aufklärung im Wesentlichen einen negativen Charakter hat. Unser Hauptanliegen muss es sein, in der zarten Phase der Kindheit keine Vorstellungen über das Sexualleben zu vermitteln, die mit der Realität in größerem Maße im Widerspruch stehen, als es die einfache Phantasie des Kindes zulässt. Vor allem müssen wir alle Fabeln und falschen Behauptungen, wie die über den Storch oder den Kohlkopf, vermeiden, die nur dazu

3 Paola Lombroso: *I bambini e la questione sessuale*. Tribuna 2./3. May, 1911.

dienen, den Kindern das Geheimnis ihrer Geburt zu verbergen.[4] Fabrizieren wir keinen Aberglauben! Das muss das Kardinalgebot der gesunden sexuellen Erziehung der Kinder sein. Mit anderen Worten, wir sollen die Dinge nicht ostentativ verpacken, um sie vor den Kindern zu verbergen,[5] und wir sollen ihnen im Allgemeinen keine ausführliche und wörtliche Belehrung in sexuellen Dingen geben; andererseits sollten wir nicht, wie es manchmal getan wird, völlig rückhaltlos in ihrer Gegenwart sprechen. Vor allem muss man vermeiden, Kinder dazu zu bringen, sexuelle Beziehungen als etwas Unnatürliches oder Übernatürliches zu betrachten. Wenn es nur gelingt, die Kinder auf möglichst allmähliche Weise, ohne schroffe und schnelle Übergänge, dazu zu bringen, die sexuellen Phänomene als Teile der natürlichen Ordnung zu betrachten, die mit den allgemeinen Gesetzen des Lebens übereinstimmen, werden ihnen viele zukünftige Ärgernisse und schmerzhafte Konflikte erspart bleiben. Ihr sexuelles Bewußtsein muß sich harmonisch in ihr allgemeines Welt- und Lebensbewußtsein einfügen, und so

4 Ein intelligentes Kind, das seine Augen offen hält, wird sich nicht lange mit solchem Unsinn abspeisen lassen. Das zeigt der Fall des kleinen Leo, der in einem italienischen Kinderbuch erzählt wird (*Frau El., Leo und Lia,* Florenz, 1909, Bemporad, p. 51). Nachdem ein Freund den kleinen Jungen gefragt hatte, ob seine Mutter ihn in einem Kohlkopf oder in einer Blume gefunden habe, antwortete er lachend: „Oh, wie dumm; meine Mutter hat mich in sich selbst gefunden."

5 Es wäre gut, Prahlerei in der äußeren Behandlung der Geschlechter zu vermeiden. Es schadet, in Fällen, in denen nichts dergleichen nötig ist, ständig die Verschiedenheit der Geschlechter in den Vordergrund zu stellen, wie es üblich ist – immer darauf zu bestehen, dass dies einem Jungen, jenes einem Mädchen zusteht, und so weiter. Der normale Junge spielt gerne mit Puppen, das normale Mädchen mit Spielzeugsoldaten. Für die Beseitigung der übertriebenen Geschlechtsdifferenzierung ist die Koedukation der Geschlechter von großem Wert, wie sie z. B. in den italienischen Mittelschulen erfolgt. Ich bin der Meinung, dass in der gewöhnlichen Art und Weise, wie Kinder gekleidet werden, die Geschlechtsunterschiede viel zu stark akzentuiert werden. Kinder unter zehn Jahren unterscheiden zwischen männlich und weiblich nur insofern, als ihnen die Gründe für diese Unterscheidung zu deutlich vor Augen geführt werden, insofern ihnen die Unterscheidung gewissermaßen aufgezwungen wird. Es gibt eine schöne Geschichte von Balzac, in der zwei Kindern ein Bild gezeigt wird, das Adam und Eva nackt im Garten Eden darstellt. „Welcher ist Adam?", fragt François und stupst seine Schwester Marguerite an. „Wie soll ich das wissen", sagt das kleine Mädchen, „da sie keine Kleider anhaben?" (Honoré de Balzac, *Les Contes Drolatiques,* Paris, Calman-Lévy, IIIe. Dizaine, p. 242). Für diejenigen, die die Kinderseele kennen, gibt es hier eine tiefe psychologische Wahrheit.

verbunden wird sich das erstere durch ein fortschreitendes organisches Wachstum entwickeln.

Wenn wir im Umgang mit dem Kind vermeiden, aus den Belangen des Sexuallebens ein unnötiges Mysterium zu machen, wird das Kind jenen eine eigene kleine Nische in seinem Denken über die Dinge im Allgemeinen schaffen, ohne ihnen mehr Aufmerksamkeit zu schenken als all den anderen Geheimnissen des menschlichen Daseins, die für das kindliche Verständnis undurchdringlich sind. Außerdem ist es erstaunlich, wie viele Rätsel nicht nur Kinder, sondern auch Erwachsene ertragen und annehmen, ohne sich den Kopf über die Lösung zu zerbrechen. Die hier vorgeschlagene Methode ist die einzige, mit der wir verhindern können, dass die Gedanken des Kindes künstlich auf Geschlechtsangelegenheiten gelenkt werden, und mit der wir sicherstellen können, dass es dem Gerede inkompetenter, oder besser gesagt, zu kompetenter Personen keine Aufmerksamkeit schenkt.

Unser erstes Ziel muss also Aufrichtigkeit gegenüber den Kindern sein; und nicht, ihnen eine direkte Anleitung in sexuellen Angelegenheiten zu geben, was für Ausnahmefälle reserviert sein sollte. Die Atmosphäre, in der sie leben, sollte von leuchtender Offenheit und Wahrheit geprägt sein. Der Rest wird sich von selbst ergeben. Solange die Eltern nicht versucht haben, den Geist des Kindes mit Fabeln über Sex zu füllen, wird sich das Kind selbst, wenn es älter wird und der Wunsch nach Wissen erwacht, an seine Eltern wenden, um die erforderlichen Informationen zu erhalten. Das gesunde Verhältnis des gegenseitigen Vertrauens, das zwischen Eltern und Kind bestehen sollte, wird nicht gebrochen.

Zweifellos wird das Kind, bevor dies geschieht, seine eigenen Vorstellungen vom Sexualleben gebildet haben, wie es das bei allen anderen Objekten tut, die sich ihm zeigen; und da es sich dabei um Dinge handelt, die es nicht verstehen kann, wird es seiner Phantasie freien Lauf gelassen haben.[6] Meine eigenen Kinder zum Beispiel haben bis zum Alter von fünf Jahren geglaubt, dass es eine Arbeitsteilung seitens ihrer Eltern gegeben hat, dass ihre Mutter die Jungen und ihr Vater die Mädchen macht. Ich habe ihnen ruhig erlaubt, diesen Glauben beizubehalten. Haben wir hier nicht den Keim der wesentlichen Idee,

6 „Wir haben nur Mädchen in unserer Familie, weil Mutter arm ist und sie keine verschiedenen Arten von Kleidung kaufen kann; da sie nur Kleider hat, muss sie diese allen ihren Kindern anziehen, also macht sie Mädchen; wenn sie in der Lage gewesen wäre, Hosen zu kaufen, hätte sie Jungen gemacht" (Léon Frapié: *L'institutrice de province*. Paris, Fayard, S. 13).

dass sowohl Vater als auch Mutter die Fähigkeit zur Fortpflanzung besitzen und dass beide zusammen die Familie bilden?[7]

Abschließend ist zu sagen, dass Sexualaufklärung nach den hier angedeuteten allgemeinen Richtlinien erfolgen muss, aber die Wahl der einzelnen Mittel ist eine Angelegenheit, für die man keine allgemeinen Regeln aufstellen kann. Es ist eine Frage des Fingerspitzengefühls sowie der Intuition der Erwachsenen und hängt auch vom individuellen Charakter der Heranwachsenden ab. Der Verfasser dieses Buches würde sich keineswegs verpflichten, es seiner eigenen Tochter, der das Werk gewidmet ist, in die Hände zu legen, sobald sie erwachsen ist. Denn es ist nicht zu leugnen, dass ein solches Buch wie das vorliegende in jemandem, dessen geistiger Zustand ungesund ist, das Verlangen erwecken kann, die Seiten zu überfliegen, ohne sich um das hohe sittliche Ziel des Verfassers zu kümmern, und sich seiner zu bedienen, wie verdorbene Knaben sich oft der Bibel bedienen (die sich in der Tat zu diesem Zweck anbietet), auf der Suche nach anregenden Geheimnissen. Die Frage, ob ein ernstes, ehrliches und aufrichtiges Buch wie dieses einem erwachsenen Mädchen gegeben oder vorenthalten werden sollte, muss in jedem Fall nach dessen Verdiensten und unter Berücksichtigung der besonderen Umstände entschieden werden. Wenn das Mädchen leichtsinnig und unfähig ist, die Lehre als Ganzes zu erfas-

---

7 Vor viereinhalb Jahren führten in meiner Familie zwei meiner Kinder beim Abendessen das folgende Gespräch. Ich gebe es mündlich wieder, um zu zeigen, dass die Aufrichtigkeit der Sprache seitens der Eltern in Bezug auf die Phänomene der Sexualität nicht dazu führt, dass die Kinder ein intimes Wissen über diese Dinge besitzen, die Kinder weder vollständig verstehen können noch sollten; und um weiter zu zeigen, dass eine solche Aufrichtigkeit gegenüber Kindern in keiner Weise ihre natürliche Spontaneität und Reinheit des Geistes beeinträchtigt:
Meine Frau: „Morgen werden wir die Signora Di M. besuchen, die ein hübsches Baby gemacht hat."
Mario (sieben Jahre alt, nach kurzem Nachdenken): „Weißt du, Mutter, ich erinnere mich noch daran, wie du Daisy (eine kleine Schwester von drei Jahren) gemacht hast."
Manon (vier Jahre alt, wendet sich an Mario): „Warst du auch dabei, Mario, als Vater mich gemacht hat?"
Mario (lacht): „Aber Vater hat dich nicht gemacht. Männer können niemals Kinder machen. Ochsen können auch nichts machen."
Manon: „Wenn das so ist, wirst du keine Kinder machen können."
Mario: „Ich fürchte, nein."
Manon: „Dann werde ich zehn machen und dir fünf davon geben, armes Ding, da du sie nicht für dich selbst machen kannst."

sen, wenn es eine schwache oder nervöse Konstitution hat oder wenn es übermäßig beeinflussbar ist, wird es gut sein, ein Buch, das es überhaupt nicht verstehen oder falsch auslegen wird, nicht in seine Hände zu geben. Wenn es dagegen eine wahre und natürliche Vorstellung von der heiteren Wirklichkeit des Lebens hat, wenn es eine freie Auffassung und ein gesundes Gemüt besitzt, und wenn es darüber hinaus gut begründete moralische Instinkte hat, kann das Buch nicht umhin, sein Verständnis zu erweitern und seine inneren moralischen Tendenzen zu verstärken. Ich für meinen Teil hoffe zuversichtlich, dass meine eigenen Kinder, wenn sie in die Pubertät kommen, zu der letzten Kategorie gehören werden.

IV. Eugenik

Bestrafung geschlechtlichen Verkehrs Geschlechtskranker[1]

Eine nicht nur juristisch, sondern auch ethisch höchst bemerkenswerte Gerichtsentscheidung hat nach einer Notiz des „Vorwärts“ (XX, Nr. 136, 3. Beilage) die Strafkammer des Landgerichts in München gefällt. Der Postgehilfe R., ein syphilistisch kranker Mann, hatte, obgleich er sich seiner Krankheit sehr wohl bewußt war, mit einem Mädchen ein Verhältnis angefangen, auf welches hin dieses von ihm infiziert wurde. Das Mädchen stellte nun – ein seltener Fall – Strafantrag und das Gericht verurteilte – ein wohl noch seltnerer Fall – den gewissenlosen Menschen wegen „schwerer Körperverletzung“ zu einer Strafe von 5 Monaten Gefängnis.

Man kann wahrlich nur wünschen, daß dieses Urteil überall Nachahmung finde, und dadurch auch die 99 Prozent Mädchen, die sich heute ruhig geschlechtlich infizieren lassen, ohne wenigstens eine nachträgliche Sühne zu verlangen, – was doch auch im allgemeinen Interesse wäre, – zum Theil vielleicht zur Stellung von Strafanträgen bewogen werden. Geschlechtsverkehr bewußt geschlechtskranker Männer ist, sowohl ethisch als sozial aufgefaßt, ein namenloses Verbrechen, vor welchem die Menschheit nicht genug geschützt werden kann. Leider gehen die bekanntlich sehr häufigen Fälle, in denen die Frau von ihrem Ehemanne angesteckt wird, stets straflos aus, trotzdem hier genau derselbe Thatbestand der schweren Körperverletzung vorliegt. Einen beträchtlichen Teil der Schuld tragen in diesen Fällen zweifellos die Aerzte, die oft ganz genau wissen, daß der Bräutigam, der im Begriffe steht, sich zu verheiraten, schwer sexuell erkrankt ist, und die diese Kenntnis in trauriger Verkennung ihrer Menschenpflicht verschweigen, nur um ihrem Berufsgötzen, der ärztlichen Schweigepflicht, Genüge zu thun. Es dürfte bekannt sein, daß sich dem gegenüber in Frankreich ein großer Aerzteverein gebildet hat, der es sich zur Aufgabe macht, jeden jungen Mann, von dessen geschlechtlicher Krankheit eines der Mitglieder auf ärztlichem Wege Kunde erhält, ohne weiteres Braut und Schwiegereltern zu denunzieren, also einfach ganz richtig die größere Pflicht über die kleinere zu setzen.

---

1 [Erstveröffentlichung: „Bestrafung geschlechtlichen Verkehrs Geschlechtskranker“, in: *Ethische Kultur*, Jg. 11, Nr. 28, 11. Juli 1903, S. 223.]

Zum Problem der Eugenetik[1]

Unter den neuen Wissenschaften, die mit ihren antiken Namen das Herz der gebildeten Menge je nachdem erfreuen oder erschrecken, ist der Eugenismus die allerneueste. Im August 1912 hat sogar in London ein Kongreß stattgefunden, zu dem große Gelehrte aus allen Teilen der bekannten Welt geeilt sind und an welchem die besten Kreise der englischen Aristokratie und der englischen Gelehrtenwelt teilnahmen.

Was wollten diese Männer? Was war der Zweck des mit echt englischer Grandiosität veranstalteten Meetings? Die neue Disziplin, das ist unsere ganz offene Antwort auf die gestellte Frage, will nichts durchaus neues, noch ist sie an sich ein neuer Zweig der Wissenschaft. Sie will nur, was alle guten und gescheiten Menschen schon seit vielen tausend Jahren wollen: *die physische, psychische und intellektuelle Besserung des Menschengeschlechtes der Zukunft*, die Hervorbringung gutgeborener, daß heißt gutgezeugter Menschenkinder. Zur Erreichung dieses Zwekkes ruft sie eine Reihe von Wissenschaften zur Hilfe. Von *bereits bestehenden* Wissenschaften, unter denen, wie auch die Zusammensetzung des genannten Kongresses, in welchem der Sohn des großen Darwin den Vorsitz führte, bewies, zwei die Hauptrolle spielten: die Anthropologie und die Nationalökonomie; die eine, um die naturwissenschaftliche, die andere, um die wirtschaftstechnische Basis des gestellten Problems zu prüfen. Der Eugenismus oder die Eugenetik ist also nicht so sehr ein neuer Wissenszweig als vielmehr, um im Bilde zu bleiben, ein neuer Versuch, bestehende Zweige zu besserem und rascherem Wachstum zu verbinden, oder doch sie methodisch zu den gleichen Zielen in die gleiche Direktion zu bringen.

Es ist selbstverständlich, daß die Eugenetik sich zunächst mit dem Studium des Hauptsubjektes in der menschlichen Gesellschaft beschäftigen muß. Dieses kann nur das Proletariat, oder, um auch die kleinen Agrarstaaten Süd- und Nordeuropas zu berücksichtigen, das „Volk" sein. Nicht nur wegen der numerischen ziffernmäßig feststellbaren Größe dieses Bevölkerungselementes. Auch wegen der traurigen biologischen Lage, in welcher es sich befindet. Diese geht klar hervor für den, welcher sich die Mühe gibt, die physischen, demographischen und mentalen Charaktere der die sog.„oberen" und die sog. „unteren"

1 [Erstveröffentlichung: „Zum Problem der Eugenetik", in: *Probleme der Sozialphilosophie*, Leipzig/Berlin 1914, S. 44-53.]

Klassen der Gesellschaft ausmachenden Individuen untereinander zu vergleichen. Es stehen dazu bekanntlich mehrere Methoden zu unserer Verfügung. Es sei nur auf einige der vorzüglichsten hingewiesen, welche die genauesten Resultate geliefert haben: Der Vergleich kann zwischen armen und reichen Kindern ein und derselben Schule auf Grund der Berufsstatistik der Eltern angestellt, also die Verschiedenheit zwischen beiden Gruppen bei Gleichheit des Alters, des Milieus und der Tätigkeit nachgewiesen und festgestellt werden. Oder auch der Vergleich findet zwischen verschiedenen Berufsgruppen Erwachsener statt. Endlich, noch umfassender, es werden ganze Stadtteile, die nur von Reichen oder nur (bzw. überwiegend) von Armen bewohnt werden, miteinander verglichen. Alle derartigen Untersuchungen stimmen darin überein, daß ihr Endergebnis in der untrüglichen Feststellung der Minderwertigkeit der handarbeitenden Volksschichten gipfelt. In der Tat stehen diese hinter den reichen sowohl an Körpergröße wie an Schädelweite, an meßbarer Sensibilität, an Widerstandsfähigkeit gegenüber der Müdigkeit usw. zurück. Mehr noch: sie sind physisch mit einer weit höheren Anzahl von Anomalien behaftet, ihre Töchter entwickeln sich langsamer, die Menstruation tritt bei ihnen später ein usw. Sie sind anthropologisch gesprochen minderwertig. Hier steht die neue Wissenschaftssynthese, die wir als Eugenetik bezeichnen – und wir können diese Dinge hier nur andeuten – nun vor der letzten Frage, die wir sogar nicht anstehen, als die grundlegende Frage der gesamten Wissenschaft zu bezeichnen, nämlich vor der, ob die unleugbare Inferiorität der unteren Volksklassen auf granitenem anthropologischem Boden beruht und die Klassenabstufung also nur als ihre Folge erscheint, oder ob vielmehr die untergeordnete „Rasse" nicht nur eine Folgeerscheinung wirtschaftlicher Bedingungen ist, mit anderen Worten, ob die minderwertige Anthropologie der nichtbesitzenden Klassen aus den Lohn- und Lebensverhältnissen abzuleiten und mit ihnen zu beseitigen sei. Freilich läßt sich diese Frage auch weniger absolut stellen. Dann würde die Fragestellung mit den Worten beginnen müssen: In wie weit . . .?

Der Eugenismus besteht in einem Abwägen zweier Größen und einem Bestimmen des minderen Übels. Die Freunde des Militarismus haben diesen ebenfalls als durchaus im eugenetischen Interesse liegend in Anspruch nehmen wollen. Sie betrachten ihn als ein Element der Menschenveredelung nicht nur im moralischen, sondern auch im physischen Sinne. Sie weisen auf die die Körperkräfte und gesunde Energie des Rekruten stählende militärische Zucht, auf das Leben in frischer Luft und in der „Natur" hin und versichern stolz, der junge

Mann verlasse den Militärdienst weit mehr gestählt und auf seinen Beruf als Erzeuger eines besseren, tüchtigeren Menschengeschlechtes physisch weit besser vorbereitet als er ihn einige Jahre zuvor angetreten habe. In diesen Argumenten liegt jenes Körnchen Wahrheit verborgen, das allen menschlichen Aussagen, insoweit sie nicht Insassen des Irrenhauses entstammen, innewohnt. Aber dieses Körnchen Wahrheit liegt doch hier unter sehr vielen groben Körnern Unwahrheit. Zunächst ist schon die These von der moralischen Kraft des Militarismus anfechtbar. Zugegeben, daß teils infolge des künstlich gepflegten Ehrbegriffes, teils infolge der gesellschaftlichen Auslese der mittlere Berufsmilitär an Ehrenhaftigkeit den durchschnittlichen Advokaten und Kaufmann eher übertrifft, so ist doch andererseits die verrohende Wirkung eines einzig der Menschenmordung geweihten Berufszweiges zumal auf die ohnehin schon mit sehr primitiven Auffassungen über den Wert des Menschenlebens zur Armee kommenden Bauernburschen unverkennbar. Was die Behauptung anbelangt, daß die Dienstzeit einem Kräftigungsprozeß der männlichen Jugend gleichkäme, so ist zunächst zu bemerken, daß ja nur die bereits ausgewählte Elite körperlich Starker in Frage kommt, so daß sich jeder Vergleich zwischen der Mortalität im Heere und der Mortalität der Bevölkerung oder auch nur des gleichaltrigen Teiles der männlichen Zivilbevölkerung von vornherein von selbst verbietet. Unverkennbar ist natürlich, daß das Militärleben trotz aller Strapazen, im Frieden wenigstens, gesünder ist als das Leben in einer Anilinfabrik. Aber andererseits ist auch nicht zu vergessen, daß das Soldatenleben, wie jedes andere gedrängte Zusammenleben junger Menschen, sittlich und gesundheitlich Gefahren in Hülle und Fülle bringt, die das Zivilleben in dem Maße nicht kennt. Alles in allem betrachtet, erscheint es mehr als zweifelhaft, ob die stehenden Heere der Neuzeit wirklich der Idee der Eugenetik in Friedenszeiten gute Dienste leisten. Vom Kriege dabei ganz zu schweigen.

Unter die glücklicheren Partien einer neueren Schrift Goldscheids sind unseres Erachtens die Betrachtungen zu rechnen, die der Verfasser in einem Kapitel über das „Naturrecht", den historischen Rechtsgedanken und das Entwicklungsrecht zusammenfaßt. Goldscheid stimmt mit der historischen Rechtsschule darin überein, daß das Recht keine normativen Begriffe kennt, die für alle Zeiten die gleiche Gültigkeit aufweisen, sondern daß das Recht dem organischen Werden der Gesellschaft unterliegt und deshalb Schwankungen und Veränderungen seiner Struktur aufweist. Aber er glaubt doch, den Normbegriff, der allein dem Recht einen ethischen Halt verleihe, nicht ganz aufgeben zu dürfen, und schlägt deshalb folgende Lösung der viel umstrittenen Frage vor: Daß das Recht zu jeder Zeit als das Produkt abstrakter Konstruktion betrachtet werden müsse, wenn es sich auch, wenigstens insofern die positive Gesetzgebung in Frage komme (was zu bedenken sei), im Laufe der Zeit verändere. Diese Synthese nennt er Entwicklungsrecht.[2]

Wie ist in einem bestimmten Fall, fragt sich der Verfasser weiter, zu entscheiden, was das Recht ist? Wenn sich zwei verschiedenartige Persönlichkeiten um ein bestimmtes Gut streiten, so ist weder das Naturrecht, noch das auf Gewalt beruhende und ein Resultat von Stärkeverhältnissen darstellende sog. historische Recht imstande, die gerechte Entscheidung zu bringen. Diese Entscheidung müsse hingegen dem Entwicklungsrecht leicht fallen. Dieses werde stets ohne Schwierigkeit die Entscheidung darnach fällen können, ob „der im Überfluß schwimmende Snob oder das darbende Genie" einen größeren Anspruch auf ein bestimmtes Objekt habe.[3] Jedoch möchten wir uns mit dieser Theorie nicht ohne weiteres zufrieden geben. In der Tat: wie stellt sich die Rechtsfrage, wenn nicht der im Überfluß schwimmende Snob dem darbenden Genie, sondern dem darbenden Snob – die Analyse unserer Gesellschaftsschichten weist auch die Existenz dieses Typus auf – das im Überfluß schwimmende Genie gegenübersteht? Das Genie besitzt unzweifelhaft kraft seiner psychischen Außergewöhnlichkeit und, könnte man hinzufügen, kraft der Fäden, die es doch wohl mit der Pathologie verbinden, ein seiner größeren Differenziertheit entsprechendes Plus von Bedürfnissen, und also auch von Naturrechten, Menschenrechten für sich; wenn auch nicht rein formaler, so doch, um des Verfassers eigene Sprache zu reden, evolutionistischer Rechte. Gewiß sagt auch Goldscheid, der evolutionistisch Fortgeschrittene dürfte vom evolutionistisch minder Fortgeschrittenen Opfer verlangen. Nur fordert er, daß sich dieses Verlangen auf solche Opfer beschränke, die im Interesse der rapidesten und solidesten Steigerungen des sozial evolutionistischen Mehrwerts notwendig seien, also keine Entbehrungen heische, die jenen oder die Gesellschaft in höherem Maße schädigen, als sie diesen in seiner Entfaltung fördern. Das ist aber wiederum, will uns scheinen, ein sehr schwankendes und unbestimmbares Kriterium, über dessen Inhalt uns weder formelles noch gewordenes Recht Aufschluß gibt. Die Ungerechtigkeit der Natur setzt der Gerechtigkeit im Recht enge Schranken und verurteilt angewandte Gerechtigkeit, das Rechttun, zu lebenslänglichem Relativismus. Auch Goldscheids epigenetischer

2 Rudolf Goldscheid: *Entwicklungswerttheorie, Entwicklungsökonomie, Menschenökonomie. Eine Programmschrift*, Leipzig 1908. Werner Klinkhardt, 218 pp.

3 Goldscheid, loco cit., p. 164.

Gerechtigkeitsbegriff, der zweifellos eine höhere Entwicklung des Rechtskriteriums bedeutet, wird in Einzelfällen ohnmächtig sein, die ihm gestellten Aufgaben zu lösen. Dagegen ist er uns als Direktive, als Willensrichtung, als Tendenz vom höchsten Werte. Er ist uns sittliche Norm und richterlicher Maßstab zugleich.

Der Hauptwert der Programmschrift Goldscheids, die in Ton und Stimmung prophetenhaft ist, ohne deshalb gekünsteltem Pathos zu verfallen, liegt für uns aber überhaupt auf ethischem Gebiete. Habe ich Goldscheid richtig verstanden, so legt er den Hauptnachdruck seiner Theorie auf eine neue und höhere Wertung des Menschentums in der Soziologie oder sagen wir ganz einfach in der Wissenschaft. Wogegen er sich mit aller ihm zu Gebote stehenden Macht wendet, – und diese Macht ist in Anbetracht seiner Kenntnisse auf den verschiedensten Wissensgebieten nicht gering – das ist die niedrige Einschätzung, die in der modernen Wissenschaft von Darwin und von Marx bis Nietzsche dem Menschen als solchem zuteil wird. Der Mensch ist kein überflüssiges Gut, – das ist wohl, wenn man seine Ausführungen auf die kürzeste Formel bringen will, die Quintessenz der Weltanschauung, der Goldscheid einen nicht unbeträchtlichen Teil seiner Schrift widmet. Von dieser These aus erkennt Goldscheid auch die Möglichkeit einer Übervölkerung nicht an, kann sie nicht anerkennen. Bei alledem wertet Goldscheid vielleicht nicht immer in genügender Weise die Wichtigkeit des ökonomischen Koeffizienten der Geschichte, wie sich überhaupt mit ihm über Begriff, Wesen, Spannkraft der Ökonomie (wie er sie formuliert) streiten läßt. Vielleicht überwiegt bei ihm manchmal das teleologische Element, sein glühender Optimismus, der ihn auch dann mit fortreißt, wenn dem Pathos ernste Probleme den Weg verlegen müßten. So in der Frage der Entwicklung, die sich Goldscheid offenbar nur nach aufwärts gerichtet vorstellen kann.

Im ganzen wird die Vorsorge für die Zukunft des Menschengeschlechtes indes mehr negative als positive Wege gehen müssen. Es wird ihr mehr obliegen, zu verhindern, daß die Rasse bewußt verschlechtert wird als zu erzwingen, daß sie besser werde. Um an zwei Beispielen die Sache zu erläutern: die Eugenetik wird nicht dahin trachten dürfen, Menschen zu züchten, wie man Kaninchen züchtet, etwa blonden Männern die Ehe nur mit schwarzhaarigen Mädchen zu gewähren, andererseits aber überall da helfend gesetzgeberisch eingreifen können, wo es gilt, untauglichen Menschen die Zeugung ebenso untauglicher Kinder unmöglich zu machen. Man mag über die Sterilisierungsversuche schwerer Verbrecher, wie sie in einigen Staaten der Nordamerikanischen Union unternommen worden sind, noch kein endgültiges Urteil fällen; soviel aber darf doch wohl schon heute mit voller Bestimmtheit ausgesprochen werden, daß sich die Justizpflege hierbei auf dem richtigem Wege befindet und einer eugenetischen Auffassung des „Weltgetriebes" sehr wertvolle Fingerzeige zu geben im Begriffe steht.

Allerdings ist die Lösung aller dieser Fragen mit Wenn und Aber gespickt und Vorschnelligkeit bedeutet in diesen Zusammenhängen oft Unmenschlichkeit, ja, Verletzung des elementarsten Gedankens der Gerechtigkeit. Ich habe an anderer Stelle[4] ausführlicher darzulegen versucht, daß die sogenannte Notzucht, wenn nicht schwere geschlechtliche Reizung des Mannes seitens des Weibes, so doch zum mindesten schwere Feigheit, mehr noch, fast stets auch eine moralische Schuld des Weibes selbst voraussetzt. Alte deutsche Juristen, wie Carpzovius, haben als Kriterium für die Tatbestimmung der Notzucht die absolut negative Beantwortung der drei Fragen angegeben: War das fallende Weib unmittelbar vor dem Geschlechtsakt mit der Begehung dieses einverstanden? War sie es während desselben? War sie es nachträglich, nachdem derselbe mit ihr ausgeübt worden, beziehungsweise beim zweiten Gange?[5] Es ist ohne weiteres klar, daß bei einer derartig strengen Fassung achtzig von hundert der Notzuchtsfälle nicht als solche angesehen werden dürfen. Die Verantwortlichkeit der Frau, ja selbst ihre Mitschuld ist in vielen Fällen unmöglich zu bestreiten. Anderes kommt dazu, um die Fälle der Notzucht noch weiter zu verringern, z. B.: Suggestion und falsche Phantasterei kleiner Mädchen, die zu törichten, aber gefährlichen Anklagen führen kann. Kurz, der Richter kann gerade bei Notzuchtsprozessen mit der Verhängung schwerer und entehrender Strafen nicht vorsichtig genug zu Werke gehen.

Indes alles das hat natürlich wieder seine Grenze. Es gibt unzählige Fälle, in denen die große Geistes- oder Willensschwäche des Weibes nur der Skrupellosigkeit des Mannes Vorschub leistet. Und wenn auch der Notzuchtparagraph hier nicht am Platz sein mag, so ist doch ein anderer genügender strafrechtlicher Schutz dringend nötig. Die „Verführung unter Zusage der Ehe", die z. B. das österreichische Strafgesetz kennt, ist allerdings so schwer zu beweisen, daß zumeist selbst in wohlberechtigten Fällen diese Strafbestimmung nicht anrufbar ist. Und doch sind gerade vom Standpunkt des Eugenismus die Folgen solch halbgewollter, halberzwungener, jedenfalls unverantwortlicher Zeu-

4 Robert Michels: *Die Grenzen der Geschlechtsmoral. Prolegomena. Gedanken und Untersuchungen*. München-Leipzig 1911, Frauenverlag, 2. Aufl., p. 84ff.

5 Benedicti Carpzovii: *Praticae Novae Imperialis Saxoniae Rerum Criminalium.* Pars I, Francofurte ad Moenum MCXXLVIII, p. 218.

gungsakte doppelt beklagenswert. Bei zweifellos klarersichtlich liegenden Fällen aber, da wo der Zweck mit Waffengewalt und unter auch nur wörtlicher Bedrohung von Leib und Leben vonstatten ging, ist keine Gnade angebracht. Hier handelt es sich darum, die Menschheit vor Bestien zu schützen und hier geht die Pflicht des Gesetzgebers sogar weit über den Schutz der gegenwärtig lebenden Menschheit hinweg in die Zukunft. Es muß ihm darauf ankommen, nicht nur die Frauen von heute vor der *Existenz*, sondern auch die Frauen der Zukunft nach Möglichkeit vor der *Entstehung* solcher Männer zu schützen, welche für ihre Person die ganze Kulturentwicklung vom reißenden, seine Wünsche und Begierden rücksichtslos verfolgenden Tier zum Zivilisierten, der gerade den Geschlechtsverkehr als nur auf der Basis der Gleichartigkeit und Gegenseitigkeit sittlich möglich erkannt hat (obgleich auch da noch viel zu sagen wäre!), rückgängig gemacht haben. Die Verhinderung des berufsmäßigen Notzüchtigers an der Kindererzeugung bei möglichster Konservierung und Respektierung seiner geschlechtlichen immanenten Rechte, durch die Sterilisierung, ist deshalb als erfreuliche, in der Richtung auf die Ziele der Eugenetik liegende Anregung zu begrüßen. Es erhellt ohne weiteres, daß was hier von der Ausschaltung der Sexualverbrecher aus der Reihe der das Geschlecht der Zukunft Zeugenden gesagt worden ist, *mutatis mutandis et reservatis reservandis* auch von vielen anderen Spezies von Verbrechern, ebenso wie, wennschon hier aus wohl begreiflichen ethischen Gründen vorsichtiger vorgegangen werden muß, von mit schweren, erblichen Krankheiten Belasteten wiederholt werden müßte. Auch der schwere, berufsmäßige Alkoholiker dürfte, ohne daß die Individualisten ein Recht hätten, von der Vergewaltigung der heiligsten Menschenrechte zu parlieren, mit gutem Gewissen aus der Reihe der zukunftsbildenden Geschlechtsmenschen gestrichen werden.

Keine nietzscheanische Kunstproduktion von Übermenschen, sondern eine anthropologische Besserung der Rasse durch Eliminierung gänzlich untauglicher wie sittlich minderwertiger Elemente aus der geschlechtlichen Zirkulation und, worauf wir vielleicht noch größeren Wert legen möchten, das Einsetzen einer die ökonomischen und sozialen Verhältnisse des Menschen bessernden Reformarbeit. Darin scheint uns, in Stichworten angegeben, die Aufgabe des Eugenismus zu bestehen.

V. Sexualwissenschaft und Moralstatistik

Ein sexueller Kongress in Italien[1]

In Florenz hat sich vom 17. bis 20. November in den gastlichen Räumen der Philosophischen Gesellschaft (*Biblioteca Filosofica*) ein kleiner und intimer Kreis von etwa siebzig der Blüte Italiens angehörigen Männern und Frauen zusammengefunden, um sich in dreitägigen, lebhaften Diskussionen über die sexuelle Frage zu unterhalten. Eine sichtlich bunte Gesellschaft: katholische Geistliche im langen, schwarzen Rock, protestantische Prediger, jüdische Gelehrte; Philosophen und Mediziner, Historiker und Nationalökonomen, Frauen aller Geistesrichtungen, Männer aller Parteien, von den Syndikalisten bis zu den Klerikalen, sozialistische Abgeordnete und hohe Staatsbeamte, alle durchdrungen von der gleichen Überzeugung von der Notwendigkeit, die sexuelle Frage aus dem Dunkel der Unwissenheit und der Zote ans helle Tageslicht der Wahrheit zu ziehen und mit sittlichem Ernst über die Tragweite der in ihr eingeschlossenen Teilfragen und die Auswege aus den vielfachen Alternativen, die sie stellen, zu beraten. Eine würdige Tagung, wie ich, der ich viele Kongresse besuchte, sie nur selten sah. Diskussionen, in denen die Meinungen sich völlig entschleiert in blendender Offenheit gegenübertraten, dabei nichtsdestoweniger jede mit Achtung vor der anderen, mit ritterlichem Gebahren und fast freundschaftlich zu nennender Form. Für die Höhe der Auffassung, in der sich der Kongreß durchweg bewegte, mag der Umstand sprechen, daß er eifersüchtig darüber wachte, daß die knappe Zeit durch kein unnötiges Abschweifen vom Thema vergeudet wurde und mit an Einstimmigkeit grenzender Einmütigkeit zwei Referenten, darunter einen in Ehren ergrauten hohen aktiven Regierungsbeamten, jählings unterbrach und zum Schweigen nötigte, weil sie sich in zwar gut gemeinten, aber doch langweiligen Gemeinplätzen ergingen. Mit dieser rein sachlichen Strenge, die dem Kongreß das Gepräge freier Unvoreingenommenheit gab, verband er eine Synthese von Idealismus und Positivismus, die warm berührte, zu Herzen ging und doch den Boden wissenschaftlicher Erkenntnis nie verließ.

Die größeren Referate, die auf dem Kongreß gehalten wurden, waren folgende:

---

1 [Erstveröffentlichung: „Ein sexueller Kongreß in Italien", in: *Die neue Generation*, Jg. 7, Nr. 2, 14. März 1911, S. 63-70.]

1. *Die sexuelle Aufklärung in der Schule*, von Prof. Dr. Pio Foà von der medizinischen Fakultät der Universität Turin, Mitglied der ersten Kammer des Königreiches.

2. *Der Neomalthusianismus*, von Prof. Dr. L. M. Bossi, Professor der Gynäkologie an der Universität Genua, ehemaliger Abgeordneter.

3. *Das Zölibat der Geistlichkeit* von Prof. Dr. Gennaro Avolio aus Neapel.

4. *Die ethischen Rechte und Grenzen der Geschlechtlichkeit*, vom Schreiber dieses.

5. *Die Arbeiterorganisationen und die Geschlechtsfrage*, von Gymnasialprofessor Dr. Paolo Orano aus Siena.

Frauen hatten leider keine Referate übernommen. Jedoch griff eine Reihe hervorragender Frauen in die Diskussion ein. Vor allem, mit größter Achtung, ja Verehrung angehört, die Nestorin der italienischen Frauenbewegung auf praktischem Gebiet, zumal dem der Prophylaxis der Prostitution, Ersilia Majno Bronzini aus Mailand; neben ihr, um nur einige Namen zu nennen, Oda Lerda-Olberg, Gisela Michels Lindner, Gräfin Beronchelli Grosson, die unter dem Pseudonym Donna Paola bekannt ist. Von Männern seien nur die bekanntesten genannt: der Historiker Gaetano Salvèmini, der beim Erdbeben in Messina seine Frau und seine sämtlichen sechs Kinder verlor, dessen ungebrochene Geisteskraft ihn mit unversieglichem Idealismus nun auf alle Wege leitet, wo es gilt, mitzuschaffen, mitzuuntersuchen, mitzutaten, der sozialistische Abgeordnete Dr. Giulio Casalini, Spezialist für die gesetzliche Behandlung des Mutterschutzes, Dr. Luigi Berta, Vorkämpfer für die Ideen des Neomalthusianismus, der Kunstmaler Prof. Anton Maria Mucchi, der Nervenspezialist Edoardo Mariani, der katholische Philosoph Minocchi, der Geistliche Don Fano, der Soziologe Prof. Scipio Sighele, der Musiktheoretiker Fausto Acanfora. Der Eifer der Kongressisten scheute selbst nicht vor Strapazen zurück. Sogar am heiligen Sonntag wurde neun Stunden lang debattiert. Die Form der Diskussion war italienisch im besten Sinne des Wortes, d. h. lebhaft und vornehm zugleich, toskanisch und akademisch.

Was der Versammlung ein besonders charakteristisches Gepräge gab, war die Übereinstimmung, in der sich die große Mehrzahl der Kongreßteilnehmer in einem Punkte befand, der in den meisten andern Ländern als so utopisch betrachtet zu werden pflegt, daß er aus der Diskussion überhaupt ausgeschaltet wird. Dieser Punkt betrifft die Notwendigkeit, in der öffentlichen Meinung wie im privaten Verhalten den Wert der männlichen Keuschheit in höherem Grad als bisher üblich zu betonen. Diese Tendenz kam mit geradezu elementarer Gewalt zum

Ausdruck. Nicht nur die jungen katholischen Sittlichkeitsapostel der Römischen *Vita*, die in Egisberto Martire einen überzeugten und häufig überzeugenden Redner fanden, sondern auch die Gruppe der jungen Ästheten und Philosophen um die Florentiner *Voce*, insbesondere deren begabter und typisch italienischer Wortführer Giuseppe Prezzolini und der Nervenarzt Roberto Assagioli, scharten sich um das Banner, das der Senator Pio Foà mit kräftiger Faust aufgepflanzt hatte. Verschiedenartig waren die Gründe, die für diese These geltend gemacht wurden. Die Ungerechtigkeit der Ungleichheit der Praxis im vorehelichen Geschlechtsleben bei Frau und Mann, die sogenannte doppelte Moral, wurde allerseits als eine Erscheinung anerkannt, die es mit allen Mitteln zu beseitigen gelte. Damit verband sich ein utilitaristischer Gedankengang: Die Keuschheit soll dem jungen Manne unzuträglich sein. Das ist an sich schon von kompetenter Seite häufig auf das entschiedenste bestritten worden (Hegar, Foà, Ehrenfels usw.). Aber auch, wenn jene Behauptung als wissenschaftlich zutreffend angenommen werden sollte, so muß doch die Tatsache in die Augen springen, daß die schlimmen Folgen der Enthaltsamkeit in keiner Weise an die schlimmen Folgen der außerehelichen Unkeuschheit heranreichen können, wie sie uns in den Ziffern der Sexualmorbidität vorliegen. So war denn die Note derer überwiegend, welche, sei es *explicite*, sei es *implicite*, die Keuschheit des Mannes vor der Ehe empfahlen. Nun gibt es zwei Wege, um das ethisch anfechtbare Dogma der doppelten Geschlechtsmoral zu beseitigen: Gleichstellung des Geschlechtsrechtes des Weibes mit dem des Mannes auf Grundlage der heutigen Geschlechtsfreiheit des Mannes, mit anderen Worten, Recht des Weibes auf die Liebe, auf das Geschlecht, auf den Mann, auf das Kind. Oder aber: Gleichstellung beider Geschlechter auf dem Boden der heutigen Geschlechtsreinheit des jungen Mädchens aus guter Familie vor der Ehe, das heißt Befürwortung der Geschlechtsreinheit des jungen Mannes vor der Hochzeit. In beiden Fällen ist die Gleichstellung von Mann und Weib ausgesprochen. In Mitteleuropa, insbesondere in Deutschland und Frankreich, und England haben die hervorragendsten Vertreter der Wissenschaft, die sich mit der Sexualfrage beschäftigt, unter dem Eindruck der Theorien vom freien Ausleben der Persönlichkeit dem ersteren Ausweg den Vorzug gegeben. In Skandinavien und neuerdings, wie die Florentiner Tagung beweist, in Italien ist man andererseits mehr geneigt, der Jugend den in letzterer Lösung liegenden Rat zu erteilen. In Florenz kam diese Tendenz dadurch zum Ausdruck, daß das Schwergewicht der Geschlechtsfrage von der Mehrzahl der Redner auf das Verantwortungsgefühl gelegt wurde. Mehrere Redner begründeten die Notwendigkeit größerer geschlechtlicher Zurückhaltung beim Mann mit der Verantwortung dem Weibe und der Zukunft gegenüber. Idealistisch ausgedrückt: die Geschlechtskraft des Mannes ist ein kostbares Gut, das der Mann sich hüten muß, unwürdig zu vergeuden.

Der ethische Ausgangspunkt der Verantwortlichkeit war es auch, der dem Kongreß sein neomalthusianistisches Gepräge gab. Der Ordinarius für Gynäkologie an der Universität Genua, Professor Luigi Maria Bossi, hatte in seinem Vortrag jede Anwendung künstlicher Mittel zur Kinderverhütung, zu denen er merkwürdigerweise auch die Keuschheit zählte, in heftigster Weise verurteilt. Aber eisige Kälte hatte seine von altmodischem Naturmaterialismus getragenen Ausführungen begleitet. Philosophen wie Mediziner, Katholiken wie Sozialisten rückten, wenn auch von verschiedenen Positionen aus, dem flachen Positivismus zu Leibe, einmütig alle darin, daß es unsittlich sei, die Welt mit Kindern zu bevölkern, denen die Eltern nicht die nötige Sorgfalt angedeihen lassen, schlimmer, nicht das zum Leben nötige Brot geben können.

Die gleiche ethische Grundstimmung beherrschte den Kongreß auch in einer anderen Frage. Bei aller wohlwollenden Behandlung der Frage des Priesterzölibates, die wir bisher entweder in einem wüsten Sumpf unflätiger und unerlaubt generalisierender Anklagen ertränkt oder als ein *Noli me tangere* ängstlich aus jeder Diskussion ausgeschaltet werden sahen, und die hier zum ersten Male seit langen Jahren wieder mit sachlichem Ernst behandelt wurde, stimmte der Kongreß ohne jede Ausnahme in der Forderung überein, daß dem Zölibat zum mindesten der Charakter eines *erzwungenen* Zustandes genommen werden müsse. Es sei eine unwürdige Zumutung, von Männern die Einhaltung eines Gelübdes zu verlangen, das sie in einer Zeit eingegangen seien, in welcher sie sich über die Tragweite eines solchen Schrittes in keiner Weise im klaren hätten sein können. Niemandem darf das Recht genommen werden, auf das Geschlechtslieben zu verzichten. Aber einen Menschen durch äußere Mittel zu diesem schwerernsten Schritt zu veranlassen, hieße ihn um das Menschenrecht der Geschlechtlichkeit betrügen. Auch bei dieser Gelegenheit blieb aber die übergroße Mehrheit – trotzdem sie in sich nur eine kleine Minderheit orthodoxer Katholiken barg – sich doch bewußt, daß es ethisch unangängig sei, über das Zölibat an sich schlechtweg den Stab zu brechen. Diese Stellungnahme beruhte auf der Erkenntnis von dem Wert der Keuschheit für innerlich erfaßtes Prophetentum aller Art. Es ist empirisch-historisch feststellbar, einen wie hohen Grad von Keuschheit, oder sagen wir, um den Kausalnexus auch im Ausdruck festzustellen, einen wie geringen Grad von geschlechtlichem Bedürfnis in der Tat vielfach Männer gehabt haben, deren Lebenswerk auf ein hohes Ziel konzentriert war. Die Namen Christus, Peter von Amiens, Mazzini mögen hier genannt werden. Ideale Betätigung absorbiert die Kräfte, wenn auch je nach dem Temperament in sehr verschiedener Weise, und leitet deshalb meist auf eine Verminderung des Geschlechtsdranges hin. Hat man doch selbst beobachtet, daß junge Männer, die von einer starken Liebe zu einem bestimmten Mädchen entflammt sind, durch die Sehnsucht nach dem Besitz dieses Mädchens häufig gegen alle andere Versuchung gefeit werden und sich rein erhalten.

Der Kongreß, der sich bescheiden *Convegno*, d.h. Zusammenkunft nannte, hat keine Direktiven in Form von Resolutionen gegeben. Er hat Recht daran getan, sich diese Zurückhaltung aufzuerlegen, die sich aus seiner kleinen Zahl und seiner disparaten Zusammensetzung von selbst ergab. Es war ausgesprochenerweise eine Vereinigung Privater, die zwar die verschiedenartigsten Weltanschauungen vertraten und den verschiedensten Parteien angehörten, aber von denen doch niemand offiziell etwas anderes repräsentierte als eben sich selbst. Wir haben hier nur einige Streiflichter auf ihn geworfen. Mehr hat nicht in unserer Absicht gelegen, um so weniger als der einleitende Vortrag von Professor Foà über die sexuelle Aufklärung in der Schule, über welche im Grundprinzip völlige Übereinstimmung herrschte, in dieser Zeitschrift *in extenso* erscheinen wird, und über die Frage des Neomalthusianismus, die den Kongreß lebhaft beschäftigte, wohl sehr viel Tüchtiges, aber doch nichts gesagt worden ist, was nicht den Lesern der *Neuen Generation* schon geläufig wäre. Was Neues an dieser italienischen Tagung ist, welche die erste ihrer Art in Italien war und die durch ihren Ernst selbst die anfängliche Skepsis der Tagespresse zu bändigen und in ihre Kette zu schlagen wußte, das ist der starke Idealismus, der sich auf ihm in bewußter Reaktion gegen den Materialismus unseres Zeitalters, der sich auch in der sexuellen Frage breit macht und schon die fortschrittlichsten Geister dazu verführt hat, die sexuelle Frage durch die Verteilung von Pariser Schwämmen und Kondoms für größtenteils gelöst zu halten und der ethischen Seite der Geschlechtsfrage keine Aufmerksamkeit zu schenken, bemerklich machte. In diesem Sinne bedeutet der Kongreß eine Kriegserklärung gegen alle die, die ihr Gewissen dabei beruhigen, wenn sie vor jedem Bordell einen Automaten mit Präservativen aufgestellt haben. Er war ganz getragen von dem Bedürfnis, neben den Rechten auf Geschlechtlichkeit, die er unangetastet ließ, die Pflichten der Geschlechtlichkeit zu beleuchten und die große Frage aufzuwerfen nach dem *sittlichen Warum* aller Probleme und ihrer Lösungen.

Geschlechtliche Aufklärung, Ehelosigkeit oder auch Eheerlaubnis der Priester, künstliche Kinderbeschränkung. Alles ganz gute Dinge. Aber es genügt nicht, etwas nicht zu tun, weil es schädlich ist. Die Physiologie allein kann uns keine sittlichen Maßstäbe geben. Es reicht nicht aus zu wissen, daß dies oder jenes uns nützt, wir müssen auch erkennen, wie die Grundbegriffe der Sittlichkeit sich zu unserem Tun und Lassen stellen. Oder, wie Prezzolini in der Frage der geschlechtlichen Aufklärung durchblicken ließ: Es ist uns noch nicht damit geholfen, zu sagen, Unzucht ist *schädlich,* wir müssen auch sagen, Unzucht ist *schlecht* und müssen diese These erklären können. In dieser Erklärung, die *einen ethischen Imperativ* in sich schließt, liegt unsere Aufgabe für die Zukunft.

Dieser Standpunkt entbehrt nicht einer gewissen Einseitigkeit und er wurde auch, nebenbei bemerkt, längst nicht von allen Kongressisten geteilt. Aber er birgt ein gesundes Element in sich, das nützliche Dienste leisten wird, welche die reinen Materialisten allein niemals zu leisten vermögen würden.

Zum Problem der Messung der Sittlichkeit[1]

Von allen Spezies des Fortschritts ist der Fortschritt auf dem Gebiete der Moral am schwersten faßbar. Den Grad an Moral, den ein Volk besitzt, festzustellen, fehlt uns jedes Mittel. Besondere ökonomische Formen und Einrichtungen gebären notwendigerweise besondere Formen der Vergehen und Verbrechen. Selbst der Begriff der Strafbarkeit einer bestimmten Handlung und ihre juristische Normierung unterliegen bis zu einem gewissen Grade den jedesmaligen wirtschaftlichen Notwendigkeiten eines gegebenen Komplexes sozialer und ökonomischer Konstitutionen und Institutionen. Die Sittlichkeit, die Moral läßt sich schwer mit Zahlen messen. Das wird am deutlichsten bei Untersuchung der Geschlechtsmoral. Wie ist in der Tat der Fortschritt oder Rückschritt eines Volkes bezüglich der Geschlechtsmoral festzustellen? Es hält schwer, für das, was wir als geschlechtliche Sittlichkeit bezeichnen, einen untrüglichen, wissenschaftlich brauchbaren Maßstab zu finden.

Besonders vielfach hat man einen Index für das Wachstum oder die Abnahme der in einem Volke vorhandenen geschlechtlichen Moralbegriffe, in der Abnahme oder Zunahme der sich in diesem Volke vorfindenden Ziffernhöhe der unehelichen Geburten erblicken wollen.[2] Um die Richtigkeit dieser Auffassung zu prüfen, müssen wir uns zunächst die Frage ätiologisch stellen. Etwa folgendermaßen: Welches sind die Koeffizienten, als deren Resultante die Abnahme oder Zunahme der unehelichen Geburtenziffern zu betrachten ist?

Zunächst ist daran zu erinnern, daß die Zahl der unehelichen Geburten, wie sie aus den Statistiken hervorgeht, keineswegs mit der Zahl der unehelichen Geburten, nach natürlichem, d. h. nicht nach nur juristischem Maße gemessen, zusammenfällt, sondern nur einen Teil dieser umfaßt. Wie wir das an anderer Stelle ausgeführt haben[3]: Das Gesetz kennt nur starre Normen und schließt vor allen Zwischenstufen die Augen. Das Gesetz weist in sexueller Hinsicht nur zwei Gruppen auf:

1 [Erstveröffentlichung: „Zum Problem der Messung der Sittlichkeit", in: Michels, Robert: *Probleme der Sozialphilosophie*. Leipzig/Berlin 1914, S. 85-94.]

2 Zum Beispiel, Prosper Baron de Haulleville: *L'Avenir des Peuples Catholiques*. Turin 1877, Romano, p. 234.

3 Robert Michels: *Die Grenzen der Geschlechtsmoral. Prolegomena. Gedanken und Untersuchungen*. München-Leipzig 1911, p. 56ff.

Kontrollmädchen, d. h. Mädchen, deren Unsittlichkeit kontrolliert und abgestempelt worden ist, und anständige Frauen. Was der ersten Kategorie nicht angehört, fällt ohne weiteres in die zweite. Beide sind wie durch einen Abgrund getrennt, über den der eifrige Schutzmann allerdings von Zeit zu Zeit einen Steg findet, indem er einzelne Individuen aus der zweiten in die erste Kategorie überführt, nicht aber ohne dabei häufig traurigen Mißverständnissen oder merkwürdigen Begriffsverwirrungen anheimzufallen.

Die Statistik verfährt wie das Gesetz. Das wird am deutlichsten ersichtlich aus der statistischen Behandlung der Geburten. Nach dem Gesetz gilt jedes in gültiger Ehe erzeugte Kind als ein eheliches. Auch wenn der Erzeuger dieses Kindes ein ungültiger, ein außerehelicher Mann ist. Selbst wenn dieser Tatbestand von allen beteiligten Seiten – Ehefrau, Ehemann, Ehebrecher – zugegeben wird. Ein derartiges Eingeständnis ändert juristisch nichts an der Ehelichkeit der Geburt. Die Statistik kennt lediglich „eheliche Geburten" und „uneheliche Geburten" und registriert sie. Die weitere große Rubrik: „uneheliche Geburten in der Ehe" kennt und registriert sie nicht. Es mag ohne weiteres zugegeben werden, daß dies weder ihres Amtes sein kann, noch daß es sichere Mittel und Werkzeuge, genügende Kriterien, gibt, auf Grund deren diese dritte Rubrik Existenzberechtigung erhalten könnte. Die Vaterschaft ist ein Mysterium und entzieht sich wissenschaftlicher Feststellung. Aber deshalb bleibt die statistische Einteilung der Geburten in eheliche und uneheliche nicht weniger irreleitend. Es ist aus diesem Grunde immer eine mißliche Sache, die moralische Superiorität eines Landes über ein anderes an der Hand einer in dem ersteren von beiden statistisch festgestellten geringeren Zahl illegitimer Geburten konstruieren zu wollen. Kann doch die große Unbekannte der unehelichen Geburten in der Ehe, die von der Statistik den ehelichen Geburten zugezählt wird, sogar dergestalt sein, daß das tatsächliche Verhältnis zwischen den ehelichen und den unehelichen Geburten das in der Statistik gefundene Verhältnis wieder umkehrt.

Die hohen Ziffern unehelicher Kinder, an sich zweifellos ein Übel, sind zunächst verschieden zu beurteilen, je nachdem in den einzelnen Ländern die Erforschung der Vaterschaft gesetzlich verboten oder gesetzlich gestattet ist. Im letzteren Falle versteht es sich von selbst: das Mädchen, das weiß, daß ihm im Bedarfsfalle der Staat für sich und ihr Kind genügend Schutz gewährt, um nicht im Elend umzukommen, indem er ihm dafür einsteht, daß sein Partner zu den durch die gemeinsame Schuld entstehenden Kosten mit herangezogen wird, wird leichter, weil ruhigeren Herzens, Liebeshändel eingehen als das Mädchen, das sich genau dessen bewußt sein muß, daß es die Folgen seines Falles ganz allein zu tragen hat. Insofern schnellt, wie wir das an den Zahlen der unehelichen Kinder in Österreich seit den seligen Zeiten Maria Theresiens zur Genüge sehen können, die Fürsorge für die uneheliche Mutter und die gesetzliche Regelung der Alimentation der Bastarde die uneheliche Natalität herauf.[4] Kann man deshalb sagen, daß die Unzucht in solchen Ländern Fortschritte mache?

Im übrigen hängt die Höhe der Ziffer an unehelichen Geburten, die ein Land aufweist, mehr als vom Stärkegrad der „Moralität" von der Stellung ab, welche die Frau im gesellschaftlichen Leben jenes Landes einnimmt, und, was wieder davon herrührt, von den Methoden, denen die Erziehung der weiblichen Jugend unterworfen ist. Wo das junge Mädchen beständiger Aufsicht und unausgesetzter Kontrolle unterliegt, zu Hause wie außer dem Hause stets unter dem wachsamen Auge der Mutter oder sonstiger weiblichen Verwandten steht, kurz wo sie keine Bewegungsfreiheit genießt, wird die illegitime Natalität sich nicht über eine sehr niedrige Ziffer erheben können. Desgleichen dort, wo jeder sexuelle Fehltritt das Leben des Mädchens der Rachsucht jedwedes um die Familienehre besorgten und ob des unmoralischen Verhaltens erzürnten Bruders oder gar Vetters aussetzt. So ist es erklärlich, daß in den Ländern des südlichen Europa die Tugend des jungen Mädchens in allen Volksklassen eine absolute ist, und die unehelichen Geburten auf ein Minimum reduziert und, wo sie dennoch vorkommen, von ganz anderen Gründen, die mit der Geschlechtsmoral nicht das geringste zu tun haben (nur kirchliche, nicht staatliche Ehe), abhängig sind. Eine größere Bewegungsfreiheit und erweiterte Tätigkeitssphäre, wie sie gerade als ein Kennzeichen der moralisch und intellektuell fortgeschrittenen Länder anzusehen ist, in denen das Weib nicht mehr als ewig Minderjährige, sondern als für ihr Tun und Lassen verantwortliche vollmenschliche Persönlichkeit betrachtet wird, ist die

4 In der ersten Hälfte des vorigen Jahrhunderts (1841) verhielt sich in den Ländern der österreichischen Monarchie die Zahl der unehelichen zur Zahl der ehelichen Geburten im italienischen Venetien wie 1 zu 39, in Österreich nieder der Enns (deutsch) wie 1 zu 2. (C. J. A. Mittermaier: *Italienische Zustände*. Heidelberg 1844, Mohr, p. 167.) Diese Zahlen sind freilich nicht allein dem Einfluß der Theresianischen Gesetzgebung zuzuschreiben, sondern hängen jedenfalls, wie ich das an anderer Stelle ausgeführt habe (Robert Michels: „Demographisch-statistische Studien zur Entwicklungsgeschichte Italiens", in: *Schmollers Jahrbuch für Gesetzgebung*, Bd. XXXII, Heft 2, p. 105ff.), auch mit Verschiedenheiten sozialer und ethnischer Natur zusammen.

Anzahl unehelicher Geburten in der Regel höher. Der Kontakt mit dem Leben muß bei der Beschaffenheit unserer Physis der Sexualmoral gefährlich werden. Das einzig wirksame Mittel, das Vorkommen unehelicher Natalität zu verhindern, ist immer noch das Gefängnis oder das Gynäzeum. Es kann deshalb ohne große Übertreibung die Behauptung aufgestellt werden, daß die Sexualmoral, soweit sie an der Höhe der Zahl unehelicher Geburten gemessen wird, im umgekehrten Verhältnis zu dem Grad des in den einzelnen Ländern herrschenden Gefühles für Frauenwürde steht. Da die Freiheit, welche die Frau genießt, eben fast stets der natürliche Ausfluß der Achtung und des Vertrauens ist, die man ihr entgegenbringt, und ihrer völligen Menschwerdung erst die Wege ebnet, so kann man sagen, daß Kultur und ein gewisser Grad von sexueller Ungebundenheit hier zusammenfallen.

Es wäre eine interessante Aufgabe, das Verhältnis von Geschlechtsmoral und Sozialismus bzw. moderner Arbeiterbewegung einmal einer eingehenden Prüfung zu unterziehen. An Material für eine derartige Untersuchung würde es, wenigstens für einzelne Distrikte des agrarischen Italien, wo die Landarbeiterschaft nicht nur, soweit sie im Besitze des Wahlrechts ist, sozialistisch wählt, sondern wirklich auch, psychologisch gesprochen, sozialistisch fühlt, nicht fehlen. Für einige ganz besonders sozialistische Gegenden des Mantovano liegen uns Statistiken der Staatsanwaltschaft aus dem Jahre 1896 vor, die uns zahlenmäßig auf ein ganz ungeheures Anwachsen der unehelichen Geburten – manchenorts sogar bis zu gleicher Höhe mit den ehelichen – hinweisen. Sozialistischerseits wird dieses Faktum bereitwilligst anerkannt, und in der gemeinsamen Schrift eines der hervorragendsten Praktiker und eines der hervorragendsten Theoretiker der sozialistischen Bewegung (revisionistischer Richtung) in Italien für das Merkmal eines „Kulturfortschritts" erklärt, nämlich als Anzeichen von dem endlichen Durchbruch eines freieren Geistes, insbesondere einer weitherzigeren Auffassung des Geschlechtslebens durch die Befreiung von dem Aberglauben an die sittliche Notwendigkeit der offiziellen Ehe.[5] Dagegen haben dieselben Sozialisten die Folgen der freien Liebe selbst stets auf das eifrigste bekämpft und, nach dem Zeugnis von Ärzten, in manchen ehemals von Prostitution, Fruchtabtreibung und Kindesmord außergewöhnlich heimgesuchten Gegenden, wie im Bolognese, diese Verbrechen mittelst unermüdlicher Propaganda so gut wie völlig getilgt.[6]

---

5 Ivanoe Bonomi e Carlo Vezzani: *Il Movimento Proletario nel Mantovano*. Milano 1901, Ed. Critica Sociale, p. 19.

6 Nach dem Manuskirpt des Referats von Argentina Altobelli Bonetti, der bekannten Organisatorin der Reisarbeiterinnen, auf dem Internationalen

Wir leugnen nicht, daß die Zunahme der unehelichen Geburten unter Umständen auf eine Zersetzung der sittlichen Begriffe in einem Volke schließen läßt. Wir behaupten aber, daß diese Umstände in den seltensten Fällen eintreten. Zumeist ist die Zunahme der unehelichen Geburtenziffer das unmittelbare Ergebnis einer stattgehabten Verschlechterung der Lebensbedingungen der ärmeren Bevölkerungsklassen. Verschlechterungen solcher Art pflegen das mittlere Heiratsalter der diesen Klassen angehörigen Männer und Frauen hinaufzusetzen: die Unsicherheit der Existenz hat zur Folge, daß die Heiraten aufgeschoben, vielfach selbst aufgehoben werden. An die Stelle der unmöglich gewordenen ehelichen Geschlechtsverbindungen tritt aber, und muß in Anbetracht der Heftigkeit, mit welcher der Geschlechtstrieb sich in jungen Jahren geltend macht, das „Verhältnis" und, infolgedessen, die Zunahme in der Produktion der unehelichen Kinder treten. Die Geburtenstatistik zeigt uns in der Tat, daß bei langwährenden Geschäftsstockungen und Wirtschaftskrisen mit der Arbeitslosigkeit die Rate der unehelichen Geburten eine Tendenz zum Steigen aufweist. Woran zu ersehen ist, daß der ökonomische Faktor in diesen Zusammenhängen ein gewichtiges Wörtchen mitspricht.

Das gleiche läßt sich, wenn auch in stark vermindertem Maße, von der Gesetzgebung wiederholen. Vom Mittelalter bis in die neueste Zeit war die Eheschließung kein unantastbares, individuelles Recht, sondern dem Einspruch von Staat, Stadt oder Grundherrn streng unterworfen. In Bayern diesseits des Rheins durfte seit 1868 die Verehelichung eines Mannes nur unter bestimmten Bedingungen vor sich gehen, unter denen sich die Bedingung, daß der Mann mindestens in den letzten drei Jahren keine öffentliche Armenunterstützung mehr bezogen hatte, befand.[7] Diese und dergleichen Ehehindernisse, welche die Ärmsten der Armen treffen, mehr wirken natürlich in der Richtung auf eine Vermehrung außerehelicher Geschlechtsbefriedigung und ihrer Folgen.

Indes die Verminderung der Ziffern der unehelichen Geburten kann sogar Indicium unzweifelhaft feststehender Zunahme der Unmoral in einem Volke sein. Mit diesen Worten spielen wir nicht auf die Anwendung zeugungsverhindernder Mittel in der sog. freien Liebe an, da wir in dem Gebrauch von Gummiartikeln und anderen Mitteln zum gleichen Zweck an sich keine unmoralischen, sondern höchstens unäs-

---

Frauenkongreß, Berlin, Juni 1904.

7 Über diesen Punkt vgl. Johannes Conrad: *Grundriß zum Studium der politischen Ökonomie*. Teil II. Jena 1898, Fischer, p. 101.

thetische Handlungen, die selbst bisweilen – ja, bei außerehelichen Liebesverhältnissen sogar immer – zur Notwendigkeit eines sittlichen Gebotes, nämlich des Verantwortlichkeitsgefühles der Gesellschaft gegenüber werden können, zu erblicken vermögen. Wir reden vielmehr von der Ausbreitung der Praktiken, die dazu dienen eine bereits stattgefundene Befruchtung wieder aus der Welt zu schaffen. Die Ausbreitung solcher Praktiken, die allerorts vom Gesetz mit schweren Strafen belegt werden, führt aber ganz gewiß zum Resultat einer Verminderung der unehelichen Geburten. So kann also unter gewissen Umständen umgekehrt die Vermehrung der unehelichen Geburten ein Anzeichen höherer Moral sein. In einem Vergleich zwischen dem Dirnenwesen in der Stadt und dem auf dem Lande in Deutschland heißt es: „Nur sind diese Prostituierten des Dorfes nicht so raffiniert wie ihre Schwestern in der Stadt. Der Irrigator ist bei ihnen nicht der regelmäßige Schmuck ihrer einfachen Wohnungen, und die Abtreibungskünste der Großstadt sind ihnen noch verhältnismäßig fremd. Infolgedessen ereignet es sich bei ihnen viel öfter, daß sie uneheliche Kinder zur Welt bringen. Da die Engelmacherinnen auf dem Lande noch nicht so regelmäßig ihr schändliches Gewerbe ausüben, so wachsen die Kinder mutig und frisch heran."[8] Wer demnach die Verminderung der unehelichen Natalität als einen Ausfluß vermehrter Sittlichkeit im Volke ansieht, wäre logisch gezwungen, die künstliche Abtreibung der Frucht unehelicher Liebesleute mit Freuden als „Fortschritt" zu begrüßen. Die Wissenschaft muß also jedes Inbeziehungsetzen von bei einem Volke vorhandener unehelicher Natalität und Sexualmoral und jedes Abschätzen des Grades dieser an der Höhe jener als eine Mystifikation zurückweisen, die dazu geeignet ist, die an sich schon nicht leichte Untersuchung vom Wesen des Fortschrittes durch unbefugte Seitensprünge zu stören.

Unter die Gradmesser der Sittlichkeit in einem Volke hat man auch die Zahl der in ihm lebenden Prostituierten rechnen wollen. Gegen ein solches Vorhaben spricht in erster Linie schon die Untauglichkeit der Mittel: die Ungenauigkeit der offiziellen Unzuchtsstatistiken, ja die Unmöglichkeit eines statistisch verwendbaren Kriteriums der Prostitution. Aber auch innere Gründe lassen es für unnatürlich erscheinen, das Auf und Nieder der Prostitution mit einem Fortschritt oder Verfall der öffentlichen Sittlichkeit zu identifizieren. Ernste Männer haben die Behauptung verfochten, daß es gerade die allerbesten, warmblütigsten, hingebendsten, gläubigsten Elemente gewisser Frauenschichten seien,

8 Otto Mönkemöller: *Korrektionsanstalt und Landarmenhaus*. Leipzig 1908. J. A. Barth, p. 261ff.

welche der Prostitution anheimfallen.[9] Ohne so weit gehen zu wollen, läßt es sich doch nicht verkennen, daß die Verbreitung gewisser Formen der Ehe, wie die Kaufehe und die Ehe auf der Basis der Duldung gegenseitiger Sexualfreiheit, mindestens ebenso bedauerliche Indicien moralischer Dekadenz in einem Volke sind als die Ausbreitung der Bordelle oder des Straßendirnentums.

Ebenso kann die Zunahme beziehungsweise Abnahme der kecken und obszönen erotischen Kunst und Literatur nicht als Kriterium der Entsittlichung oder Versittlichung eines Volkes dienen. Fuchs bemerkt mit Recht, daß die erotische Karikatur ebenso Dokument des Niederganges als Dokument des gärenden Kraftüberschusses einer Gesellschaft sein kann.[10]

Endlich vermögen weder die Statistiken venerischer Erkrankungen, auf die sich die Naturwissenschaftler so gern berufen, noch die Beobachtung von dem Vorhandensein einer größeren oder geringeren Prolifizität bzw. von der Anwendung des Neomalthusianismus auf die Frage nach der geschlechtlichen Sittlichkeit einer bestimmten Bevölkerungsgruppe ausreichende Antwort zu geben.

Loria ist somit in vollem Recht, wenn er erklärt, jede Beschäftigung mit dem Problem des ethischen Fortschritts sei unnütze Zeitvergeudung. Fortschritt sei nur bei Dingen (Objekten) und nicht bei Menschen (Subjekten) feststellbar, und selbst die Vervollkommnung in jenen habe nicht die Fähigkeit, die Glücksmöglichkeiten für diese zu steigern.[11]

---

9 Vgl. Robert Hessen: *Die Prostitution in Deutschland*. München 1910, Langen, p. 48, 57, 123.

10 Eduard Fuchs: *Geschichte der erotischen Kunst*. Berlin 1908, Hofmann, p. 284.

11 Achille Loria: „Siamo noi migliori dei nostri Antenati?" in Loria: „Verso la Giustizia Sociale". 2. Aufl. Milano 1908, Soc. Ed. Libr., p. 611.

Quellennachweis

I. Soziale Bewegungen

„Frauenstimmrecht – schon heute eine Notwendigkeit", in: *Die Frauenbewegung*, Jg. 8, Nr. 23, 1. Dezember 1902, S. 177-178.

„Die politische Tätigkeit der sozialdemokratischen Frauen", in: *Frauen-Rundschau*, Jg. 4, Nr. 21, 1. November 1903, S. 1045-1048.

„Entstehung der Frauenfrage als soziale Frage", in: *Die Frauenbewegung*, Jg. 9, Nr. 3, 1. Februar 1903, S. 17-18.

„Rückblick auf die Geschichte der proletarischen Frauenbewegung in Italien", in: *Die Gleichheit*, Jg. 13, Nr. 1, 1. Januar 1903, S. 2-3; Nr. 2, 14. Januar 1903, S. 11-13; Nr. 5, 25. Februar 1903, S. 36-38; Nr. 8, 8. April 1903, S. 58-60; Nr. 11, 20. Mai 1903, S. 83-85; Nr. 17, 12. August 1903, S. 131-134.

„Feminismus und Sozialismus", in: *Arbeiterinnen Zeitung* (Wien), Jg. 13, Nr. 22, 3. November 1904, S. 4-5.

Gisela Michels-Lindner: „Die sozialistische Frauenbewegung in Italien", in: *Die Gleichheit*, Jg. 16, Nr. 22, 31. Oktober 1906, S. 153.

II. Institutionen, Öffentlichkeit und Frauenbilder

„Das Weib und der Intellectualismus", in: *Dokumente der Frauen*, Bd. 7, Nr. 4, 15. Mai 1902, S. 106-114.

„Die Frau und der Militarismus", in: *Die Gleichheit*, Jg. 13, Nr. 9, 22. April 1903, S. 70.

„Die öffentliche Sicherheit der Frauen auf der Straße", in: *Ethische Kultur*, Jg. 11, Nr. 39, 26. September 1903, S. 310-311.

„Vom Wesen der Koketterie", in: *Die neue Generation*, Jg. 8, Nr. 11, November 1912, S. 603-606.

III. Sexulpädagogik

„Sexual Education", in: Michels, Robert: *Sexual Ethics. A Study of Borderland Questions*. New York 1914, S. 15-25.

IV. Eugenik

„Bestrafung geschlechtlichen Verkehrs Geschlechtskranker", in: *Ethische Kultur*, Jg. 11, Nr. 28, 11. Juli 1903, S. 223.

„Zum Problem der Eugenetik", in: Michels, Robert: *Probleme der Sozialphilosophie*. Leipzig/Berlin 1914, S. 44-53.

V. Sexualwissenschaft und Moralstatistik

„Ein sexueller Kongreß in Italien", in: *Die neue Generation*, Jg. 7, Nr. 2, 14. März 1911, S. 63-70.

„Zum Problem der Messung der Sittlichkeit", in: Michels, Robert: *Probleme der Sozialphilosophie*. Leipzig/Berlin 1914, S. 85-93.